天水师范学院
甘肃省一流特色学科中国史、
重点学科专门史学术研究丛书

近代早期
英国宫廷文化
研究 1485-1714

Research on the Court Culture
in Early Modern England
1485-1714

贾迎亮　著

中国社会科学出版社

图书在版编目（CIP）数据

近代早期英国宫廷文化研究：1485—1714／贾迎亮著．—北京：中国社会科学出版社，2023.4
ISBN 978－7－5227－1763－0

Ⅰ.①近… Ⅱ.①贾… Ⅲ.①宫廷—文化研究—英国—1485－1714 Ⅳ.①K561.3

中国国家版本馆CIP数据核字（2023）第059252号

出 版 人	赵剑英
责任编辑	郭　鹏
责任校对	刘　俊
责任印制	李寡寡

出　　版	中国社会科学出版社
社　　址	北京鼓楼西大街甲158号
邮　　编	100720
网　　址	http://www.csspw.cn
发 行 部	010－84083685
门 市 部	010－84029450
经　　销	新华书店及其他书店
印　　刷	北京明恒达印务有限公司
装　　订	廊坊市广阳区广增装订厂
版　　次	2023年4月第1版
印　　次	2023年4月第1次印刷
开　　本	710×1000　1/16
印　　张	23.75
字　　数	378千字
定　　价	128.00元

凡购买中国社会科学出版社图书，如有质量问题请与本社营销中心联系调换
电话：010－84083683
版权所有　侵权必究

总　　序

史学是人类知识体系中最为古老而又年轻的学问，从口耳相传的远古传说历史，到今天信息时代的多元书写，历史之于人类的人文价值和社会意义始终占据重要的地位。而且，随着社会进步和文化普及，其作用与价值则更为显著。重视历史、研究历史、借鉴历史，可以给人类带来很多了解昨天、把握今天、开创明天的智慧。因此，习近平总书记说："历史研究是一切社会科学的基础。""究天人之际，通古今之变"既是史家的追求，也是时代与社会赋予史家的使命所在。

中华民族自古以来就有浓厚的历史意识和优良的修史传统；中华民族悠久的历史、灿烂的文化，又为史学的发展提供了得天独厚的条件。在中华民族、中华文化波澜壮阔的成长和发展历程中，历史对于自我认同、民族认同和文化认同，对于提升民族自信和文化自信，培育家国情怀，开发民族智慧，塑造国民性格，熔铸民族精神，其所发挥的纽带作用和规范功能无可替代。在当今史学教育大众化的时代条件下，如何更好地认识历史、研究历史和书写历史、普及历史，凸显其聚力铸魂的作用，是历史科学和史学工作者需要共同面对的重大问题。我国高校"双一流"建设的启动，为历史学学科建设提供了新的路径和机遇。"天水师范学院甘肃省一流特色学科中国史、重点学科专门史学术研究丛书"的出版即由此缘起。

学科建设涉及方向凝练、科学研究、知识传授和人才培养等方方面面；也与每个学科的自身基础和环境氛围密切相关。我校中国史学科的发展从起步到现在，经过了大约 15 年的建设历程。学科从最初（2002 年）的陇右文化省级重点学科到专门史（2012 年）、再到中国史（2018 年）和中国史入选甘肃省一流特色学科群（2017 年），实现了学科由方向（陇右文化）到二级学科（专门史）再到一级学科（中国史）进而到学科群的三级跨越式发展。这正体现了学科及其团队由草创到规范、由弱小到强大、由底层到高端的壮大发展历程。作为地方院校，立足地域优势和自身特点开展学术研究，是我们始终努力的方向和追求。十多年来，学科团队在陇右文化体系构建、科学研究、校本课程开发和服务社会的过程中，不仅取得了一系列成果，得到社会认可并产生了一定影响；而且也围绕陇右历史文化资源申报国家项目和开展科学研究，进一步整合了学科团队，形成相对固定的研究方向，促进史学研究和学科建设共同提高。陇右文化学科建设也示范和带动了学校学科建设的开展。

2014年，学校设立历史文化学院，我们的学科专业建设进度进一步加快。为了优化学科结构，培育学科新领域和方向，以推动历史学整体实力的增强，我们以陇右文化研究中心省级人文社科重点研究基地和教育部国别和区域研究中心——高加索地区研究中心为平台，将专门史、西北社会经济史重点学科建设与中国古代史教学团队、中国古代史特色专业建设有机结合，统筹发展，在师资队伍、科学研究、专业发展、人才培养和学科特色凝练诸方面都取得了新的突破。现已初步形成以历史地理学、中国古代史、专门史、历史文献学和陇右石窟艺术研究为主攻方向，并在西北开发与生态环境史、区域文化史、陇右文化包括中国政治史、民族史、文化史、社会史、敦煌学和中外文化交流史等领域，取得一系列标志性成果。通过省、校两级立项共建和经费资助，一支以中青年为主，高职称、高学历为骨干的学科、师资队伍迅速成长。2013年以来，专门史学科入选甘肃省"飞天学者"设岗学科，先后有雍际春教授入选甘肃省"飞天学者"特聘教授，陈于柱博士入选"飞天学者"青年学者；还有多人次入选省级以上各类人才库。同时还聘请中国社科院历史研究院彭卫研究员和南京大学胡阿祥教授为"飞天学者"讲座教授，兰州大学郑炳林教授为学科首席专家，加盟到团队中来。初步形成了多层面、多方向、多领域共同支撑中国史学科发展，中国史学科推动历史教育、文物与博物馆学专业建设的学科专业发展新格局。

2017年中国史学科入选甘肃省一流特色学科、2018年入选省级重点学科，为我们历史学的发展既迎来了新的发展机遇，也提出了新的任务和更高的要求。我们将一如既往在强化学科专业优势特色的同时，进一步拓展学科视野，凝练学科方向，以项目申报为抓手，科学研究为关键，协同攻关为途径，创新突破为着力点，推动学科建设上台阶、上水平。要求团队成员立足各自特长，结合学科方向，开展联合攻关和重点突破，催生更多研究成果和学术精品。为了展示学科建设新成果，发挥科研成果在繁荣学术和服务社会的双重作用，我们决定资助出版"天水师范学院甘肃省一流特色学科、重点学科中国史学术研究丛书"。

  我们的初步设想和计划是根据一流学科建设目标，围绕学科方向，结合团队实际，以发挥学科优势，彰显学科特色，深化史学研究为导向，为团队成员高质量完成项目任务和立足特长开展特色化创新研究提供服务。所以，本套丛书将在学科建设期内，依据团队成员各自研究和自由探索进度陆续出版，即完成一部、成熟一部、出版一部，坚持数年，必有收获。期待并预祝这套丛书在促进学科建设和繁荣史学研究上双获成功！

雍际春

2020.9.10

序

我非常有幸为贾迎亮博士写这篇序言。贾迎亮的这本书系统描述了近代初期英国宫廷的文化生活,这方面的书在国内并不多见。这本书以详实的资料、生动而又具体的细节为我们展现了世界文化史上非常罕见的英国王室的传统、礼仪、日常生活以及他们居住的城堡、庄园和精神世界。贾迎亮的书没有空洞的言辞,整篇都是生动而有趣的细节描述,令人感兴趣,不忍释手。

中世纪和近代初期是欧洲文化的形成期,欧洲各国开始形成本土的文化。宫廷和国王政府在逐渐向社会交权的过程中,其文化仍在社会中发挥着引人注目的作用。宫廷以辉煌的建筑,数百年来形成的典雅的仪式、典礼和丰富的文化活动,吸引着民众。

在欧州诸国中,英国的宫廷文化是至今最受瞩目和尊重的文化。这与英国的"资产阶级革命"的性质和过程有关。英国社会并不像法国大革命那样对王室和贵族的生活方式进行革命性的否定。众所周知,法国大革命中,贵族阶层遭到普遍的迫害,贵族生活的一切都遭到唾弃。在英国,清教革命以后大约二十多年,英国的王室就复辟了。在革命中王室虽遭到重击,但历史记忆和社会物质文明仍然还在传承,未被铲除的贵族文化便死灰复燃了,在其后1688年"光荣革命"的妥协中,王室和贵族文化得以延续。

凡是到过英国的人都会注意到,在今天的英国社会,传统和现代性很好地结合在一起。至今我们还可以在英国的乡村看到很多中世纪的城堡和封建时代的庄园。英国的女王现在还是国家名义上的元首,每年英国王室都要举行各种各样的庆典活动,吸引着英国人民和来自全世界人群的关注。

英国王室的一些重大活动，例如出生或者婚礼，仍是一件引起全社会关注的事情。不少人可能还会记得，多年前查尔斯王子和戴安娜的婚礼，在欧美范围内实况直播，吸引了大量关注和评论。英国以绅士文化著称，英国的男士彬彬有礼，英国的女性把现代生活方式和传统的家庭伦理形象完美地结合在一起。而这一切都可以追溯到贾迎亮所描写的那段时间的宫廷文化及其变迁。

贾迎亮的书给我们展现了那一时期英国宫廷生活的全貌，一幕又一幕栩栩如生的场景读起来饶有兴味：宫廷的建筑、内部的装饰、宫廷的服装、饮食和宴会、宫廷的典礼和仪式，以及各种各样的文化活动、运动会、乡村和全国的巡游。宫廷更高级的文艺生活、假面舞会、音乐表演、戏剧演出、诗歌创作等也有生动描述。通俗易懂的、吸引人的故事和场景，不啻为一场文化大餐。

在深度描述大量宫廷文化细节的过程中，贾迎亮的这本书实际上讨论了诸多学术问题，夹叙夹议、论从述出。例如英国宫廷与欧洲大陆宫廷的文化交流，特别是意大利文艺复兴运动对英国宫廷装饰艺术的影响，也包括欧洲大陆的绘画艺术家们到英国来进行绘画创作，尤其是他们对历代王室主要成员的肖像的描绘。此外，对宫廷诗人的诗歌创作及其社会意义、以中世纪封建文化著称的宫廷生活如何受到人文主义思潮的影响而变化等的探讨，也颇有见地。

作为研究欧洲文明和历史文化的学者，我清楚地知道，当代英国社会的优雅和文明礼仪，就是从英国王室、英国的老牌大学，这样一路传承到整个社会。王室的优雅礼仪，至少我在表面上看到的是这样，对整个社会起到了一种示范作用。我曾在英国多所大学学习和任教，明显地感觉到，传统的优雅礼仪和文明规范在牛津大学保持得最好，而在一般性的大学，特别是成立不久、面向社会实用需求的大学，学校的风气和教师的面貌同牛津和剑桥大学有明显的差异。读贾迎亮的书我们会更清楚地感受到这一点。

差不多十年以前，我在首都师范大学任教，贾迎亮跟着我攻读博士学位，毕业后又回到天水师范学院。后来我到天水访问，才知道他为什么对英国近代初期的宫廷文化感兴趣。以天水为中心的陇右地区可以说是中国文明的发源地。不远处约 7000 多年前的大地湾文化和后来的马家窑文化使中华先祖从原始社会的质朴生活走向了开始用彩陶来装点生活，再到后来伏羲创造中国远古文明的雏形。天水除了前述的伏羲文化、大地湾文化，还有后来的先秦文化、麦积山石窟文化、三国文化，共计五大文化。他在天水工作、生活和学习了二十年，深受这座历史文化名城和本校陇右文化学术研究的熏陶。作为一名世界史学者，在此背景下对外国优秀文化产生研究兴趣便在情理之中。交流互鉴是文明进步的重要途径，通过批判地研究英国宫廷文化，对建设当代中国特色社会主义文明具有参考价值。相信读者通过阅读该书能够得出自己的认识。

贾迎亮博士是一位研究优雅文化的学者，他也写诗，这种人格素质使他能够对他书中所描写的那些英国宫廷的物质文明和文化生活的优雅和卓越之处，有一种独到的敏感。我相信读者是可以从他的书中感受到的。

这本书是我们了解英国文化精髓的一本不可多得的著作。我诚挚地建议各位相关学者和普通读者不要错过阅读这本书。

何　平

2022年5月8日于成都

目　　录

绪论 ……………………………………………………………（1）
 一　宫廷文化史研究的缘起——传统文化史和社会史的研究 ………（2）
 二　宫廷文化史研究的发展——传统政治史的研究 ……………（3）
 三　宫廷文化史研究的繁荣——新文化史的研究 ………………（5）
 四　宫廷文化史研究的新趋势——"新宫廷史"研究 ……………（7）

第一章　英国宫廷的演变及其结构 ……………………………（12）
 一　宫廷与宫廷文化 ……………………………………………（12）
 二　英国宫廷的演变与地位 ……………………………………（16）
  （一）诺曼底王朝的宫廷 ………………………………………（16）
  （二）金雀花王朝至约克王朝的宫廷 …………………………（18）
  （三）近代早期（都铎王朝和斯图亚特王朝）的英国宫廷 …（21）
 三　近代早期英国宫廷的机构设置 ……………………………（27）
  （一）宫廷总管 ………………………………………………（28）
  （二）外殿与宫务大臣（外廷） ……………………………（28）
  （三）内殿与内务官（内廷） ………………………………（29）
 小结 ………………………………………………………………（31）

第二章　宫廷生活的舞台——从城堡到宫殿 …………………（32）
 一　城堡 …………………………………………………………（32）
  （一）城堡的起源和最初的城堡 ……………………………（33）
  （二）诺曼征服初期的城堡 …………………………………（34）
  （三）12、13世纪的城堡 ……………………………………（41）

(四) 14—15 世纪中期的城堡 …… (48)
二 宫殿 …… (58)
　(一) 华丽之风与勃艮第宫殿建筑 …… (58)
　(二) 爱德华四世与英国近代宫殿 …… (63)
　(三) 都铎王朝的宫殿 …… (71)
小结 …… (107)

第三章 宫廷的物质生活 …… (108)
一 饮食与宴会 …… (108)
　(一) 宫廷的饮食消费 …… (108)
　(二) 厨房 …… (111)
　(三) 华丽的菜肴 …… (112)
　(四) 餐桌上的等级与礼仪 …… (114)
二 服饰 …… (116)
　(一) 衣料及其使用 …… (116)
　(二) 15 世纪末和 16 世纪初的宫廷服饰 …… (118)
　(三) 亨利八世时期的宫廷服饰 …… (122)
　(四) 爱德华六世至伊丽莎白一世时期的宫廷服饰 …… (125)
小结 …… (127)

第四章 宫廷的日常活动 …… (128)
一 运动与游戏 …… (128)
　(一) 骑士比武 …… (130)
　(二) 网球 …… (143)
　(三) 保龄球 …… (147)
　(四) 赌博 …… (152)
　(五) 狩猎 …… (156)
　(六) 其他运动和娱乐活动 …… (159)
二 巡游与游行 …… (162)
　(一) 巡游 …… (163)
　(二) 游行 …… (169)

小结 …………………………………………………………………… (180)

第五章　宫廷的艺术生活 ………………………………………… (181)
  一　戏剧 ……………………………………………………………… (181)
  二　音乐 ……………………………………………………………… (191)
  三　舞蹈 ……………………………………………………………… (193)
  四　假面剧舞会 ……………………………………………………… (199)
  小结 …………………………………………………………………… (208)

第六章　宫廷的宗教生活与教育 ………………………………… (210)
  一　宗教生活 ………………………………………………………… (210)
    （一）王家礼拜堂的机构设置及其成员 ………………………… (210)
    （二）礼拜堂的宗教音乐与祈祷书 ……………………………… (212)
    （三）君主、宫廷与宗教 ………………………………………… (214)
  二　人文主义与宫廷教育 …………………………………………… (217)
    （一）15世纪末的宫廷教育 ……………………………………… (218)
    （二）北欧人文主义者及其对教育改革的呼吁 ………………… (221)
    （三）亨利八世时期的人文主义及其子女的教育 ……………… (223)
  小结 …………………………………………………………………… (227)

第七章　宫殿的室内装饰艺术 …………………………………… (228)
  一　欧陆宫廷与英国宫廷的联系 …………………………………… (228)
  二　意大利文艺复兴艺术对英国宫殿装饰艺术的影响 …………… (230)
  三　英国宫殿的室内装饰 …………………………………………… (241)
    （一）墙壁 ………………………………………………………… (241)
    （二）窗户和壁炉 ………………………………………………… (255)
    （三）地板和天花板 ……………………………………………… (261)
    （四）家具 ………………………………………………………… (268)
  小结 …………………………………………………………………… (279)

第八章　王室肖像艺术·····················(281)
　　一　亨利七世·····························(281)
　　二　亨利八世·····························(284)
　　三　伊丽莎白一世·························(291)
　　四　查理一世·····························(302)
　　小结·····································(314)

第九章　宫廷诗歌·····················(315)
　　一　托马斯·怀亚特·······················(315)
　　　　（一）托马斯·怀亚特的生平···········(315)
　　　　（二）怀亚特诗歌的特点···············(317)
　　　　（三）怀亚特诗歌的贡献和地位·········(326)
　　二　亨利·霍华德·························(327)
　　　　（一）生平···························(328)
　　　　（二）诗歌特点·······················(328)
　　　　（三）萨里伯爵诗歌的贡献和地位·······(337)
　　三　御用文人及其颂诗·····················(338)
　　小结·····································(343)

结语·····························(344)

参考文献·························(348)

绪　　论

宫廷在中世纪到近代（9—20世纪初），尤其是近代早期（16—18世纪）的欧洲历史上扮演着重要的角色，它长期以来一直是欧洲政治、文化、外交和宗教等活动的中心，对欧洲文化与科学的繁荣、欧洲认同的形成、欧洲文明的一体化进程产生了深远的影响，所以在西方"宫廷研究"至今方兴未艾，在英美学术界甚至出现了"宫廷研究"学派；[1] 在西方，尤其是在英国主要大学中，本科生的课程中一般都有一门以上有关宫廷的课程，[2] 由此可见与宫廷相关的研究和教学活动之普及。

对王室宫廷，学者们多从政治史和文化史的角度来研究，前者将宫廷视为一种政治制度，考察宫廷的结构和政治作用；后者则关注宫廷文化现象，例如宫廷画像、庆典、诗歌、戏剧等。到目前为止，这两种方式的研究有合流的趋势，既关注宫廷的文化现象，也关注宫廷的政治问题，研究宫廷政治需要文化的视阈，研究宫廷文化则需要政治的诠释。因此，宫廷的政治史研究和文化史研究可以统称为"宫廷文化研究"。

在西方学术界，自20世纪初以来，对欧洲宫廷文化的研究在不同的时期有不同的占主导地位的研究方法和内容。从研究方法上来看，西方宫廷文化史研究主要经历了传统文化史、社会史、传统政治史和新文化史等几个阶段。

---

[1] Hannah Smith, Court Studies and the Courts of Early Modern Europe, In *The Historical Journal*, 49, 4 (2006), p.1229.

[2] 向荣主编：《西方国家历史学本科教学调研——以英、法、美三国为例》，北京大学出版社2010年版，第35、44、47页。英国主要大学给本科生设置的有关宫廷文化的选修课程有：剑桥大学的"古代中世纪和近代早期的宫廷"；牛津大学的"近代早期欧洲的宫廷文化和艺术""诺曼西西里的王室艺术和建筑"；杜伦大学的"宫廷：近代早期欧洲的艺术与权力"。由此可见宫廷和宫廷文化的教学和研究在英国主要大学中已相当普遍。

一 宫廷文化史研究的缘起——传统文化史和社会史的研究

对宫廷文化的研究，最早可以追溯到传统文化史的研究。传统文化史是相对新文化史而言，自启蒙运动以来其主要特征是通过对政治制度、社会习俗、文学艺术等文化层面的描述，来探讨一个国家、民族或区域的精神和理性发展状况。

传统文化史主要探讨了宫廷文化对塑造和体现时代精神的作用。这方面的代表作是1919年荷兰著名文化史学者、传统文化史的代表人物约翰·赫伊津哈出版的《中世纪的秋天》。该书将文化置于时代精神之中来考察，将文化视为时代精神的反映。赫伊津哈认为，中世纪晚期欧洲宫廷尤其是勃艮第宫廷中的王公贵族对宫廷礼仪、奢华生活、功勋荣誉、宫廷之爱等的追求，即是对骑士精神的追求。骑士文化的盛期虽已于13世纪结束了，作为社会结构的贵族阶级已失去了主导意义，但贵族的生活方式仍然对社会产生着强大的影响，[①] 骑士精神依然是中世纪晚期的时代精神。虽然《中世纪的秋天》不是专门探讨欧洲的宫廷文化的，但该书的主旨是探讨以骑士文化为代表的中世纪贵族文化的衰落，而作者谈到的骑士文化的空间载体主要就是宫廷。

类似的现象更是出现在另一位传统文化史的代表性作者的著作中，即雅各布·布克哈特的《意大利文艺复兴时期的文化》。布克哈特认为，意大利文艺复兴时期文化的繁荣是由意大利政治上的分裂和各邦国间的斗争造成的，这些意大利小国的政体分成三类，其中专制国家和教皇国家两类都是有宫廷的，因此他描述的这一时期的文化实际上主要就是各邦国的宫廷文化。

20世纪30年代出现了宫廷的社会史研究。社会史的宫廷史研究主要探讨的是宫廷作为一种社会组织其内部的权力结构，以及这种权力结构对近代早期欧洲历史进程的影响。这方面的代表作是德国社会学家诺贝特·

[①] ［荷兰］约翰·赫伊津哈著：《中世纪的秋天：14世纪和15世纪法国与荷兰的生活、思想与艺术》，何道宽译，广西师范大学出版社2008年版，第55—56页。

埃利亚斯写于1933年、出版于1969年的《宫廷社会》。这是西方学术界第一部专门的宫廷史研究著作。他创造了"构型"（figuration）这一概念来分析近代早期西欧的宫廷社会。"构型"就是个人和社会之间的相互依赖关系：社会是由个人造就的，但一旦造就后它就决定着个人的行为；社会不能独立于造就它的个人，而个人也无法独立于他们造就的社会。① 而宫廷社会就是这种"构型"的一个反映。依此他解释了法国宫廷社会的稳定性和封闭性，并因此造成权力结构的僵化，使贵族阶层垄断了权力，而将新兴的资产阶级排斥在权力之外，最终导致了大革命的爆发，粉碎了宫廷社会这个构型自身。②

以传统文化史的方法来研究宫廷如今已经很少见了，但社会史的方法至今还有其追随者。德国慕尼黑大学的阿道夫·伯克和罗纳德·阿希主编、1991年出版的《近代之初的宫廷、赞助和贵族，1450—1650》一书，通过比较英国、法国、西班牙、荷兰和意大利的宫廷，认为国家通过宫廷凝聚起来，宫廷在16、17世纪的宗教纷争期间扮演了重要角色，宫廷驯化了贵族，进而探讨了中世纪的王室家族是如何逐渐转变为近代早期的宫廷。③ 这些观点与诺贝特·埃利亚斯在《宫廷社会》中的观点比较接近。

二　宫廷文化史研究的发展——传统政治史的研究

传统文化史的研究将宫廷文化置于时代精神中考察，加深了我们对宫廷文化的时代特征的理解。不过此种方法较少涉及到宫廷的政治地位、权力结构等问题。社会史的方法使我们认识到了宫廷文化与社会结构尤其是与王权之间的互动关系，但对历史学家来说更加重要的宫廷与近代国家的关系问题着墨甚少。从20世纪50年代开始，西方学者围绕宫廷的政治和社会地位问题，尤其是宫廷是否是近代公共权力机构问题进行了激烈的探

---

① Nobert Elias, *The Court Society*, Dublin, Ireland: University College Dublin Press, 2006, p. 21.
② 贾迎亮：《诺贝特·埃利亚斯与西欧宫廷社会研究》，载《天水师范学院学报》2014年第6期。
③ Ronald Asch, Adolf M. Birke, ed., *Princes, Patronage, and the Nobility at the Beginning of the Modern Period, 1450 – 1650*, Oxford: Oxford University Press, 1991.

讨，较早从事这方面研究的是英国学者 G.R. 埃尔顿。

G.R. 埃尔顿在其专著《政治史：原则和实践》以及《都铎政府Ⅲ：宫廷》等文章中从传统政治史的角度分析了英国都铎宫廷的政治地位。他通过研究托马斯·克伦威尔进行的政府机构改革，即所谓的"政府革命"，认为都铎王朝时期英国已经形成了一套公共权力，建立起了一套管理国家的官僚体制，枢密院成为权力的中心，而宫廷中的贵族在政治上已不具有重要意义，宫廷只是国王的私人机构，且宫廷也不具有财政上的重要性。[①] 政府机构改革形成的政府官僚化使国王拥有了强大而有效的行政手段，与同一时期的宗教改革共同提高了国王的政治、经济和宗教地位，促进了近代民族国家的形成。

不过，埃尔顿对英国宫廷政治地位的看法很快受到了其他学者的反对。剑桥大学钦定近代史讲座教授帕特里克·科林森在其编著的《有关伊丽莎白一世时代的论文集》中认为，应该探索政治的社会深度，政治就存在于地方社区（如村庄、行会、协会等）之间以及它们与领主和国王的纵向联系中；还应该考察个人对其政治角色的理解，他们的社会所面临的问题，他们是怎样解决这些问题的。这样，就会创造出"一种既是政治又是社会过程的叙述"[②]。总之，政治活动的过程是社会性的。他反对埃尔顿将宫廷政治狭隘地理解为精英阶层的权力政治，宫廷并不只是王室的"私"机构，而是公共政治的核心。

西蒙·亚当斯、乔治·伯纳德、C.S.L. 戴维斯、史蒂夫·卡恩、埃里克·艾维斯、华莱士·麦克卡弗雷、大卫·斯塔基和彭里·威廉姆斯等人的著作也是从社会的角度来理解都铎政治的；也就是说，将社会关系认定为政治过程的核心，而宫廷是各种社会关系的结合点，因此认定宫廷是政治的核心，而不是埃尔顿那样将枢密院作为政治的核心。他们分别从贵族的角色和党派活动两个方面挑战了埃尔顿的观点。

乔治·伯纳德在其《正确看待都铎王朝的贵族》和《都铎贵族权力的延续》两篇文章中认为，贵族继续保持着权力，贵族在都铎政府的军事和

---

① Geoffrey Elton, Tudor Government: The Points of Contact. III. The Court, *Transactions of the Royal Historical Society, Fifth Series*, Vol. 26 (1976), pp. 211–228.

② Patrick Collinson, ed., *Elizabethan Essays*, London; Rio Grande: Hambledon Press, 1994, pp. 1–29.

政治上依旧相当重要，"是社会中最强大、最具影响的部分"。西蒙·亚当斯在其《达德利的贵族代理人，1553—1663》一文中认为，贵族通过其代理人使自己在地方政治和宫廷中发挥着重要影响。保罗·汉默在其《伊丽莎白政治的两极分化：埃塞克斯二世伯爵的政治生涯，1585—1597》一文中认为，都铎时期，贵族依旧将自己视为国王的顾问和军事领袖，绅士在中央和地方的政治中越来越重要。①

美国密歇根大学的大卫·斯塔基是埃尔顿的学生，在其1987年出版的《英国宫廷：从玫瑰战争到内战》一书，② 以及后来的一系列文章中，反对埃尔顿将枢密院视为权力中心的观点，认为这一时期英国宫廷是政治的中心。斯塔基在其文章《从不和到派别：英国政治，1450—1550》③ 和埃里克·艾维斯在其文章《亨利八世宫廷的党派：安娜·波莲的垮台》④ 中分别证明了亨利八世时期党派政治的活跃，廷臣和议员共同争夺国王的帮助和赞助，影响政策的制定，打压他们的对手，从而否认了埃尔顿认为这一时期存在一个统一的官僚体系的观点。

三 宫廷文化史研究的繁荣——新文化史的研究

传统政治史的研究探讨了宫廷的政治地位，尤其是宫廷对近代国家形成的意义，但却忽视了宫廷文化的研究，缺乏对宫廷的全面和纵深理解。20世纪80年代以后，随着"新文化史"的出现，史学出现了"文化转向"，对宫廷史的研究也出现了"文化转向"，以"宫廷文化"为主题的研究层出不穷。"新文化史"将传统文化史和社会史的研究转向了"社会文化史"的研究，将各种社会符号作为文本，在"深度描述"中展现其承

---

① Paul Hammer, The Polarisation of Elizabethan Politics: the Political Career of Robert Devereux, Second Earl of Essex, 1585 – 1597, *The Journal of Ecclesiastical History*, v51 n2 (2004), pp. 366 – 461.

② David Starkey; et al., *The English court: from the Wars of the Roses to the Civil War*, London; New York: Longman, 1987.

③ David Starkey, From Feud to Faction: English Politics, c. 1450 – 1550, *History Today*, 32 (1982), pp. 16 – 22.

④ Eric Ives, Faction at the Court of Henry VIII: the Fall of Anne Boleyn, *History*, 57 (1972), pp. 169 – 188.

载的含义。新文化史的宫廷史研究的特点是：不再着力于宫廷的社会、政治和思想内涵，摆脱了宏大的理论构建，转而对宫廷文化的各个方面（宫廷的文学、绘画、装饰、建筑、服装、舞蹈、音乐、艺术收藏、节庆、礼仪、日常生活等）做微观的、具体的"深度描述"以诠释其内涵，尤其是探讨宫廷文化与王权、等级制度之间的关系。

较早以"宫廷文化"为题的著述是1983年出版的由V. J. 斯凯特古德等人编著的《中世纪晚期英国的宫廷文化》。该书由十位作者分别描述了中世纪晚期英国宫廷文化的各个方面，例如宫廷文学、宫廷教育、宫廷音乐、宫廷建筑等方面。尤为重要的是，J. W. 舍伯恩探讨了文化和宫廷文化的概念，认为从文化的社会学意义上来看，宫廷文化就是国王及其亲信的通常的行为模式；但如果认为文化是对艺术和人文的理解和审美能力，那么在中世纪晚期的英国是没有所谓"宫廷风格"的文化的。[1]

英国艺术史学者罗伊·斯特朗从宫廷艺术、节庆和饮宴的深度探讨了艺术、饮食和王权之间的关系。在《艺术与权力：文艺复兴的节庆，1450—1650》一书中作者认为，有歌剧、芭蕾、戏剧等表演的节庆是欧洲宫廷文化史的重要内容。作者通过描述查理五世和神圣罗马帝国的戏剧、凯瑟琳·德·美第奇和瓦卢瓦王朝的宫廷节庆、费迪南大公和佛罗伦萨的幕间剧、查理一世和斯图亚特王朝的化装舞会，探讨了这些宫廷节庆的起源、目的及其影响，指出了宫廷艺术是为提高王权服务的。[2] 他的另一部著作是《欧洲宴会史》，考察了从古罗马、基督教、文艺复兴、近代早期的宫廷、大革命直至现代的饮食和宴会，并指出宴会从古至今一直与"社会企望、特权和被承认"[3] 紧密相关。

然而，在新文化史的宫廷史研究中，有两位学者做出了典型性研究，即彼得·伯克和西蒙·瑟利。彼得·伯克在这方面的代表作是《制造路易十四》，他以"文化建构主义"为方法，通过分析路易十四大量被呈现在油画、雕刻、青铜像、雕塑、戏剧、芭蕾、歌剧、颂歌、布道辞、官方报

---

[1] V. J. Scattergood, ed., J. W. Sherborne, *English court culture in the later Middle Ages*, New York: St. Martin's Press, 1983. p. 7.

[2] R. Strong, *Art and Power: Renaissance Festivals, 1450–1650*, Berkeley: University of California Press, 1984.

[3] [英] 罗伊·斯特朗：《欧洲宴会史》，陈法春、李晓霞译，百花文艺出版社2006年版，第247页。

道、历史等中的形象,认为正是这些形象构建了路易十四,进而揭示了艺术与权力之间的关系。①

英国文物局局长西蒙·瑟利的研究更有新意,他在《英国都铎王朝时期的宫殿》一书中详细考察了从中世纪到近代早期英国王室宫殿在空间布局上的变化,认为英王活动的空间从中世纪城堡大厅向近代宫殿中内殿的转移反映了英王从中世纪的封建君主向近代早期专制君主的变化,② 为我们认识英国王权的性质在近代早期的嬗变提供了一个新的视角。

四 宫廷文化史研究的新趋势
——"新宫廷史"研究

受"新文化史"影响,20世纪90年代以来,越来越多的学者对宫廷研究的传统的政治史和文化史方法和观点感到不满,于是逐渐形成了强调宫廷文化的宗教背景、重新思考国王和贵族之间的关系、重新审视宫廷文化与王权之间的关系和关注研究宫廷妇女的"新宫廷史"。这在对英国宫廷的研究上更为突出。

"新宫廷史"的主要代表是前文所述的约翰·埃德森编辑的名为《欧洲的贵族宫廷》的论文集,③ 描述了包括英国在内的欧洲12个最伟大的宫廷,介绍了这些宫廷的运作、宫殿和花园建设、宫廷在王公与其他社会阶层关系中扮演的角色等。这些文章一再强调的就是宫廷运作的深层的宗教背景的重要性。该论文集另一个主要的兴趣是国王和贵族之间的关系。埃德森及其支持者否认了诺贝特·埃利亚斯认为截至17世纪末贵族因参加宫廷而被驯服了的观点。他们认为王权仍然受到很大的限制,甚至在王权的堡垒——宫廷里也是如此。他们进而指出,王权被传统观念和国王与贵族的荣誉观念(这是王室和贵族权力得以建立的根基)所削弱。

一般认为,宫廷文化是宫廷为加强自己的权威和进行身份认同而有意

---

① [英]彼得·伯克:《制造路易十四》,郝名玮译,商务印书馆2008年版。
② Simon Thurley, *The Royal Palaces of Tudor England: Architecture and Court Life, 1460 – 1547*, New Haven: Yale University Press, 1993.
③ John Adamson, ed., *The Princely Courts of Europe: Ritual, Politics and Culture Under the Ancien Régime, 1500 – 1750*, London: Weidenfeld and Nicolson, 1999.

构建的，但"新宫廷史"对王室肖像画的研究开始挑战这种传统的观点。例如，悉尼·盎格鲁在其《都铎国王的肖像》① 和海伦·哈科特在其《圣母，处女女王：伊丽莎白一世及其对圣母玛利亚的崇拜》② 中对都铎国王肖像画的研究质疑都铎君主们是否有意制作国王肖像，并讨论肖像的制作在多大程度上是由国王控制的。实际上，这些研究表明国王肖像制作是由感兴趣的团体赞助的，而非国王；他们制作肖像是为了自己的特殊目的而非为了提高国王的权威。

随着对性别研究的增加，宫廷史学者开始更仔细地审视妇女在宫廷中的状况，此外还考虑性别角色、性别僭越是如何加强或危及一个政权的成功的。克拉丽莎·坎贝尔·奥尔编辑的包括有关旧制度下王后的论文集，③ 其主题就是国王的女性配偶。该书谈到的国王配偶涉及的国家和地区有法国（德·曼特农夫人、列辛斯卡夫人）、神圣罗马帝国（哈布斯堡的女皇、普鲁士的王后、符腾堡和萨克森的王妃）、斯堪的纳维亚（瑞典和丹麦的王后）、俄国（凯瑟琳一世）、英国（安斯巴赫的凯若琳和梅克伦堡—施特雷利茨的夏洛特）、西班牙（伊丽莎白法尔内塞和布拉冈扎的芭芭拉）和萨伏依（马丽亚·乔凡娜·巴蒂斯塔）。这样，这本书不仅包括当时著名的国王妻子，还包括一些不为人知的国王配偶。同时，每篇文章都提供了大量的传记信息和王室肖像画。

在《阴谋与叛逆》一书中，大卫·娄兹也写到了女王，考察了女王别具一格的风格。娄兹证实了玛丽一世拒绝为自己制作文艺复兴式肖像，她的目标是希望凭着自己的虔诚而被人视为国王配偶和母亲的典范。她从没想过利用她的女性魅力来服务于她的个人或政治利益。而其同父异母的妹妹伊丽莎白一世并非如此。伊丽莎白一世的生机勃勃、富有魅力与风花雪月同样闻名。两种不同的女王风格能使我们了解到，许多女王或国王除了依靠环境和资源外，还依靠自己的个性来树立自己的形象。④

---

① Sydney Anglo, *Images of Tudor Kingship*, London: Seaby, 1992.
② Helen Hackett, *Virgin Mother, Maiden Queen: Elizabeth I and the Cult of the Virgin Mary*, Basingstoke: Macmillan, 1996.
③ Clarissa Campbell Orr, *Queenship in Europe 1660 – 1815: The Role of the Consort*, Cambridge: Cambridge University Press, 2004.
④ David Loades, *Intrigue and Treason: the Tudor court, 1547 – 1558*, Harlow, England; New York: Longman/Pearson 2004.

绪　论

综上所述，西方学术界对宫廷文化史的研究已经取得了丰硕的成果，但他们的研究也存在一些不足：首先，传统政治史的研究往往只是探讨宫廷的政治地位，在英国尤其是将其与枢密院作对比，到底哪一个是权力的中心，借以论证近代国家形成的过程。这样的讨论虽然是有必要的，但往往忽略了宫廷的历史演变过程，结论往往有些绝对化。其次，社会史的方法强调了宫廷文化与社会结构之间的互动关系，尤其使我们认识到了宫廷文化对社会结构的能动作用，而不仅仅是被动地被社会结构所决定；但这种研究的方向主要还是用文化为社会和政治的发展作注脚，并没有意识到宫廷文化本身的独立价值，例如审美价值等。再次，新文化史的方法使我们对宫廷文化各方面的细节有了更加详尽和深刻的了解，史料的来源更加广阔，并且创新了使用史料的方法；但这些研究往往呈现出"碎片化"，不能对宫廷文化做整体上的考察。

有鉴于此，本书选择近代早期欧洲宫廷文化的典型之一英国宫廷文化为研究对象，试图在对近代早期（1485—1714年，主要为都铎王朝和斯图亚特王朝时期）英国宫廷文化从物质、制度、日常生活、精神和艺术等层面进行系统梳理和细微展现的基础上，回答近代早期英国宫廷的演变及其地位、宫廷文化与王权和政治的关系、宫廷文化与宫廷贵族的身份认同、英国宫廷文化与各国宫廷文化的横向联系和与中世纪骑士文化的纵向联系等几个问题。

全书共分绪论、正文和结语三部分，正文共计九章。

第一章探讨了英国宫廷截至近代早期的演变与地位。本章首先阐明了宫廷和宫廷文化的概念，指出宫廷是围绕国王及其家族的圈子和管理机构，宫廷文化则是宫廷贵族的物质成就、行为模式、制度结构、价值观、审美品位和艺术风格等。接着探讨了英国宫廷自诺曼征服到近代早期的演变及其地位，指出在诺曼底王朝时期王室等同于政府，宫廷就是二者的结合；在金雀花王朝至约克王朝时期，英国的王室与政府开始了分离的过程；到了都铎王朝的亨利八世时期，王室与政府彻底分离，非行政化的王室便为这一时期的宫廷，它因王权的强大而成为政治活动、外交活动、社会和赞助的中心。

第二章描述了英国宫廷的住所从城堡到宫殿的演变过程以及近代早期在宫殿建设上取得的成就。诺曼征服后，英国宫廷最初的活动场所是城堡，城堡的堡垒和住宅的双重功能与当时的政治和军事形势是相一致的。14世纪以后城堡衰落，部分王室城堡转变为近代的宫殿。到了爱德华四世以后，英国的近代宫殿已经取代了城堡；在亨利八世时期，英国宫殿建设取得了空前绝后的成就，宫殿建设中尤其是增加了国王的私人活动空间，形成了内殿和外殿的分野。

第三章描述和分析了宫廷的物质生活，即饮食与服饰。从饮食来说，宫廷的饮食以肉食为主，消费量巨大，开支也很大；如此规模的消费是以厨房等供应部门为基础的，描述了厨房的结构和功能；宫廷宴会华丽、夸张的菜肴炫耀着君主的荣光，宫廷就餐的等级性和餐桌礼仪是对宫廷中权力关系和等级地位的认同。不同社会阶层的人们使用不同的衣料，宫廷贵族尤其是国王的服饰最为奢华，与饮食共同反映了宫廷生活中物质的双重属性，即自然属性和社会属性。

第四章描述和分析了宫廷中的一些日常活动，即运动和游戏、巡游与游行。通过描述骑士比武、狩猎、网球、保龄球、赌博、斗鸡等运动和游戏，指出了其中许多具有等级色彩，例如前四者在当时是宫廷贵族身份和地位的象征，但也有一些等级色彩并不强烈，例如赌博、纸牌等运动和游戏。在这一时期宫廷巡游和游行活动中，可以看到较为典型的政治文化。宫廷巡游通过华丽的游行队伍树立了国王和宫廷在群众中的威望，巡游所到之处往往含有政治意图；在重大节庆、仪式和外交事件中的游行活动同样也是一场政治盛会。

第五章描述和分析了宫廷中的戏剧、音乐和舞蹈表演。戏剧表演自亨利七世开始便已在宫中流行，到了伊丽莎白一世和斯图亚特王朝早期达到鼎盛。宫廷戏剧表演的特征之一就是美化统治的合法性，故此这一时期历史剧、政治剧成为宫廷戏剧的主流。音乐和舞蹈则是宫廷男女必备的素质，历代都铎君主几乎都有自己擅长的乐器，而在斯图亚特王朝宫廷学习舞蹈如同学习走路。假面剧舞会其主题往往强调和谐、统一和团结，象征着国王或王子的权威；其内容往往取材于国王的政策和时事，这样假面剧便成为宣传王权的工具。

第六章探讨了宫廷的宗教和教育。通过阐述宗教生活的管理机构、宗教音乐和祈祷书、君主的宗教信仰，指出了宫廷的宗教生活不仅是宫廷贵族的日常生活，而且还影响到了整个国家的宗教信仰和政治生活。在宫廷

绪 论

贵族的教育中,这一时期宫中的人文主义学者大力提倡人文主义教育,反对骑士教育;但还有一些贵族则提倡骑士教育,结果呈现出人文主义教育与骑士教育竞争与共存的格局,深刻地影响了这一时期的宫廷文化。

第七章描述了宫殿的室内装饰艺术。首先分析了这一时期英国宫廷与欧陆各国宫廷之间的联系;接着分析了意大利文艺复兴艺术,尤其是"奇异风格"对英国室内装饰艺术的影响;最后具体描述了近代早期英国宫殿的室内装饰。室内装饰的华丽与宫殿规模的宏大雄伟构成了宫廷生活的舞台和背景;室内装饰的等级性则体现了宫廷社会的等级性。

第八章描述了亨利七世、亨利八世、伊丽莎白一世和查理一世四位国王的肖像,并阐明了肖像的各类含义,有的象征着国王的权威及其合法性,有的则神化和美化国王及其配偶,有的是表达君主的某项政策,有的是为了确立君主的某种特定的形象,还有的则是为了纪念加冕、结婚等事件。这样,这些肖像或出于国王的有意为之,或出于臣下的歌功颂德,便转变成了宣传国王和王室成员的工具。

第九章探讨了这一时期宫廷文学中成就最大的宫廷诗歌,着重分析了托马斯·怀亚特和亨利·霍华德的诗歌特点和贡献,其中值得注意的是他们对宫廷生活和国王的态度。前者厌倦宫廷生活,后者讽刺国王,这在宫廷文化中似乎是另类。此外还谈到了御用文人对国王的颂歌,以及托马斯·莫尔、约翰·斯凯尔顿这类人文主义者对国王的颂词,反映了他们的生存境遇。

结语部分简要归纳和概述了近代早期英国宫廷文化的各个层面,并阐明了近代早期英国宫廷的演变及其地位、宫廷文化与王权和政治的关系、宫廷文化与宫廷贵族的身份认同、英国宫廷文化与各国宫廷文化的横向联系和与中世纪骑士文化的纵向联系等问题。

第一章
英国宫廷的演变及其结构

一 宫廷与宫廷文化

英文 Court 一词来源于法语的 Cour，意为四面围合的庭院；而法语的 Cour 来源于拉丁语 Cohors 的宾格 Cortem，亦为庭院之意。意大利文 Corte（宫廷）一词的原意也是四面围合的空间。可见，从词源学上来看，英文 Court、法文 Cour、意大利文 Corte 最初指的是四面围合的空间，例如庭院等。如果法官在此空间审理案件便成了"法庭"；如果王侯、王室成员、朝臣和官员居住，便成了"宫廷"，这是它们的两个引申意义。如果这种空间是圈围禽兽的，拉丁语 Cohors 便还有兽圈、鸡圈等意思。因此，"宫廷"首先指的是一种空间上的意义，即王侯、王室成员、朝臣和官员所居住的空间；[1] 而宫殿或城堡便处于宫廷的中心位置，它除了作为统治者主要的住所和城市重要的防御工事以外，更逐渐演变成为政府的财政和行政中心，它们与其他错综复杂的宫廷建筑物共同环绕着举行庆典的广场、大道、礼拜堂以及修道院、花园和狩猎场。[2] 其次，作为形容词的"宫廷的"一词在很多语言中还同时有"高雅的"等含义。"宫廷的"英文"Courtly"、古法语"Cortois"、德语"Höfisch"等同时便还有"高雅的""礼貌的"等含义。这一含义暗示了宫廷文化的根本特征，即强调了宫廷贵族阶层的身份认同意识，自视甚高。正如布姆克在分析"Höfisch"一词时所说："'高雅的'成了一个反映社会理想的纲领性词汇，它与外表的华丽、

---

[1] 在中世纪晚期和近代早期的欧洲，除了国王拥有自己的宫廷外，一些较大的公侯、教皇等也都有自己的宫廷。下文主要谈到的是"国王"的宫廷。

[2] ［美］艾里森·科尔：《意大利文艺复兴时期的宫廷艺术》，胡雄伟、张永俊译，中国建筑工业出版社2009年版，第8页。

体态的优美、出身的高贵、声望、高尚的思想、优雅的举止、骑士的美德和虔诚联系在一起。"①

关于宫廷的结构问题则较为复杂，在西方学术界很难达成共识。其核心问题是宫廷是由国王的家户（即王室）构成的，还是由独立于国王家户的行政管理机构构成的。

1694年的法兰西学院的一本词典将宫廷视为王朝、家户（Household）和家庭（House）。②诺贝特·埃利亚斯在《宫廷社会》一书中将"旧制度"下的宫廷视为法国国王以及所有依附于他的人的家庭（House）和家户（Household）。"旧制度"下的宫廷是父权制统治形式的高度分化类型，其根基产生于一家之主对其家庭的权威。作为一家之主的国王的权威与宫廷国家的传统特征有关，这种国家的中心组织就是广义上的国王的家族，这就是宫廷。③旧制度下，国王对国家的统治无非是对其家庭统治的扩大与增加。我国学者张殿清认为，"无论王室还是宫廷，都是后来学者对历史上以国王个人为中心的政治机构的一种命名，两者之间的含义没有太大的区别"，因此他认为"王室等同于宫廷"。④

与此相对，另外一种观点认为宫廷不包括国王的家户，而只包括国王的行政管理机构。已知的最早对宫廷下定义的是富勒·梯也尔，他在其1690年的字典里指出，宫廷是国王或公侯及其顾问、大臣和侍从的住处；此外，他还将宫廷与良好的举止联系起来。⑤这样他就将国王的家户排除在外了。英国学者大卫·摩尔根则认为，英国的宫廷虽然起源于国王的家户（Household），但并不等同于它。在15世纪初，国王的扈从是"家户中人"（Household man），但到了15世纪末16世纪初，即亨利七世和亨利八世时代，他们却演变成了廷臣（Courtier）；前者是战士，而后者则是政客。中世纪国王的家庭（House）一般分为两部分：一是由王室总管（Lord

---

① ［德］约阿希姆·布姆克：《宫廷文化——中世纪盛期的文学与社会》，何珊、刘华新译，生活·读书·新知三联书店2006年版，第72页。

② Jeroen Duindam, *Vienna and Versailles: the Courts of Europe's Major Dynastic Rivals, 1550-1780*, Cambridge; New York: Cambridge University Press, 2003, p. 3.

③ Nobert Elias, *The Court Society*, Dublin, Ireland: University College Dublin Press, 2006, p. 45.

④ 张殿清：《英国都铎宫廷炫耀式消费的政治意蕴》，载《史学集刊》2010年第5期。

⑤ Jeroen Duindam, *Vienna and Versailles: the Courts of Europe's Major Dynastic Rivals, 1550-1780*, Cambridge; New York: Cambridge University Press, 2003, p. 3.

Steward）领导的负责家庭事务的大厅（Hall）和厨房（Kitchen）；二是由宫务大臣（Lord Chamberlain）领导的负责政务以及服务国王个人的内廷（Chamber）。1495年，亨利七世从内廷中分离出了密室（the Privy Chamber），由其指定的亲信组成，而亨利八世则继承并组建了枢密院（the Privy Council）。这样，只有少数人，即主要是枢密院才能接近国王并影响政务；从此宫廷的历史就成为能接近国王的人，即枢密院的历史。① 对摩尔根而言，宫廷就是指独立于家户而负责政务的枢密院。多伦多大学教授 J. H. 奥斯汀顿认为，英国都铎和斯图亚特王朝的宫廷是一种政治和行政机构，它除了是国王的住处外，还是国家行政中心和外交中心；而这些职责在现代则是由国家履行的。②

第三种意见认为宫廷既包括国王的家户，又包括其行政管理机构。约翰·海因里希·泽德勒认为，宫廷虽然是王室成员居住的地方，但宫廷的所有当代定义既包括家户，又包括政府。他认为，宫廷不仅指跟随国王以服务于他的饮食起居、礼拜等活动的官员和侍从，还应包括王国的管理人员。此外，宫廷附近的高级贵族有权和有责任帮助和谏议统治者，而后者也应听从前者。从中世纪晚期，直到17、18世纪，多数宫廷的人员数量增加了，既是家户人员数量的增加，也是行政管理人员数量的增加。在此期间以及扩张结束后，随着统治者性质和地位的变化，家户和政府逐渐但可以被觉察到分离了。③ 英国利兹大学的马丁·巴特勒教授在谈到斯图亚特王朝的宫廷时认为，宫廷是一个非常复杂的概念，它是一个地方，也是一个机构。其最简单的意义指的就是宫殿，这些宫殿体现了国王的权威。但宫廷并不是固定在某一地点，政府和国王到哪里宫廷就到哪里；在这一点上来说宫廷就是国王的一个机构，宫廷就是扩大了的国王的家庭，它是一个由王室成员、仆人、大臣和官员等组成的集合体。④

---

① David Starkey, etc., *The English Court: from the Wars of the Roses to the Civil War*, London and New York: Longman, 1987, pp. 3 – 5.

② John H. Astington, English court Theatre, 1558 – 1642, Cambridge: Cambridge University Press, 1999, p. 1.

③ Jeroen Duindam, *Vienna and Versailles: the Courts of Europe's Major Dynastic Rivals, 1550 – 1780*, Cambridge; New York: Cambridge University Press, 2003, p. 3.

④ Martin Butler, *The Stuart Court Masque and Political Culture*, Cambridge, UK; New York: Cambridge University Press, 2008, p. 18.

沃尔特·曼普则悲观地认为对宫廷做精确的定义是不可能的。对宫廷下定义之所以困难并不是因为缺乏证据，而是因为围绕国王及其家族的圈子的本质。在这个圈子的中心是由国王选择的亲信构成的内廷（Privy Chamber），但其范围因时间、季节和地点而经常发生变化。① 斯言诚是，但对于具体研究某一宫廷文化者来说，没有定义就无法限定研究范围。就拙著的研究范围而言，宫廷的基本特征为：从成员上来说，宫廷就是围绕国王及其家族的圈子，包括王室官员、仆役、政府官员、外交官等；从机构制度上来说，不同的历史时期具有不同的内容：在中世纪宫廷包括王室与政府，而在近代早期宫廷一般只包括国王的家户，宫廷等同于王室，但不包括国王的行政管理机构；从地点上来说以宫殿或城堡为其活动中心；从其文化特征上来看，自视为高贵典雅，以期将其分离于普通人，其本质是一种身份认同和社会排斥。

四川大学何平教授将"文化"区分为两种：作为一般词语和作为分析性范畴。前者指人类的某些兴趣、成就和活动，人们在智慧和道德上的发展水平，从而带有一定的价值判断；后者更多强调它作为概念框架在分析过程中的实用性，避免带有价值判断。作为分析性范畴的"文化"又区分为人类学、民族学意义上的文化和社会学意义上的文化，人类学、民族学意义上的文化在赫尔德看来是"某一特定社会的生活方式的总合"②，包括物质文明、习俗和制度、价值观等；社会学意义上的文化概念主要指指导社会群体的观念价值及其相应的规范体系，并体现在器物和行为模式上。③ 本书中的文化指的就是作为分析性范畴的文化。相应的，"宫廷文化"指的就是宫廷的物质成就、日常活动、制度结构、价值观等。

宫廷文化学者J.W.谢伯恩认为，"文化"有两种含义：一是审美意义上的含义，是对艺术和人文的理解和品位，人们通过自己的兴趣、经验、观察和献身而学会评价和创造美和特性；二是社会学意义上的含义，一个社会阶层在思想、语言和活动上的行为模式。④ 相应的，"宫廷文化"

---

① V. J. Scattergood, J. W. Sherborne, eds., *English Court Culture in the Later Middle Ages*, New York: St. Martin's Press, 1983, p. ix.
② 何平：《中国和西方思想中的"文化"概念》，载《史学理论研究》1999年第2期。
③ 何平：《中国和西方思想中的"文化"概念》，载《史学理论研究》1999年第2期。
④ V. J. Scattergood, J. W. Sherborne, eds., *English Court Culture in the Later Middle Ages*, New York: St. Martin's Press, 1983, p. 1.

也有两种解释：从文化的后一种含义来理解，宫廷文化就是国王及其身边的人的行为模式；从其前一种含义来理解，宫廷文化就是宫廷尤其是国王倡导的审美品位和艺术风格。①

实际上，审美意义上的"文化"也可以纳入到社会学意义上来理解，只是其侧重点由纯粹的审美转向了审美与社会的关系上。审美意义上的宫廷文化常常表现为"宫廷式"或"宫廷风格"的艺术。最早使用"宫廷风格"一词的大概是莫里斯·黑斯廷斯在1949年《建筑评论》里的一篇文章《宫廷风格》，以及1955年他的一本书《圣斯蒂芬的礼拜堂》。此外，这个词还出现在杰弗里·韦伯对中世纪英国建筑的著述、珍·波尼的《英国装饰风格》（1979）和约翰·哈维的《垂直风格》（1978）中。② 这些"宫廷式"或"宫廷风格"的艺术所承载的并不仅仅是审美，而是有其深刻的社会意义的，后文将有论及。总体来看，宫廷文化就是以国王为核心的宫廷贵族的物质成就、日常活动、行为模式、制度结构、价值观、审美品位和艺术风格等。

二 英国宫廷的演变与地位

（一）诺曼底王朝的宫廷

"宫廷"从其狭义上来理解就是国王的家庭（王室）及其住所；国王的家庭和居所由王室官员管理，由大量的仆役和艺人为其服务，大量国家官员也常驻宫廷陪侍国王，外国使节也常驻宫中，这样就形成了一个围绕国王及其家庭的圈子，这就是广义上的宫廷。在诺曼底王朝时代，宫廷没有固定的活动场所，国王没有固定的首都，而是巡行四方。与国王同行的是一些朝臣、官吏、仆役、商人、上诉者和食客，但主要是国王的家臣（或称王室官员），他们不仅为国王家庭服务，有的还担任行政职务，例如司法仆臣、财务仆臣、监军等。③

---

① V. J. Scattergood, J. W. Sherborne, eds., *English Court Culture in the Later Middle Ages*, New York: St. Martin's Press, 1983, pp. 6 – 7.

② V. J. Scattergood, J. W. Sherborne, eds., *English Court Culture in the Later Middle Ages*, New York: St. Martin's Press, 1983, p. 129.

③ 钱乘旦、许洁明：《英国通史》，上海社会科学院出版社2007年版，第52页。

第一章 英国宫廷的演变及其结构

诺曼底王室的主要官员有国务大臣①、宫廷大臣（或宫务大臣）、司库、仆役长、管家、城堡守卫长等。国务大臣掌管国玺、总管礼拜堂，②在礼拜堂教士的协助下总管所有政务；宫廷大臣负责总管内室，③包括国王的起居、服装、收藏、资财等；司库是宫廷大臣的副手，专门负责国王的财务，保管国王的金库；仆役长和管家负责总管国王的大厅，提供饮料和食物、安排大厅活动等；城堡守卫长负责城堡和宫廷的安全工作，在国王不在时掌管城堡。这些主要官员之下各有仆从来具体操作。诺曼底王室官职的基本结构直至都铎王朝时代并没有发生根本的改变。

诺曼征服以后，威廉一世将诸侯的领地分封在不同地区，使其无力与王室对抗；他还废除了"我的陪臣的陪臣，不是我的陪臣"的原则，而要求诸侯的陪臣对他尽封臣义务，建立了一切陪臣与国王的直属关系。④这样，英国的王权比同一时期法国的王权更为强大，为中央集权的君主制国家奠定了基础。与王权强大相应的是，国王的家庭成为英国立法、行政、司法的中心，国王的家庭（王室）与政府等同。

当时最主要的国家管理机构是"王堂"，又称御前会议。最初为人数较多，召开时间、地点较为固定的"大议会"，即封建领主大会，主要由王室官员负责；到亨利一世期间又从大议会中发展出"小议会"（即库里亚），其人数较少、职能较固定，但召开的时间、地点和内容都取决于国王的临时需要，其成员被称为"法官"，负责司法、行政、财政等工作，它的主要成员是一些宫廷官员和王室仆役。⑤此外，王室官员国务大臣负责掌管国玺，总管所有政务。⑥正因为中央政府与王室混为一体，所以常

---

① 英语"Chancellor"源于拉丁语"Cancella"，意为"屏风"。诺曼征服初期，国王的事务主要在其所住城堡大厅的屏风后处理，所以为国王处理国务的官员被称为"Chancellor"（国务大臣）。
② 因诺曼底国王一般住在城堡中，所以当时王室官员的设置往往与城堡的结构相关。一座典型的诺曼底时代的城堡仅其塔楼（Keep）部分而言主要可分为国王内室、大厅、礼拜堂、地下室等部分。
③ 内室即"Chamber"，是城堡中国王的私人用房，相对的是具有公共活动功能的"大厅"（Hall）。
④ 马啸原：《西方政治制度史》，高等教育出版社2005年版，第79页。
⑤ 马啸原：《西方政治制度史》，高等教育出版社2005年版，第53页。
⑥ François Matarasso, *The English Castle*, London: Cassell, 1993, p.25.

· 17 ·

被称为"王室政府"①。

(二) 金雀花王朝至约克王朝的宫廷

14世纪和15世纪（金雀花王朝至约克王朝时期），英国的宫廷发生了明显的变化。首先是在14世纪，英国宫廷结束了流动性，有了固定的活动场所。13世纪，英王约翰几乎失去了欧洲大陆所有领地，从此英王巡行的范围只限于英格兰，宫廷活动中心逐渐在伦敦及其附近的宫殿和城堡中固定下来。例如，威斯敏斯特宫是中世纪王室的主要住处；1295年的模范会议设于威斯敏斯特宫；② 以后历届议会及其法庭几乎都设于此处；约翰在温莎城堡附近签署《大宪章》；亨利三世、亨利六世出生在温莎城堡；爱德华三世于1348年在温莎城堡创设嘉德骑士团，③ 以后历年授勋仪式也在这里举行；温莎城堡有时甚至还作为王室的监狱使用——爱德华四世曾将亨利六世之妻玛格丽特囚禁于此。④ 为了满足王室的需要，金雀花王朝历代国王大力兴建和整修伦敦及其附近的宫殿和城堡，尤其是爱德华三世和理查二世对温莎城堡和威斯敏斯特宫的整修，不仅使前者从防御要塞变成了舒适的宫殿，还使后者成为当时西欧最辉煌的世俗建筑。⑤

其次，截至15世纪，王室和政府已经出现了分离。在诺曼底王朝时代，国王的仆从是其家庭的一部分，但到这时，很多原属国王家庭的机构从王室中独立了出来，首先是国库从王室机构中分离出来，接着大法官法庭（Chancery）、财务法庭（Exchequer）和王座法庭（Judicial benches）也不再属于王室建制。与此同时，为国王个人服务的一些机构也分离了出来，不再受王室官员节制，例如锦衣库（the Wardrobe）、马厩（the Stables）、工场（Works）和王室游艇部（the Royal Barge）等。⑥

---

① 程汉大：《英国政治制度史》，中国社会科学出版社1995年版，第52—53页。

② House of Commons Information Office, *A Brief Chronology of the House of Commons*, August 2010, p. 2.

③ Brindle, Steven and Kerr, Brian, *Windsor Revealed: New Light on the History of the Castle*, London: English Heritage, 1997, p. 39.

④ Alfred Leslie Rowse, *Windsor Castle in the History of the Nation*, London: Book Club Associates, 1974, p. 31.

⑤ V. J. Scattergood, J. W. Sherborne, eds., *English Court Culture in the Later Middle Ages*, New York: St. Martin's Press, 1983, p. 24.

⑥ David Loades, *The Tudor Court*, Totowa: Barnes & Noble Books, 1987, pp. 38–39.

第一章　英国宫廷的演变及其结构

接着，议会和咨议会也逐渐脱离了宫廷。"议会"（Parliament）的最早形式是国王宫廷的会议，即从亨利三世统治时的集会（Gatherings）发展而来，参加者多为大贵族，"会议内容以政治性事务为主"[①]。自1265年西门国会始，市民阶层代表也加入到了议会中，标志着议会的形成；到爱德华一世时期议会的召开已经经常化、制度化；到14世纪议会已经成为很正式的机构了。参加议会的廷臣也出现了分化，从廷臣的广义来说，所有参加议会的人都是廷臣，无论他们是被国王单独召来还是被选举进来。[②] 在14世纪的议会中，有些贵族与国王的关系并不亲密，他们之所以到场是因为他们的父亲或祖父曾被召来过，我们将其称为制度廷臣。而与王室有血缘关系和通过婚姻与王室结盟的贵族非常不同，他们花费大量的时间陪侍国王，分担其负担，分享其娱乐；这些人就是实际意义上的廷臣。

如同议会一样，国王的咨议会（Council）也是从国王的家庭里发展出来的。14世纪60年代的咨议会是国王的私人机构，并具有一定的司法功能，由国王主持。[③] 14世纪90年代的咨议会常常在没有国王出席的情况下讨论和做出重要决定。大法官和司库几乎总是出席，与理查德二世关系密切的内廷或宫室（Chamber）中的一小部分骑士（例如理查德·斯杜里或爱德华·达林格里格）定期出席。王室总管则偶尔出席。爱德华三世和理查德二世时期，国王较少出席咨议会，例如在预言者约翰节期间，理查德出席咨议会的时间只有五天。[④] 他将一些重大事务交付给大法官和司库及其僚属。到了亨利六世时期，参加咨议会者甚至能领到薪水。[⑤] 这样，咨议会便成为较为正式的行政机构了。

尽管爱德华三世或理查德二世或许摆脱了行政事务，但他们的内廷总是跟随着他们。宫廷成员的数量也许从几百到50甚至更少而不等。王室职

[①] 程汉大：《英国政治制度史》，中国社会科学出版社1995年版，第84页。
[②] V. J. Scattergood, J. W. Sherborne, eds., *English Court Culture in the Later Middle Ages*, New York: St. Martin's Press, 1983, pp. 1 – 2.
[③] A. R. Myers, ed., *English Historical Document, 1327 – 1485*, London and New York: Routledge, 1969, pp. 415 – 416.
[④] V. J. Scattergood, J. W. Sherborne, eds., *English Court Culture in the Later Middle Ages*, New York: St. Martin's Press, 1983, pp. 2 – 3.
[⑤] A. R. Myers, ed., *English Historical Document, 1327 – 1485*, London and New York: Routledge, 1969, pp. 422 – 423.

员数量巨大，在 1360 年和 1377 年之间，王室雇佣的职员数量在 350—450 人之间。① 爱德华三世和理查德二世大量雇佣文员、侍从、男仆、仆人、厨师、信差和马车夫。王室有 11 个不同的职能部门，以便服务于国王和王后、他们的家庭成员和家臣的不同需要。王室的核心是国王的内室（Chamber），② 进入他的房间受到严格的限制。国王通常在主持完大厅的活动后撤回到其私人房间，③ 并在这里进餐、睡觉、藏宝和娱乐。④

爱德华三世爱好战争，他即位后先后发动了对苏格兰的战争和对法国的战争。⑤ 与爱德华三世同征法兰西的贵族往往成为其亲信而能出入其内室，他们或许不是议会或咨议会成员，但其军功使其有权进入国王的内室。⑥ 国王的管家和宫廷大臣（Chamberlain）常常陪侍着他，此外还有专职教士（Chaplain）、医生和国王的顾问。而内廷骑士则是他最亲密的朋友。爱德华三世授予内廷骑士以年金、城主和闲职。⑦

因此，到了 14 世纪王室和政府正在分离；王室越来越不能左右国家大事，甚至它本身还要受到议会的制约。议会经常派人调查国王的家庭成员及其官员。1384 年，国王的宫廷和咨议会受到一系列批评。1386 年，国王的叔叔格罗斯特的托马斯和伊利的主教托马斯·阿伦德尔威胁要罢黜国王。1387 年初，议会派一委员会调查王室，1387 年 12 月发生内战，王室仆人被解散，四名廷臣被判叛国罪，其他人被从国王身边驱逐。⑧

但在亨利八世之前，为王室服务与为国家服务仍相差无几，王室仍是

---

① C. J. Given-Wilson, *Court and household of Edward Ⅲ, 1360–1377*, unpub. Ph. D. of the University of St Andrews, 1976, pp. 172–175.

② 内室（Chamber），其管理机构即马克垚先生所说的"宫室"（Chamber）。

③ A. R. Myers, ed., *English Historical Document, 1327–1485*, London and New York: Routledge, 1969, pp. 1157–1158.

④ V. J. Scattergood, J. W. Sherborne, eds., *English Court Culture in the Later Middle Ages*, New York: St. Martin's Press, 1983, p. 4.

⑤ V. J. Scattergood, J. W. Sherborne, eds., *English Court Culture in the Later Middle Ages*, New York: St. Martin's Press, 1983, p. 7.

⑥ V. J. Scattergood, J. W. Sherborne, eds., *English Court Culture in the Later Middle Ages*, New York: St. Martin's Press, 1983, p. 9.

⑦ V. J. Scattergood, J. W. Sherborne, eds., *English Court Culture in the Later Middle Ages*, New York: St. Martin's Press, 1983, p. 17.

⑧ V. J. Scattergood; J. W. Sherborne, ed., *English Court Culture in the Later Middle Ages*, New York: St. Martin's Press, 1983, pp. 19–20.

整个国家管理系统的基础，政府的本质仍是"国王私人的政府通过私人的仆从来管理"①。在亨利七世时期，英国甚至出现了中世纪政府的"复兴"改革，使政府更加依附于王室。在财政上，亨利七世简化了"国库"（the Exchequer）进账与支出的程序，设立了四个出纳直接负责账务管理，这样便利了国王对财政的控制；发展了自爱德华二世和爱德华三世以来的"王室财政系统"（Chamber system of finance），将大量王室地产脱离国库的控制，转由国王特别委派的、王室审计官负责管理；扩大王室地产，使国王成为最富有的人，并委派王室财务官来管理。② 在行政上，扩大了私章（Signet）的使用权限，将其置于御玺和国玺之上，而管理私章的国务秘书虽然职位不高，但却是国王的亲信，具有国王私人仆从的特征；选择一小撮亲信大臣组成咨议会，③ 以排斥大贵族参与重要政务。这样，亨利七世在加强国王权力的同时使政府更加中世纪化了。

政府所谓的中世纪化实际上使政府更加依赖和服从于国王个人，而这与他打击旧贵族是同时进行的。博斯沃斯战役后，亨利七世成为英国国王。但在当时多数人的眼中，这只是一次政变，他的统治并没有多少合法性。此外，还有许多大贵族比亨利七世具有更多和更直接的王室血统，直接威胁到了他的统治。这使得他在位期间"始终为篡位者的名分所困扰"④。为此，亨利七世及其子亨利八世开始了削弱大贵族权势而将权力集中在自己及其宫廷的过程。亨利七世处死了年仅10岁的爱德华四世的侄子沃里克伯爵，镇压了约克派贵族的叛乱。亨利八世则处死了潜在的王位争夺者白金汉公爵、埃格斯特侯爵和萨里伯爵。

（三）近代早期（都铎王朝和斯图亚特王朝）的英国宫廷

在亨利八世统治时期，托马斯·克伦威尔进行了政府机构改革——被

---

① G. R. Elton, *The Tudor Revolution in Government: Administrative Changes in the Reign of Henry VIII*, Cambridge: Cambridge university press, 1953, p. 12.

② G. R. Elton, *The Tudor Revolution in Government: Administrative Changes in the Reign of Henry VIII*, Cambridge: Cambridge university press, 1953, pp. 20 - 30.

③ G. R. 埃尔顿和一些英国史学家认为，亨利七世组建的咨议会并非亨利八世时期的枢密院，枢密院直到1540才出现，咨议会的后裔是星室法庭，而枢密院的前身是爱德华四世至亨利七世时期由与国王关系更密切、更重要的议员组成的小圈子。而我国学者通常将亨利七世组建的咨议会称为枢密院。程汉大则认为咨议会后来分裂成枢密院和星室法庭两部分。

④ 阎照祥：《英国贵族史》，人民出版社2000年版，第133页。

英国历史学家G. R. 埃尔顿称为"政府革命",认为这使政府官僚化、王室非行政化,从而使英国的王室完成了和政府的分离。亨利八世为加强个人权力,削弱贵族权力,起用了一批非贵族出身的官员,这样就使政府官僚化不可避免。出身律师的克伦威尔先后担任了重要的职务,这些职务有国王珠宝总管、大法官法庭文书、国库总管、首席国务秘书、文书总管、掌玺大臣、宫廷大臣等,这使他便于进行财政和行政改革。在财政上,他削弱了王室财政部门的地位,减少了它的岁入,其地位沦为政府的一个财政部门,即官僚化了;[1] 设置了六个部门来管理国王的收入:国库、兰开斯特公爵法庭、普通监察法庭、增收法庭、什一税法庭、监护法庭等。尤其是直接负责处理教会财产的增收法院的设立,因其独立地管理财政收入并与习惯法相抗衡而施加了强大的司法权力,标志着王室政府时代的结束和官僚政治的开端。[2] 在行政上,削弱了私章和御玺的权限,使其成为例行公事的机构而无决策权,政府的决策开始依赖于政客的个人能力;提高国务秘书的地位,使其掌管宗教、边境、海陆防卫、国王海外领地、英国海外商人、王室的常规收入和财政、王室家务、外交和文化等事务,[3] 成为事实上的政府首脑;设立独立于王室之外的枢密院(Privy Council),由国王最亲信的大臣组成,全面掌管王国的财政、防务、海外领地、王室家务、诉讼等事务。[4] 政府机构改革形成的政府官僚化使国王拥有了强大而有效的行政手段,与同一时期的宗教改革共同提高了国王的政治、经济和宗教地位,促进了近代民族国家的形成。

这样,经过亨利七世和亨利八世的努力,到后者统治时期英国的王权已经非常强大,国王及其宫廷已经成为国家的政治和财富中心;而与此同时,一些大贵族及其宫廷则逐渐衰落了。

与政府官僚化的同时,王室发生了非行政化,其功能只剩下服务国王

---

[1] G. R. Elton, *The Tudor Revolution in Government: Administrative Changes in the Reign of Henry VIII*, Cambridge: Cambridge university press, 1953, pp. 170 – 177.

[2] G. R. Elton, *The Tudor Revolution in Government: Administrative Changes in the Reign of Henry VIII*, Cambridge: Cambridge university press, 1953, p. 211.

[3] G. R. Elton, *The Tudor Revolution in Government: Administrative Changes in the Reign of Henry VIII*, Cambridge: Cambridge university press, 1953, p. 299.

[4] C. H. Williams, ed., *English Historical Document*, 1485 – 1558, London and New York: Routledge, 1967, pp. 516 – 517.

及其家人的日常生活，非行政化的王室即是本书所要谈到的近代早期的"宫廷"。它最晚可截止到1782年，这一年王室本身成为政府的一个机构。① 关于近代早期宫廷的机构设置，后文另有所述，这里需要讨论一下它的社会地位问题。

王室非行政化以后，所谓的宫廷是不是在社会和政治地位上就不再重要了呢？笔者认为恰恰相反，这时的宫廷虽然不再是行政中心，但却因为王权的强大而成为政治和外交中心，宫廷贵族是社会阶梯的最高层，无论是追求权力和财富还是追求名望都要进入宫廷、赢得宫廷并最终得到国王的回报或帮助。在近代，尤其是近代早期，这不仅是英国的情况，也是整个欧洲的普遍状况。

1. 宫廷是政治斗争的中心。进入宫廷、接近国王是政治斗争的重要手段，例如，在亨利八世时期，1527年托马斯·沃尔西被遣往法国而离开了宫廷，结果其政敌乘机在宫中影响国王，最终导致了他的下台；斯蒂芬·加德纳在1545年被从宫廷遣往神圣罗马帝国，标志着他被赫特福德伯爵及其同盟打败；② 托马斯·克伦威尔竭力阻止其主要政敌诺福克和加德纳进入宫廷也是出于同样的目的。对臣下而言，国王接见与否则标志着他们的政治命运，例如，伊丽莎白女王在苏格兰玛丽女王被处决后拒绝接见她的议院领袖，在埃塞克斯伯爵从爱尔兰战败而回时拒绝接见他，罗利和贝丝·罗克默顿结婚后拒绝接见他。③ 相反的是，当某些贵族受召而不前往宫廷就会被视为叛国行为，这在伊丽莎白时代尤其如此。接近与疏远国王的政治游戏之所以很重要，是因为在当时君主就是国家的化身，代表着至高无上的权力，能接近国王、获得国王的信任就意味着政治上的成功；因此，在近代民主政治产生之前，党派的政治斗争就演化为接近与疏远国王的游戏。很多政治斗争也因此大都是以宫廷斗争为形式而展开，例如，亨利八世的婚姻实际上是各党派（博林派、诺福克—萨福克派、阿拉冈派、旧贵族派等）企图独霸宫廷以争夺政治权力的手段。埃尔顿认为，都

---

① G. R. Elton, *The Tudor Revolution in Government: Administrative Changes in the Reign of Henry VIII*, Cambridge: Cambridge university press, 1953, p. 370.
② David Loades, *The Tudor court*, Totowa: Barnes & Noble books, 1987, p. 133.
③ G. R. Elton, *Tudor Government: The Points of Contact. III, The Court*, Transactions of the Royal Historical Society, Fifth Series, Vol. 26 (1976), p. 218.

铎王朝时期将政治斗争限于宫廷斗争，避免了国家的分裂，确保了稳定与和平。而斯图亚特王朝时期则允许某一党派占据宫廷，这样，政治冲突往往移入公共领域，① 不利于政治的稳定。

2. 宫廷是外交的中心。在近代早期，包括英国在内的欧洲各地宫廷相互派驻外交使节。战争与和平问题、王室婚姻问题尤其需要象征性地互派使节。他们往往受到盛大款待，并与该国交换礼物。例如，爱德华四世为与勃艮地建立联盟，决定将其妹妹玛格丽特嫁给夏洛来的查理，查理之父作为使者来到英国，受到隆重的礼遇：为其举办比武大会、参加议会等。类似的还有为商议威尔士亲王亚瑟与凯瑟琳的婚事、玛丽与菲利普的婚事等，英国与西班牙都曾互派使节。除了王室婚姻外，热那亚、威尼斯、但泽等地的使者因商务而常常出使英国宫廷；英法两国常因海盗、领地问题互派使节；教皇使节在英国宫廷也非常活跃。15世纪之前，向其他宫廷派去使节往往是临时性的，任务结束后便返回本国。到了15世纪中期则在意大利首先出现了常驻使节。英国宫廷的第一位常驻使节是威尼斯人本纳多·本博，他于1483年7月被派往英国。这些常驻使节经常受邀参加宫廷的各类仪式和活动。有时，常驻使节是否出席某个特别的仪式事关重大，例如，当尤斯塔斯·查普斯没有出席安妮·博林的加冕礼时，或当安东尼·德·诺艾莱没有去参加玛丽入城（伦敦）仪式时。② 能否便利地出入宫廷，在宫廷中受到欢迎，与重要的廷臣建立友好关系，甚至与国王接近，对使者来说至关重要，这不但利于他处理日常外交事务，还有利于他搜集从重要的国事活动到琐屑的宫廷流言等情报。各国君主主要依靠外交使节的这类情报来掌握该国情况，制定相应的外交政策。为了得到比正式途径更多的情报，他们都会通过收买人建立一个自己的情报网。有些时候，这些使者还参与出使国的内政。例如，出使英国的威尼斯使者与法国人共谋破坏玛丽的婚姻；教廷大使佛朗西斯科·考皮尼积极参与了爱德华六世继承王位的事件。③ 这样宫廷就成了当时的外交活动中心。

3. 宫廷贵族位列社会阶梯的最高层。诺贝特·埃利亚斯认为，法国

---

① G.R. Elton, *Tudor Government: The Points of Contact*. III, *The Court*, Transactions of the Royal Historical Society, Fifth Series, Vol. 26 (1976), pp. 227–228.
② David Loades, *The Tudor Court*, Totowa: Barnes & Noble Books, 1987, p. 169.
③ David Loades, *The Tudor Court*, Totowa: Barnes & Noble Books, 1987, p. 167.

国王和贵族在宗教战争中结盟，国王赢得了权力，贵族赢得了财富。但随后贵族的政治和军事地位因资产阶级的竞争、火器的运用而下降，经济状况因价格革命而恶化，法王为加强王权，便趁机将宫廷作为既保护又驯服贵族的工具。[①] 旧贵族进入宫廷后，依靠国王的庇护才能继续过着贵族式的生活，否则就意味着家族破落下去。这样，新的宫廷贵族便成为社会阶梯的最高层。尽管他认为英国国王和宫廷没能建立权力中心，上流社会的宫廷特征不够明显，贵族和资产阶级界限不明确，但他认为这和法国宫廷相比只是程度不同而已。价格革命同样使英国贵族面临危机，他们从土地上的实际收益减少，不得不到宫中担任官职或寻求王室的帮助，从而在一定程度上实现了旧贵族向宫廷贵族的转变。[②] 而这一时期的英国国王也都乘机大力资助贵族，并最终达到控制贵族的目的。国王对贵族的资助一般分为直接的金钱资助、授予官职和土地、发放年金，以及授予监护权、特许证、海关特许权、商业特许权等。即使如此，很多贵族仍欠债于国王，最为典型的是伊丽莎白时代的达德利。截至1575年，他从官职、特许证和其他宫廷特权中的收入达到了一年4000英镑，超过了一年3000英镑的地产收入，但因其铺张奢侈的生活，仍欠下巨债。其中某次欠了女王15000英镑。[③] 国王们总是在封赏大臣的同时让他们欠债于他，以便控制。这样，宫廷贵族就取代了旧贵族，一方面受国王控制，另一方面代替了旧贵族而处在社会阶梯的最高层，宫廷便成了整个社会阶梯的顶端。

4. 宫廷是整个社会的中心。与宫廷贵族成为社会阶梯的最高层的同时，对那些剩余的旧贵族或乡村贵族以及乡绅而言，宫廷具有强大的吸引力，他们时而亲自出席宫廷或在宫廷派驻自己的代理人，而国王也希望他们与宫廷保持密切联系。宫中或政府的一些重要职位往往是为一些地方大贵族准备的，例如上议院议员、军事指挥官以及一些王室和枢密院的职位；到了伊丽莎白时期，地方贵族被要求不定期出席宫廷，否则以叛国罪论处。因为王室宫廷人员几乎垄断了整个权力体系，地方贵族为了保留自己在地方职务任命上的影响力，不得不赢得国王的帮助，为此也不得不常

---

① Nobert Elias, *The Court Society*, Dublin, Ireland: University College Dublin Press, 2006, p. 195.
② David Loades, *The Tudor Court*, Totowa: Barnes & Noble Books, 1987, pp. 145–147.
③ David Loades, *The Tudor Court*, Totowa: Barnes & Noble Books, 1987, p. 144.

常来到宫廷或在宫廷安排自己的代理人。此外，一些任职于地方的高级绅士阶层（大地主）作为地方行政长官和治安法官他们要对枢密院负责，因此他们如果要得到晋升或其他形式的成功也不得不时常来到宫廷，有些还雇佣代理人出席宫廷。他们的子女也在宫廷竭力寻找职位。① 这样，与宫廷贵族位列社会阶梯的最高层的同时，无论是旧贵族还是新兴的绅士阶层都对宫廷趋之若鹜，国王通过宫廷将自己的影响扩大到了社会的每个角落，因而宫廷便成为整个社会的中心。

5. 宫廷是寻求赞助的中心。赞助的对象有贵族和艺术家等。当贵族在遭受牢狱之灾等事件时，往往会在宫中寻找各种关系以得到国王的赦免：约翰·帕斯顿为得到爱德华四世的帮助，联系了宫中的乔治·布朗、詹姆斯·拉特克里夫等人；当约翰·比德尔在1556年因参与亨利·达德利的阴谋而被捕入狱时，他要求其妻说服克拉伦斯为其求情；1566年，莱斯特伯爵通过女王的幸臣布兰奇·帕里向女王求情，以使其能重返宫廷。此外，还有上文提到的对贵族经济方面的赞助。贵族为了寻求赞助往往向国王写申请或诉状。在15世纪早期，亨利四世几乎每年都能收到3000份此类申诉。申诉的内容非常宽泛，1552年6月国王收到的申诉内容有：救济萨里伯爵的孩子；五位官员和枢密院成员的土地出让金；尼古拉斯·勒·斯特朗爵士200英镑的年金；对约翰·斯默伍德过失杀人的赦免等。②

当时欧洲各国宫廷为了抬高国王的声望、创造华丽之风而竞相赞助学者、艺术家。相对于欧陆宫廷，英国宫廷也毫不逊色。在16世纪的英国宫廷中有很多人文主义学者，约翰·科利特是当时英国人文主义的领袖人物，在宫廷支持下出任圣保罗教堂的主持，并建立了声望很高的学校；理查德·帕斯则长期出使他国；托马斯·林纳克受聘为宫廷音乐家，威廉·布朗特则是凯瑟琳的宫务大臣；③ 托马斯·莫尔成为亨利八世的大法官。宫廷对艺术家的赞助更是不遗余力，网罗了大批才华出众的艺术家，例如

---

① Robert Tittler; Norman L Jones, *A companion to Tudor Britain*, Malden, MA: Blackwell Pub., 2004, p. 70.
② Robert Tittler; Norman L Jones, *A companion to Tudor Britain*, Malden, MA: Blackwell Pub., 2004, p. 133.
③ David Loades, *The Tudor Court*, Totowa: Barnes & Noble Books, 1987, p. 118.

爱德华四世时代的宫廷画师约翰·塞尔莱、亨利七世时代的御用画师梅纳特等人。亨利八世甚至还在1517年创建了新的"工场"以专门招徕低地国家的艺术家，他们中比较著名的有贾尔斯·韦斯、加伦·霍恩、杰勒德·霍伦布特、让·克卢埃、小汉斯·霍尔拜因等人。[①] 此外，来自意大利的人文主义者和艺术家人数也比较多，人文主义者如波焦·布拉乔利尼、皮科洛米尼、提托·利维奥德·弗鲁罗费斯、彼得罗·卡米里安诺、巴尔达萨勒·卡斯蒂廖内、波利多罗·维吉利奥等人；比较著名的艺术家则有雕刻家吉多·玛佐尼、画家彼得罗·托利吉安诺、雕刻家保罗·乔维奥、雕塑家贝内德托·达·罗沃兹安诺等。[②] 在都铎王朝和斯图亚特王朝早期，艺术赞助已经成为王室和廷臣的必要事业，为此他们不惜花费重金。[③] 在15世纪和16世纪，英国宫廷几乎聘用过西欧所有著名的学者和艺术家，这些学者和艺术家为英国宫廷文化尤其是人文主义文化的发展做出了重要贡献。

三　近代早期英国宫廷的机构设置

近代早期的英国宫廷如前文所述是社会和政治的中心，之所以如此是因为国王权力和财富的无比强大，因为国王就是宫廷的核心。宫廷成为国王展现自己崇高的地位和证明自己及其家族是基督教世界合法统治者或王者的场合。宫廷的这些功能需要设置相应的机构来执行。中世纪国王的宫廷与贵族的家庭非常相似，规模相差也不是很大，只是称呼不同而已，而其结构则与国王的地位和城堡紧密相连；但到了中世纪末期和近代早期，随着王权的强大和宫殿的大规模建设，国王宫廷的规模之大、结构之复杂已远远不是一般贵族的家庭所能比拟的了。

1471—1472年爱德华四世时代的《黑书》将宫廷机构划分成"供应部"和"华丽部"两部分，两者分别由宫廷总管和宫务大臣掌管；前者在

---

① David Loades, *The Tudor Court*, Totowa: Barnes & Noble Books, 1987, pp. 127 – 132.

② Michael Wyatt, *The Italian Encounter with Tudor England: a Cultural Politics of Translation*, Cambridge, UK; New York: Cambridge University Press, 2005, pp. 28 – 52.

③ R. Malcolm Smuts, *Court Culture and the Origins of a Royalist Tradition in Early Stuart England*, Philadelphia: University of Pennsylvania Press, 1987, pp. 58 – 61.

楼下，是为楼上的"华丽部"提供物质保证以创造"华丽"。[①] 而到了都铎王朝时期，随着国王追求隐私的需要，宫殿出现了外殿（公共空间）和内殿（私人空间）两部分，[②] 相应的"华丽部"便又分离出了掌管内殿的机构，即内廷。[③] 这样，都铎王朝的宫廷机构主要分成三部分：宫廷总管，负责管理王室家庭和服务供应事宜；宫务大臣，负责管理外殿；内廷则负责管理内殿（见附表1[④]）。

（一）宫廷总管

宫廷总管在司库、审计官、管家等的帮助下负责管理二十多个供应部门：食品室和酒窖、餐具室、厨房和储肉室等，每一部门都由一长官在若干仆人和侍者的帮助下运行；所有这些供应部门的职员共计有300多人，除了洗衣妇外都是男性。宫廷总管要在每天上午10点和下午4点在大殿监管在公共餐桌上食物的分发。这些有权在此免费就餐的官员到了伊丽莎白时期多在自己宅内用餐，而发放的份额不减，于是厨房仆人和大厅侍者便乐得将多余的食物售出以赚得外快。总管还为某些人提供定额的面包、酒、燃料等，定额的大小取决于个人的等级高低。总管所部雇员有些是要支付现金的，数额大小不定，有些低微的仆人得到的现金很少甚至没有。因为宫廷中人员庞杂，活动较多，宫廷的支出是非常惊人的：亨利八世统治初期预算为16000英镑，但到了伊丽莎白一世时期则达到了55000英镑。[⑤] 除了为宫廷提供日常食用以外，他还负责监管司库、审计官、财务官等部门的工作；如有必要，他还要参加习惯法法庭，并与审计官同为枢密院成员。

（二）外殿与宫务大臣（外廷）

宫务大臣在其副手副宫务大臣的协助下总管外殿。1526年宫务大臣所

[①] Simon Thurley, *The Royal Palaces of Tudor England*: *Architecture and Court life*, *1460 – 1547*, New Haven: Yale University Press, 1993, pp. 17 – 18.

[②] 外殿主要包括大厅、大殿、警卫厅、接见厅等；内殿主要包括内厅、卧室、密室、书房、图书室、珠宝房等。

[③] 可将统管内殿的机构统称为内廷（Privy Chamber），而统管外殿的机构可称为外廷（Outer chamber）。

[④] David Loades, *The Tudor court*, Totowa: Barnes & Noble books, 1987, pp. 210 – 211.

[⑤] Robert Tittler, Norman L Jones, *A Companion to Tudor Britain*, Malden, MA: Blackwell Pub., 2004, p. 63.

第一章　英国宫廷的演变及其结构

部共有73位绅士官员获得了宫内住处,有权在宫内免费食宿,273人没有获得住处而只能拿到薪水。宫务大臣在副宫务大臣、门房官和司库的帮助下监管公共房间、警卫厅、接见厅等。在国事活动期间,宫务大臣要将来访者引领到坐在接见厅一个带罩盖王座上的国王之前;还要安排游行活动,统管狂欢、帐篷和仪式官的工作。与其职能相关但并不受其管辖的是珠宝房和王室礼拜堂。此外他还负责安排住宿,并与副宫务大臣同为枢密院成员。所部很多职员采取三个月轮班制度,这样他们虽然占有职位但并不会增加开销。此外,还有150多位不领薪酬的绅士和骑士在大殿中跑腿,陪同来访者。还有一些人员并不隶属于宫务大臣,其职位并不固定,例如球员、艺术家和工匠。

宫务大臣除了负责外殿外,另一项重要的工作就是负责国王的日常起居。16世纪初,根据亨利七世的命令出版了一本有关宫廷规则的书。书中讲到了宫务大臣的一项职责,在平时他负责保管和维护国王的服装,"在国王早上起床时他要将国王的衬衫烘暖,将国王的座椅移到床边,(待国王坐到椅子上后)在国王的背后和脚下放置垫子。他还要烘暖小外套、紧身上衣、三角胸衣,帮助国王穿上长筒袜、鞋,束好国王的紧身上衣,在国王脖子上围上一块布帮他梳头。他必须端着脸盆、盛着热水的水壶和毛巾让国王洗手。然后跪下询问国王今天想穿哪件袍服……"①

因为贵族可以自由出入公共房间,国王建立起了一支警卫部队,人数在200人左右,50人一班,并由卫队长统领。在宫务副大臣的领导下,卫队的主要职责是驻守警卫室和在宫殿内巡逻。还有50人的绅士侍卫在一队长和副队长领导下一年四班在接见厅站岗。②

(三)内殿与内务官(内廷)

从1495年起,随着国王追求隐私的需要,内殿从外殿分离出来,并形成了其管理机构——内廷。内殿除了大厅(内厅)以外,其旁边还有卧室、密室、御用走廊和图书馆等房舍。到了伊丽莎白一世时代,在内厅和

---

① Clarissa Dickson Wright, *A History of English Food*, London: Random House Books, 2001, pp. 80 – 81.
② Robert Tittler, Norman L Jones, *A Companion to Tudor Britain*, Malden, MA: Blackwell Pub., 2004, pp. 63 – 64.

·29·

其他建筑之间增设了撤回厅①，为其提供了更多的私人空间。尽管严格来说内殿也在宫务大臣的管辖范围之内，但实际上真正负责的是其首席绅士内务官；内务官还是国王御用金库的管理者。1518年首次指派绅士充任内廷官员，这是深受法国宫廷影响的：1515年法国宫廷任命绅士为内廷官员。到1526年，内廷的构成有：一位贵族、内务官、五位绅士、两位绅士引领员、四位马夫、一名御用理发师和一位男仆。到1547年，其成员增加到了28人，其中两人拥有首席绅士的头衔，两人中一人是内务官，两位首席绅士都是枢密院成员。内廷成员有权进入内殿，其他官员则要等候国王宣召方能进入，晚上则有两位绅士可以睡在内殿中。②

内殿的建立可以使国王免去在公共场合下的仪式性就餐而能单独就餐，除非有重大的宴会需要他来主持。在伊丽莎白一世统治时期，国王在外殿会见厅的日常"国宴"虚化：在一张华丽的餐桌旁有一把为国王准备的空椅，并要为餐桌上餐，仿佛国王就在那里，侍者还要为国王品尝味道并向她象征性地鞠躬，随后将食物送到国王的私人房间内。

内廷人员都是国王的仆人，负责国王的日常生活，还可以陪同国王参加宫中的各种活动和仪式。他们的工作看似无关紧要，但因为与国王个人关系比较亲密，因此其地位举足轻重。他们控制着与国王接近的通道以及国王的私人住宅，要想与国王保持通畅的沟通必须经过内殿或进入内殿。因此可以说，谁控制了内廷谁就控制了国王。

在这里值得注意的是，内廷（Privy Chamber）并不是枢密院（Privy Council）。在亨利八世时期，内廷是服务于国王个人的宫廷机构，其成员都是国王的仆役，个人的社会等级和地位并不高。而枢密院在亨利八世时期实际上是其私人机构，既不是国家机构，也不是宫廷机构，参加的人数很少，而且都是高官显贵。例如，1526年的《埃尔特姆宫条例》规定出席亨利八世枢密院的人员有：红衣主教沃尔西（大法官）、诺福克公爵（国库总管）、伦敦主教（御玺秘书）、萨福克公爵（英军统帅）、多塞特侯爵、埃克塞特侯爵、什鲁斯伯里伯爵（宫廷总管）、宫务大臣、巴斯主教、

---

① 撤回厅（Withdrawing room），在16世纪欧洲的王公显贵之家，当宴会结束后男人留下继续抽烟、喝酒、戏耍，而女人则退席到一房间里休息，这种房间就被称为撤回厅或休息室。

② Robert Tittler; Norman L Jones, *A Companion to Tudor Britain*, Malden, MA: Blackwell Pub., 2004, p. 64.

林肯主教、桑兹大人、威廉·菲茨-威廉爵士（宫廷司库）、亨利·吉尔福德爵士（审计官）、国务秘书、托马斯·莫尔爵士（公爵领地大法官）、王室礼拜堂主持、托马斯·怀亚特爵士（国王内廷司库）、副宫务大臣、侍卫长、沃尔曼医生等20人。[1] 从其成员的构成来看，既有政府官员，也有宫廷官员，还有一些没有担任职务的高级贵族。因此，在亨利八世统治初期，枢密院尽管如埃尔顿所说，推动了王室和政府的分离，但严格来说还并不是近代意义上的中央政府，即一种代表公权力的国家机构，而依然是国王的私人机构，国王通过枢密院来总理各类公私要务，从而加强自己的私权力，而不是公权力。这也许就是近代早期的专制君主制国家和资产阶级革命以后出现的近代民主国家之间的一个重要区别。

小 结

自中世纪至近代早期，国王、大贵族、教皇、高级教士等都有属于自己的宫廷，然而本书提到的宫廷特指的是国王（王室）的宫廷；宫廷文化也指的是国王宫廷的文化，且在近代早期国王的宫廷文化与贵族文化虽然有共同之处，但依然有重要的区别，前者在本质上是一种体现王权至上的文化，这是一般的贵族文化所不具有的内涵。在近代早期，英国王室发生了非行政化的进程，但英国王室宫廷的政治和社会地位并没有被削弱，王室宫廷反而成为与枢密院等机构同等重要的国王的有力统治工具，它们分别体现了英王的"软权力"和"硬权力"；当然，枢密院在实质上与宫廷机构一样，都还是国王的私人机构，反映了这一时期国家体制的特殊性。

---

[1] Society of Antiquaries of London, ed., *A Collection of Ordinances and Regulations for the Government of the Royal Household, Made in Divers Reigns: from King Edward III to King William and Queen Mary: also Receipts in Ancient Cookery*, London: Printed for the Society of Antiquaries by John Nichols, sold by Messieurs White and Son [and 4 others], 1790, p.159.

第二章
宫廷生活的舞台——从城堡到宫殿

自诺曼底王朝以来，英国王室宫廷的活动舞台经历了从城堡到宫殿的变化，这种变化是在近代早期的都铎王朝时代完成的。城堡和宫殿作为王室的驻地，是宫廷活动的中心，是王室的主要象征之一。

一 城堡

"城堡"的英语 Castle、西班牙语 Castillo、意大利语 Castello、法语 Chateau 均源于拉丁语 Castrum 或 Castellum，意为城镇、围墙、要塞、塔楼等。到中世纪早期，其意义发生了变化，特指由护墙围圈的建筑物。[1] 城堡不是宫殿（Palace），因为后者没有设防；城堡也不是堡垒（Fort），因为后者只具有纯粹的军事功能；城堡也不是设防的城镇，因为城堡的主人只有一位。城堡是国王或贵族设防的住处；以这里为中心管理周围的领地；在这里设立法庭，成为其主人权力的象征。城堡从诺曼底王朝开始就具有多重功能：贵族住宅、军事要塞、行政和经济中心、权力和地位的象征等，它所有的功能都以封建社会为基础。

城堡具有堡垒和住宅的双重功能，但这两种功能却是相互冲突的。其安全性与舒适性成反比。多重的门和吊闸虽然使其很难攻破，但却不便主人出入。而为了方便进出修建后门暗道，却不利于围城期间进行防守。其军事功能既可以是防御性的也可以是进攻性的：控制土地以防敌人掠夺收

---

[1] Marilyn Stokstad, *Medieval Castle*, Westport, Connecticut, London: Greenwood Press, 2005, pp. xlvi – xlvii.

成；但又可以作为威胁甚至攻占敌方土地的基地。在城堡之内是领主的家，有他的家庭和随从、教堂、贮存室、谷仓、行政中心和法庭，在它的外面是农场、果园和牧场，通常也有地方市场和经济中心。① 城堡既有实用性也有象征性，前者指的是它的住宅、军事等实用功能；后者指的是是否拥有以及拥有多少数量的城堡，城堡的外观尽量建设得宏伟壮观，内部结构和装饰尽量富丽堂皇，以体现主人的地位和权力，这是因为权力和地位的本质就是人的优越性，它需要可见的表现形式以令人信服。在整个中世纪，贵族地位的标志就是建立一座自己的城堡。

值得注意的是，城堡的多重功能在不同的历史时期具有不同的地位：在诺曼征服初期，城堡的主要功能是军事功能，是征服和镇压盎格鲁-撒克逊人的工具；在13、14世纪，军事功能、住宅功能、象征功能较为均衡；14世纪末期以后，军事功能逐渐丧失，而其住宅和象征功能成为主要功能。

此外，并没有一座典型的城堡，每座城堡几乎都是不同的，它的设计取决于建立者的财富、建堡的目的（控制领地、守卫边境和海岸线等）、当地的地形（可用来防守的自然条件）、建立者或资助人的知识、可获得的材料、急需的程度、当地的建筑传统和工匠的技术等因素，不同的历史时期也具有不同的特色。

（一）城堡的起源和最初的城堡

欧洲中世纪城堡的发源地似乎位于法国北部，是814年查理曼大帝死后混乱局面的产物。查理曼帝国在内外交困中分崩离析，中央的权力衰落，地方的权力为保护其民众而崛起。9世纪，维金人不断进攻北欧海岸，乘船而来，没有任何预警。唯一应对的办法就是加强警戒，所以人们开始将他们的居住地筑垒设防。地方首领在他们的农场周围挖掘壕沟。壕沟的边缘筑有木桩构筑的围栏，首领及其附属就住在这种封闭的圈子里，内部建有各种必要的建筑。这种最初的城堡在诺曼征服之前一两个世纪中在欧陆北部非常普遍。② 这样，骑兵部队就可以以城堡为安全的基地，防守周

---

① François Matarasso, *The English Castle*, London: Cassell, 1993, p. 8.
② François Matarasso, *The English Castle*, London: Cassell, 1993, p. 18.

围的农村并抵御维金人的进攻。城堡也是地方军事领主的住所，他的权威来自于国王根据其保护地方民众的能力而授予的伯爵或公爵封号；这样，封建主义的核心就建立起来了，骑士、封建社会和城堡就联系到了一起。

盎格鲁－撒克逊英国也曾受到维金人的劫掠，但其中央政府能组织反攻。君主建立的防御工事都是公共性的，幸存下来的遗迹是那些设防的城市，而不是个人的城堡。例如，瓦林福德是一个用土墙设防的盎格鲁－撒克逊城市，泰晤士河从其东边流过，而其中的一部分才是征服者威廉建立的城堡，反映出设防城市与城堡的差别以及诺曼城堡的个人性。英国贵族木墙之内，辅以壕沟和篱笆，但军事价值很小，只是庄园的前身而远不是城堡。12世纪的英国历史学家罗德里克·维塔利斯认为，因为英国缺乏城堡，使其无力抵御1066年的入侵。①

（二）诺曼征服初期的城堡

威廉一世进入英国后，将封建社会和城堡一同移植到了英国。与传统的看法相反，威廉一世的城堡最初主要是进攻的工具而不是防守的手段：威廉每征服一地后就建立城堡，作为下一步攻击的基地，征服的过程就是建立城堡的过程。② 威廉率军在佩文西登陆，随后赢得了哈斯廷斯战役。在这两个地方建立了城堡后，他就进军至多佛，建立城堡后又向伦敦进军。行至坎特伯雷后，在这里以及萨里和伯克郡建立了城堡，目的是围困伦敦，并最终迫使伦敦投降。随后，威廉在伦敦建立了城堡，即"白塔"。在随后的征服过程中，沃里克、诺丁汉、约克、林肯、赫里福、伍斯特、格洛斯特、剑桥、诺威奇、牛津、科尔切斯特、斯坦福、温彻斯特等地先后建立起了城堡。城堡对威廉一世的骑士至关重要，因为当他在马背上时，他几乎是不休息的，而当休息时，他和他的马非常脆弱，而城堡这时就可以保护他们免遭突袭。装备一位骑士花费巨大，在1066年，仅一匹战马的价值就高达20英镑，足够一位贵族一年的开销，③ 这使得在经济上有必要斥资修建城堡。有了城堡，他们就可以以此作为骑兵进攻的基地。

---

① François Matarasso, *The English Castle*, London: Cassell, 1993, p. 19.
② N. J. G. Pounds, *The Medieval Castle in England and Wales: a Social and Political History*, Cambridge; New York: Cambridge University Press, 1990, pp. 6 – 7.
③ François Matarasso, *The English Castle*, London: Cassell, 1993, p. 17.

第二章 宫廷生活的舞台——从城堡到宫殿

征服过程完成后,威廉将土地大量分封给他的骑士,使他们几乎占有了英国所有的城镇和乡村,自此以后,城堡的主要军事功能转为防守。作为外族人刚刚入主英格兰,他们时常遭到当地人的反抗,所以有必要将其住处严加设防。筑堡地点的战术价值被充分利用,或处在人口中心,或能控制道路和交叉河道,或只是利用其险固的自然条件。因为威廉的分散分封领地的政策和婚姻、罚没等因素,多数大领主的领地分散在全国各地,为控制领地,他们要定期入住其主要领地;此外,食物不易保存和运输,明智的做法就是举家前往各领地的农场居住。这样,每块重要的领地都建有自己的庄园或城堡。伦敦以外的这些城堡多为木筑城堡,不但能发挥正常的军事功能,还具有相当奢华的居住条件。①

这一时期较为普遍的城堡是山丘—庭院式城堡。将筑堡地点设在山丘顶部或人造山丘(土丘)顶部;后者是在筑堡点没有山丘的情况下,挖掘一条环形壕沟,将挖出的土方堆置于中间(见图1②)。这条壕沟不仅可以保护土丘的地基,而且还增加了土丘的相对高度。这些土丘直径一般在100英尺③到300英尺之间,高度可达100英尺。英国现存最大的土丘塞特福德土丘底部直径约360英尺,高约80英尺。④ 当土丘建成后,在其顶部建立一木制塔楼。塔楼是其领主或守城长官家庭的住宅,在战时则成为有效的防御工事。土丘之上的塔楼在诺曼征服初期的英语中被称为"Great Tower",在14世纪的法语中被称为"Donjon",在16世纪至今的英语中被称为"Keep",都是"城堡主楼"的意思。

土丘顶部空间狭小,木制塔楼不能容纳所有需要保护的人,于是就在土丘周围或附近再挖一条壕沟并围圈成一庭院,被称为"Bailey";在壕沟旁用竖立的尖桩构成一道护墙,这种木墙被称为"Palisades";在外庭里有容纳人、动物和物资的木房或草房,12世纪时还增加了大厅、教堂、卧房、厨房、谷仓、马厩、库房、水井、铁匠铺、磨坊、烤房等建筑,不但使城堡能成为自给自足的防御体系和军事中心,还因为领主在城堡设立法

---

① François Matarasso, *The English Castle*, London: Cassell, 1993, p. 33.
② Marilyn Stokstad, *Medieval Castle*, Westport, Connecticut, London: Greenwood Press, 2005, p. 4.
③ 1英尺=0.3048米。
④ Marilyn Stokstad, *Medieval Castle*, Westport, Connecticut, London: Greenwood Press, 2005, p. 3.

庭，垄断磨坊等公共设施，使城堡成为统治领地及其依附农民的行政司法和经济中心。

图1　英格兰阿伦德尔城堡诺曼人的土丘，建于1088年。威廉·德·阿比尼在1176年将其顶部的木制塔楼改建为我们今天看到的石建塔楼。如温莎堡一样，在阿伦德尔土丘的四周都建有护墙。我们今天看到的该城堡的多数建筑都建于19世纪90年代（凯伦·莱德摄）

到了12世纪，当筑堡点的地基被夯实以后，石建城堡很快就取代了木建城堡。尤其是在王室城堡中，石建城堡出现较早，也最能体现城堡的各项功能。其建筑特征有：方形的城堡主塔；主塔四角设有角楼；主塔一般设有三层或四层：地下室、入口层、主楼层和顶层。

11—12世纪的石建城堡中最有代表性的就是王室的主要驻地"白塔"（见图2[①]）。它始建于1078年，工程一直延续到11世纪90年代，坐落于泰晤士河旁原罗马人营地旧址上；所用的灰黄色石料是威廉从诺曼底的卡

[①] Marilyn Stokstad, *Medieval Castle*, Westport, Connecticut, London: Greenwood Press, 2005, p.11.

昂运来的。① 我们今天看到的白塔是 12 世纪及其以后时代修复过的。威廉建造该堡的目的是为了将其当作王权的象征，因此不但要求其规模宏大以容纳王室家族，坚固强大以保障安全，还要使其看上去雄伟壮观以象征王室的权威。

图 2　伦敦塔里的白塔，圣约翰教堂的外部。白色的墙壁上有拱顶连接的扶壁。右侧的角楼被稍微扩建以容纳楼梯，左侧半圆形的塔楼是圣约翰教堂后殿的外部。皇家军械博物馆

---

① François Matarasso, *The English Castle*, London：Cassell, 1993, p. 23.

"白塔"呈四方形设计，长36米，宽33米，高28米（四个角楼更高）。① 每面外墙都附有四道扶壁，将墙面分隔成几个部分；四角的扶壁向上延伸形成四个角楼。在其南侧，有其唯一的入口，最初建有宽大的石制台阶，后来被毁而代之以木梯，以便在危险时刻可以将其撤掉；入口高高在上，可以避免破城槌的撞击。因其建立在泰晤士河旁，没有建立在山顶或土丘之上，为加强防御，墙的底部厚达6米。

"白塔"内部最初分为三层，从下到上依次是：地下室、带入口的楼层、主楼层。地下室贮存着足够的食物和军械，水井提供足够的水源，使城堡能经受长期围攻。主楼层是下面两层的两倍高，在其中部有一贯穿墙壁的走廊；后来就在走廊处另辟一新楼层，共四层。塔顶四周建有带有雉堞的矮护墙，护墙之后是一道走廊，士兵可以在这里巡守城堡、俯瞰城市。角楼最初没有现在的盖顶，也有雉堞。东南角是圣约翰教堂，东侧半圆形的突出部分是教堂的后殿。每一层都被两堵交叉的墙分隔为三部分，主楼层的三部分为大厅、卧室和教堂。除教堂外的三个角楼内均有螺旋形楼梯连接各楼层。角楼和南面第四层的窗户狭小，利于防守，保留着最初修建时的特色；其他窗户均被扩建过，比较宽大，它们最初只是一些狭长的缝隙。

其外观不但宏大雄伟，内部条件在当时来说也相当奢华。在第二和第三层设有壁炉；在厚厚的墙壁中设有厕所，并直接通向墙外；墙壁被粉刷和装饰过，用微红的细线勾勒出方石堆的图案，墙壁挂有绘画和墙帷；家具虽然无非是些桌椅、衣柜和床，但当时椅子稀少，是权力的象征，王座可能只是一个雕刻和彩绘过的木椅。② 圣约翰教堂（见图3③）内部属于罗马式风格建筑，④ 巨大的圆柱将教堂分为中殿和回廊两部分，半圆形拱券之上是环绕整座城堡的走廊。

"白塔"的建筑结构与王室机构同时也是中央政府联系密切。主楼层被划分为教堂、卧室和大厅三部分，分别对应三个主要机构：国务大臣、

---

① François Matarasso, *The English Castle*, London: Cassell, 1993, p. 23.
② François Matarasso, *The English Castle*, London: Cassell, 1993, pp. 24–25.
③ http://blog.sina.com.cn/s/blog_5024d33f0100fye8.html.
④ 流行于10—12世纪欧洲的建筑风格，主要体现在教堂和修道院建筑中。其特点是线条简单、明快，造型厚重、敦实，最有特色的是高高在上的狭小的窗口和古罗马式半圆形拱券。

宫廷大臣和管家（或仆役长）。国务大臣掌管教堂，保管国玺，在教士的协助下总管所有政务。宫廷大臣负责掌管卧室，保管国王的财物；司库是其副手，专门负责国王金库。仆役长或官家则掌管大厅，负责提供饮食。此外，还有守城队长等官职。大厅的功能需要格外注意，这里不仅是王室成员日常活动的中心，也是国王、国务大臣的办公地点，各类王室法庭也往往设在这里。这样，"白塔"就成为英国的行政、经济、司法中心。

图 3　圣约翰教堂内部

除王室和一般领主的城堡以外，教会领主的城堡在英国也格外引人注目。中世纪的教堂从一开始就多为石头建筑，教士具有较丰富的设计经验；他们又能得到教众的帮助，因此他们比多数伯爵能建造出水准更高的城堡来。[1] 这一时期教会领主的城堡以罗切斯特城堡（见图4[2]）为典型

---

[1]　François Matarasso, *The English Castle*, London：Cassell, 1993, p. 49.
[2]　Marilyn Stokstad, *Medieval Castle*, Westport, Connecticut, London：Greenwood Press, 2005, p. 7.

代表。

罗切斯特城堡是征服者威廉始建于1086年，坐落于罗切斯特罗马人营地城墙的西南角。1127年亨利一世将该城堡赠与坎特伯雷大主教威廉·德·科贝尔。今天我们看到的城堡主楼就是威廉·德·科贝尔建造的。石建的城堡主楼是封建领主权力的物质体现，是国王和教会授予其主人的权力的象征，因此要求无论外部还是内部都华丽宏伟；其军事功能要求城堡尽量空间紧凑、开口小、多障碍物；而其居住功能则要求内部空间宽大、明亮、出入方便。城堡的这三重功能在威廉·德·科贝尔建造的伍斯特城堡主楼上得到了统一。

图4 罗切斯特城堡主楼。这座巨大而坚实的石建城堡主楼高达115英尺，角楼更高达125英尺，是英国现存最高的诺曼底人的城堡（玛里琳·斯托克斯塔德摄）

城堡主楼呈正方形，边长 70 英尺，① 高 115 英尺，包括角楼在内则高达 125 英尺。② 在其北侧，有一长方形建筑（见图 5③），起到保护入口的作用：一道台阶从西侧沿着墙壁上升，绕过角楼向东直通长方形建筑，台阶和入口之间则有一吊桥；入口之上是教堂。主楼共分四层，从下到上依次是储藏室、入口层、主楼层、顶层，各楼层被一面贯通城堡上下的墙分为两部分。长方形建筑里侧的入口直通第二层（入口层），这一层主要作为守卫室和仆人大厅使用；两对角处有螺旋形楼梯通往第三层（主楼层）。主楼层是大厅，两倍于以下两层的高度，中间有一拱廊，不但增加了空间，还可以供采光、观望盛宴、聆听法庭等所用；在上方有狭小的射击窗口；有通道通往窗洞和教堂；隔墙里的巨大拱门饰有"V"形图案，拱门之间是巨大的圆柱（见图 6④）。顶层是领主的私人住房，设有较小的卧室，墙壁中有壁炉和厕所。在各楼层中间处设有楼顶绞盘使用的通风井，绞盘以此可以将食物、石头、武器等从储藏室和仆役区运至楼顶。楼顶同"白塔"的楼顶类似，四个角楼之间是带有雉碟的矮护墙，护墙之后是供士兵巡行的通道。

（三）12、13 世纪的城堡

城堡在 12、13 世纪的英国继续扮演着重要的角色，但它的政治意义、军事角色、建筑特色等发生了明显的变化。

诺曼征服初期，城堡的军事功能无论是进攻还是防守，针对的都是盎格鲁-撒克逊人，是为了保障诺曼征服者的统治地位。因此，威廉一世对城堡的态度是非常矛盾的：一方面，为了征服和镇压盎格鲁-撒克逊人，他不得不允许其男爵们兴建城堡，甚至还将自己修建的城堡授予他们；另一方面，为了加强自己的权力而不希望男爵们拥有城堡。因此他对兴建城堡采取默认的政策，既不正式授权，也不加以限制。⑤ 但到了 12、13 世纪，

---

① François Matarasso, *The English Castle*, London: Cassell, 1993, p.50.
② Marilyn Stokstad, *Medieval Castle*, Westport, Connecticut, London: Greenwood Press, 2005, p.8.
③ https://www.flickr.com/photos/medwayboy/6785249136/in/pool-1289233@N25.
④ http://www.cfphillips.com/gallery/picture.php?/180/tags/2-kent.
⑤ N. J. G. Pounds, *The Medieval Castle in England and Wales: a Social and Political History*, Cambridge; New York: Cambridge University Press, 1990, p.27.

图5 罗切斯特城堡北侧的长方形建筑、台阶和入口

第二章　宫廷生活的舞台——从城堡到宫殿

图6　罗切斯特城堡第三层中间带拱门的隔墙。下方凹槽处为第二和第三层之间的楼板，稍远处是带护栏的拱廊（克里斯多夫·F. 菲利普斯摄）

随着诺曼人统治地位的巩固，主要的军事斗争由外部转向了内部，由民族斗争转向了诺曼统治者内部的斗争，即国王与贵族争夺权力的斗争。城堡的军事角色（除了边境和海岸地区的城堡外）也因此从征服和镇压异族转变成了内战的工具，防守或攻占一座城堡在内战中往往具有决定性的意义。在和平时期，国王为削弱贵族的权力则开始了控制贵族建立城堡的政策，除了罚没、摧毁贵族城堡外，还通过颁布正式的授权书来限制贵族建立城堡，而获得建立城堡的授权书也往往成为贵族权力和地位的象征。一方面因为国王的限制，一方面因为石建城堡造价巨大，自亨利二世时代开始，城堡越来越为国王和大贵族所独有。[1]

从某种意义上来说，12、13世纪国王与贵族的斗争史就是一部双方围绕城堡的斗争史。1154年贵族拥有城堡的数量是王室城堡的5倍，为削弱贵族权力，自亨利二世开始，英王开始采取限制贵族建立城堡的政策。亨

---

[1] François Matarasso, *The English Castle*, London: Cassell, 1993, p.78.

利二世的主要手段是尽可能地没收贵族的城堡。很多贵族将城堡交给国王，国王将这些城堡或者摧毁，或者接管，或者让其主人交纳大量金钱后返还给他们。① 1165 年他罚没的沃尔顿城堡和邦吉城堡在其主人布洛瓦的威廉交纳了 1000 英镑后又返还给了他。② 不久之后，贵族们就开始了反击。1215 年贵族强迫国王约翰签署了《大宪章》，其中不仅要求限制国王的防御力量，撤除河岸的防御工事（第 47 条），还要求国王将夺取的城堡还给贵族（第 52 条）。③ 紧接着内战爆发，1215 年 11 月，罗切斯特城堡被国王攻陷，不但标志着国王的胜利，还树立起了国王无坚不摧的神话，破除了人们对城堡的迷信。亨利三世因独断专行引起贵族反抗，1263 年内战在国王与贵族和市民联盟之间爆发。在这次内战中，交战双方首先野战以夺取主导权，再以城堡围攻战最终解决战争的战略得到了应用；城堡的军事地位虽然有所下降，但仍然具有重要意义。贵族和市民联盟在 1265 年 8 月的埃富萨姆战役中被击败后，其残部撤入肯尼沃思城堡并受到王军围攻。1266 年 12 月该城堡向国王投降，标志着内战结束。1322 年，爱德华二世与贵族爆发内战，贵族首领托马斯公爵战败，他的皮克林城堡最终被国王攻占。随着骑士的衰落、战争方式的改变以及百年战争的爆发，以城堡为中心的国王和贵族的斗争到了 14 世纪后半期逐渐减弱。

在建筑上，早期的方形城堡主楼虽然看上去令人生畏，但不久就显示出它在居住和防御上并不实用。主楼内的房间拥挤在一起，在战时可以不考虑舒适和方便，但在和平时期通行很不便利；角楼内狭窄的楼梯使这儿的墙壁成为防御薄弱的地方；因为防御集中在单一的塔楼，无论塔楼怎样坚固，守城部队在围城期间没有多大的展开空间；塔楼的方形设计使守城者存在盲点，尤其是在城墙的底部，他们往往要冒险探身俯视城墙下的敌情；楼顶的雉碟较少，需要建立木制的临时围墙（见图 7④）来保卫城墙；窗口需要尽量宽大以采光和通风，但这往往不利于防守，因此它们在外部往往成为一道狭缝。12 世纪 90 年代，狮心王理查德在法国盖拉德建立了

---

① François Matarasso, *The English Castle*, London: Cassell, 1993, p. 71.
② François Matarasso, *The English Castle*, London: Cassell, 1993, p. 79.
③ Katherine Fischer Drew, *Magna Carta*, Westport and London: Greenwood Press, 2004, p. 135.
④ Marilyn Stokstad, *Medieval Castle*, Westport, Connecticut, London: Greenwood Press, 2005, p. 23.

第二章　宫廷生活的舞台——从城堡到宫殿

最后一座城堡主楼;① 1215年失地王约翰攻陷了一度曾被认为不可攻陷的罗切斯特城堡,标志着英国早期城堡的没落。12世纪末期以后,英国和西欧其他国家因十字军东征而带来了拜占庭和穆斯林的筑堡艺术,使其城堡建筑呈现出了新的特点。

首先,城堡主楼的方形设计逐渐为圆形设计所取代。圆形塔楼对守城者来说很少有盲点,建筑时可以节省石料,很少需要扶壁。英国最早的圆形塔楼是12世纪40年代威廉·德·阿尔贝尼在新巴肯纳姆建立的圆形城堡。② 此外,还有建于12世纪60年代的奥弗德城堡,③ 建于1189年的彭布罗克城堡（见图8④）,建于13世纪30年代的巴纳德城堡等。⑤

其次,环形城墙（幕墙）的出现。环形城墙隔一段距离设置一座塔楼,塔楼上设有射击孔以射击城脚下的敌人,每座塔楼都能单独发挥城堡主楼的作用;塔楼最初为方形,后来发展出圆形和半圆形。有的城堡还设置了两道以上幕墙,前矮后高,前一道幕墙不但可以做前期防守,还可以保护后面幕墙不被坑道所毁,敌人攻入两道墙之间时又遭到后一道幕墙上守城者的射击。幕墙可以投入更多的守城部队,塔楼可以有效地防守幕墙;同时还可以在城墙内修建更多的房舍,改善居住条件。

图7　法国卡尔卡松城堡城墙和塔楼上的木建临时围墙（凯伦·莱德摄）

---

① Marilyn Stokstad, *Medieval Castle*, Westport, Connecticut, London: Greenwood Press, 2005, p. 17.
② François Matarasso, *The English Castle*, London: Cassell, 1993, p. 79.
③ François Matarasso, *The English Castle*, London: Cassell, 1993, pp. 79–81.
④ Marilyn Stokstad, *Medieval Castle*, Westport, Connecticut, London: Greenwood Press, 2005, p. lii.
⑤ François Matarasso, *The English Castle*, London: Cassell, 1993, p. 79.

图8　英国彭布罗克的圆形城堡主楼（凯伦·莱德摄）

再次，没有城堡主楼的城堡的出现。随着城堡主楼防御地位的下降，在有些城堡中已将主楼置于幕墙旁边，降格为幕墙的塔楼，例如赫尔姆斯利城堡；① 还有的则已经没有了城堡主楼，而只有幕墙，只是在幕墙的入口处增设了令人生畏的双门楼，例如比斯顿城堡和博林布鲁克城堡。②

此外，随着幕墙的出现和空间的扩大，在幕墙里除了城堡主楼以外出现了更多的建筑。这时增加的建筑物有水塔、住宅、教堂、大厅等，其大厅和教堂尤其重要，成为此后近代早期宫殿的重要元素之一。

大厅和教堂一般都是诺曼式或哥特式建筑，是一座一层或两层的巨大的长方形建筑。入口在其较窄的一端，内部往往有三条侧廊。大厅的主要房间一般被用作宴会厅或办公大厅，位于一座拱形圆顶地下室之上；国王或领主的桌椅位于入口对面一端的高台上，国王就在这里主持宫廷的日常活动。多数大厅与教堂的中殿相似，且两者规模非常宏大。例如，威斯敏斯特宫大教堂的中殿和侧廊长265英尺9英寸，宽85英尺4英寸（81×26米）；13世纪的温彻斯特的王室大厅则长达110英尺。③ 院内住宅通常为两

---

① François Matarasso, *The English Castle*, London: Cassell, 1993, p. 108.
② François Matarasso, *The English Castle*, London: Cassell, 1993, pp. 109 – 111.
③ Marilyn Stokstad, *Medieval Castle*, Westport, Connecticut, London: Greenwood Press, 2005, p. 18.

第二章 宫廷生活的舞台——从城堡到宫殿

层，底层一般是公共活动空间，上层一般是住宅，设有更衣室、壁炉甚至礼拜堂；门窗有精致的雕刻装饰，墙壁有羊毛或亚麻布的挂件来做装饰。这样，城堡主楼与大厅（教堂）、住宅成为12、13世纪城堡的三大主要建筑。

伦敦塔（见图9①）是这一时期比较典型的城堡。从亨利二世时代开始，英国国王开始在城堡主楼附近为自己和王后修建宫室。② 亨利三世时则在原来白塔的基础上进行了扩建。在白塔南侧从13世纪20年代起就存在着一组供王室居住的宫室，亨利三世重建了它们。中间是一座65×58英尺的大厅，背靠幕墙而建。东西两侧分别是王后和国王的厅堂，它们与大厅之间有走廊相连。两座厅堂又紧邻着国王和王后的居室——两座塔楼。国王的塔楼紧邻一道水门（血塔），国王通过这里可以直接乘坐游艇。威克菲尔德塔内部十分华丽，礼拜堂与卧室隔着一道屏风，卧室设有一座巨大的壁炉和一凹处以放置国王的床，北边有一间衣柜室。③ 内侧幕墙设有威克菲尔德塔、血塔、比彻姆塔等13座塔楼，塔楼形状几乎全部是圆筒形。爱德华一世时期又在内侧幕墙之外建立了一道外侧幕墙，形成了双重幕墙。外侧幕墙设有圣托马斯塔、中塔、井塔、狮塔等七座圆形塔楼和两座棱堡，狮塔现在已不复存在。因为威克菲尔德塔地势抬高，水已干涸，被夹到了两座幕墙之间，爱德华一世就在河边为自己修建了新的住处，这就是著名的圣托马斯塔。该塔包括一座新的大厅和卧室，有一道走廊与威克菲尔德塔相连。大厅有两扇巨大的窗户面向泰晤士河，带有巨大拱顶的壁炉位于两窗之间。东南角的塔楼内有一座小教堂。卧室亦有两扇窗户和一座壁炉，西南角塔楼内有一房间，旁边是一衣橱。圣托马斯塔建立后，威克菲尔德塔基本上被用来接待来宾和处理一些正式公务。④ 经过爱德华一世的扩建，伦敦塔不但成为强大的堡垒，同时也成为当时王室重要的宫殿之一。

---

① Geoffrey Parnell, *The Tower of London: A 2000 Year History*, Oxford: Osprey Publishing, 2000, p. 27.
② 亨利二世在诺丁汉城堡主楼附近首先修建了国王和王后的宫室。
③ Simon Thurley, *The Royal Palaces of Tudor England: Architecture and Court Life, 1460-1547*, New Haven: Yale University Press, 1993, p. 4.
④ Simon Thurley, *The Royal Palaces of Tudor England: Architecture and Court Life, 1460-1547*, New Haven: Yale University Press, 1993, p. 8.

图9 爱德华一世时代伦敦塔复原图，皇家军械博物馆

1 白塔；2 内庭；3 大厅；4 王后寝室（灯笼塔）；5 王后厅堂；6 国王厅堂；7 国王寝室（威克菲尔德塔）；8 水门（血塔）；9 外庭；10 内侧幕墙；11 钟楼；12 比彻姆塔；13 德弗罗塔；14 弗林特塔；15 鲍耶塔；16 砖塔；17 马丁塔；18 康斯塔波塔；19 宽箭塔；20 盐塔；21 圣托马斯塔；22 拜弗德塔；23 中塔；24 狮塔；25 外侧幕墙；26、27 棱堡；28 德佛林塔；29 井塔处；30 摇篮塔处

（四）14—15 世纪中期的城堡

14 世纪以后，随着封建社会衰落和近代社会的兴起，加之军事上的革命，骑士阶层衰落了，城堡也失去了其存在的基础。城堡军事地位的下降、骑士阶层的衰落、国王严格限制城堡的建立以及高昂的维修费用不但使城堡数量大大减少，而且改变了城堡的性质。大量中小贵族建立的更多的是设防的庄园、塔楼建筑来象征其贵族身份；而国王或大贵族的城堡，其居住和象征功能往往超过了其军事功能，有些从城堡过渡到了宫殿。总体来看，英国的封建城堡衰落了。

第二章 宫廷生活的舞台——从城堡到宫殿

1066年哈斯廷斯战役中诺曼骑兵打败了盎格鲁－撒克逊步兵，奠定了骑士和城堡的军事主导地位；一个半世纪之后，在1314年的班诺本克战役中苏格兰的步兵打败了亨利三世的骑兵，则标志着英国骑士和城堡走向衰落！在这次战役中，苏格兰人用带有尖刺的铁球（用来伤害马蹄）击溃了亨利三世骑兵部队的阵形，继之以盾牌防护的步兵向溃散的骑兵投掷长矛，大败英格兰骑兵。① 在1346年的克雷西战役中，英格兰长弓手大败法兰西重装骑兵，这几乎是重装骑兵的一次最辉煌的失败。此外，在中世纪西欧，斯特林桥战役和金马刺之战都是步兵打败重装骑兵的经典战役。

然而，骑士和城堡的最大威胁还是来自于火药和火炮。在1346年的克雷西战役中首次使用了火炮，14世纪60年代火炮开始在战场上发挥重要作用，15世纪末随着其精确度和可操作性的增强，在战争中尤其是围城战中发挥了极其重要的作用。② 火炮爆炸的声响和硝烟令人恐惧，也使战马容易受到惊吓；城堡高高的城墙和塔楼很容易成为火炮攻击的目标；挖掘地道并在城墙下放置炸药则更容易摧毁城堡。面对火炮和火药的威胁，有些城堡改进了设计，将城墙和塔楼建得又宽又低，以承受敌方炮火袭击和容纳己方火炮（见图10③）。为达到这样的军事效果是以牺牲其居住功能为代价的，这些城堡往往成为专门的军事要塞，爱德华三世设计的昆伯勒同心圆城堡（见图11④）就是其中的典型代表。除了重建或维修一些城堡外，昆伯勒城堡是爱德华三世新建的唯一一座比较重要的城堡，此后历届英王便很少再修建新的城堡，这标志着中世纪城堡已经衰落。这些专门的军事要塞一般只修建在北部边境地区和沿海地区，整体来看，城堡在军事上的地位已经不再重要。战争的决定形式是进行野战，围城战只具有局部影响，整个玫瑰战争期间都鲜有围城战发生。⑤

---

① François Matarasso, *The English Castle*, London：Cassell, 1993, p. 146.
② Marilyn Stokstad, *Medieval Castle*, Westport, Connecticut, London：Greenwood Press, 2005, p. 253.
③ Cristopher Gravett, *Tudor Knight*, illustrated by Graham Turner, Oxford；New York：Osprey Pub., 2006, p. 21；p. 31.
④ François Matarasso, *The English Castle*, London：Cassell, 1993, p. 154.
⑤ François Matarasso, *The English Castle*, London：Cassell, 1993, p. 193.

图10 上为康沃尔圣莫斯城堡；下为贝里克棱堡的防御工事
注意前者圆矮的塔楼和后者宽平的护墙，这样的设计都是为了承受更多炮弹

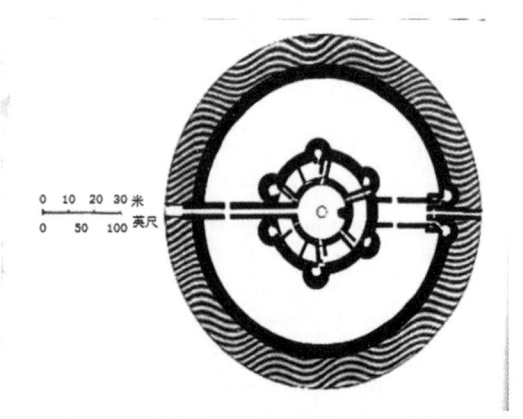

图11 昆伯勒同心圆城堡平面复原图

第二章　宫廷生活的舞台——从城堡到宫殿

14世纪中期黑死病过后，英国和西欧其他国家经历了一场"社会革命"。随着人口锐减，并出现大量荒地，开始出现了一场垦殖运动；劳动力价值大幅度提高，大量农民涌入城镇，促进了城镇和商品经济的发展。随着农民境况的改善，农村中出现了富裕农民（约曼），而城市中则是市民阶层的兴起。于是在这一时期出现了农民和市民联合反对贵族和庄园制，夺取贵族法律与经济权力的斗争，在英国的表现即为1381年起义。历史学家亨利·皮朗称这场运动"是一种真正的社会革命的企图"①。虽然这些起义多遭镇压，但却使贵族意识到"不能再以那种严酷的剥削方式管理他们的领地了"②，贵族开始采用出租土地等经营方式，农奴制破产了；一些中小贵族则从事商业，成为商人。1420年以后，英格兰的农奴制基本上消失了。③ 富有的农民和市民阶层成为国王结盟的对象，他们为国王提供了充足的资金，才得以使国会停止征收盾牌钱，而由国会拨款招募出身于平民的雇佣军。到了14世纪，这种新的职业雇佣军代替了骑士成为军事力量的骨干。④ 这样，骑士的军事作用不但逐渐降低，到了14世纪还失去了存在的经济基础，他们的社会角色也因此发生了变化，从战士转变成了地主，甚至是商人。

　　12、13世纪国王与贵族的斗争到了14世纪有了比较明显的结果，王权获得了较大的成功，反映在城堡的建立上就是国王更加严格地限制了贵族建立城堡。1200年之前，允许筑垒的正式授权较少，国王对贵族建立城堡限制较少。但到了14世纪中期，尤其是爱德华三世统治期间，这类授权文件达到了顶峰。⑤ 无论是城堡还是设防的庄园建筑，都必须获得国王的授权文书才能修建和维持，否则就有被勒令拆毁的危险。这类严格的限制是导致从爱德华二世时代以后城堡数量大大减少的重要原因之一。与此同时，这一时期还出现了一批新贵族，对旧贵族构成了挑战。一批出身于平

---

①　[比]亨利·皮朗：《中世纪欧洲经济社会史》，乐文译，上海人民出版社2001年版，第187页。
②　[美]朱迪斯·M. 本内特、C. 沃伦·霍利斯特：《欧洲中世纪史》，杨宁、李韵译，上海社会科学院出版社2007年版，第364页。
③　沈汉：《英国土地制度史》，学林出版社2005年版，第29页。
④　François Matarasso, *The English Castle*, London: Cassell, 1993, p. 164.
⑤　Marilyn Stokstad, *Medieval Castle*, Westport, Connecticut, London: Greenwood Press, 2005, pp. 260–261.

民的受世俗教育的家臣和律师成为政府高级官员,他们因此而受封为贵族;经商致富或从事金融业的人也能受封为贵族。① 这样,在国王的打击和新贵族的挑战下,旧的骑士贵族的政治地位大大下降了。

随着骑士军事地位的下降、骑士经济和社会角色的转变、骑士政治地位的下降,骑士阶层衰落了,城堡也就失去了存在的基础。从爱德华三世时代开始城堡衰落了,数量不但减少,而且主要集中在王室手中。1400年以后城堡不再具有重要的历史地位了;亨利七世时期国王为削弱贵族而下令拆毁私人城堡;② 直至1646年,议会颁布法令拆除城堡,此后只有少数王室城堡作为行宫继续使用。③

14世纪至16世纪,骑士阶层虽然已经没落,但是骑士文化却更加繁荣精致,看似悖论,但却符合逻辑。虽然中下级骑士转变成了地主绅士阶层甚至商人,但包括国王在内的高级骑士仍位列贵族阶层,为了保证自己相对于新兴的地主绅士阶层、富农和市民等新权贵阶层的优越地位,"这些老贵族又把骑士制度发展到在每一侧面都无比精致耀目的程度"④。为了排斥新权贵,彰显自己的优越地位,他们设立嘉德勋章、星形勋章等贵族的小圈子;他们还通过华丽的服装和盔甲、彩旗与纹章、比武盛会、骑士之爱等来炫耀自己的身份和地位。正如赫伊津哈所说:"尽管作为社会结构的贵族阶级已经失去了主导意义,但贵族的生活形式仍然对社会产生强大的影响。"⑤ 而其原因则是中世纪的等级观念已渗入人心,骑士生活"闪光的外表"是为了体现自己的等级地位,人们心目中的老框框还未来得及改变。这一时期的城堡也越来越成为一种外在的象征符号,是贵族身份和地位的象征。而新兴的贵族也迫切需要建立城堡来标志其身份地位。地主绅士阶层和低级贵族则往往选择建立貌似城堡的建筑。这样,在建筑上开始更注重城堡的居住功能和象征功能,王室的城堡往往转变为宫殿。这一时期出现的设防庄园建筑、塔楼建筑和王室与贵族的城堡(例如温莎堡、

---

① François Matarasso, *The English Castle*, London: Cassell, 1993, p. 160.
② 程汉大:《英国政治制度史》,中国社会科学出版社1995年版,第144页。
③ François Matarasso, *The English Castle*, London: Cassell, 1993, p. 196.
④ [美]朱迪斯·M. 本内特、C. 沃伦·霍利斯特:《欧洲中世纪史》,杨宁、李韵译,上海社会科学院出版社2007年版,第364页。
⑤ [荷兰]约翰·赫伊津哈:《中世纪的秋天:14世纪和15世纪法国与荷兰的生活、思想与艺术》,何道宽译,广西师范大学出版社2008年版,第56页。

第二章 宫廷生活的舞台——从城堡到宫殿

波定堡等）就体现了这一趋势。

到了中世纪末期，随着骑士阶层的衰落，大贵族的数量不断减少，到14世纪末期几乎不超过60个家族。① 在这些大贵族数量变少的同时他们变得更加富有了，往往只有他们有财力维修城堡并雇用大量骑士、弓箭手等武装护从。而一般的骑士、绅士等中小贵族既无财力也无必要建立城堡，于是他们就选择建立带有雉碟和门楼的半设防的庄园建筑。因为这些庄园建筑往往是地方经济、行政中心，便具有"城堡"的荣誉名称。斯托克塞城堡（见图12②）就是其中的典型代表。1290年勒德洛的劳伦斯继承了斯托克塞庄园后从爱德华一世那儿取得了筑垒授权书。他建立了一道幕墙、一道护城壕，在大厅的两端设置了塔楼。大厅设有巨大的窗户，两端是卧室。③

图12 斯托克塞城堡。幕墙和墙内的其他建筑已毁，护城壕已干涸，伊丽莎白式的门楼取代了原来的入口（玛里琳·斯托克斯塔德摄）

---

① N. J. G. Pounds, *The Medieval Castle in England and Wales: a Social and Political Hstory*, Cambridge; New York: Cambridge University Press, 1990, p. 251.
② Marilyn Stokstad, *Medieval Castle*, Westport, Connecticut, London: Greenwood Press, 2005, p. 55.
③ Marilyn Stokstad, *Medieval Castle*, Westport, Connecticut, London: Greenwood Press, 2005, p. 54.

另一类设防的建筑是英格兰和苏格兰边境地区的塔楼房屋（见图13①）。从14世纪开始，边境两边的人开始在带有围墙的院内建立可供居住的塔楼建筑。它们被设计为方形或"Z"形，有三层或四层，楼层间有螺旋形楼梯相连。塔顶设有雉堞和炮塔。楼的第一层常被用作贮藏室，第二层或第三层是大厅。地方法庭就设在大厅中。有的建有一个或两个突出的部分，用来增加空间，使其呈现出"Z"形。三层或四层设有巨大的窗户、壁炉、衣柜。楼顶往往被精心设计，有两层护墙，设有碟口和炮台。门有一道铁栅保护。②

图13 苏格兰克莱格瓦的塔楼建筑（凯伦·莱德摄）

这类设防的庄园建筑和塔楼建筑固然具有象征意义，标志着其主人的

---

① Marilyn Stokstad, *Medieval Castle*, Westport, Connecticut, London: Greenwood Press, 2005, p. 90.

② Marilyn Stokstad, *Medieval Castle*, Westport, Connecticut, London: Greenwood Press, 2005, pp. 54-55.

身份和地位，但同时其军事功能亦不能小觑。14、15 世纪，随着货币经济的发展，财富并不仅仅意味着土地这种不动产，更意味着货币等动产。为了保护自己的财富，这些地方上的中小贵族不得不将其住处设防；同时，他们之间往往因为继承、竞争、私仇等因素而长期不和，为保护自己也需要将住处设防。15 世纪末成立星室法庭在很大程度上就是为了审理此类相互争斗的案件。① 它们虽然不及城堡强大，但其在有限的范围内仍具有较高的军事价值，彭布罗克伯爵及其手下在一次与法国人的战斗中正是依靠这样的设防建筑成功地抵挡了法军的进攻并等到了援军。② 但有些因军功、经商、官职或从事律师职业暴富的绅士往往选择建立真正的城堡，其象征意义常常超过了军事意义。这类城堡的典型代表是波定堡（见图 14③）。

图 14　波定堡（安东尼·麦卡勒姆摄，维基共享资源）

---

① N. J. G. Pounds, *The medieval castle in England and Wales: a social and political history*, Cambridge; New York: Cambridge University Press, 1990, p. 265.
② Marilyn Stokstad, *Medieval Castle*, Westport, Connecticut, London: Greenwood Press, 2005, pp. 152-153.
③ http://en.wikipedia.org/wiki/File:Bodiam-castle-10My8-1197.jpg.

爱德华·达林格利戈在百年战争中服役三十年，获得大量财富后退役。1385年获得了筑垒授权书，并在三年内建成了波定堡。因在家中是庶子，无权继承家族地产，他主要靠在战争中获得的财富及其妻子的嫁资来修建该城堡。尽管他宣称修建该堡的目的是守卫南部沿海地区，抵御海盗和国王敌人的进攻，但实际上海盗从未出现过，这里从未发生围城战。建造该城堡的主要目的是为了象征自己的身份和地位，其军事特征只是其象征目的的手段而已，并没有实际的军事价值。因他在战争中发了财，又在当地拥有一座市场和一座磨坊，他可以说是当地重要的人物，但却不是贵族。当时他这类新崛起的人物往往会追求贵族式的生活方式，追求骑士风尚。拥有一座城堡就是这种生活的重要内容，象征着一个人的高贵身份。正是出于这样的目的，他就必须建立一座新的城堡。

城堡建于一片低洼地带，一条小河注入其中，形成天然的护城河。然而如果进攻者掘开土堤就能排干护城河。之所以还要修建这样宽阔的护城河很可能是出于美学上的考虑：护城河如同小湖，城堡倒影在湖面使其看来具有双倍的大小，规模更加宏大。不但护城河可以被快速而轻易地排干，其城墙也因太低太薄（6到7英尺厚）而无法抵御炮弹轰击。[①] 此外，大厅和教堂里巨大的窗户更加削弱了其军事功能。城墙和塔楼上的垛口纯粹是装饰，因为垛口太低，根本无法保护躲在后面的人。最后，周围的高地使城堡顶部护墙走廊上的人暴露在十字弓的攻击之下。

与此同时，其象征功能则令人印象深刻。来访者首先要通过一座长长的桥才能到达城堡脚下，给人一种通向权力之路的感觉。然后映入来访者眼帘的是一座雄伟的双门楼，具有震慑人心的作用。城堡呈对称的长方形设计，每边设有方形塔楼，四角设有圆形塔楼，给人以强大雄伟的印象。楼内主要建筑有大厅、教堂、厨房、储藏室等。其中大厅和教堂的窗户高大明亮。内部设施齐全，计有33座壁炉、28间衣柜。正因其外表华丽、居住实用和便利，被称之为"旧骑士的梦想城堡"[②]。

一些王室和大贵族的城堡在这一时期则开始演变成了宫殿。其中典型

[①] Marilyn Stokstad, *Medieval Castle*, Westport, Connecticut, London: Greenwood Press, 2005, p. 71.

[②] Marilyn Stokstad, *Medieval Castle*, Westport, Connecticut, London: Greenwood Press, 2005, p. 70.

第二章　宫廷生活的舞台——从城堡到宫殿

的代表是肯尼沃斯城堡。肯尼沃斯城堡始建于12世纪，当时还是一个土丘—庭院式城堡。13世纪国王命令将城墙改建为石建城墙。1369年，其新主人，爱德华二世的庶子兰开斯特公爵冈特的约翰，因娶西班牙国王冷酷者皮特之女而宣称自己是王位继承人，于是就重建了肯尼沃斯城堡，将它从城堡转变成了宫殿。该堡主要包括一座华丽的大厅、一组私用建筑和一座大厨房。

从城堡主楼穿过宽大的庭院就到达大厅，大厅建于14世纪80年代。大厅和私人卧室的巨大窗口将肯尼沃斯城堡转变成了宫殿。大厅（见图15①）的墙壁和窗口有几何花饰，其他建筑也大都如此，使整个城堡呈现出统一的风格。大厅两侧建有对称的两座塔楼。在大厅外部有一道长长的台阶通向第二层的入口处，通过一座带有纹饰的门房进入候客厅，然后就进入大厅了。大厅内高大的窗户一面面向庭院，一面面向一个池塘。从窗户两侧的座位上人们可以欣赏湖水和花园，但看不到游乐园。② 16世纪，肯尼沃斯城堡又进行了扩建，增加了马厩、客房、门房等建筑；诺曼底时代的城堡主楼内狭

图15　肯尼沃斯城堡中冈特的约翰的大厅（玛里琳·斯托克斯塔德摄）

---

① Marilyn Stokstad, *Medieval Castle*, Westport, Connecticut, London: Greenwood Press, 2005, p. 78.
② Marilyn Stokstad, *Medieval Castle*, Westport, Connecticut, London: Greenwood Press, 2005, p. 78.

窄的窗口改建为巨大的窗户，还增加了一座凉亭用来观赏花园；新建的意大利式花园设有喷泉、修剪成形的灌木、藤架、青草小径、雕刻的方尖碑、球体和饰有纹章的雕塑；在花园里，人们可以舒适地休息和聊天。[1]

肯尼沃斯城堡作为宫殿成为伊丽莎白一世时代举办最壮观的宫廷盛典的场所之一。1563年伊丽莎白一世将这座城堡授予兰开斯特伯爵罗伯特·达德利，1575年7月他为女王精心策划了一场欢迎式和娱乐活动。在女王傍晚到达时，一位"湖夫人"出来欢迎她。"湖夫人"宣称为了女王的荣誉她自亚瑟王时代起首次浮出水面，接着就吟诵了城堡的历史。在通往城堡的地毯边堆满了为女王准备的礼物。[2]

二 宫殿

在近代早期，英国的宫殿突破了城堡的空间限制，放弃了城堡的防御功能，外部建设得更加宏大精巧，内部更加富丽堂皇。在爱德华四世时期，英国王室的住宅完成了由中世纪城堡向近代宫殿的转变，到了亨利八世时代达到了高潮。

（一）华丽之风与勃艮第宫殿建筑

纵观中世纪末与近代早期欧洲宫廷文化，"华丽"（magnificence）是其基本特征之一；"华丽"对理解这一时期的宫廷文化至关重要。约翰·弗特斯克在写于1470年的《英国的统治》一文中认为，对一位国王来说购买精美和昂贵的物品用以自娱和表现"华丽"是十分必要的。"华丽"是一项看似比他人更富有、更强大的艺术。国王进行统治是不够的，他还要被看到正在进行统治，其手段就是以富有来展现他崇高的地位。[3] 这种通过炫耀财富以展现权力的做法在本质上是要震慑被统治者，并最终使其统治得到他们的认可。

---

[1] Marilyn Stokstad, *Medieval Castle*, Westport, Connecticut, London: Greenwood Press, 2005, p. 80.

[2] Marilyn Stokstad, *Medieval Castle*, Westport, Connecticut, London: Greenwood Press, 2005, p. 80.

[3] Simon Thurley, *The Royal Palaces of Tudor England: Architecture and Court Life, 1460–1547*, New Haven: Yale University Press, 1993, p. 11.

第二章 宫廷生活的舞台——从城堡到宫殿

勃艮第金羊毛骑士团的总管纪尧姆·费勒斯特在其《金羊毛》一书中认为,王公最主要的美德就是"华丽"①。他甚至引用了亚里士多德在《尼各马可伦理学》中"华丽"的概念:"华丽的人是一位鉴赏家,他懂得(艺术上的)适度,能以高雅的品位来花费大量的金钱。"这些钱还要花在"公共目标上而非他自己身上"②。华丽的王公更感兴趣于"他如何能取得最好的最恰当的效果,而非花多少钱和如何花得最少"③。王公们无论是在建筑计划中,在信仰和虔诚的表现上,还是在节庆娱乐上都不应节约,也不应考虑花费。因此,"华丽"对纪尧姆·费勒斯特而言就是一项王公用物质上的奢华来体现其社会地位和权力的艺术。

费勒斯特对"华丽"的定义允许王公们在没有预定计划的情况下无节制地花费,对这一点人文主义学者、诗人约翰·斯凯尔顿则试图寻找到炫耀和吝啬之间的平衡。他在写于16世纪20年代的剧本《华丽》中提出了"度量就是财富"的观点,"华丽"就是通过在所有事情上掌握好度量以从物质上体现权力。这样,"华丽"就不仅仅是物质上的奢侈,还要掌握好度量,需要理性地节制;过度的奢侈反而失去了高雅之意,给人以暴发户的印象。然而,在近代早期英国的宫廷,约翰·斯凯尔顿对"华丽"带有人文主义色彩的解释还没有成为主流观点,也很少付诸实践。

综上所述,我们可以认为,"华丽"的本质是王公们通过物质上的富有和别致来体现自己相对于其臣民尤其是其他王公贵族的优越的社会地位和权力。要达到"华丽"的目的必须做到以下四点:首先是花费,最好能花费更多的资财,以显示出自己的富有、体面;其次是精致,精湛的技术以显示出匠心独具;再次是新奇,不能重复他人之作,尽量是原创,以求新求奇;最后是搭配,要与其他物件相匹配,"华丽"要全面而非一面。"华丽"可以体现在建筑、衣着与饮食、运动与娱乐、艺术与收藏等很多方面。

---

① Gordon Kipling, *The Triumph of Honour*: *Burgundian Origins of the Elizabethan Renaissance*, The Hague: Leiden University Press, 1977, p. 163.
② Aristotle, *The Ethics of Aristotle*, J. K. Thompson, trans., Harmondsworth: Penguin Books, 1988, pp. 150 – 151.
③ Aristotle, *The Ethics of Aristotle*, J. K. Thompson, trans., Harmondsworth: Penguin Books, 1988, p. 150.

这种宫廷的"华丽"之风源于中世纪末期的勃艮第宫廷。自14世纪始，法国瓦卢瓦王朝宫廷周围开始出现很多次一级的公爵们的宫廷，例如安茹公爵、勃艮第公爵、波旁公爵、布列塔尼公爵等公爵们的宫廷。15世纪初，百年战争和内战不但削弱了瓦卢瓦王朝的政治地位，同时还削弱了王室宫廷的风尚领导地位，这些公爵宫廷乘机发展出了自己独特的宫廷文化。到15世纪30年代，勃艮第宫廷通过其财富和公爵的决心使其他公爵宫廷和英法王室宫廷相形见绌。

勃艮第宫廷文化主要反映在服饰与藏品、宫廷礼仪、节庆、艺术赞助、骑士文化和宫殿建筑等方面，在各方面都体现出了"华丽"。15世纪勃艮第宫廷的"华丽"之风是由13世纪的骑士理想和骑士价值支撑起来的。最能说明这个问题的是1430年好人菲利普建立了金羊毛骑士团，建立骑士团是出自于"对骑士秩序的大爱，我们唯一关心的就是骑士的荣誉和繁荣，唯有如此才能最终捍卫我们的基督教信仰……升华我们的美德和礼节"[①]。虽然作者将手段与目的故意颠倒了，但我们仍然能够发现，实际上其信仰、美德和礼节是为骑士身份服务的，而不是相反，唯有如此才能使骑士价值得到体现、骑士身份受到尊崇。中世纪的骑士制度这时虽然已经衰落，但旧的骑士身份却成为大贵族们标榜自己高贵地位的手段，骑士文化反而更加繁荣起来。而政治地位抬高后的勃艮第公爵们对此更是不遗余力，他们不仅在图书室收藏了大量的骑士文学书籍，还通过盛大的骑士比武大会来体现骑士的价值和目标；奢华的服饰和藏品则更加印证了他们高贵的地位；繁冗华丽的宫廷礼仪无非是展示他们是有教养的人。勃艮第公爵们刻意追求"华丽"来抬高自己的声望，炫耀自己的财富和权力，以至于"主上之手从不触及凡物，小到最平凡的文章都要经过著名匠人和艺人的美化"[②]。创造这些华丽之风最终是为了体现他们的骑士身份，因此可以说骑士精神是中世纪末期勃艮第宫廷华丽之风的本质。下面主要以宫殿建筑来说明勃艮第宫廷的"华丽"之风。

现在比较清楚的勃艮第宫殿有两座，一座是布鲁热的普利森霍夫宫

[①] Otto Cartellieri, *The Court of Burgundy: Studies in the History of Civilization*, Malcolm Letts, trans., London: Kegan Paul, 1929, p. 57.

[②] Otto Cartellieri, *The Court of Burgundy: Studies in the History of Civilization*, Malcolm Letts, trans., London: Kegan Paul, 1929, p. 54.

（见图16①），另一座是根特的公爵宫殿（见图17②）。普利森霍夫宫是15世纪勃艮第公爵最大的宫殿，1429年由好人菲利普扩建，1446年之后他又几乎完全重建和扩建了该宫。从一幅作于1641年的版画我们可以略知其貌。通过一座门楼便进入最外部的庭院，一组带有走廊和凉廊的建筑环绕着庭院。庭院最远处是宫殿的主要建筑，包括大厅、教堂和塔楼，塔楼是公爵的住所。塔楼旁边是公爵夫人住所，面向一座花园，公爵的花园则在主建筑的后面。公爵住处的对面则是其儿子和继承人的住处。院落为廷臣提供了住处，为宫廷的娱乐活动提供了场所。最后面的庭院用以骑士长矛比武，远处还设有网球场。宫殿内部结构的细节并不清楚，只知为了好人菲利普的婚礼而在一楼专门建有巨大的浴室。③ 同一时期的另一幅版画则为我们提供了根特公爵宫殿的概貌。宽大的庭院里的拱廊导向大厅和教堂；

图16 普利森霍夫宫（雕版画，1644年）

---

① Simon Thurley, *The Royal Palaces of Tudor England: Architecture and Court Life, 1460 – 1547*, New Haven: Yale University Press, 1993, p. 14.

② Simon Thurley, *The Royal Palaces of Tudor England: Architecture and Court Life, 1460 – 1547*, New Haven: Yale University Press, 1993, p. 15.

③ Simon Thurley, *The Royal Palaces of Tudor England: Architecture and Court Life, 1460 – 1547*, New Haven: Yale University Press, 1993, p. 14.

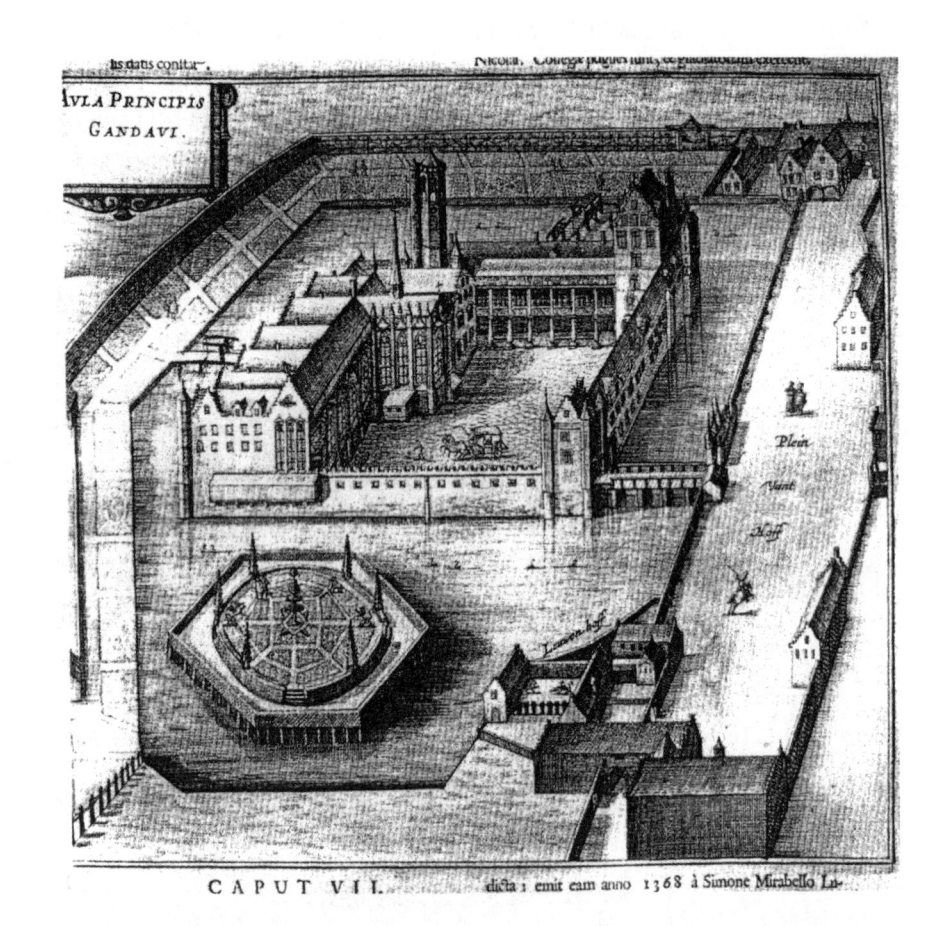

图17 根特的公爵宫殿（雕版画，1644年）

公爵住宅横列在庭院一边，终端是一座塔楼。宫殿巨大的前院可用以比武大会，护城河中的建筑则是动物园。[1] 此外，从两座宫殿的建筑中我们可以发现很多建筑都带有高耸的烟囱，这也成为日后英国宫殿的一大特色。

根据以上两座宫殿以及其他一些宫殿的情况，勃艮第宫殿的主要特征是突破了城堡对空间的限制，大量的庭院、花园和房舍紧密相连；更加注重王室私人住宅和娱乐设施的建设，为王室提供了私人活动空间；但吸取

---

[1] Simon Thurley, *The Royal Palaces of Tudor England: Architecture and Court Life, 1460–1547*, New Haven: Yale University Press, 1993, p. 14.

了某些城堡的建筑元素，例如门楼、雉碟等作为装饰。具体如下：公爵、公爵夫人及其继承者各自拥有一套私人住宅，这些住宅往往围绕着庭院或花园；多数建筑为两层；娱乐活动往往在附近的网球场、比武场和花园里进行；一组带有走廊的建筑环绕着庭院或花园，也可以连接庭院之外的建筑，走廊通常位于建筑的第二层，其下由一道凉廊支撑；主建筑各楼层间通常由一座巨大的螺旋形楼梯相连；公爵的住处通常位于一座塔楼之内；屋顶为三角形，其横面边缘往往呈梯形，正面边缘带有雉碟并设有较小的天窗，屋顶通常设有高耸的烟囱并饰有金属制造的旗帜和华丽的铅顶；塔楼往往呈八边形，顶部为铅顶；多数宫殿都是砖建而非石建，与中世纪相反，这时以砖作为建筑材料已经成为时尚而非卑微的象征。[1]

中世纪末期勃艮第宫廷的华丽之风和宫殿建设直接影响到了同一时期的英国宫廷，英王们纷纷仿效。理查德二世、亨利五世和爱德华四世都能很好地理解"华丽"的含义，他们的宫廷几乎能与欧洲任何宫廷相匹敌。1466年，一位观察者说，爱德华四世拥有"基督教国家中最辉煌的宫廷"[2]。反面的例子是亨利六世，只有他失败地理解了"华丽"的含义，赢得了耻辱和蔑视。亨利六世的个人形象和衣着令其臣民失望甚至是震惊。1471年他在伦敦入城式上"衣着装饰繁多，与其说是一位王公，毋宁说是一个演员"。此外，"他的长长的蓝色天鹅绒几乎未经修饰就穿在了身上"[3]。他的礼拜堂虽然辉煌壮丽也未能挽回他的声誉。这个反面例子形象地表明了对财富、权力和地位的表现与其本身一样重要。而爱德华四世则是追求"华丽"成功的典型，这尤其反映在他的宫殿建设上。

（二）爱德华四世与英国近代宫殿

在勃艮第宫廷最兴盛的时期，英国和勃艮第在商业和政治上以及王室之间存在着密切的联系。勃艮第公爵领地尼德兰是当时北欧的经济中心，

---

[1] Simon Thurley, *The Royal Palaces of Tudor England: Architecture and Court Life, 1460-1547*, New Haven: Yale University Press, 1993, p. 15.

[2] Malcolm Henry Ikin Letts, etc., ed., *The Travels of Leo of Rozmital through Germany, Flanders, England, France, Spain, Portugal and Italy, 1465-1467*, Cambridge: Cambridge University Press, 1957, p. 45.

[3] A. H. Thomas; I. D. Thornley, *The Great Chronicle of London*, London: Printed by G. W. Jones at the sign of the Dolphin, 1938, p. 215.

也是英国纺织品的主要出口地，因此维持与尼德兰及其领主勃艮第公爵之间的友好关系对英国经济来说至关重要，也成为英国外交政策的主要原则。与此同时，百年战争结束后，法国开始了中央集权化的过程，危及到了勃艮第、布列塔尼等公爵们的利益，他们急需寻找盟友对抗法国。共同的利益使英国和勃艮第公国在爱德华四世统治之初开始重新建立传统的盟友关系。1465 年，为参加爱德华四世的王后伊丽莎白·伍德维尔的加冕礼，她的叔叔詹姆斯·德·卢森堡带领一队勃艮第骑士来到了伦敦。两年之后，勃艮第公爵好人菲利浦的私生子，当时欧洲最具声望的骑士安东尼与伊丽莎白王后的弟弟斯凯尔斯进行了一场比武大会。两国宫廷之间有了一定的交往后，1468 年，爱德华的妹妹约克的玛格丽特嫁给了勇者查理，并在勃艮第举行了壮观奢华的婚礼和庆祝活动。

更为重要的是，在 1470—1471 年期间，因亨利六世复辟，爱德华四世被迫流亡在勃艮第公国，他亲自体验了勃艮第宫廷，对以后英国宫廷文化的发展产生了深刻的影响。这位流亡的君主当时被荷兰总督格鲁修斯勋爵路易斯安排在海牙住下，路易斯在海牙的宅邸是一座带有大厅和塔楼的砖建建筑。1471 年 2 月他住在路易斯在布鲁热的宅邸，这座宅邸同样带有典型的勃艮第宫殿风格（见图 18[1]）。这些建筑对爱德华四世修建温莎城堡的圣乔治教堂产生了重要的影响。1472 年，当路易斯建成布鲁热圣母院祈祷室后访问了温莎城堡，而后来建成的圣乔治教堂祈祷室（见图 19[2]）几乎与路易斯的祈祷室完全相同。

除了宫殿建筑以外，爱德华四世还将勃艮第公国的艺术品和宫廷礼仪带到了英国。爱德华四世史无前例地购买了大量尼德兰挂毯来装饰房间。1478 年，他从勇者查理的宫廷总管纪尧姆·于戈内手中购买了一整套挂毯。[3] 爱德华还从佛兰德人手中收集尼德兰手抄本或为自己订制手抄本。[4]

---

[1] Simon Thurley, *The Royal Palaces of Tudor England: Architecture and Court Life, 1460 – 1547*, New Haven: Yale University Press, 1993, p. 16.

[2] Simon Thurley, *The Royal Palaces of Tudor England: Architecture and Court Life, 1460 – 1547*, New Haven: Yale University Press, 1993, p. 17.

[3] Scot MacKendrick, "Edward IV: An English Royal Collector of Netherlandish Tapestry", *Burlington Magzine* (Aug. 1987), pp. 521 – 524.

[4] Margaret Kekewich, "Edward IV, William Caxton and Literary Patronage in Yorkist England", in *The Modern Language Review*, v66 n3 (Jul. 1971), p. 482.

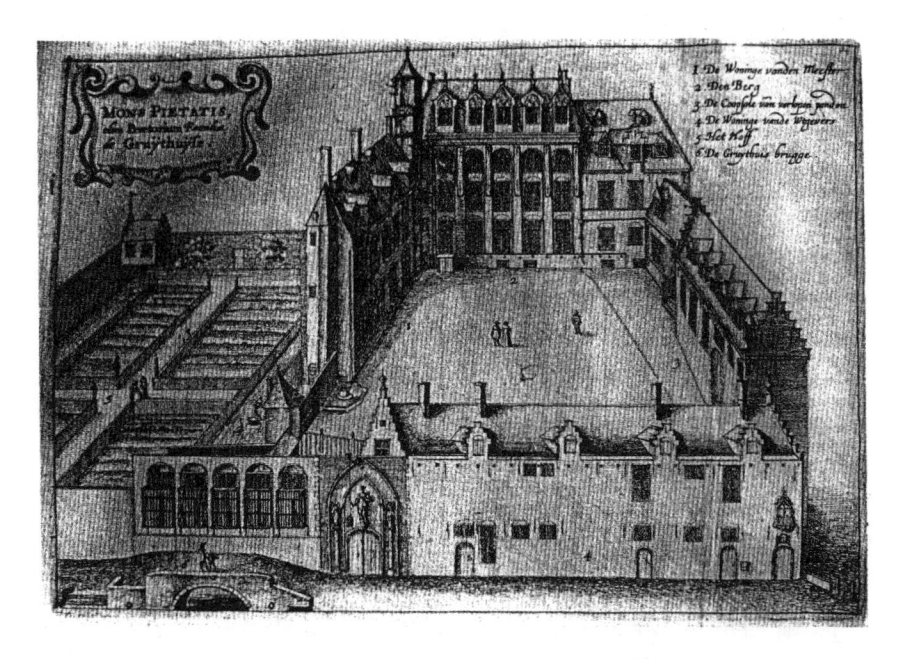

第二章 宫廷生活的舞台——从城堡到宫殿

图 18 格鲁修斯勋爵路易斯在布鲁热的宅邸（雕版画，1644 年）

图 19 温莎城堡圣乔治教堂礼拜室（左）与布鲁热圣母院礼拜室（右）

勃艮第宫廷对英国宫廷的影响中最明显的就是宫廷礼仪。1471—1472年的爱德华四世的宫廷条例，即著名的《黑书》是英国宫廷首部成文的宫廷礼仪之书。在这部书中，英国的宫廷礼仪清楚地折射出勃艮第宫廷繁缛的礼仪。值得注意的是，该书将宫廷机构的两部分——宫廷总管所辖部分和宫廷大臣所辖部分分别命名为"华丽部"和"供应部"，前者是宫廷的楼上或公共部分，职责是创造"华丽"；后者是宫廷的楼下部分，职责是为前者创造"华丽"提供必要的便利条件。创造"华丽"从而成为英国王室的明确目标。[1]

正是因为爱德华四世深受勃艮第宫廷文化的影响，所以他也极力追求"华丽"，表现之一就是他的宫殿建设。英国宫殿的近代化正是从爱德华四世开始的，他在泰晤士河谷之外的建筑地点主要有福瑟陵格、诺丁汉和多佛。在福瑟陵格和诺丁汉，他为自己和王后建立了大量的宅第。其中福瑟陵格是爱德华四世泰晤士河谷之外最喜欢的住处，主要建于1463—1466年。他在这里花了大笔的金钱，建有卧室、走廊、角楼和厨房等房舍，在内院中一道楼梯连接着卧室和走廊。[2] 这些建筑中已经体现出了某些勃艮第宫殿的特色，例如走廊、螺旋楼梯等。

然而，泰晤士河谷之外最重要的建筑是在诺丁汉和多佛。在诺丁汉的建筑花费了3000英镑，直到理查德三世时代才完成。根据一幅绘于1617年的平面图我们可以了解到他在诺丁汉城堡的建筑（见图20[3]）。整体来看，爱德华四世为其所建的是一组城堡内的私人住宅，依城堡的外墙而建，有七座高高的凸窗，可以照亮三间巨大的房屋。庭院中一道台阶通向它们。塔楼是国王的个人住处。这三间房屋可作为大厅或外室用作国事房、撤回室或会议厅。国王在塔楼里的私宅紧邻会议厅，最东边的角楼内有通往国王私宅的楼梯。塔楼地下室有国王的御用厨房，有一道副楼梯通向其上的主楼层。主楼层有两层，王后住在一楼，国王住在二楼，庭院东北角一座副楼梯可直通二楼。这种王后与国王分别居住在塔楼的第一层和

---

[1] Simon Thurley, *The Royal Palaces of Tudor England: Architecture and Court Life, 1460 – 1547*, New Haven: Yale University Press, 1993, pp. 17 – 18.

[2] Simon Thurley, *The Royal Palaces of Tudor England: Architecture and Court Life, 1460 – 1547*, New Haven: Yale University Press, 1993, p. 18.

[3] Simon Thurley, *The Royal Palaces of Tudor England: Architecture and Court Life, 1460 – 1547*, New Haven: Yale University Press, 1993, p. 19.

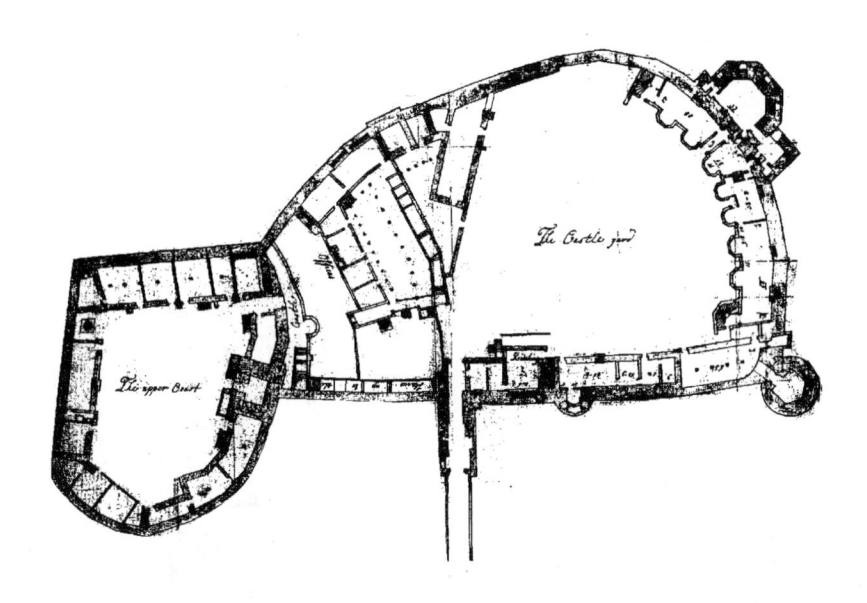

第二章 宫廷生活的舞台——从城堡到宫殿

图20 1617年诺丁汉城堡平面图（罗伯特·斯迈森绘制，1617年）

第二层的模式是典型的勃艮第风格，与英国传统的国王与王后的住宅处于同一水平线上的模式大为不同，例如13世纪的克拉里登和威斯敏斯特宫（见图21[①]）。在多佛城堡，爱德华四世为了美化和强化城堡花费了10000英镑。除了重建法因斯塔外，他新建了一座国事塔，塔内房间精美，饰以狮子和碎花图案；1464年为王后修建了新的住宅，即撤回室和卧室。这样多佛城堡不仅是一座坚固的堡垒，同时也成了王室的重要行宫。

然而，爱德华四世将中世纪的城堡转变为近代宫殿的经典之作却是温莎城堡（见图22[②]）。温莎城堡现在是王室的行宫之一，由征服者威廉始建于1070年，为土丘—庭院式城堡，主要功能是屏障伦敦以西的堡垒。亨利一世是第一位入住温莎城堡的君主，从此它开始变为王室的住所之一。12世纪，亨利二世则将温莎城堡改建为石建的城堡主楼（圆塔）和护城墙，石建工程由亨利三世完成于13世纪。温莎城堡由防御要塞向舒适的宫

[①] Simon Thurley, *The Royal Palaces of Tudor England*: *Architecture and Court Life*, *1460–1547*, New Haven: Yale University Press, 1993, plan12.

[②] http://commons.wikimedia.org/wiki/File:Windsorcastleplan.png.

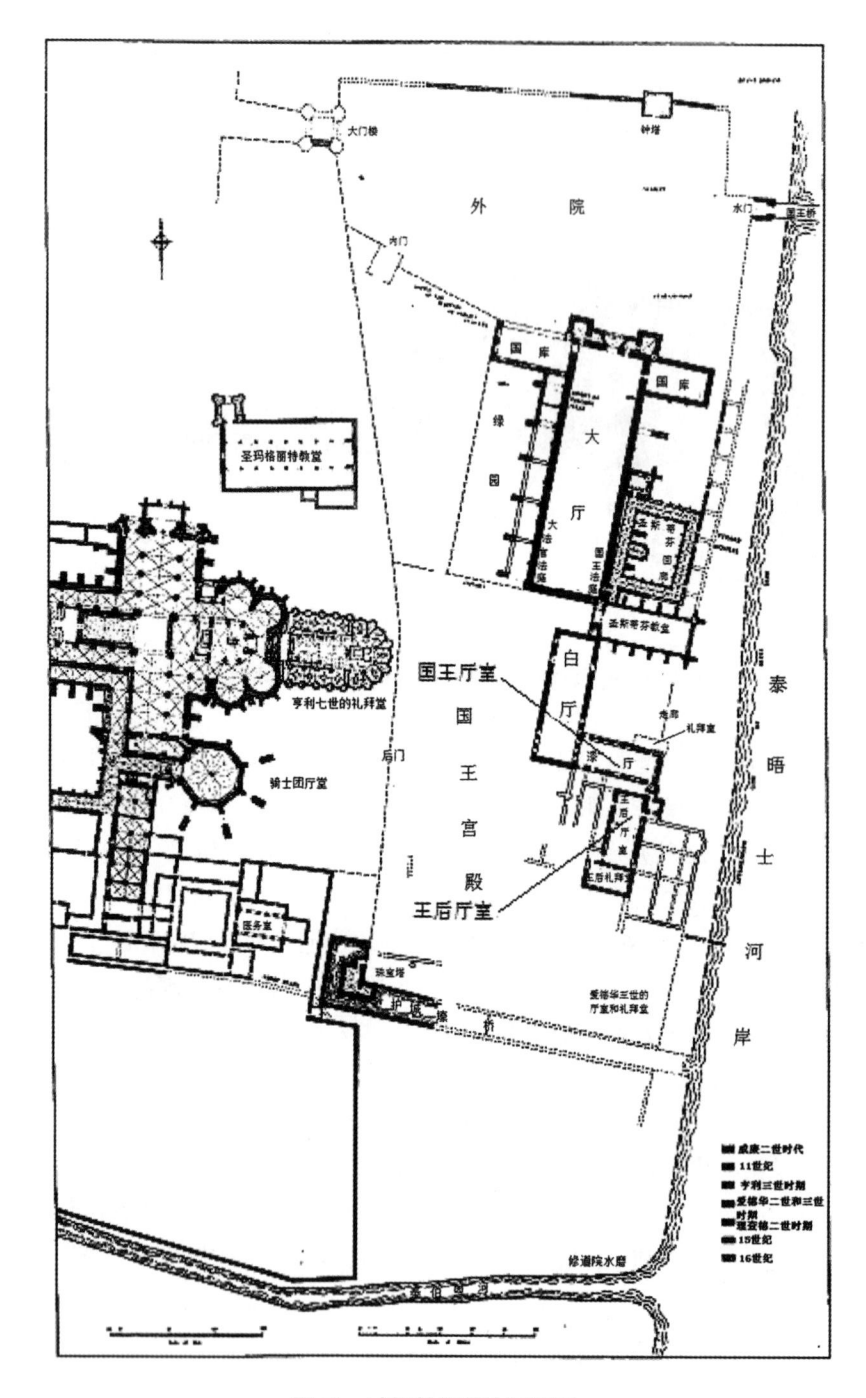

图21 威斯敏斯特宫平面图

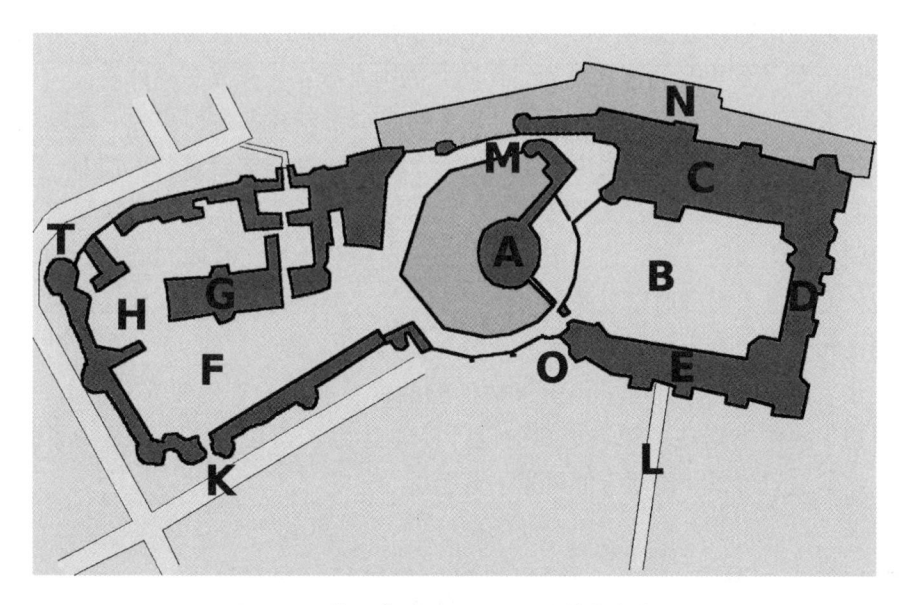

第二章 宫廷生活的舞台——从城堡到宫殿

图22 现代温莎城堡平面图，维基共享资源
A 圆塔；B 上区；C 国务大厅；D 私人套房；E 南翼；F 下区；G 圣乔治教堂；H 马蹄回廊；K 亨利八世门；L 长径；M 诺曼门；N 北阳台；O 爱德华三世塔；T 晚钟塔

殿的转变始于爱德华三世时期，他于14世纪增建了一组华丽的住宅和圣乔治教堂（一座小礼拜堂）。[1] 玫瑰战争结束后，国内政治趋于稳定，城堡尤其是王室城堡开始更加注重城堡的居住功能而非防御功能，因此在爱德华四世时期温莎城堡完成了这种转变。爱德华三世时代的建筑到了15世纪60年代已经过时，爱德华四世对此进行了改造。首先建造了现今的圣乔治教堂，将爱德华三世时代的小礼拜堂扩建成了现在的哥特式大教堂。其次，在珠宝房附近新增了一道砖建的马蹄形回廊，王后的住宅则增加了一扇凸窗。同时还增建了一座花园，花园周围设有低围栏。回廊、花园及其低围栏和凸窗都是当时比较流行的建筑元素，是温莎城堡近代化的象征。

爱德华四世最著名的建筑当属埃尔特姆宫。1311年，该宫在原主人达拉谟的贝克主教死后转入国王手中。此后，经过历届国王不断改建和修

---

[1] Marilyn Stokstad, *Medieval Castle*, Westport, Connecticut, London: Greenwood Press, 2005, p. xl – xli.

缮，到爱德华四世登基时，该宫的北部和东部的建筑已经存在（见图23①）。最初的大厅呈南北排列，在其北侧则是卧室。贝克主教死后，一座新的大厅坐落在一座石桥的对面，呈东西走向。新建的大厅成为一座新庭院的前置部分。大厅的屋顶为三角形，上层和柱基装饰着黑色大理石，旁边的房舍为两层结构（见图24②）。厨房与大厅呈直角排列，酒窖和餐具室则位于大厅的一端。爱德华通过新建的石桥、大厅、庭院和刷新后的外观，使人进入宫殿时印象深刻。除了大厅等"公共部分"外，他还修建了国王和王后的个人住宅等"私人部分"，与大厅相连呈"T"形。王后的砖建住宅位于北侧，开有一组呈五边形的凸窗，向北一直延伸到一道走廊；爱德华的住宅则在南侧。走廊的设计并非是为了连接建筑，而是为了娱乐，从这里可以将泰晤士河风光一览无遗。③

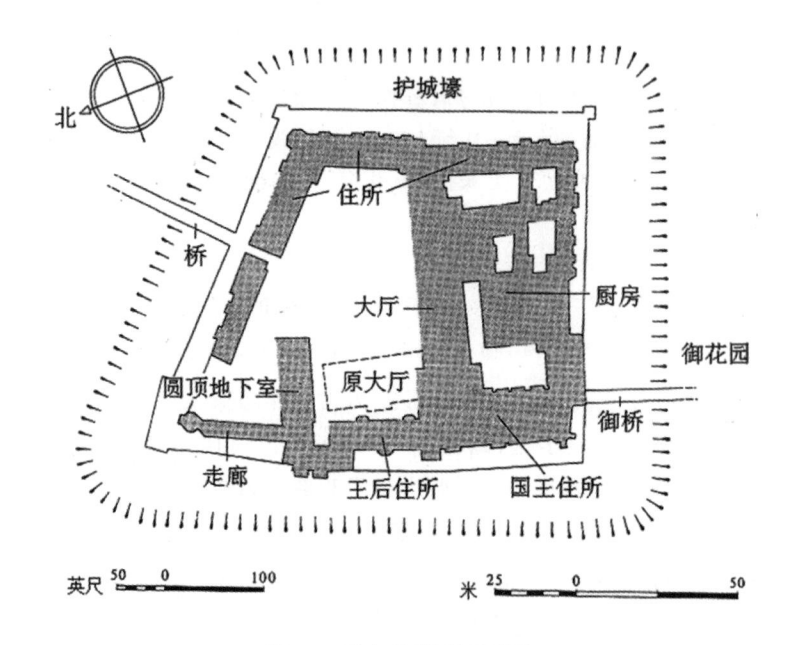

图23 埃尔特姆宫平面图

---

① Simon Thurley, *The Royal Palaces of Tudor England: Architecture and Court Life, 1460–1547*, New Haven: Yale University Press, 1993, p. 20.
② Simon Thurley, *The Royal Palaces of Tudor England: Architecture and Court Life, 1460–1547*, New Haven: Yale University Press, 1993, p. 21.
③ Simon Thurley, *The Royal Palaces of Tudor England: Architecture and Court Life, 1460–1547*, New Haven: Yale University Press, 1993, p. 20.

图24　埃尔特姆宫素描图（约翰·C. 巴克尔《埃尔特姆宫历史述论》插图，1828年）

综上所述，爱德华四世的建筑明显模仿了勃艮第的建筑风格，诸如走廊、两层的房舍、塔楼、低围栏的花园等；与此同时，他还为他和王室成员建立了独立的个人住宅作为私人活动空间，而原来的大厅则成为专门的公共活动空间——这在某种意义上折射出了这一时期王室与行政的分离和国王地位的提高，包括国王在内的王室成员不再愿与廷臣们共处一室，而是将自己与众人隔离开来。爱德华四世的宫殿建筑不仅使英国王室中世纪的住所和城堡转变为了近代宫殿，还为以后都铎王朝的宫殿建设提供了参考的范型。

（三）都铎王朝的宫殿

英国近代早期的宫殿建设在都铎王朝时期，尤其在亨利八世统治期间达到了顶峰。这一时期宫殿的数量不但迅速增加，而且还发扬了爱德华四世的某些创新，并逐渐形成了自己的风格，奠定了后世英国宫殿的基础。亨利七世率先在这些方面做出了尝试。

1. 亨利七世的宫殿建设

1471年,时为里士满伯爵的亨利·都铎,后来即位的亨利七世,在亨利六世被杀后,为了逃避约克家族的谋杀被迫流亡布列塔尼公国和法国。在为期十几年的流亡过程中,深受布列塔尼和法国宫殿建筑的影响。两地的宫殿建筑特色主要体现为两点:一是城堡主楼为其主人提供了私人住所;二是叠加式的住宅结构。[①] 这对以后亨利七世的宫殿建筑产生了重要影响。亨利七世即位之初,因政局不稳、财源匮乏,无力从事宫殿建设。此外,兰开斯特王朝的君主们辉煌的宫殿建设使其没有压力必须马上开始新的建设。然而,在约1491年之后,亨利七世开始将目光投向建筑;从1495年起他开始了一系列重要的教俗建筑,其中比较著名的是对里士满宫、格林威治宫、伦敦塔和温莎城堡的建设。

亨利七世命名的里士满宫原是王室的希恩庄园,原有的王室建筑在1497年的一场大火中被毁坏殆尽,只有一座城堡主楼幸免于难。在火灾之后,亨利七世立即开始了重建,重建后的整体效果见图25[②]。他将兰开斯特王朝时代的城堡主楼(见图26)[③] 作为建筑的中心,并对其内部进行了重建。国王及其家庭成员就住在这座城堡主楼里。其主体部分有三层,每层有12间房屋;其中主要的三间是警卫室、会议厅和枢密室,旁边则是卧室和一些密室。国王和王后的住宅则在城堡主楼的另一组建筑里,共分三层:最底下的一层是仆役室、御用厨房和衣柜间,第二层为王后住所,第三层为国王住所。在城堡主楼的东北角有一座附属的角楼,共有四层,内设楼梯和一系列精美的房间,里面的楼梯是进入城堡主楼第三层的主要通道。里士满宫的另一特色是其中间庭院的布局:大厅和礼拜堂相对,厨房在大厅的另一边。城堡主楼有分别通向大厅和礼拜堂的两道跨过护城壕的走廊。此外,里士满宫的果园也颇具特色,果园有封闭的走廊、动物和娱乐设施。尤其是它的走廊,在英国更是首创;它模仿勃艮第的走廊,共有两层,第一层是凉廊,从其第二层可以俯瞰整座果园和花园。从以上描述

---

① Simon Thurley, *The Royal Palaces of Tudor England: Architecture and Court Life, 1460 – 1547*, New Haven: Yale University Press, 1993, p. 27.

② Simon Thurley, *The Royal Palaces of Tudor England: Architecture and Court Life, 1460 – 1547*, New Haven: Yale University Press, 1993, plan 11.

③ Simon Thurley, *The Royal Palaces of Tudor England: Architecture and Court Life, 1460 – 1547*, New Haven: Yale University Press, 1993, p. 32.

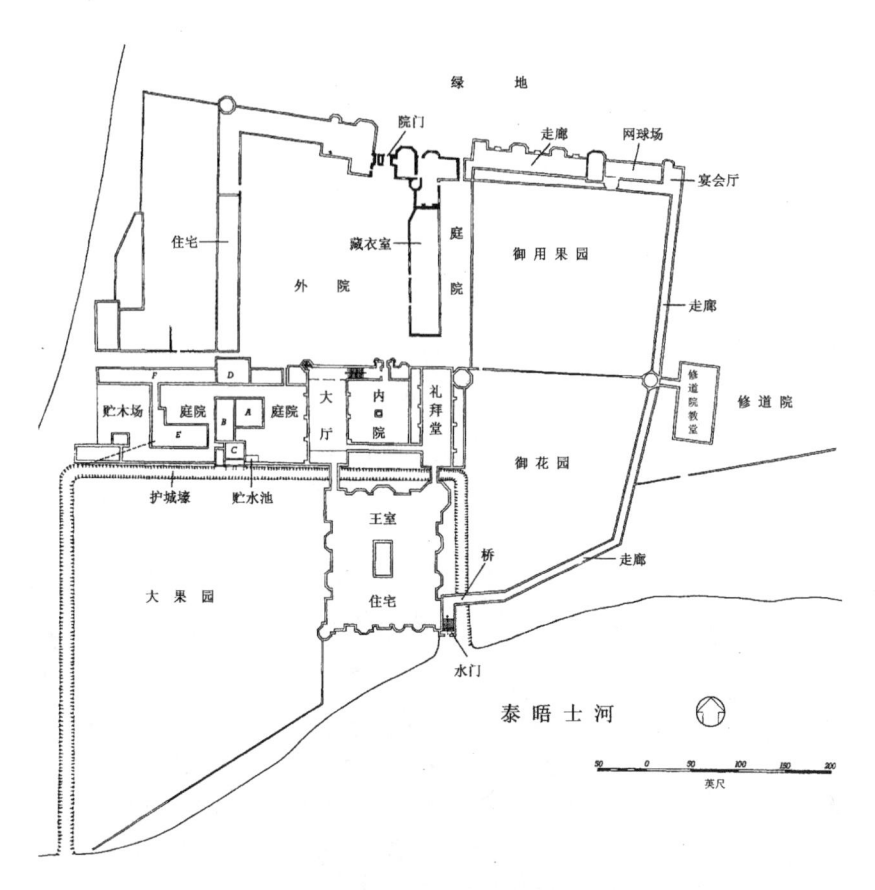

图 25 里士满宫平面图
A 大厨房；B 食品室；C 水门；D 塔楼；E 糕点房；F 禽肉房

图 26 里士满宫的城堡主楼（视角为该宫的西南角方向）[17 世纪无名画家绘（局部）]

我们可以看到，里士满宫在很多方面都模仿勃艮第宫殿风格，比较重视建设王室的私用建筑。不过该宫殿仍比较保守，例如王室住宅主要在城堡主楼里、叠加式的住宅、护城河、石建等，因此里士满宫也可以说是最后一座中世纪式的宫殿。正因如此，王室在里士满宫建成后的三十年中很少来到这里。

亨利七世在伦敦塔和温莎城堡的建设同样保守。爱德华二世曾将国王的住所从威克菲尔德塔向东移到了灯笼塔；爱德华三世则在灯笼塔附近修建了摇篮塔作为一道御用水门。在这些14世纪的建筑的基础上，亨利七世在伦敦塔主要新建了一道走廊、一座塔楼和一座花园（见图27①和图28②）。新塔始建于1501年，位于灯笼塔③南侧和西侧，包括一间图书室和一间密室。国王塔有一楼梯直通塔下花园。走廊始建于1506年，建在从灯

图27　17世纪的伦敦塔局部图，皇家军械博物馆
A 灯笼塔；B 盐塔；C 走廊处；D 亨利七世塔；E 花园；F 摇篮塔

---

①　Geoffrey Parnell, *The Tower of London: A 2000 Year History*, Oxford: Osprey Publishing, 2000, p. 33.

②　Simon Thurley, *The Royal Palaces of Tudor England: Architecture and Court Life, 1460–1547*, New Haven: Yale University Press, 1993, p. 33.

③　灯笼塔在16世纪一般被称为国王塔。

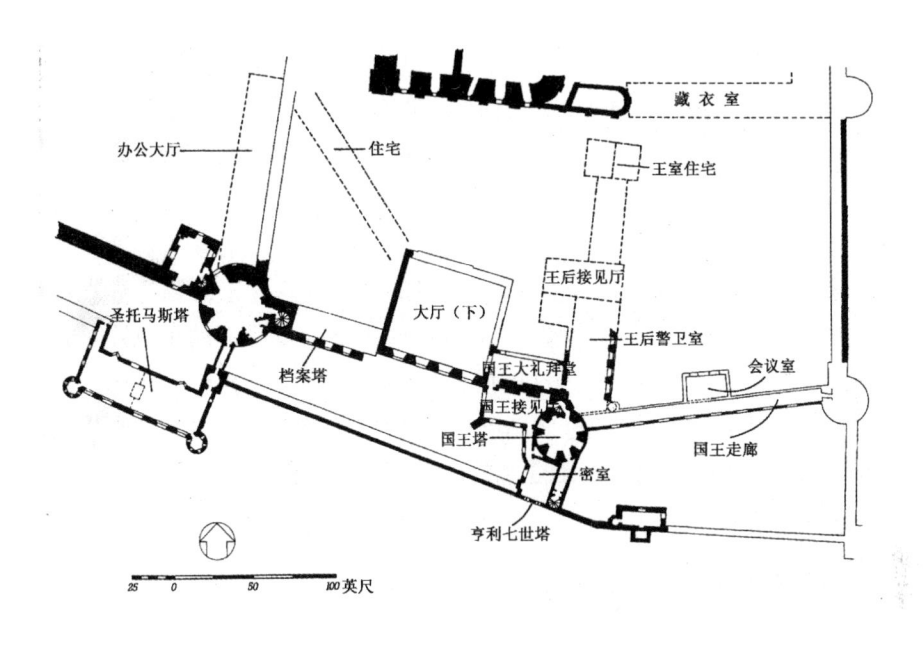

图28 1540年伦敦塔平面图（局部）

笼塔到盐塔之间，为木建，外部被粉刷。新建的走廊从国王塔开始向盐塔延伸，将塔下的花园一分为二。在温莎城堡，1500年亨利七世同样新建了一座塔楼（见图31①）和一道走廊。该塔几乎与伦敦塔新建的塔一样，都是作为国王的卧室、书房和图书室之用。爱德华三世时期在这两座城堡兴建的建筑为国王的公共生活提供了较好的场所，但却没有为其私人活动提供充足的场所，而亨利七世的建筑则为国王提供了供其个人使用的密室、图书室和走廊等。在这方面表现更为突出的除了里士满宫外还有格林威治宫。

格林威治宫最早是由格洛斯特公爵汉弗莱所建，当时只是一座游乐庄园，后来亨利六世和爱德华四世都曾扩建过。亨利七世从1500年始将以前的建筑全部拆除，并将其建成为一座真正的具有创新性的宫殿，成为后世宫殿建筑的范型。与里士满宫比较而言，该宫因没有护城壕而建设得更为宏大；建筑材料为砖而不是石料；窗口为凸窗结构；与此同时，也有与里

---

① Simon Thurley, *The Royal Palaces of Tudor England: Architecture and Court Life, 1460–1547*, New Haven: Yale University Press, 1993, p. 34.

· 75 ·

士满宫相同的果园、走廊、御厨房、塔楼等。1504年其主体工程结束，总共花费了1330英镑。①

北临泰晤士河的建筑是国王住所（见图29、30②），在其南面与其平行的建筑则是王后住所。两处住所在西侧由一道走廊相连，这道走廊还连接着旁边的修道院。在东侧，国王和王后的住所由一道狭长的建筑相连，这道建筑旁边并列着大厅和礼拜堂。这样，由国王、王后住所和两侧的走廊、狭长建筑围合而成了一组院落。国王沿河的建筑位于东侧礼拜堂和西侧御厨房之间。御厨房是一座较短的两层建筑，与其紧邻的东侧建筑是一座五层的塔楼（城堡主楼）。这座塔楼（见图31③）是整栋建筑的主要特征，在其二楼有国王的卧室。东南和西北角的角楼内设有楼梯，可以通向三楼和四楼，这里设有国王最隐私的房间——图书室和书房。

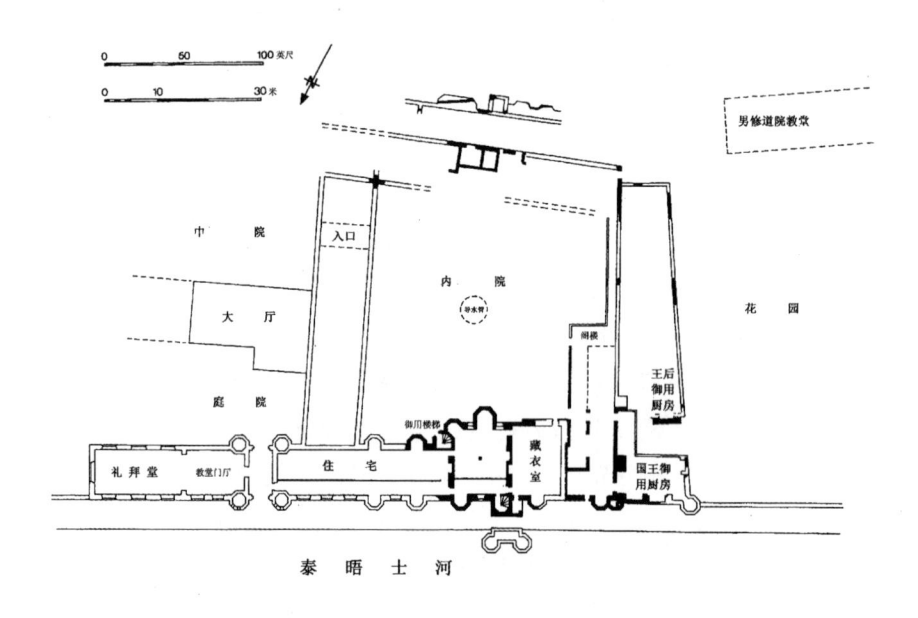

图29　1547年格林威治宫平面图（第一层）

---

① Simon Thurley, *The Royal Palaces of Tudor England: Architecture and Court Life, 1460–1547*, New Haven: Yale University Press, 1993, p. 34.

② Simon Thurley, *The Royal Palaces of Tudor England: Architecture and Court Life, 1460–1547*, New Haven: Yale University Press, 1993, plan 3, 4.

③ Simon Thurley, *The Royal Palaces of Tudor England: Architecture and Court Life, 1460–1547*, New Haven: Yale University Press, 1993, p. 35.

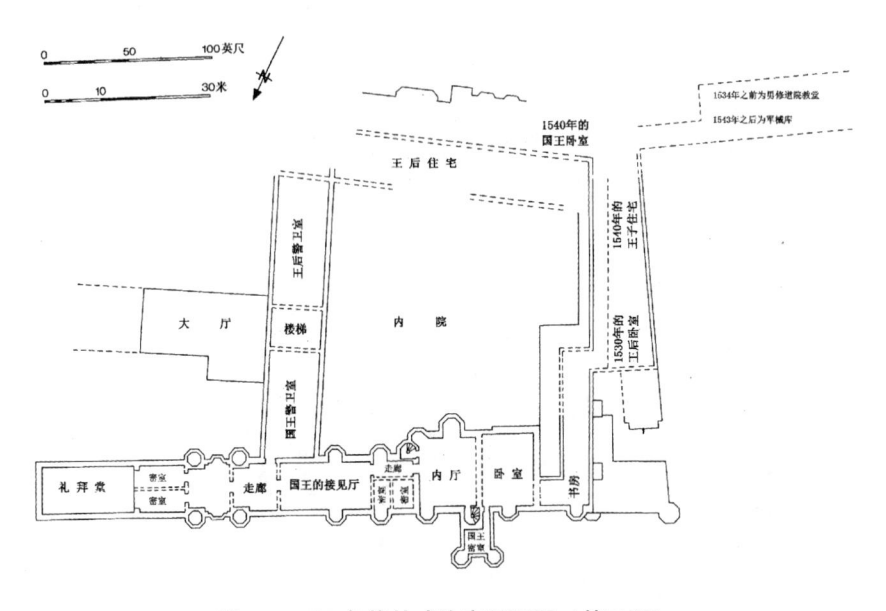

第二章 宫廷生活的舞台——从城堡到宫殿

图30 1547年格林威治宫平面图（第二层）

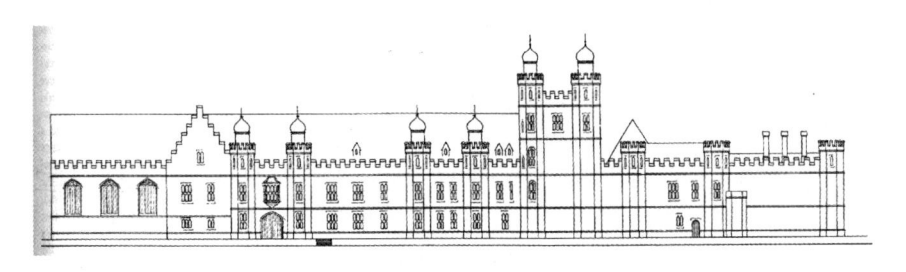

图31 格林威治宫截面图（大卫·昂纳绘）

在这里值得注意的是，格林威治宫将中世纪的城堡主楼与近代的院落结合在一起，成为近代宫殿的组成部分。城堡主楼是自诺曼底时代以来城堡的最主要部分，直到15世纪仍然如此；城堡主楼与城堡的其他部分相分离，保留着其防御功能，前述的诺丁汉城堡、里士满宫与拉格朗城堡就是比较典型的例子（见图32[①]）。在拉格朗城堡，大厅、教堂、客厅等建筑自成一个建筑体系，城堡主楼周围的护城壕将两者隔离开来，只有一座桥

---

① Simon Thurley, *The Royal Palaces of Tudor England: Architecture and Court Life, 1460 – 1547*, New Haven: Yale University Press, 1993, p. 31.

· 77 ·

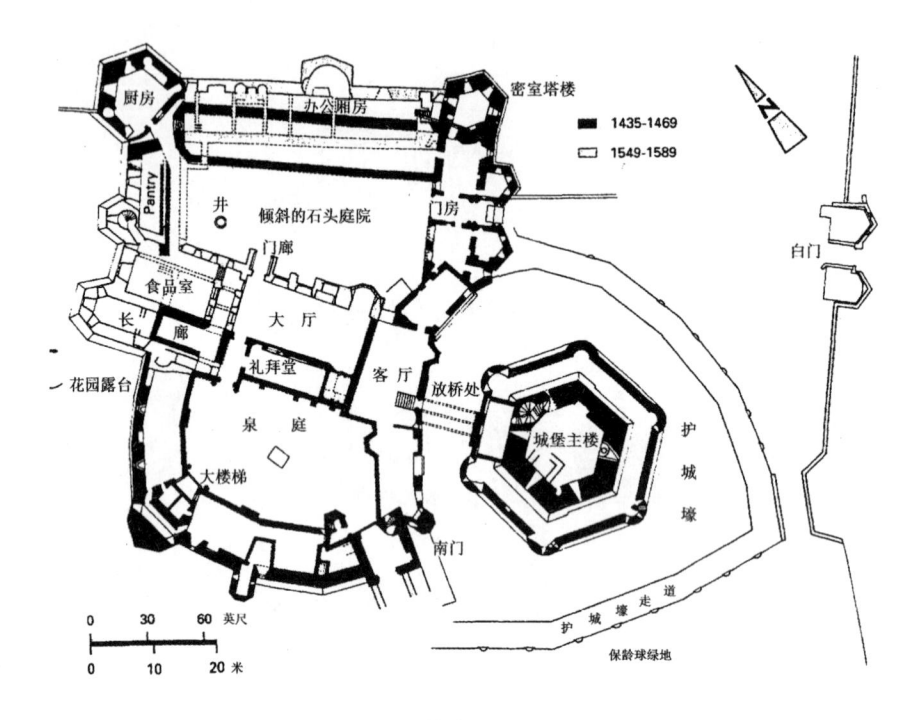

图 32 拉格朗堡平面图

相连。诺丁汉城堡与里士满宫与此大致相同。而在格林威治宫，城堡主楼已经没有了护城壕等防御工事，失去了其军事价值；它与其他建筑融为一体，成为城市的塔楼式庭院建筑的组成部分。同一时期的巴纳德城堡也表现出了这种典型的勃艮第建筑风格（见图33）。[1]

综上所述，在约克王朝的君主和亨利七世统治期间，英国王室建筑产生了重要的变化。这些变化一方面固然是受到了勃艮第宫廷和法国宫廷建筑的影响，但另一方面却与以下两种相互联系的趋势紧密相关：国王追求隐私的愿望的增加和国王地位的提高。

从诺曼底王朝到兰开斯特王朝时期，王权十分有限，国王只是众多领主中领头的一个，王室政府的权力也主要限于王室领地。与此相应的是，在宫廷生活中，国王并没有表现出与其廷臣的距离，整个中世纪并不存在

---

[1] Simon Thurley, *The Royal Palaces of Tudor England: Architecture and Court Life, 1460–1547*, New Haven: Yale University Press, 1993, p. 36.

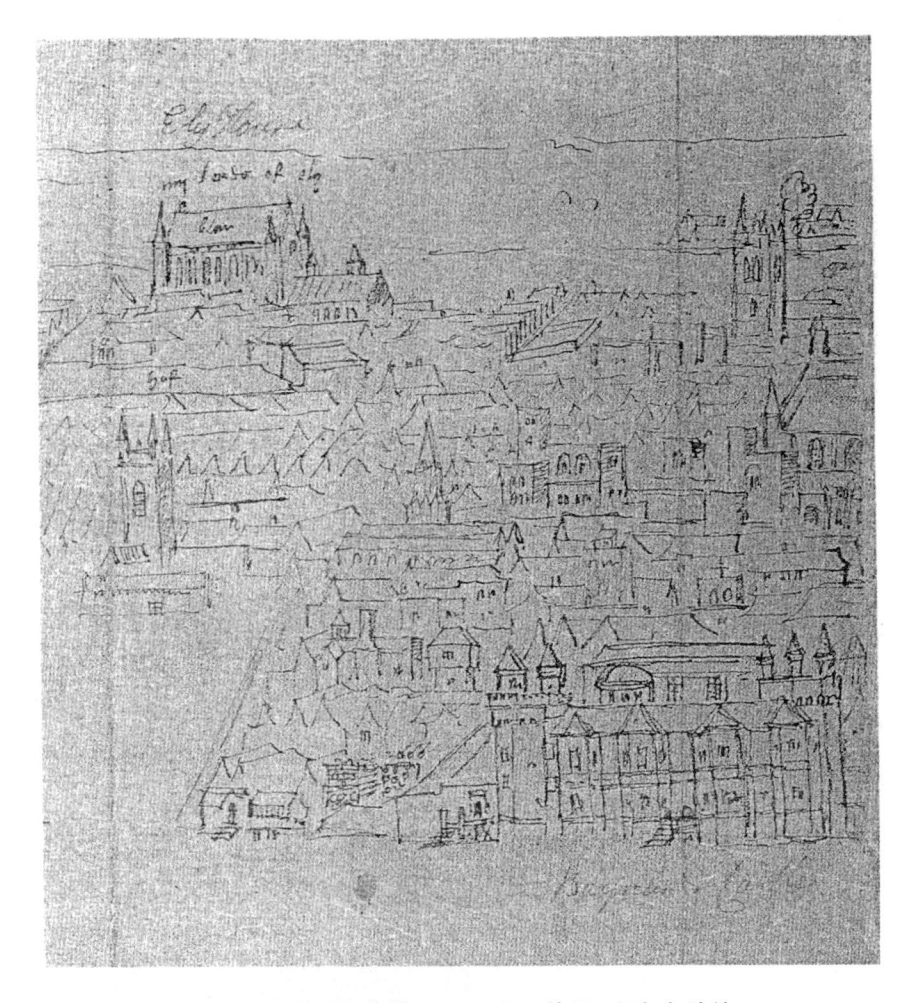

图33 巴纳德城堡素描图（A. 凡·德恩·温加尔达绘）

"隐私"这个概念。国王的吃、喝、睡、穿衣、洗澡和娱乐等日常活动都是在公共场合下，即在其廷臣的侍从下进行的。反映在王室住所上就是公私不分或公私一体，王室的公共活动空间与私人空间混为一体。到了约克王朝和亨利七世时期，封建社会逐渐解体，国王的地位已经大大超过了任何一位大贵族；王室政府不但逐渐官僚化，而且还成为中央集权政府，地方领主政府已不复存在。这样，国王成了权力中心，接近国王成为成功的一把钥匙。权力是需要距离来维系的，国王对隐私的追求开始强烈起来，希望能将自己在宫廷中隔离起来，以显示自己优越的地位。为此，在建筑上需要为国王建立私人活动空间，这一时期宫殿中越来越多的御用（国王或王后专用）建筑就是明证。亨利七世在1495年甚至还专门成立了新的王室机构"内廷"[1]来管理这些御用房间和场所，其职责就是确保只有国王认为比较重要和信任的人才能进入他的私密处所。这就是通向权力的道路，只有进入"内廷"才能更密切地接近国王，才能有机会进入那些国王的私密处所，然后才能博得国王的信任而授以权位。这样，亨利七世的"内廷"逐渐演变为国王权力的象征，成为国王的"私权力"与议会的"公共权力"斗争的主要工具。然而，亨利七世为追求"隐私"而进行的宫殿建设则远逊于其子亨利八世。

2. 亨利八世的宫殿建设

亨利八世对建筑的欲望与对权力的欲望一样强烈，在建筑方面他被认为是最多产、最有天赋和最具创新性的英国国王。[2] 亨利八世的设计才能和兴趣是多方面的，他不但善于设计珠宝和盔甲，还善于设计围城机械、舰船、火炮，比武场之类的就更不在话下，他对沿海堡垒（例如多佛城堡，见图34[3]）的设计尤其令人印象深刻。他不但亲自制作设计图，直接主持工程设计，还常常亲临施工现场进行督促。他死后

图34　亨利八世在多佛海峡建造的防御堡垒

的一份财产清单显示，在他的书房中保存着一些设计图和制图工具。在施

---

[1] 后世英国枢密院的前身。

[2] Simon Thurley, *The Royal Palaces of Tudor England: Architecture and Court Life, 1460 – 1547*, New Haven: Yale University Press, 1993, p.39.

[3] 钱乘旦、许洁明：《英国通史》，上海社会科学院出版社2007年版，第117页。

第二章 宫廷生活的舞台——从城堡到宫殿

工期间，国王常常会索取或下发该工程的设计图；1542 年，当他正在施工时，他曾派一位叫作约翰·哈伍德的人为他取伦敦莫特湖的设计图。1531年，住在格林威治宫的亨利八世经常前往威斯敏斯特，并设计一些新的建筑。当伦敦塔的工程正在进行时，他曾先后在法国大使和安妮·博林的陪同下前往视察，并对工人做了很多指示。一旦某项设计完成后，他就想立刻看到其效果，工人们往往不得不在烛光下连夜赶工以备国王到来。1532 年，在白厅甚至还搭建帐篷以使工人能在雨中施工，并将成桶的牛肉、面包和奶酪发放给正在给地基排水的工人。为了使刚刚完工的建筑在粉刷后能快速干掉，甚至使用了炭盆来烘烤。[①] 因此，工程往往在亨利八世到来前几小时内匆匆完工。

然而在 1530 年之前，亨利八世的建筑才能和热情还没有表现出来，因为这一时期的王室建筑多由红衣主教沃尔西主持修建。沃尔西主持修建或在其影响下修建的王室建筑主要有布里奇维尔宫、比尤利宫、埃尔特姆宫、金缕地宫和格林威治宫。

布里奇维尔宫原属教会财产，1510 年被国王没收并转送给托马斯·沃尔西。1515 年沃尔西升任约克大主教并取得了汉普顿宫和约克坊（后来的白厅宫），加之威斯敏斯特宫三年前失火，故又将其转送给国王。此后，在沃尔西建筑总管托马斯·拉克主持下开始修建布里奇维尔宫。1523 年布里奇维尔宫的建设最终完成（见图 35[②]）。该宫包括两座砖建的院落，一道直达泰晤士河水门的长廊（见图 36[③]）。王室住所位于内院，为三层结构；国王的位于南侧，王后的位于北侧。外院里一道巨大的梯级可以通向内院宅第（见图 37[④]）。外院北侧有一座门楼和一栋厨房，从内院东侧起有一道长约 240 英尺的走廊跨过弗利特河将布里奇维尔宫与黑衣修道院连接起来（见图 38[⑤]）。国王的住所包括一间警卫室和会议厅，是其他楼层

[①] Simon Thurley, *The Royal Palaces of Tudor England: Architecture and Court Life, 1460 – 1547*, New Haven: Yale University Press, 1993, p. 39.

[②] Simon Thurley, *The Royal Palaces of Tudor England: Architecture and Court Life, 1460 – 1547*, New Haven: Yale University Press, 1993, p. 42.

[③] Simon Thurley, *The Royal Palaces of Tudor England: Architecture and Court Life, 1460 – 1547*, New Haven: Yale University Press, 1993, p. 41.

[④] Simon Thurley, *The Royal Palaces of Tudor England: Architecture and Court Life, 1460 – 1547*, New Haven: Yale University Press, 1993, p. 43.

[⑤] Simon Thurley, *The Royal Palaces of Tudor England: Architecture and Court Life, 1460 – 1547*, New Haven: Yale University Press, 1993, p. 40.

图35 布里奇维尔宫版画（约翰·斯特赖普《斯陀伦敦概览》中的雕版画，1720年）

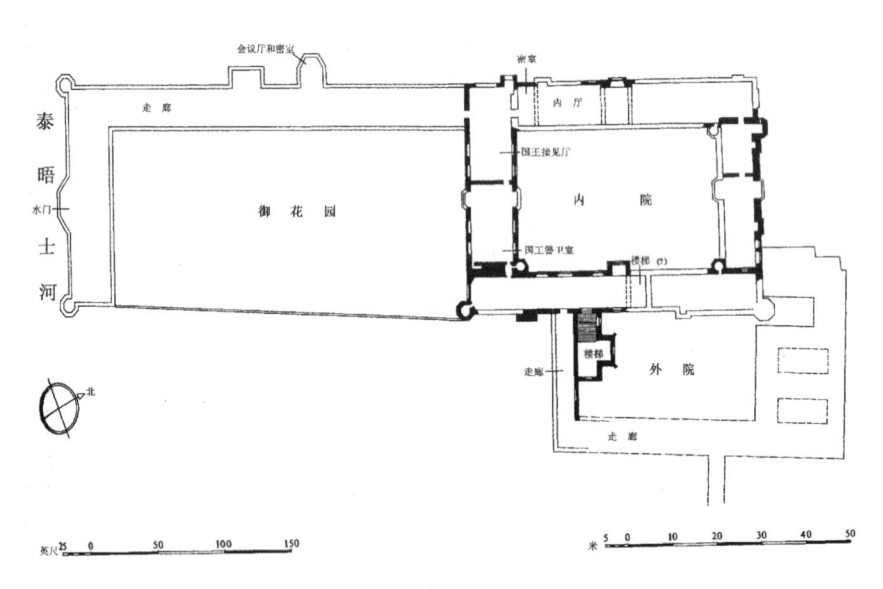

图36 布里奇维尔宫平面图

图37 布里奇维尔宫外院通向内院的大梯级(弗雷德里克·纳什绘,1803年)

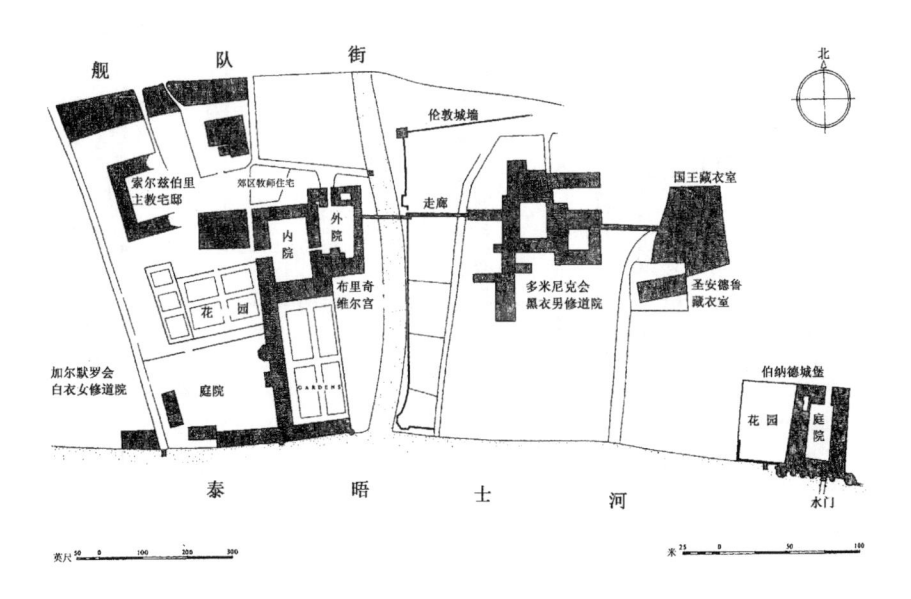

图38 布里奇维尔宫及其周围地区平面图(注意连接该宫与黑衣修道院之间的走廊)

的两倍高，均位于三楼。一道长廊与会议厅相连，会议厅包括一间密室和一间会议室。各楼层间有楼梯相连。对面王后的住处同样是其他楼层的两倍高，只是它们在二楼。

布里奇维尔宫的建筑主要建于1500—1530年，其设计者主要是亨利七世时代的班底，其主要建筑特色之一是国王和王后的住所呈垂直式，而不是水平式安排，即国王住所往往处于王后住所之上。沃尔西的汉普顿宫就是其中最典型的代表。从1515年至1526年，沃尔西在汉普顿宫修建了一座三层楼的住宅，并辅以大梯级和塔楼（见图39[1]）。国王的住所位于王后住所之上，国王的窗户几乎是二楼王后窗户的两倍高。类似的建筑还有索恩伯格城堡、肯宁宫、恩菲尔德等地的公爵宅第。布里奇维尔宫的建设就是参照了当时流行建筑模式。另一特色是其长廊设计，长廊连接着房舍。布里奇维尔宫有两道长廊，一道是连接黑衣修道院的长廊，一道是通向泰晤士河的长廊。最早的这类长廊是爱德华四世在埃尔特姆宫建立的（见图23），

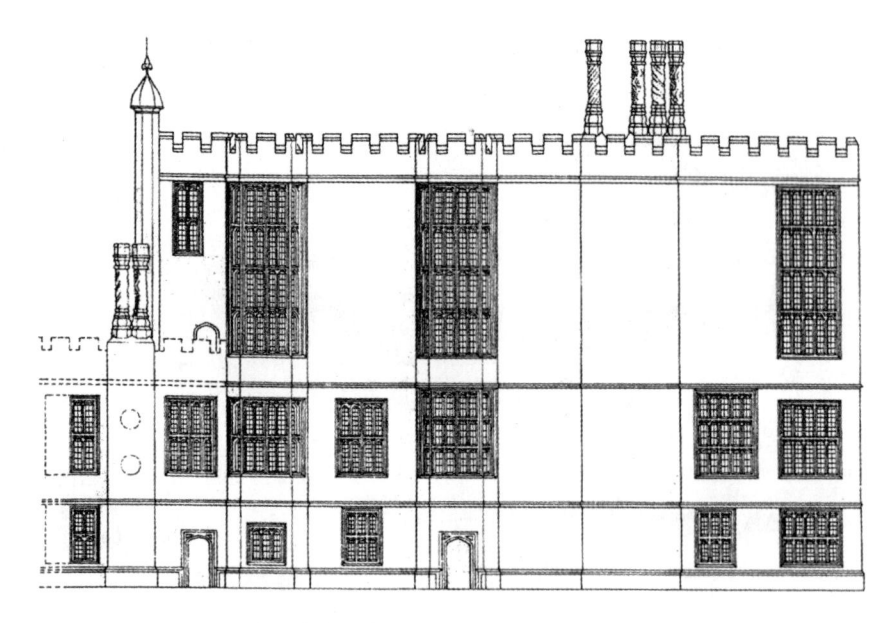

图39 汉普顿宫内院中三层楼住宅（注意左侧的塔楼结构）

---

[1] Simon Thurley, *The Royal Palaces of Tudor England: Architecture and Court Life, 1460 – 1547*, New Haven: Yale University Press, 1993, p.43.

第二章　宫廷生活的舞台——从城堡到宫殿

此外沃尔西在伊舍、莫尔（见图40[1]）、赫德福德、约克坊（见图41[2]）和汉普顿宫（见图42[3]）等地也建立了类似的长廊。但布里奇维尔宫最具创新性并深深影响到亨利八世后期建筑的有两点：一是它没有建立传统的大厅，预示着以后大厅地位的衰落；二是创造了大梯级以通向主要建筑。

比利尤宫（见图43[4]）在15世纪初成为王室财产，后来亨利七世将其授予奥蒙德伯爵托马斯·波特勒，后者的女儿及其丈夫托马斯·博林在其死后继承了该宫。1515年亨利八世从托马斯·博林处购得此宫后开始对其进行改造，由沃尔西最得意的建筑顾问托马斯·博尔顿主持工程。该宫外貌呈现出较为典型的勃艮第建筑风格，例如山形墙、雉碟、高耸的烟囱等（见图44[5]）。与布里奇维尔宫一样是垂直式建筑，建有大梯级，门楼二楼窗户高大；但与之不同的是该宫仍保留着大厅，也没有长廊设计。在埃尔特姆宫，主要是对爱德华四世时代的建筑进行了一些枝节性的改建，并没有重大建设或创新。例如重新设计了王室住宅的空间，重建了礼拜堂，重新设计了花园和外院的布局等。[6]

继布里奇维尔宫和比利尤宫之后最大的建设计划是在金缕地宫（见图45[7]）。沃尔西亲自做了设计图，并将自己的工匠调来施工。该宫的对称性设计十分明显，门楼两侧分别是沃尔西和玛丽公主的宅第，各有两座大厅和一间内室。穿过门楼后是一座庭院，左右两侧分别是国王和王后的宅第；门楼对面一侧有一座台阶，通向一座宴会厅（见图46[8]）；穿过宴会

---

[1] Simon Thurley, *The Royal Palaces of Tudor England: Architecture and Court Life, 1460–1547*, New Haven: Yale University Press, 1993, plan 10.

[2] Simon Thurley, *The Royal Palaces of Tudor England: Architecture and Court Life, 1460–1547*, New Haven: Yale University Press, 1993, plan 15.

[3] Simon Thurley, *The Royal Palaces of Tudor England: Architecture and Court Life, 1460–1547*, New Haven: Yale University Press, 1993, plan 5.

[4] Simon Thurley, *The Royal Palaces of Tudor England: Architecture and Court Life, 1460–1547*, New Haven: Yale University Press, 1993, p. 45.

[5] Simon Thurley, *The Royal Palaces of Tudor England: Architecture and Court Life, 1460–1547*, New Haven: Yale University Press, 1993, p. 44.

[6] Simon Thurley, *The Royal Palaces of Tudor England: Architecture and Court Life, 1460–1547*, New Haven: Yale University Press, 1993, p. 46.

[7] Simon Thurley, *The Royal Palaces of Tudor England: Architecture and Court Life, 1460–1547*, New Haven: Yale University Press, 1993, p. 46.

[8] Simon Thurley, *The Royal Palaces of Tudor England: Architecture and Court Life, 1460–1547*, New Haven: Yale University Press, 1993, p. 47.

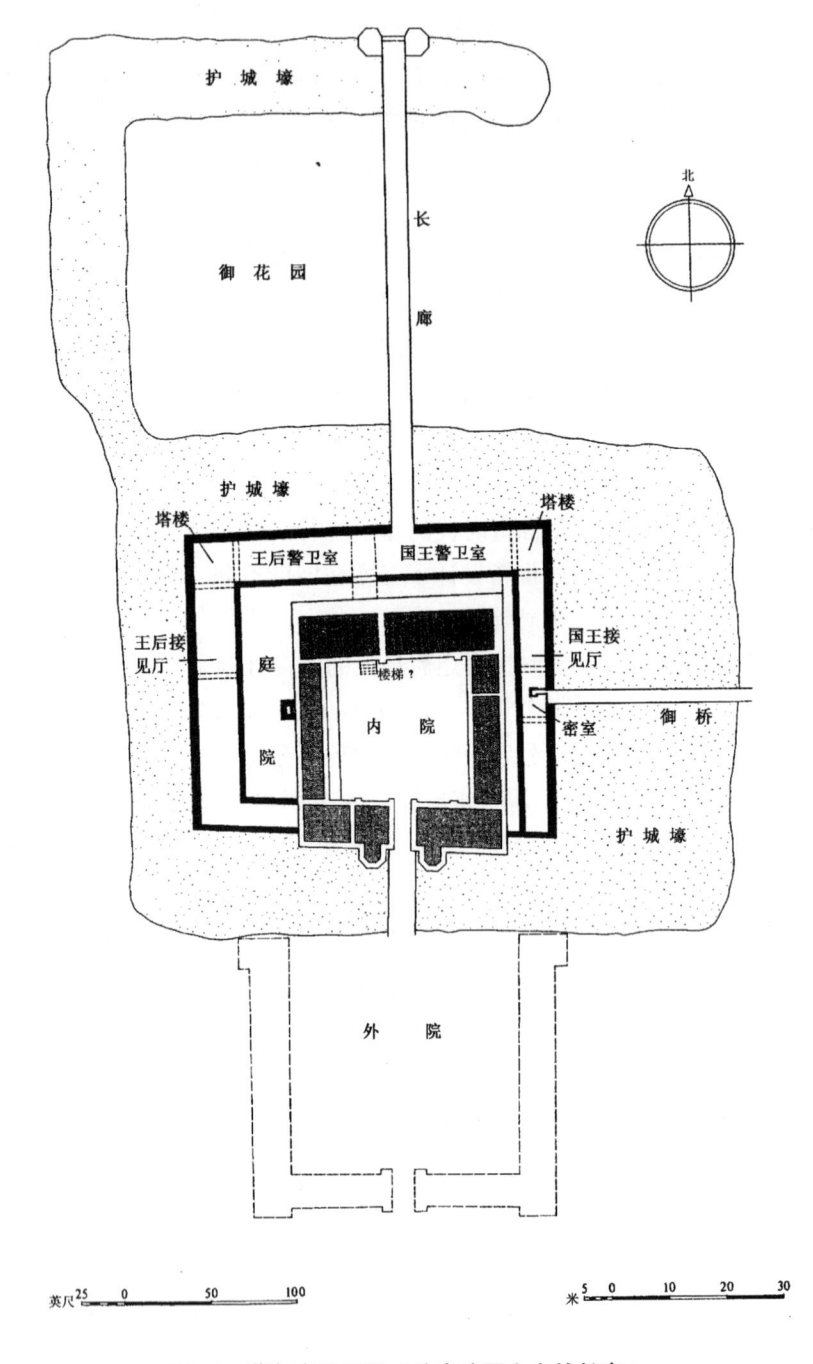

图40 莫尔宫平面图（注意该图上方的长廊）

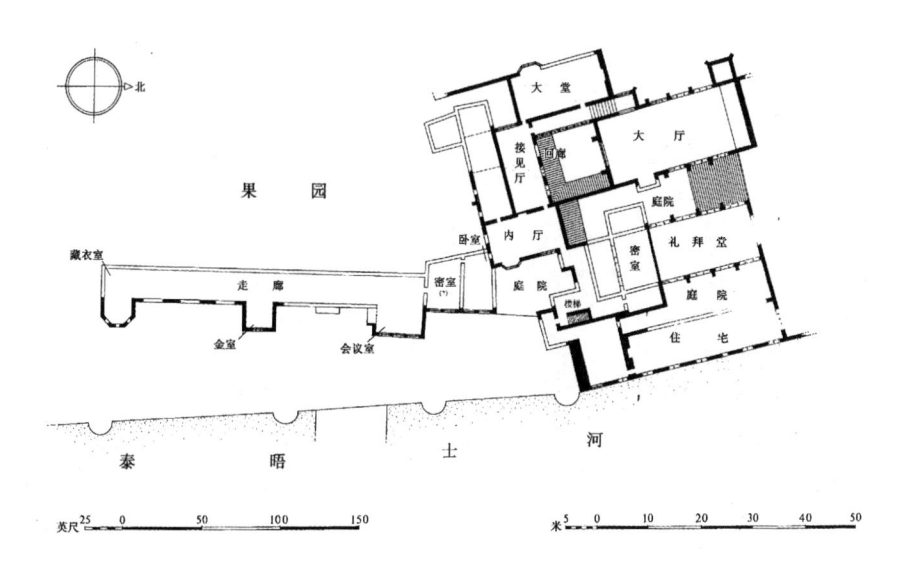

图41　1529年约克坊第二层平面图（注意该图左侧的走廊）

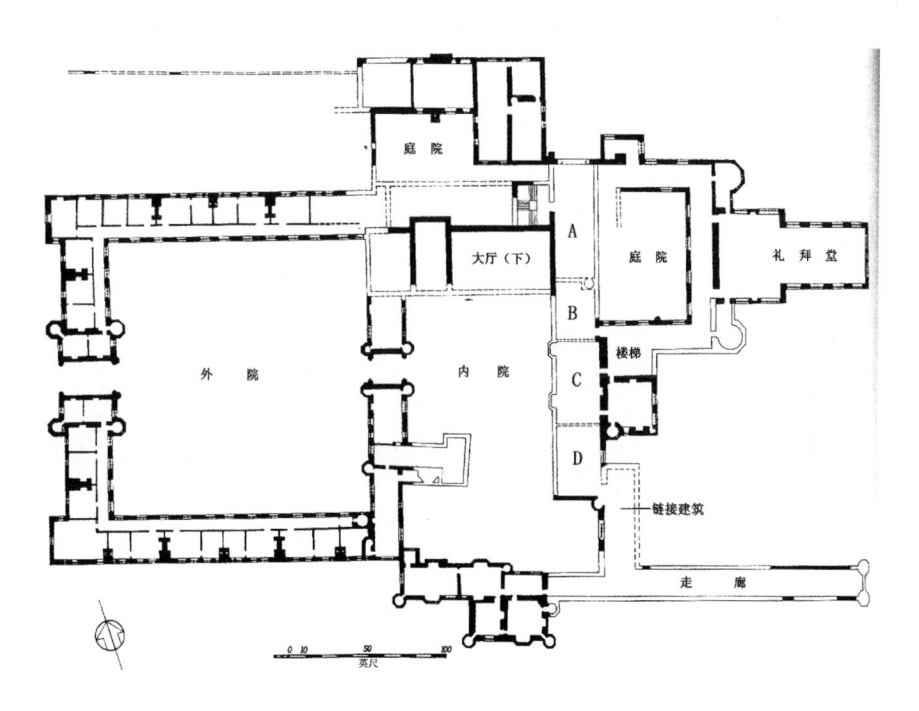

图42　1529年汉普顿宫第二层平面图
A 外厅；B 接见厅；C 内厅；D 卧室。注意右下角的走廊

· 87 ·

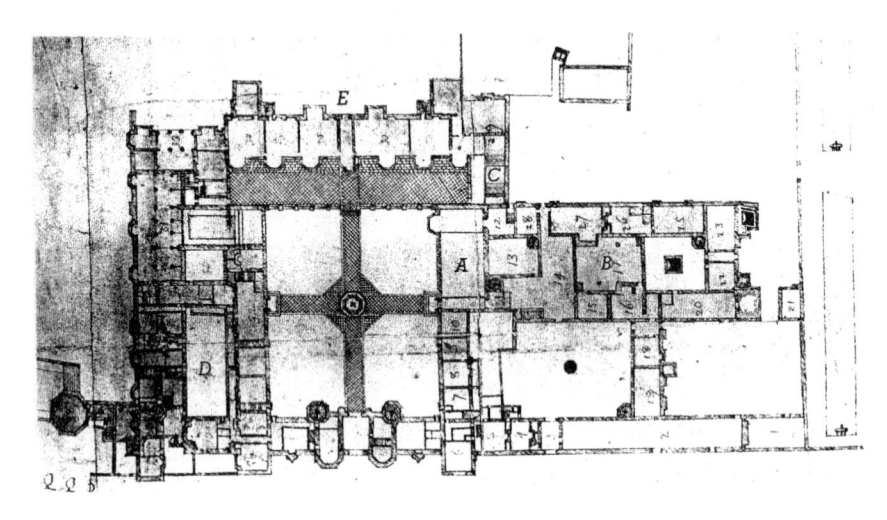

图43 比利尤宫平面图，18世纪
A 大厅；B 大厨房；C 大楼梯；D 网球场；E 苏塞克斯伯爵修建的北侧建筑

图44 比利尤宫南侧建筑（版画）（乔治·弗图为伦敦古文物协会所绘，1786年）

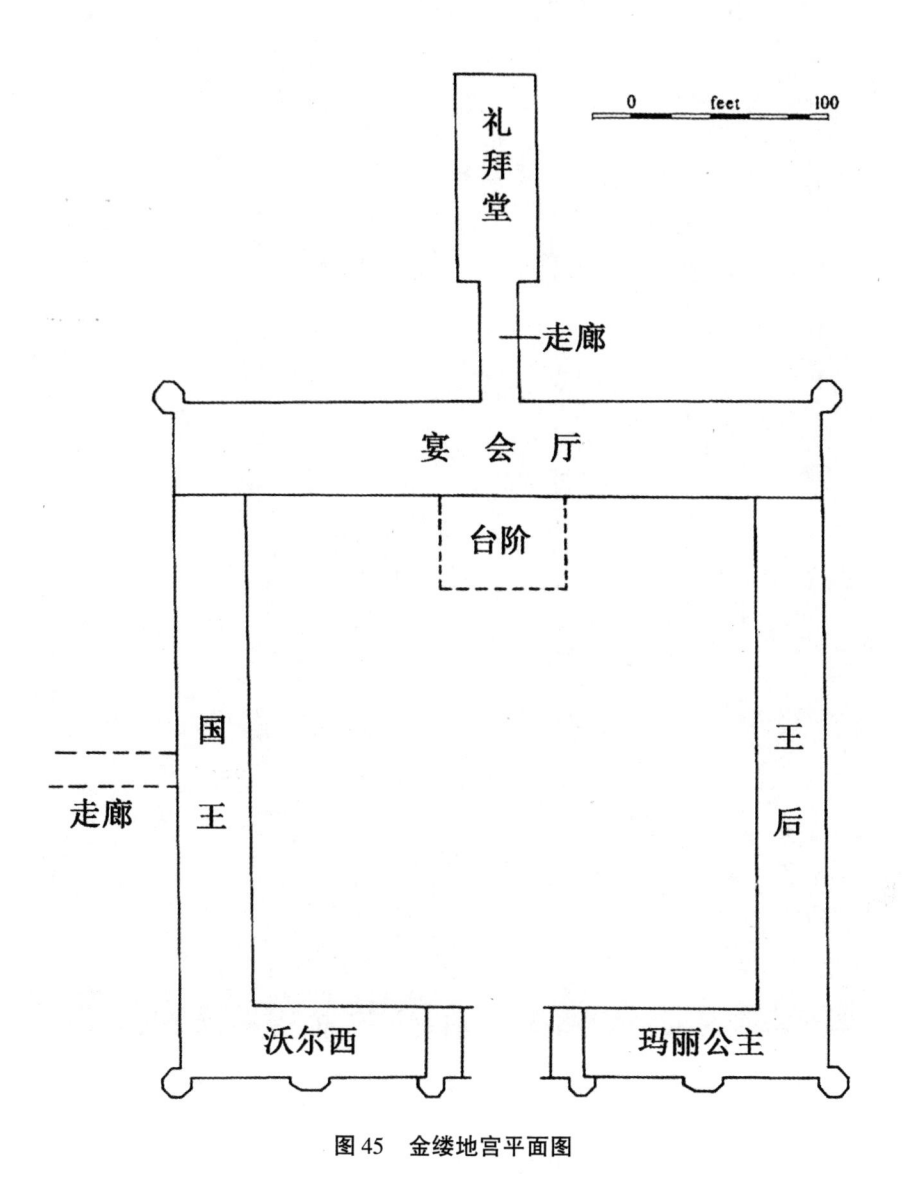

第二章 宫廷生活的舞台——从城堡到宫殿

图45 金缕地宫平面图

图46　1545年的金缕地宫，通过拱门可以看到台阶（无名画家，1545年）

厅有一座走廊与一座礼拜堂相连。国王与王后宅第相对、巨大的梯级、走廊等都与布里奇维尔宫非常相似。

在格林威治宫，亨利八世则增添了许多新的建筑。其中有的建筑反映了亨利八世对比武、狩猎和狂欢等娱乐活动的热情。为了比武和狩猎，他建立了新的马厩。还在比武场建立了两座塔楼（见图47①、图48②、图49③），塔楼之间由一道走廊相连，塔楼一楼保存着比武的装备。走廊和塔楼可以为观看下面的比武以及其他娱乐活动提供充足的空间。塔楼和走廊等消遣建筑位于比武场的西侧，并通过一道走廊与内院相连。此外，还建有图书室、书房等私人房间。

1529年随着沃尔西的倒台和安妮·博林的影响，亨利八世突然开始对建筑表现出浓厚的兴趣；此外，修道院被解散后，其大量建筑也被亨利八世改建为王室宅第。亨利八世在1530年以后的建筑逐渐形成了有别于沃尔西的独特风格。

汉普顿宫从11世纪起为一庄园建筑，1237年汉普顿庄园成为医护骑士团领地。④ 1450年之前的汉普顿庄园只有一座木建的大厅、一座教堂等

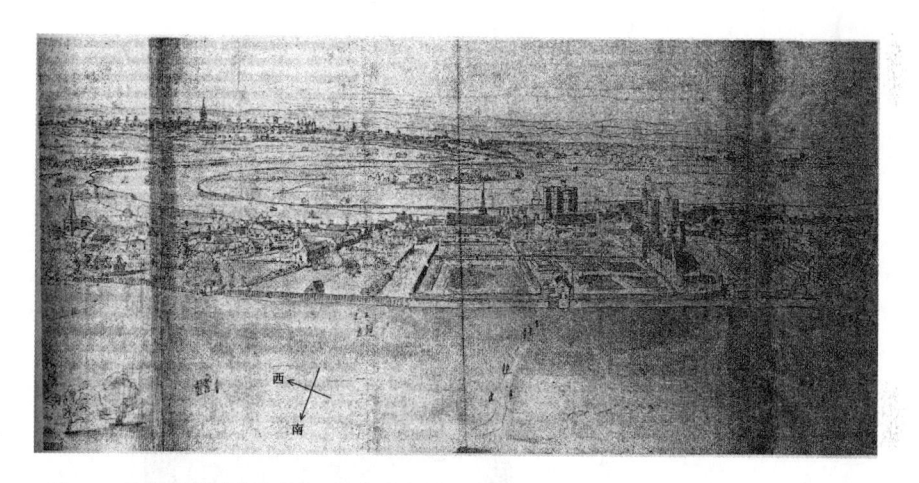

图47 格林威治宫远景图，注意右侧的两座塔楼及其东侧的比武场（A. 凡·德恩·温加尔达，1558年）

---

① Simon Thurley, *The Royal Palaces of Tudor England: Architecture and Court Life, 1460–1547*, New Haven: Yale University Press, 1993, p. 49.
② Simon Thurley, *The Royal Palaces of Tudor England: Architecture and Court Life, 1460–1547*, New Haven: Yale University Press, 1993, plan2.
③ Simon Thurley, *The Royal Palaces of Tudor England: Architecture and Court Life, 1460–1547*, New Haven: Yale University Press, 1993, p.
④ Simon Thurley, *Hampton Court: a Social and Architectural History*, New Haven: Yale University Press, 2004, p. 3.

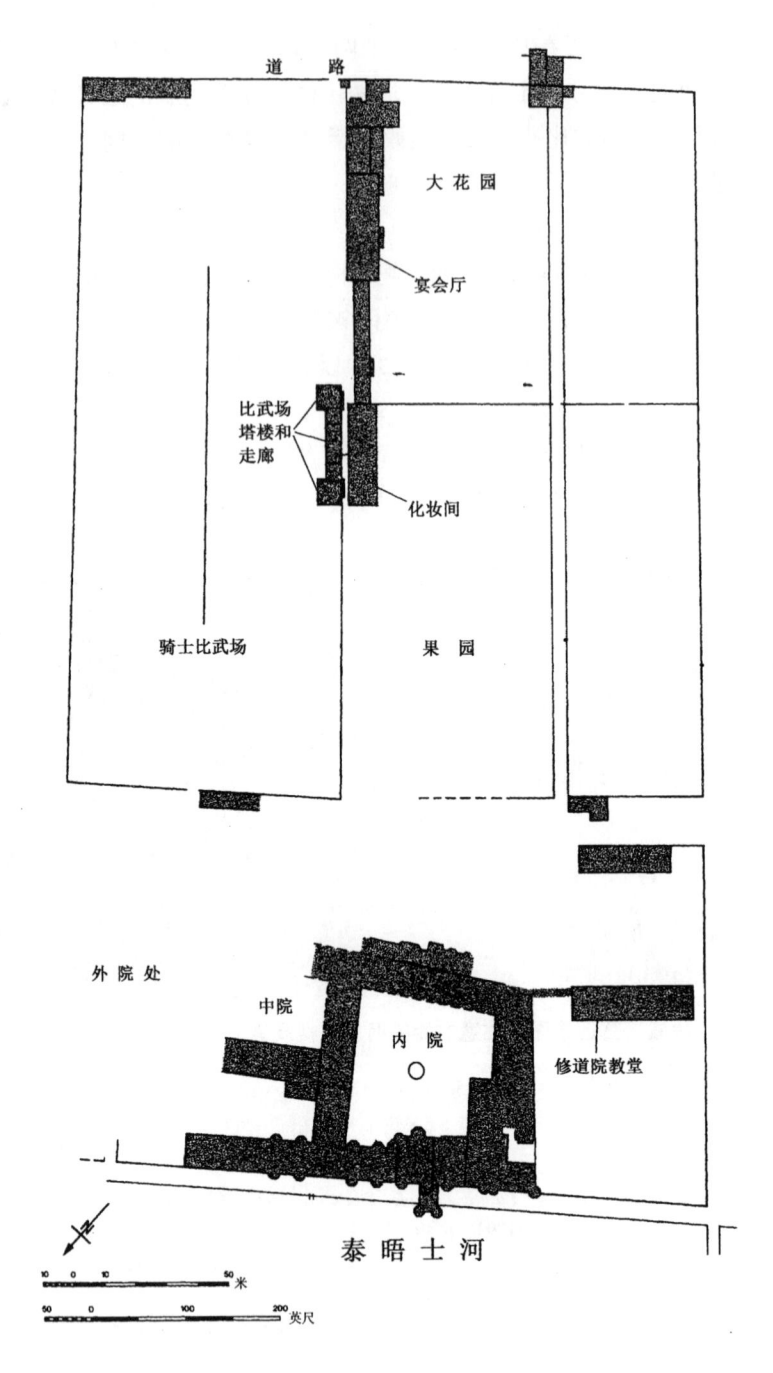

图 48　格林威治宫房间平面图

第二章 宫廷生活的舞台——从城堡到宫殿

图49 泰晤士河岸边的格林威治宫，17世纪无名艺术家绘

最右边是御厨；往右是城堡主楼和水门；城堡主楼之右是王室住宅，直到礼拜堂。礼拜堂之后是大厅；最左边，即比武场塔楼之前是仆人住宅

简单的建筑（见图50①）；到1514年之前，增加了厨房等建筑，大厅等建

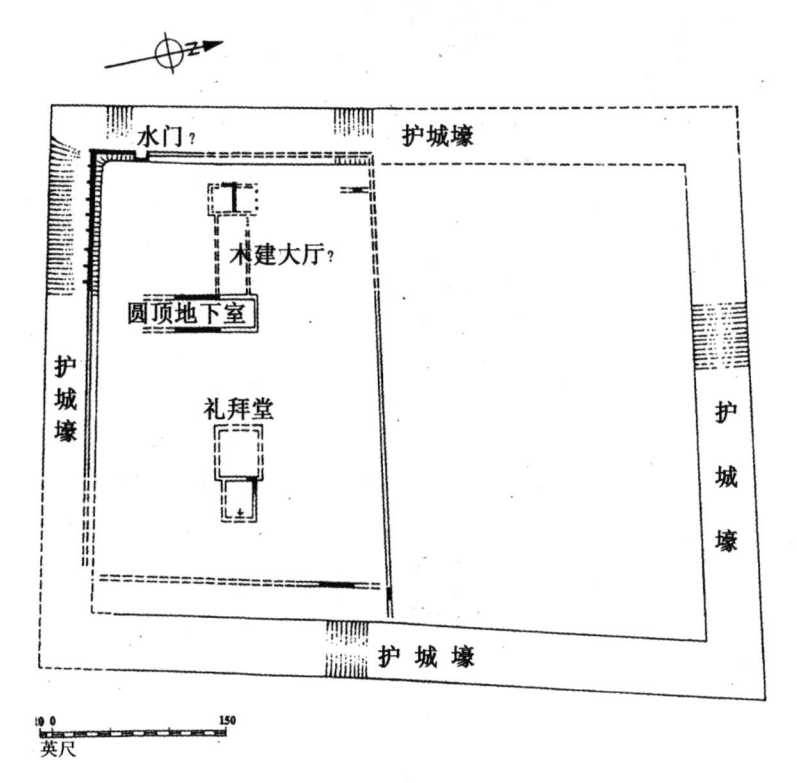

图50 1450年之前的汉普顿庄园平面图

① Simon Thurley, *Hampton Court: a Social and Architectural History*, New Haven: Yale University Press, 2004, p.5.

筑改为砖建（见图51①）。1514年，沃尔西从医护骑士团手中购得此地后开始了大规模的建设，他将哥特式建筑风格与意大利文艺复兴建筑风格相结合，建成了当时英国最华美的建筑。到1529年之前，沃尔西共计花费了20万枚金克朗②建成了汉普顿宫③，重建了原来的庄园房舍作为整座宫殿的核心，并最终形成了外院和内院两座主要的院落（见图52、53④）。

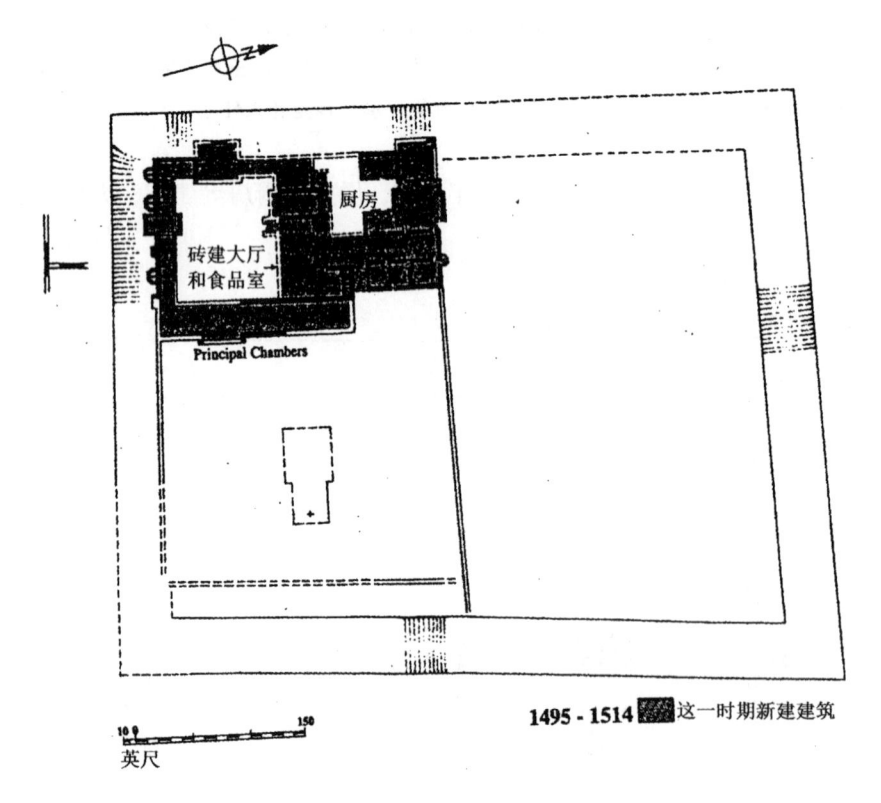

图51　1495—1514年的汉普顿宫平面图

---

① Simon Thurley, *Hampton Court: a Social and Architectural History*, New Haven: Yale University Press, 2004, p.10
② 金克朗（Gold Crown），亨利八世于1526年铸造的金币，黄金含量在22K（91.667%）。
③ Neville Williams. *Royal Homes of the United Kingdom*, New York: Greenwich House, 1971, p.52.
④ Simon Thurley, *Hampton Court: a Social and Architectural History*, New Haven: Yale University Press, 2004, pp.38–39.

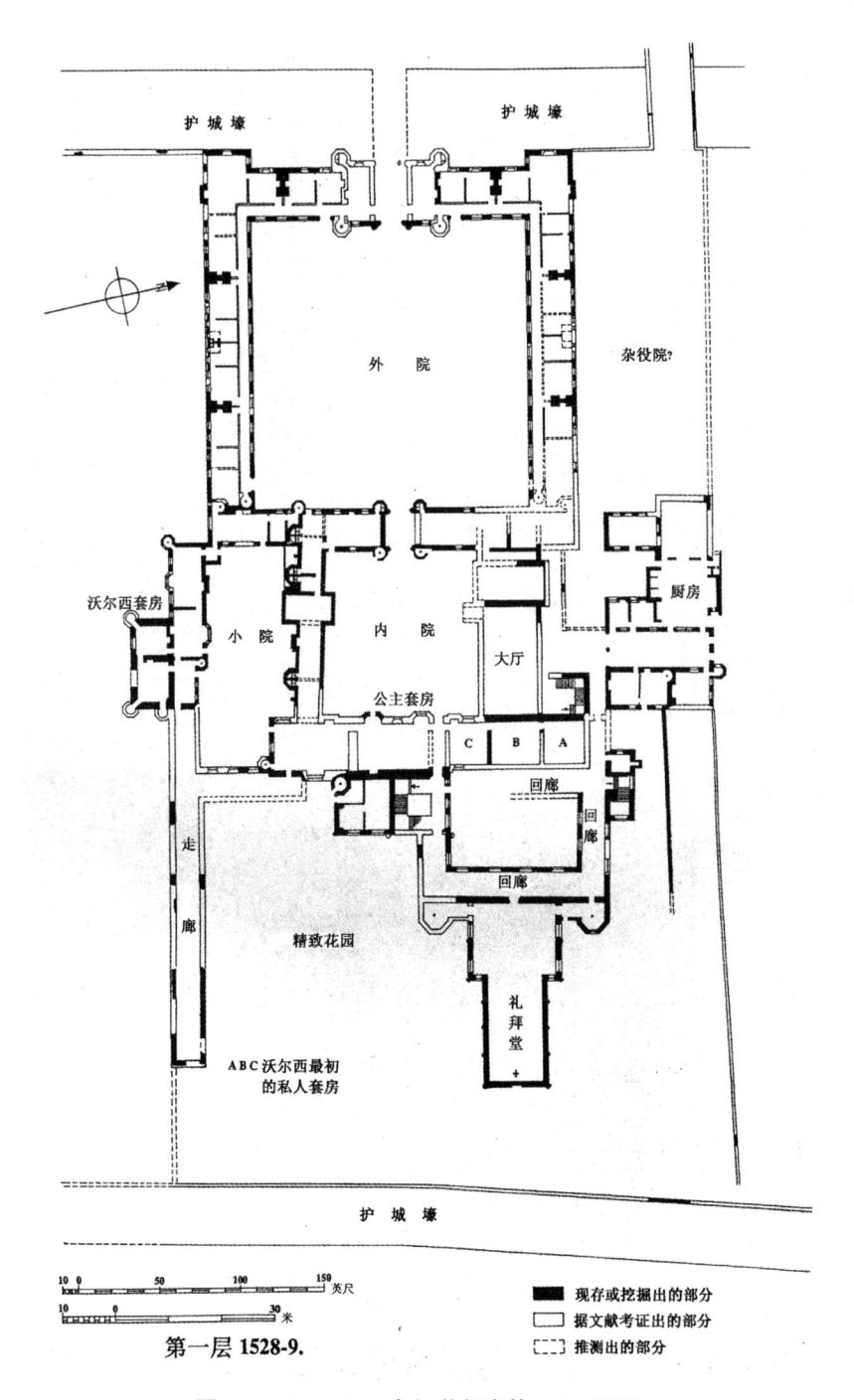

第二章 宫廷生活的舞台——从城堡到宫殿

图 52　1528—1529 年汉普顿宫第一层平面图

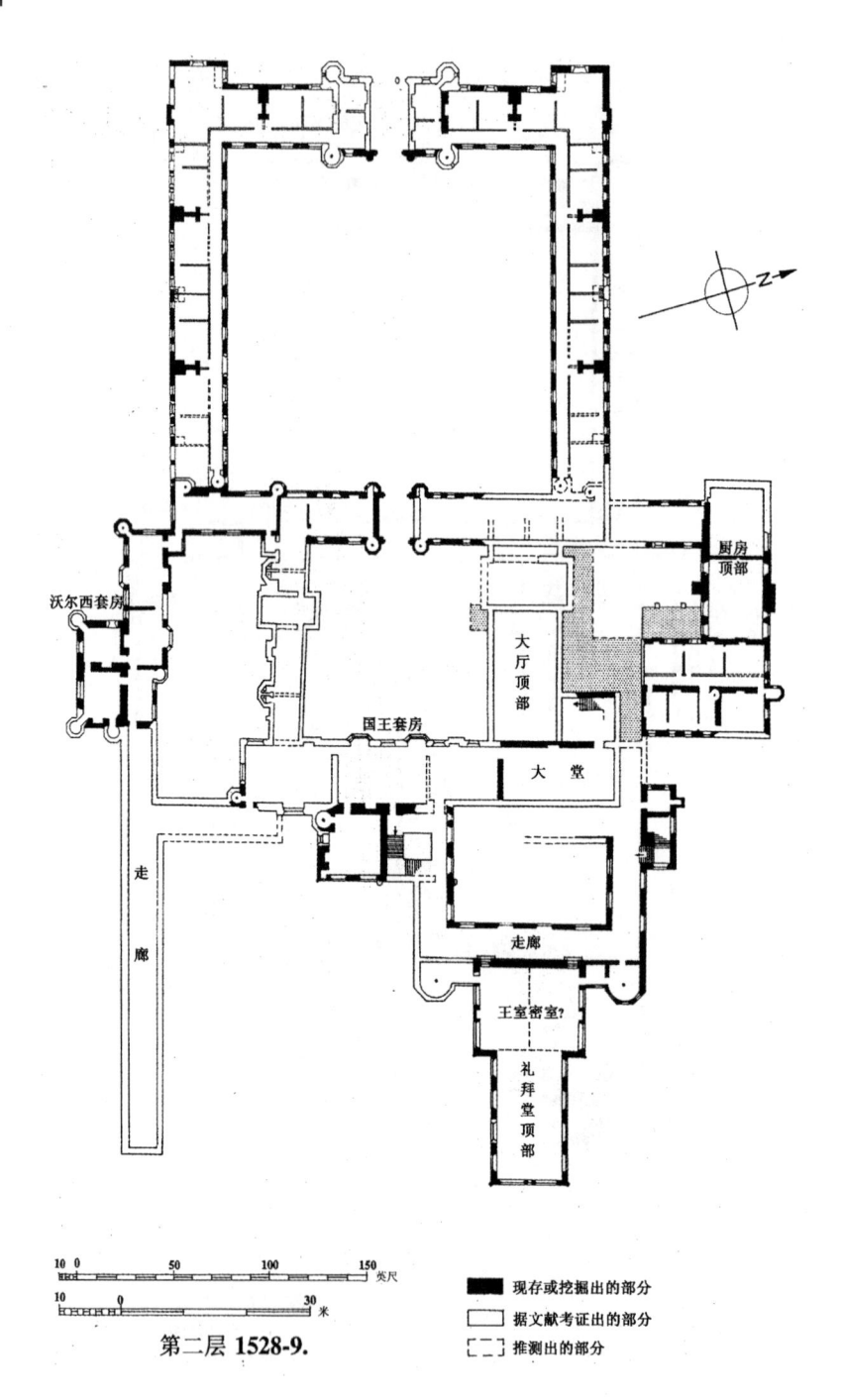

图53 1528—1529年汉普顿宫第二层平面图

第二章 宫廷生活的舞台——从城堡到宫殿

从其西侧越过护城壕有一道大门楼（见图54①）通向外院。外院周围的住宅是为客人提供住宿的。通过后院东侧的钟楼（见图55②）则进入了内院（现在的钟庭）。内院北侧是一座大厅，大厅北侧有厨房；南侧一和二楼分别是玛丽公主或王后与国王的住所；大厅东侧是沃尔西最初的私人住所（后来移往内院的南侧），紧邻其东侧有一道回廊连接着一座礼拜堂。

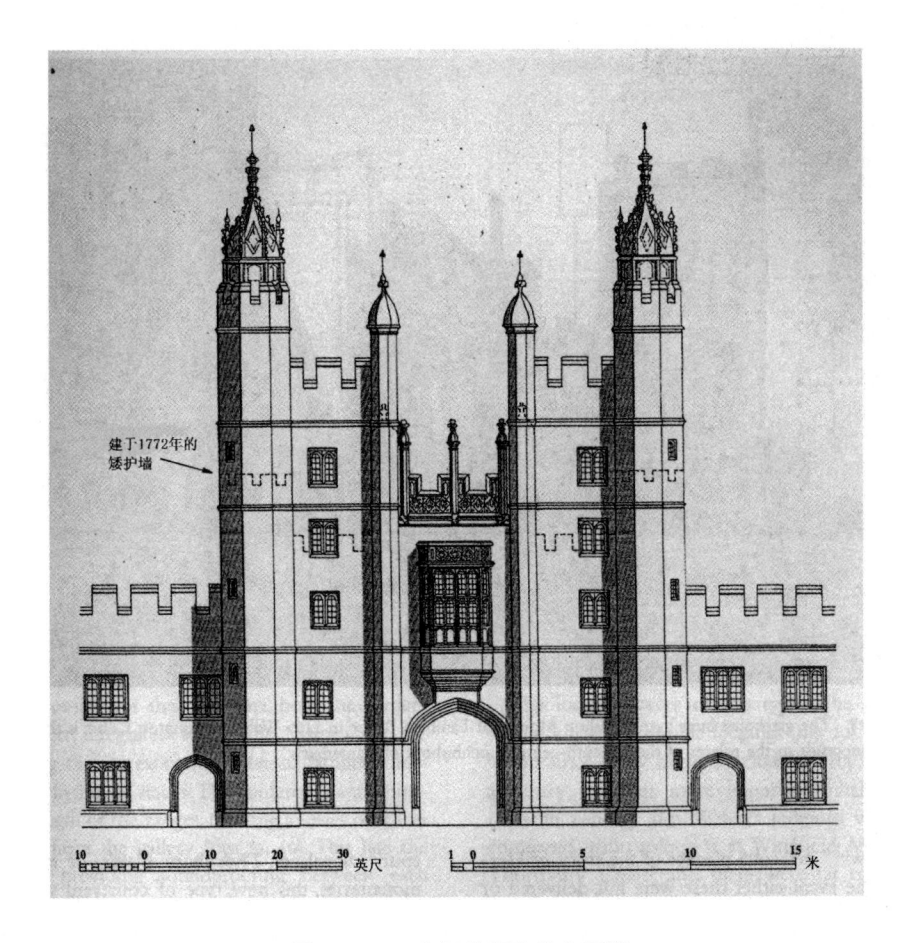

图54 1522年汉普顿宫的大门楼

① Simon Thurley, *Hampton Court: a Social and Architectural History*, New Haven: Yale University Press, 2004, p.19.
② Simon Thurley, *Hampton Court: a Social and Architectural History*, New Haven: Yale University Press, 2004, p.18.

图 55　汉普顿宫的钟楼（水彩画，绘于 1826 年）

　　1528 年，当沃尔西得知其政敌和国王企图使其倒台时，为取悦国王便将汉普顿宫赠给了亨利八世。从 1529 年到 1547 年，亨利八世对汉普顿宫进行了重新建设。在花费了 62000 英镑后，汉普顿宫成为继白厅之后最重要的王室宫殿。截至 1547 年汉普顿宫已经成为一座拥有上千间房室和众多娱乐设施的规模庞大的宫殿建筑群（见图 56、57[①]），故有"英国的凡尔赛"之称。

　　亨利八世的建设主要体现了两个特点：一是将国王和王后住宅的垂直叠加式转变为水平式分布；二是为国王自己提供了更多的私人住所和活动

[①] Simon Thurley, *Hampton Court: a Social and Architectural History*, New Haven: Yale University Press, 2004, pp. 76 - 77.

场所。从1529年至1533年亨利八世居住在沃尔西的叠加式建筑里（见图58①），但从1533年始，他为安妮·博林建造了新的住宅，与他自己的住处呈水平分布。从1537年至1539年，原来国王与王后之分演变成了私宅和公宅之分。宫殿西侧的旧宅现在被用作某些正式场合；从1529年起国王不再在卧室居住，而选择了南侧的新的私宅作为日常起居之所，而王后的宅第在庭院的对面。国王最隐私的房间"密室"位于王后宅第的东侧（见图56、57）。在1537年至1547年间，则更新了玛丽公主的住宅、国王和王后的新宅，更重要的是新建了王后的走廊和保龄球馆（见59②）。从以上的建设过程中我们可以发现，亨利八世首先抛弃了叠加式建筑，其次为自己和王后建立了更多和更加隐私的宅室和个人活动场所。但亨利八世却在汉普顿宫新建了一座大厅，这与其追求更多个人空间的倾向有些矛盾。

在与汉普顿宫同一时期修建的另一重要宫殿是白厅宫。1240年，约克大主教沃尔特·德·格雷购买了威斯敏斯特宫附近的一块地产，被称为"约克坊"。沃尔西升任约克大主教后，对约克坊进行了大规模的建设，形成了后来白厅宫的基础（见图41）。1530年，亨利八世从沃尔西手中得到了约克坊，取代了威斯敏斯特宫而成为他在伦敦的主要住所。因其建筑材料为白色的方琢石，故称"白厅"。

亨利八世后来重新设计约克坊，并进一步扩大及重建整个宫殿（见图60③）。新建的建筑有更衣室、餐厅、书房和图书室等。因为受到里士满宫的启发，他还在宫内建造一个娱乐中心、两个保龄球馆、四个网球场、一个斗鸡场、一个游乐园和一座马上长矛比武场及观看比武的走廊（见图61④）。

---

① Simon Thurley, *The Royal Palaces of Tudor England: Architecture and Court Life, 1460–1547*, New Haven: Yale University Press, 1993, p. 51.

② Simon Thurley, *Hampton Court: a Social and Architectural History*, New Haven: Yale University Press, 2004, p. 66.

③ Simon Thurley, *The Royal Palaces of Tudor England: Architecture and Court Life, 1460–1547*, New Haven: Yale University Press, 1993, plan 13.

④ Simon Thurley, *The Royal Palaces of Tudor England: Architecture and Court Life, 1460–1547*, New Haven: Yale University Press, 1993, p. 118.

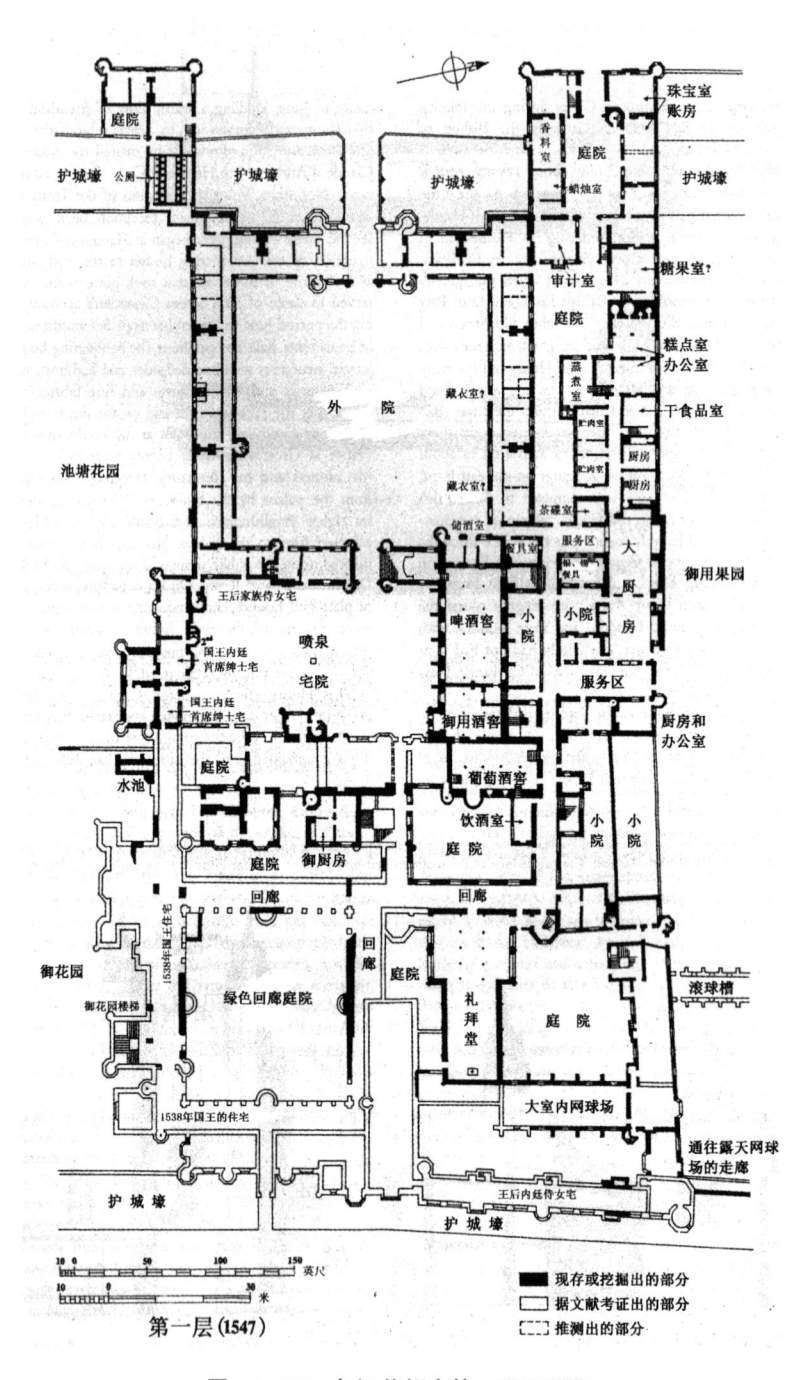

图56 1547年汉普顿宫第一层平面图

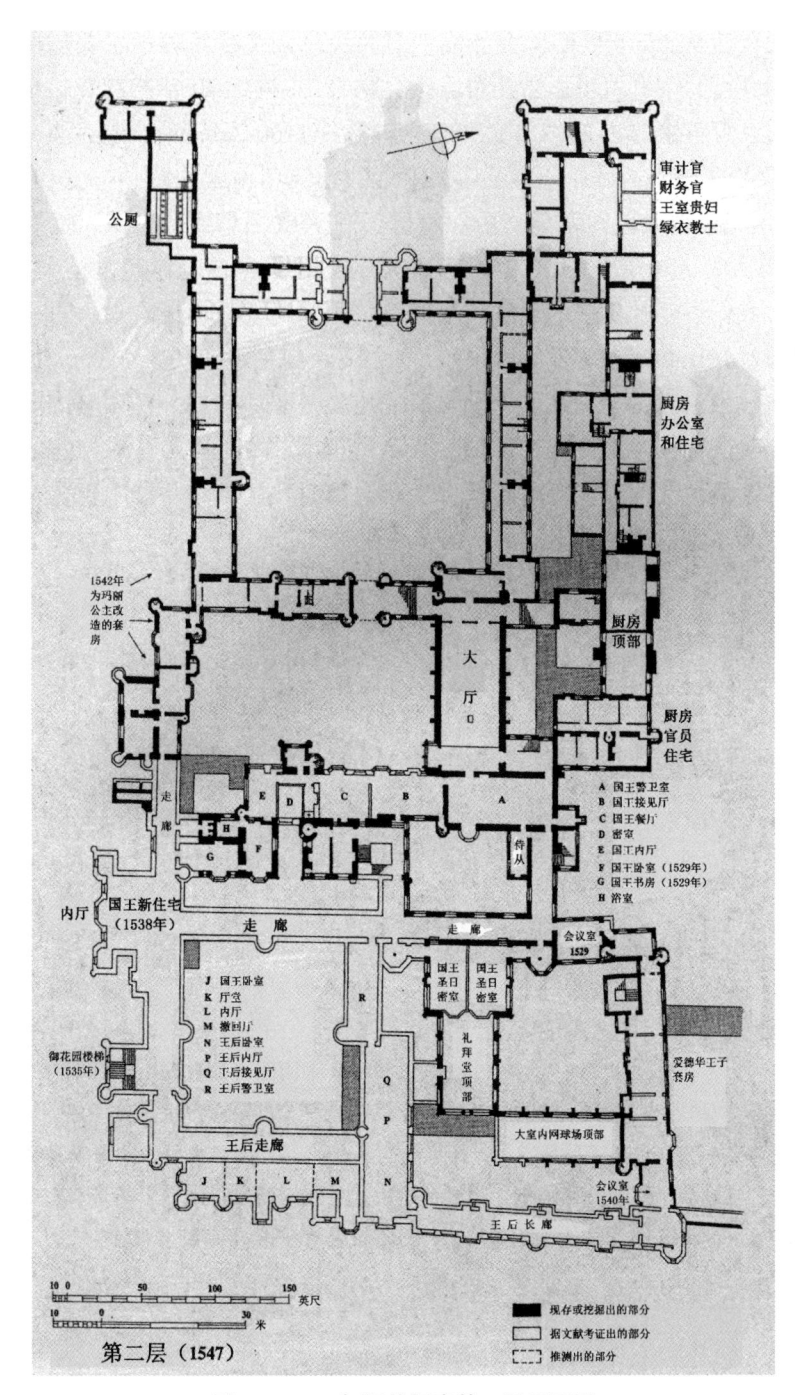

第二章　宫廷生活的舞台——从城堡到宫殿

图57　1547年汉普顿宫第二层平面图

白厅宫从1530年至1698年间一直是英国国王在伦敦的主要居所，为建设白厅宫，亨利八世不惜花费重金：估计16世纪40年代花费的建筑成本超过3万英镑（以2007年的市值来计算约1100万英镑），超过整个布里奇韦尔宫的50%；另外，为了购买附近的建筑用地就花费了1120英镑。[①] 在17世纪末被火焚毁之前，白厅宫已经成为欧洲最大的宫殿，拥有超过1500间房间，规模比梵蒂冈的宗座宫殿与巴黎近郊的凡尔赛宫还大。[②] 在这里，我们看到的更多的是亨利八世对娱乐和运动设施的建设，再一次反映出他对娱乐和运动的爱好。

格林威治宫是亨利八世建设的第三座最重要的宫殿。在该宫内院的西侧，兴建了一大片国王和王后的私人宅第（见图29、30）。对该宫宅第的详情并不清楚，但可以肯定的是，亨利七世时代的城堡主楼不再作为国王的卧室和私室；国王和王后的宅第呈水平分布。

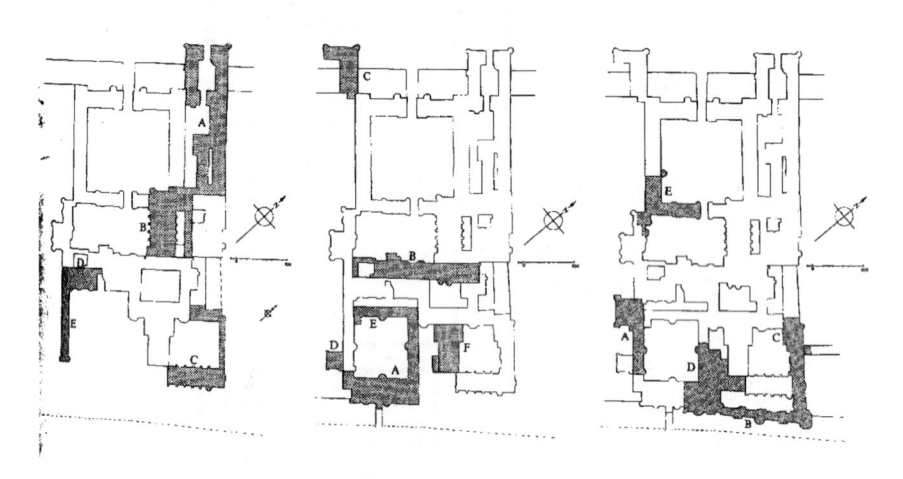

图58　1529—1540年汉普顿宫平面图（局部）
从左到右依次为：1529—1532，A 新厨房，B 大厅，C 网球场，D 贝恩塔，E 走廊；1533—1536，A 王后新宅，B 翻修的国王住宅，C 休息大厅，D 国王私用楼梯，E 走廊，F 改建的礼拜堂；1537—1540，A 国王新宅，B 王后新走廊，C 爱德华王子新宅，D 改建的王后住宅，E 王后凯瑟琳·帕尔新宅

[①] Simon Thurley, *Hampton Court: a Social and Architectural History*, New Haven: Yale University Press, 2004, p. 55.

[②] http://www.bbc.co.uk/news/special/politics97/diana/whitehall.html.

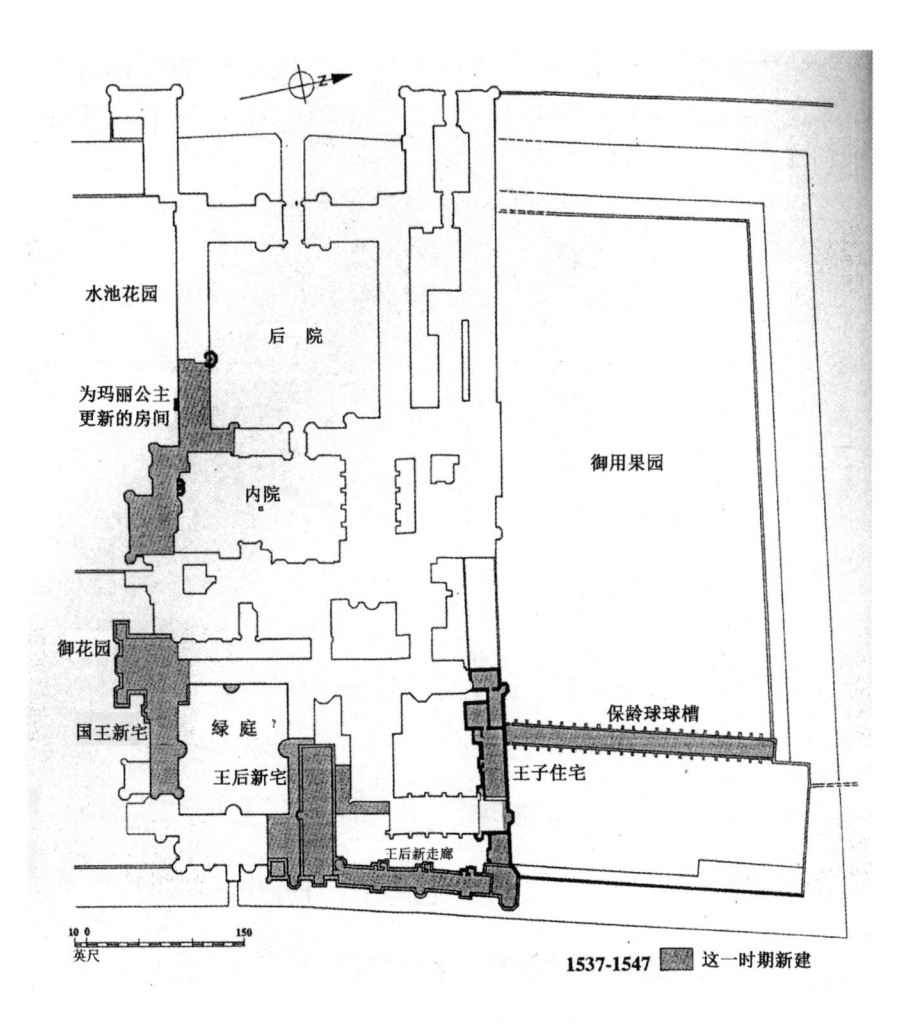

第二章　宫廷生活的舞台——从城堡到宫殿

图 59　1537—1547 年亨利八世对汉普顿宫的建设

亨利八世在 16 世纪 30 年代和 16 世纪 40 年代，除了以上这些主要的宫殿外，他还将一些没收的修道院建筑改造为王室行宫，这是亨利八世时代宫殿建筑的一大特色。1536 年和 1539 年，议会颁布了两条解散修道院的法令，大量修道院建筑转入国王手中。在这些被没收的修道院建筑中，有很多在被没收之前对王室非常重要，要么是宫廷巡游的必到之地，要么是狩猎借住之所；还有的是处于交通要道，例如从伦敦到肯特和苏塞克斯的道路。转入国王之手后，这些比较重要的修道院建筑往往被改建成了国王的行宫，其中比较典型的是达尔福德修道院（见图62①）。通过宽大的庭院里的一道游行梯级可以直达王室住宅；没有大厅作为通向住宅的入口，来访者可以在梯级顶部的房间等待被传唤至警卫室。王室住宅围绕着一道回廊，住宅之下设有一些办公室。

该宫最大的特点就是与布里奇维尔宫和金缕地宫一样没有大厅。王室在圣詹姆斯的住所（见图63②）也同样没有大厅，也是通过外院的游行梯级直接进入宅内。虽然亨利八世在汉普顿宫修建了一座大厅，但他却又在

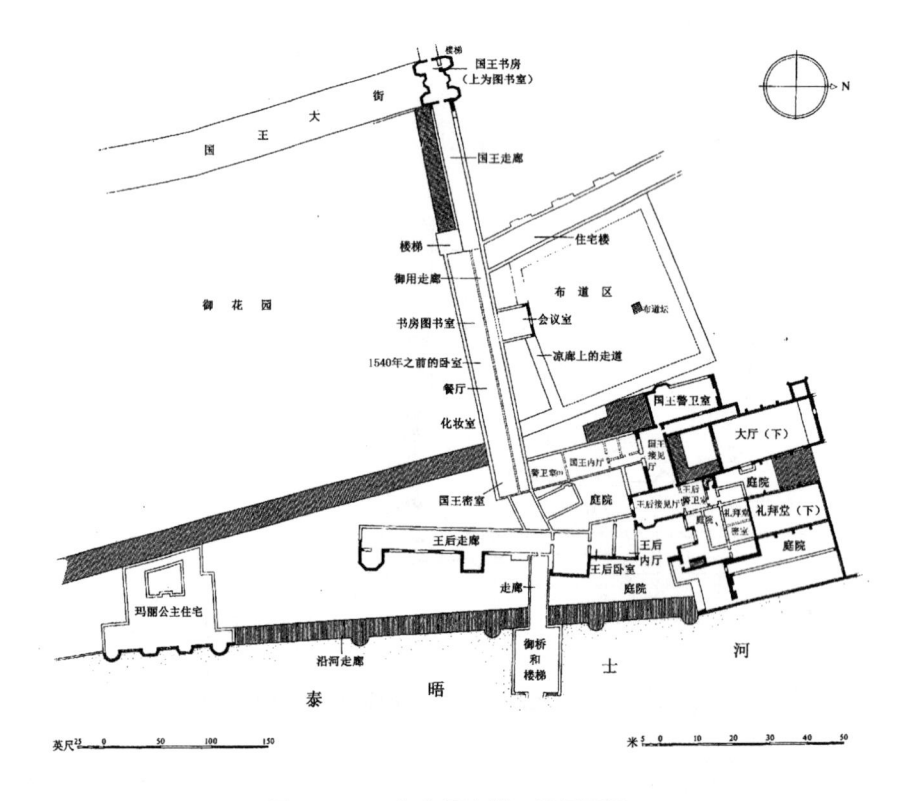

图60　1547年白厅宫第二层平面图

---

① Simon Thurley, *The Royal Palaces of Tudor England: Architecture and Court Life, 1460–1547*, New Haven: Yale University Press, 1993, p. 58.
② Simon Thurley, *The Royal Palaces of Tudor England: Architecture and Court Life, 1460–1547*, New Haven: Yale University Press, 1993, p. 82.

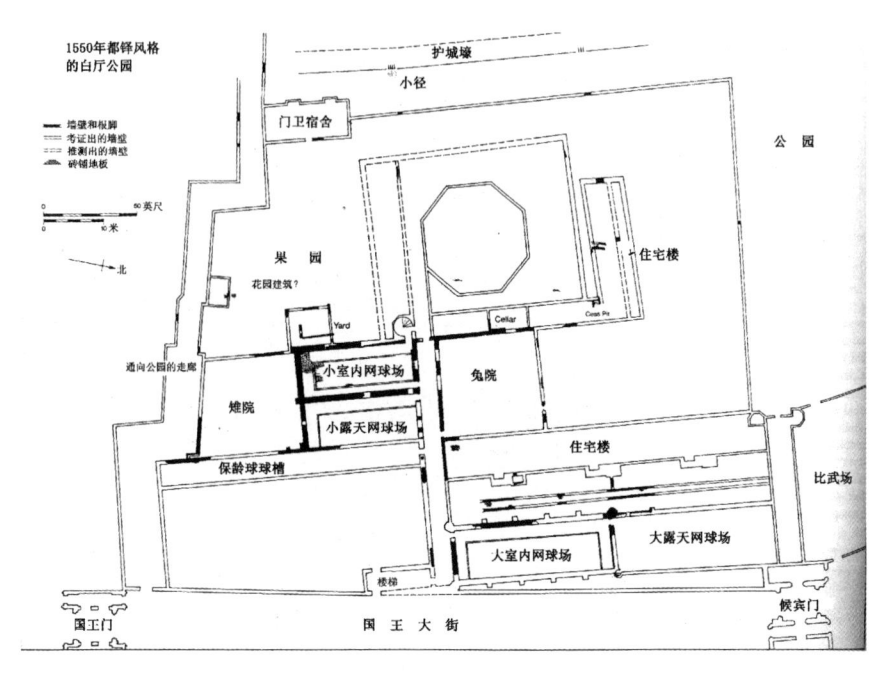

图61 1547年白厅第一层平面图（局部）

图62 达尔福德修道院门楼（约翰·卡特绘，1783年）

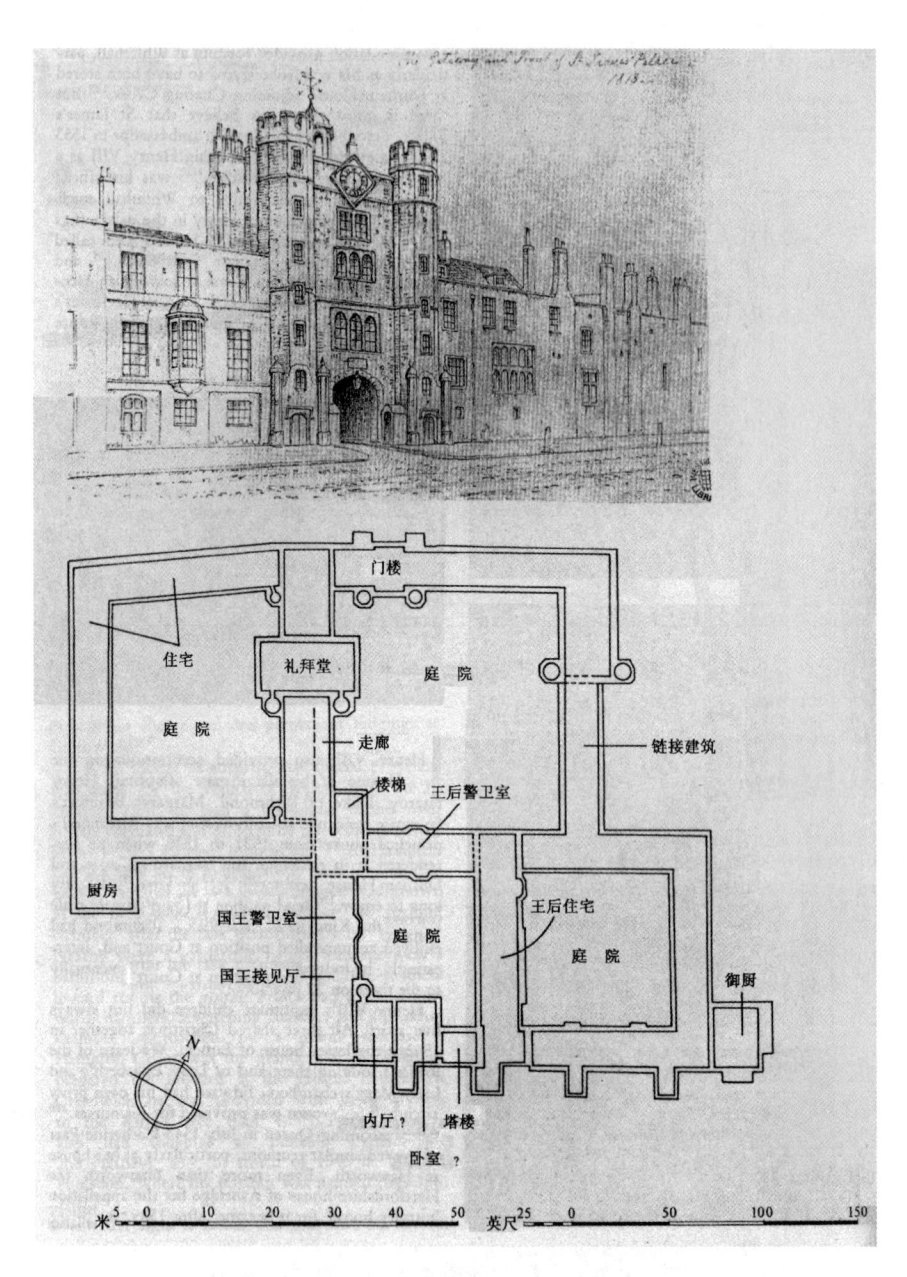

图63 圣詹姆斯宫素描图和平面图（托马斯·谢泼尔德绘，19世纪）

其住宅的南侧修建了一座楼梯，这样来访者就可以通过水路绕过大厅而直接进入长廊和其住所（见图57）。在达尔福德新建的餐室并没有被称为传统的"餐厅"，而是被称为"大餐室"或"御用餐室"，这意味着国王应该在大厅中主持宫廷用餐的观念被最终抛弃了。以上这些没有大厅或大厅不再重要的建筑反映了这一时期国王对个人生活的追求。

近代早期的宫殿建设到亨利八世统治期间达到了高潮。截至1547年，亨利八世改建、扩建和新建的王室宅第共有60多座，后世诸王竟无一能望其项背；自此以后王室宫殿较少创建，而从伊丽莎白一世时期开始，一般贵族开始接替王室成为在建筑上创造"华丽"的主力。①

小　结

纵观15、16世纪英国的宫殿建设，可以得出以下几点结论：首先，英国近代早期的宫殿深受15世纪勃艮第宫殿建筑风格的影响，院落式结构、以红砖作为建筑材料、走廊、烟囱、凸窗、城堡的某些外部特征等勃艮第建筑风格成为英国宫殿的基本特色，而中世纪哥特式的厅堂等建筑元素还未立即消失，其内部装饰艺术则深受意大利文艺复兴艺术的影响（后文将做专门论述）；它们处于中世纪哥特式建筑与文艺复兴建筑的过渡时期，并被冠之以"都铎风格"。其次，近代早期的英国宫殿越来越注重居住的舒适性、娱乐性和隐私性：抛弃了叠加式建筑而采取了水平式，城堡主楼已不再是主要的王室住宅；娱乐设施越来越多，密室、书房等私宅不断增加；与此同时，原来的大厅等公共活动空间逐渐衰落了。最后，英国宫殿在这一时期的数量急剧增加，规模更加庞大，使其能与同一时期的法国相抗衡。所有这些都有一个重要的目的，即创造"华丽"，彰显国王的权力和地位。然而，宫殿建设只是创造"华丽"的开始，以宫殿为中心的宫廷物质生活、日常活动、宫廷艺术等同样是创造"华丽"的重要载体。

---

① Robert Tittler; Norman L Jones, *A companion to Tudor Britain*, Malden, MA: Blackwell Pub., 2004, p. 471.

第三章
宫廷的物质生活

　　饮食与服饰作为人们最基础的物质生活，很早就远远超出了生活必需的范围，而与社会等级和职业等社会内容紧密相连。正因为它们是人类生存的最基本条件，所以才最能体现人们的社会地位。在近代早期的英国，随着专制王权和宫廷贵族的出现，这种社会等级制度不是削弱了，而是加强了，整个社会就是一种金字塔式的等级制度，人们生存的主要目标就是追求更高的社会等级及其带来的荣誉。而这些等级之间往往以饮食与服饰的不同来进行区分，为此甚至不惜立法进行规范。以国王为核心的宫廷贵族阶层位居金字塔的顶端，他们在饮食与服饰方面最为奢华。

一　饮食与宴会

　　在宫廷日常生活中，饮食占有十分重要的地位。宫廷饮食不仅是为了满足宫廷贵族的物质需要，更是为了满足他们的某种社会需要，宫廷饮食的结构、规模、礼仪等往往是为了表现他们的社会地位和等级。这样，饮食是具有双重属性的，即物质属性和社会属性。

（一）宫廷的饮食消费

　　宫廷的饮食消费有三个特点：一是以肉食为主，酒和香料为辅；二是消费量巨大；三是开支巨大。下面以亨利八世到詹姆斯一世时期宫廷饮食消费为例来说明宫廷饮食消费的特点。

　　凡是入住宫廷的人都有资格在宫中就餐，一日三餐都是免费的。在亨

第三章 宫廷的物质生活

利八世时期，在汉普顿宫等较大宫殿的大厅之中每天就餐的人员总共有600多人，还有230多名官员和仆人在他们自己的宅内用餐。① 在宫中就餐的人员如此之多，以至于《埃尔特姆宫条例》不得不做出限制冗余仆役在宫中数量的规定。②

国王和王室成员本身也要消费大量的食物，因此宫廷饮食的消费量是非常巨大的。1532年，亨利八世及其宫廷前往加莱，他们一天就吃掉了6头公牛、8头小牛、40只羊、12头猪、132只鸡、7只天鹅、20只鹳、34只野鸡、192只松鸡、192只公鸡、56只鹭、84只小母鸡、720只云雀、240只鸽子、24只孔雀和192只千鸟与水鸭。③ 1554年，宫廷每天消费的肉食为："80—100只羊、12头小肥牛、18头小牛犊，还有大量的禽肉、鹿肉、兔肉和野猪肉。"④

1520年，在金缕地之会中，英国宫廷购买了大量食物，包括2200只羊、1300只鸡、800头小牛、340头菜牛、312只鹭、13只天鹅、17头雄鹿、9000条鲽鱼、7000条鳕鱼、700条康吉鳗、4蒲式耳芥子酱和堆积如山的食糖等。这些食物总价值达8839英镑（相当于2000年左右的265.17万英镑，后同），其中香料为440英镑（13.2万英镑）。⑤

对肉食的大量消费甚至到了伊丽莎白一世时代也未见减少，在1561年的一次宴会上消费的肉食动物有：兔子、鳎目鱼、康吉鳗、小天鹅、鹭、鹌鹑、鹅、鸡和公牛等。⑥ 当时宫中每年要消费掉1240头公牛、8200只羊、2330头鹿、760头小牛、1870头猪和53头野猪。⑦ 在詹姆斯一世时代，亨利王子的宫廷在1610年一天消费的肉食就有18只鸡、8只鸽子、

---

① Alison Weir, *Henry VIII: The King and His Court*, New York: Ballantine Books, 2001, p. 73.
② Society of Antiquaries of London, ed., *A Collection of Ordinances and Regulations for the Government of the Royal Household, Made in Divers Reigns: from King Edward III to King William and Queen Mary: also Receipts in Ancient Cookery*, London: Printed for the Society of Antiquaries by John Nichols, sold by Messieurs White and Son [and 4 others], 1790, p. 149.
③ Alison Weir, *Henry VIII: The King and His Court*, New York: Ballantine Books, 2001, p. 68.
④ 张殿清：《英国都铎宫廷炫耀式消费的政治意蕴》，载《史学集刊》2010年第5期。
⑤ Alison Weir, *Henry VIII: The King and His Court*, New York: Ballantine Books, 2001, p. 219.
⑥ Clarissa Dickson Wright, *A History of English Food*, London: Random House Books, 2011, p. 130.
⑦ Clarissa Dickson Wright, *A History of English Food*, London: Random House Books, 2011, p. 110.

18只云雀、2只羊腿、1片羊肩胛、1只鹅、2只公鸡、4只松鸡、6只兔子、半只羔羊、6只田凫等。①

但值得注意的是，以肉食为主的消费并非宫廷的特权。据一位意大利人在1497年观察，伦敦市民会消费大量的羊肉、牛肉、天鹅、兔子、鹿、海鸟、牡蛎等肉类。② 可见以肉食为主已经不能充分表现宫廷的优越社会地位了；而下文提到的宫廷宴会中华丽的菜肴则更能体现宫廷的独一无二的优越性，这是其他社会阶层所不能比拟的。

除了大量消费肉食以外，面包、酒类和香料的消费量也比较大。面包是当时每餐的主食，由王室领地生产或购买的优质小麦制作。亨利八世的宫廷每天烤制普通的面包200条，总重量约725公斤，供宫廷中普通人食用。每天还烤制700条精制的白面包，供等级较高的廷臣和王室成员食用。③ 而在詹姆斯一世时期，亨利王子的宫廷在1610年的一天中就消费了各类面包50条。④

宫廷中酒类的消费量极高。亨利八世的宫廷每年消费的麦芽酒、啤酒和葡萄酒等价值高达3000英镑（90万英镑）。在遇有重大场合时消费更多，在1520年的金缕地之会上，英国宫廷购买的各类酒价值高达7409英镑（222.27万英镑）。⑤ 麦芽酒和啤酒是宫廷中普遍饮用的酒类，亨利八世的宫廷每年消费的麦芽酒达60万加仑，⑥ 詹姆斯一世时期亨利王子的宫

---

① Society of Antiquaries of London, ed., *A Collection of Ordinances and Regulations for the Government of the Royal Household, Made in Divers Reigns: from King Edward III to King William and Queen Mary: also Receipts in Ancient Cookery*, London: Printed for the Society of Antiquaries by John Nichols, sold by Messieurs White and Son [and 4 others], 1790, p. 317.

② C. H. Williams, ed., *English Historical Document, 1485 – 1558*, London and New York: Routledge, 1967, p. 190.

③ Alison Weir, *Henry VIII: The King and His Court*, New York: Ballantine Books, 2001, p. 70.

④ Society of Antiquaries of London, ed., *A Collection of Ordinances and Regulations for the Government of the Royal Household, Made in Divers Reigns: from King Edward III to King William and Queen Mary: also Receipts in Ancient Cookery*, London: Printed for the Society of Antiquaries by John Nichols, sold by Messieurs White and Son [and 4 others], 1790, p. 317.

⑤ Society of Antiquaries of London, ed., *A Collection of Ordinances and Regulations for the Government of the Royal Household, Made in Divers Reigns: from King Edward III to King William and Queen Mary: also Receipts in Ancient Cookery*, London: Printed for the Society of Antiquaries by John Nichols, sold by Messieurs White and Son [and 4 others], 1790, p. 219.

⑥ 1加仑=3.78541升。

廷一天就消费了 23 加仑的啤酒和麦芽酒。① 葡萄酒一般被认为是贵族饮料，英国宫廷从欧洲各地进口，尤其是从安茹、加斯科尼和勃艮第进口，种类繁多，约有 120 多种。1526 年，仅购买红葡萄酒就花费了 700 英镑；1528 年，进口波尔多葡萄酒花费了 884 英镑。②

此外，宫中还消费大量香料、糖、水果、甜点等食物。其中除了某些水果等食物可以自给外，大部分都需要从海外进口；尤其是香料和糖，在当时是奢侈品，价格昂贵。伊丽莎白一世的宫廷嗜好食糖，糖被雕塑成各种造型，色彩艳丽，甚至餐具也都由糖制成；女王本人因食糖过度牙齿变黑，许多宫中贵妇竟然将其牙齿染黑以取悦女王。③ 这样，宫廷饮食的总开支十分庞大，亨利八世宫廷的饮食开支每年大约有现在的 600 万英镑。④

（二）厨房

宫中如此庞大的食物消费必然要求有相应规模的厨房及其人员来服务。以亨利八世时代的汉普顿宫为例，该宫的厨房共有 55 间房屋，占地 3000 平方英尺，职员约 200 人，每天要为 600—800 人提供两顿饭。⑤

厨房区域位于汉普顿宫的北部，由三道门楼和三座庭院组成（见图 56、57）。门楼由厨房的财务官及其助手使用；此外，绿衣会职员⑥也占用门楼，他们负责监督物资的运送和厨房的职员。接着是香料室，位于院落的西侧，储存着来自欧洲和东方各地的香料，以及来自英国本土的芥末与香草；香料室还负责收藏宫殿果园里的大量水果，包括苹果和梨等。紧挨着香料室的是蜡烛室和炭房，前者储藏各类蜡烛，后者储藏烹饪使用的煤炭。

---

① Society of Antiquaries of London, ed., *A Collection of Ordinances and Regulations for the Government of the Royal Household, Made in Divers Reigns: from King Edward III to King William and Queen Mary: also Receipts in Ancient Cookery*, London: Printed for the Society of Antiquaries by John Nichols, sold by Messieurs White and Son [and 4 others], 1790, p. 317.

② Alison Weir, *Henry VIII: The King and His Court*, New York: Ballantine Books, 2001, p. 70.

③ Clarissa Dickson Wright, *A History of English Food*, London: Random House Books, 2011, pp. 139 – 140.

④ Alison Weir, *Henry VIII: The King and His Court*, New York: Ballantine Books, 2001, p. 68.

⑤ Clarissa Dickson Wright, *A History of English Food*, London: Random House Books, 2011, p. 108.

⑥ 绿衣会（Board of Green Cloth），英国王室机构，负责王室的行程安排，1761 年之前有四名职员，两名文书和两名审计官。

在院落的最东侧是"大厨房",里面有六座巨大的烤炉和几座炭炉。这座厨房里面闷热、烟熏、吵闹,当全力运作时简直是"名副其实的地狱"[1]。大厨房包括大厅厨房和贵族厨房两部分,前者为王室仆从提供食物,后者则为王室官员和廷臣提供更为精美的食物;而在宫殿中部的国王和王后的御用厨房则为他们提供最为精美的食物。厨房的菜肴食物做好后,送至服务区的窗台,由厨房官员检查后添加配菜,然后由排队领菜的侍者送至用餐处。

在大厨房一端有三间储藏室,储肉室储藏生肉,水产室储存海鱼、池鱼,干果室储存豆类和干果。糕点室有四座烤炉制作甜点和馅饼。蒸煮室东边的墙上悬着一只容积为 75 加仑(341 公升)的铜锅,用于蒸煮肉食。[2] 餐具室负责洗刷用膳后的餐具,并负责提供和维修餐具,每年维修餐具的费用就高达 66 英镑(近 2 万英镑)。[3] 此外还有面包房、酒窖、茶碟室等部门。

在宫廷总管的领导下,厨房由司厨具体负责。司厨拥有所有储藏室的钥匙,负责分发食物,为绿衣会制作账目;他还要确保国王的食物是最精致的,其他各等级也要得到相应的食物。司厨由三名主厨辅助,他们负责设计菜单,在宴会和斋戒期间为各个等级制作不同的饮食;他们每人手下又有 12 名厨师和 12 名助手帮助他制作食物,主厨们只是制作非常奇异新鲜的菜肴。

厨房的职员可以分为三组,一组属于"大厨房"及其附属房舍,另外两组分别属于国王和王后的御厨房。其人数总共在 180—350 人之间,他们通常在厨房就餐、过夜,席地而卧。

(三) 华丽的菜肴

在加冕礼、婚礼和外交会晤等重大场合时,宫廷往往举办盛大的宴会。宴会期间经常制作最为精美华丽的菜肴,其视觉和娱乐功能超过了其食用功能。

---

[1] Alison Weir, *Henry Ⅷ: The King and His Court*, New York: Ballantine Books, 2001, p. 70.
[2] Clarissa Dickson Wright, *A History of English Food*, London: Random House Books, 2011, p. 109.
[3] Alison Weir, *Henry Ⅷ: The King and His Court*, New York: Ballantine Books, 2001, p. 69.

第三章 宫廷的物质生活

1426年，在亨利六世的加冕典礼庆祝宴上，金色菱形装饰成"肉王"，金色猎豹安坐"蛋糕王"之顶，野猪头置于金色城堡之上，盾牌状、分成红白四等份的烤肉摆成金色菱形。第二道菜里面有："红羚攀白岩、金链王冠、猎豹金花糕、虎凤油煎饼。"①

1517年7月，亨利八世在格林威治宫举行了一次大型宴会，宴会上奇妙的食物令人吃惊，20多种果胶被制作成城堡、动物等形象。这一时期宫廷宴会上曾出现的华丽的菜肴还有很多：杏仁糖被做成牡鹿形状，一枝箭横穿其身；红葡萄酒（象征着鹿血）从鹿的"伤口"处流出，侍者接好酒后将其送到宾客席位上。一只绘有童歌的蛋糕在其烤制好并冷却后，将其底部去掉，放进了24只画眉，封底后送上餐桌；当蛋糕被切开时画眉从中飞出，欢快地歌唱着，引起宾客们一阵惊乱。还有一些蛋糕中被放进了青蛙等动物，被切开时爬满了餐桌，妇女们便惊呼尖叫。此外，还有一些糖或杏仁糖被做成舰船的形状；"舰船"上还置有火炮，当这些食物被端上餐桌时火炮就会开火。②

1527年10月，红衣主教沃尔西在汉普顿宫为法国使者举办宴会，乔治·卡文迪什描述道："第二道菜随即上桌，共有一百多个盘子，用料考究，花样繁多，做工精细，构思巧妙，我想法国人开了眼界。事实上，这也的确是他们闻所未闻的场面。惟妙惟肖的城堡；保罗教堂及其尖塔……飞禽走兽，奇珍异鸟，人物肖像，栩栩如生地跃然盘中；一些人物似乎还在厮杀，或用剑，或使枪，或持弓；或穿涧跃壑，或翩翩起舞；或全身盔甲，立马端枪。林林总总，在下愚钝，难以尽数。"③

宴会中除了有华丽的菜肴外，还有各种表演和音乐助兴，更增加了宴会的华丽和盛大。在前文提到的1517年格林威治宫的宴会上，持续七个小时的宴会一直有乐手在奏乐，同时还有舞蹈表演。④ 1502年亚瑟王子与凯

---

① ［英］罗伊·斯特朗：《欧洲宴会史》，陈法春、李晓霞译，百花文艺出版社2006年版，第67页。

② Clarissa Dickson Wright, *A History of English Food*, London: Random House Books, 2011, pp. 105–106.

③ ［英］罗伊·斯特朗：《欧洲宴会史》，陈法春、李晓霞译，百花文艺出版社2006年版，第67—68页。

④ Clarissa Dickson Wright, *A History of English Food*, London: Random House Books, 2011, p. 105.

瑟琳的婚宴持续了一个星期,婚宴期间甚至王室成员和一些贵族、贵妇也参加了戏剧表演。在其中的一次表演中,舞台背景有两座山,一座是绿色,象征着英格兰,另一座褐色的山象征着西班牙;两座山以一条金链相连;绿色的山上坐着12个贵族,褐色的山上坐着12名贵妇,其中一位像一位公主,象征着凯瑟琳;最后他们从山上走下跳起舞来。① 整个戏剧的寓意为亚瑟和凯瑟琳、英国与西班牙的联合。

(四) 餐桌上的等级与礼仪

进餐的等级性与礼仪是宫廷宴会与饮食最为讲究的事情。等级性首先表现在就餐的场所上。司厨对每个人在哪里吃什么都有较为详细的记录和规定,并定期进行检查。一般来说,国王在其内殿私宅中就餐,他在外殿大厅中只是象征性地保留自己的餐桌,待其饮食象征性地上到此餐桌后便被送到其内殿私宅中食用。当其宴请宾客时,会在接见厅设宴。枢密院成员有权在会议厅就餐,由厅中的引座员、男仆、侍从等具有绅士身份的人伺候就餐,待枢密院成员走后,以上人等可以吃剩下的饭菜。一些王室高级官员、贵族和内殿绅士可以在警卫厅就餐,他们可以使用一些银制餐具。还有一些低级官员和仆人可以在自己的舍中进餐。级别最低的人一般在距离国王私宅最远的外殿大厅中用餐。此外,只有宫务大臣、副宫务大臣、警卫长和宫廷总管可以特别地在自己宅中用餐。② 这样,就餐地点距离国王的远近便体现了人们在宫中的等级与地位。

饮食的不同也代表着人们的社会等级,每个人食物的类型和菜的数量是根据其等级来安排的。亨利八世时期的《禁止奢侈法》严格规定:宫务大臣在晚餐时有6道菜,在午餐时有11道菜,而王室的仆人在这两餐中都只有4道菜;在宴会上红衣主教9道菜,国会成员勋爵6道菜,年收入达到500英镑的公民3道菜;③ 内殿的绅士可以享受由牛肉、羊肉、小牛肉、

---

① Sydney Anglo, *Spectacle, Pageantry and Early Tudor Policy*, Cambridge: Clarendon Press, 1969, pp. 101 – 103.
② Alison Weir, *Henry Ⅷ: The King and His Court*, New York: Ballantine Books, 2001, pp. 73 – 74.
③ [英] 罗伊·斯特朗:《欧洲宴会史》,陈法春、李晓霞译,百花文艺出版社2006年版,第80页。

鸡肉、兔肉、野鸡肉、羊羔肉、鸽肉等制作的日常饮食，并辅以果馅饼、奶油和水果，而仆人只能吃较为廉价的猪肉、主食和由盐、蔬菜、香草制作的肉汤。①

餐桌上的座位秩序也体现了人们的社会等级。宴会中餐桌通常呈 U 形排列，位置最高的餐桌置于台上，是地位最高的人的席位；盐瓶通常位于地位最高的人的右侧。位置较低的餐桌由与会者根据其等级依次就座，地位最低的人坐在距离地位最高的人的最远处。② 这样，空间位置，即距离的远近再次成为等级高低的标志。

此外，餐具的使用、上菜的方式等与社会等级也紧密相关。国王通常使用金制餐具，亨利八世拥有 69 只金匙、12 只银匙。国王内殿中的就餐者通常使用银制的餐盘、汤匙、酒杯和汁盅；白面包由餐巾包裹；葡萄酒以酒壶斟送。大厅中使用的餐具通常是木制的，面包通常是黑面包，上的酒是麦芽酒而不是葡萄酒，并且是用皮革水壶上酒。③

餐桌礼仪包括进餐程序和餐桌上的行为举止等内容，在餐桌礼仪中体现了人们对权力关系和社会等级的认同。在进餐之前和上菜间隙人们通常要先洗手；君主和公爵以上的贵族就餐前还要人为其进行防毒测试；接下来，食物由各级宫廷官员列队依次呈上；最后由切肉工根据人们的等级和地位分配食物，最好的部分一定要分给地位最高者和主人。当宴会结束时，根据亨利八世制定的礼节，国王起身后跪在地上的司礼官要为其清理衣服上的食物残渣。接着，司厨和一位绅士负责为国王准备好亚麻盖布和毛巾，并鞠躬而退。然后两名贵族端着大口水壶和脸盆请国王清洗。最后，由司厨和司仪鞠着躬撤下这些物品。④ 宫廷要员为国王就餐服务，而且毕恭毕敬，体现了他们之间的君臣关系。

在 15 世纪末期，英国出现了许多传授宫廷礼仪的书籍，其中包括餐桌上的良好的行为举止。例如饭前洗手；餐巾不得摊在膝盖上，而要搭在左肩；胳膊肘和手不得搭在餐桌上；不得抠鼻子，不得在袖子上吐痰或用袖

---

① Alison Weir, Henry VIII: The King and His Court, New York: Ballantine Books, 2001, p.74.
② Alison Weir, Henry VIII: The King and His Court, New York: Ballantine Books, 2001, pp.74–75.
③ Alison Weir, Henry VIII: The King and His Court, New York: Ballantine Books, 2001, p.75.
④ ［英］罗伊·斯特朗：《欧洲宴会史》，陈法春、李晓霞译，百花文艺出版社 2006 年版，第 159 页。

子擦鼻涕；不得把头伸到桌上。① 此外，还有不得剔牙、抠指甲，口中食物不得过多，照顾邻座女士洗手等。

二　服饰

宫廷服饰是表现社会等级性的另一领域，不同的社会等级穿用不同的衣料和服饰。亨利八世曾颁布《禁止奢侈法》，试图通过服饰来区分社会等级：只有骑士及其以上等级方可穿戴天鹅绒斗篷或丝绸长筒袜；只有伯爵及其以上爵位的妇女可以穿着紫色丝绸或金银衣料。② 因此，服饰与饮食一样具有双重性，"一方面作为物质文化，它具有防寒、遮羞、美饰等实用功能；另一方面，它又属于精神文化范畴，是意识形态的外化，反映人的社会地位和等级"③。

（一）衣料及其使用

在15世纪末和16世纪，上流社会较为贵重的衣料有来自东方的华丽的丝绸、织锦，来自威尼斯的昂贵的天鹅绒，来自布鲁日的绸缎以及金布等混合织物。普通的衣料则有亚麻布、羊毛两大类。每类衣料又可以分为很多种特征、用途、适用阶层不同的衣料。

亚麻布分为细麻布、麻纱、荷兰布、粗麻布、帆布和硬麻布等。细麻布通常是透明的，由细如蛛丝的亚麻线织成，一般用于制作富人的紧身衬衫、飞边、衣领、袖口、围裙和方头巾等。麻纱由品质极高的亚麻织成，颜色很白，用来制作最好的衬衫、罩衫、方头巾和围裙等。荷兰布是质量中等的亚麻布，一般用来制作衬衫、罩衫、头巾、颈巾等。粗麻布、帆布纺织得粗糙疏松，用于制作仆人和农夫的衣物。硬麻布相当粗糙、厚重，一般用来制作鲸骨裙、衬里、外套的边饰和夹层、礼服（长袍）等，浆刷过的硬麻布用来制作塑身衣、立领和兜帽。

---

① Alison Weir, *Henry Ⅷ: The King and His Court*, New York: Ballantine Books, 2001, pp. 75-76.

② Tom Tierney, *Tudor and Elizabethan Fashions*, Mineola, N. Y.: Dover Publications, 2000, p. 2.

③ 张殿清：《英国都铎宫廷炫耀式消费的政治意蕴》，载《史学集刊》2010年第5期。

羊毛分为红布呢、绒面呢、鲁塞特呢、粗呢、精纺呢和拉塞尔呢等。红布呢是质量较高的呢料，染以胭脂虫粉，通常呈红色，用于制作衬裙、马甲、长筒袜、礼服、斗篷和衬里等。绒面呢是精纺的呢料，平纹梭织，①由梳毛的短绒织成，质地细密坚牢，并经过割绒处理，用于制作礼服、外套和教士服。鲁塞特呢中的乡村鲁塞特呢较为粗糙，窄幅布，②没有染色；宽幅鲁塞特呢质量较好，一般染色；伦敦鲁塞特呢如同绒面呢一样昂贵；鲁塞特呢一般用于制作马裤、衬裙、外裙和外套。粗呢非常厚重，平纹梭织，十分耐用，一面或两面有长毛绒，用于制作礼服和外套。精纺呢由长羊毛纺成的纱线捻纺而成，质地光滑、坚实、轻薄、凉爽、柔软，用于制作夏季的礼服、外裙、紧身上衣和围裙。拉塞尔呢是一种较为奢华的精纺呢，缎纹组织，有时有锦缎图案，用于制作礼服和外裙。

　　丝绸织物有丝绒（天鹅绒）、缎子、锦缎、塔夫绸、罗缎等。丝绒是由两条经线织成的昂贵的衣料，用途受到《禁制奢侈法》的严格限制，用于制作骑士以上等级的礼服、外裙、外套、短上衣、紧上衣、长筒袜、衬衫和鞋等。缎子是一种斜纹丝绸织物，比丝绒较轻，用于制作礼服、外裙、外套、无袖短上衣、紧身上衣、衬里等。锦缎较为平滑，通常以缎子为背景，表面的纬线构成各种图案，用于夏季的礼服、外裙、外套、无袖短上衣、紧身上衣和衬衫。塔夫绸是一种平纹丝织物，质地较薄，用于制作礼服、外裙、外套、紧身上衣、长筒袜、衬裙、三角胸衣和衬里等。罗缎是塔夫绸的一种，纬线比经线粗，呈现出棱纹，有时会出现斑纹或云纹的效果，用于制作礼服、外裙和短上衣。

　　混合织物有金银箔织物、羽纱、充天鹅绒织物、棉麻织物等。金银线织物一般经线为丝，纬线为金或银，受到《禁制奢侈法》的严格限制，金银线织物较重，以纬线成图，用于制作礼服、外套、紧身上衣、三角胸衣、外裙、衬衫和鞋等。箔线织物较为低廉，质量较轻，没有图案，但可以染以丝绸和金银的颜色。羽纱质量很轻，以丝绸和毛发或亚麻的混合物

---

①　平纹梭织，或称平纹布，经线和纬线一上一下织成，特点是交织点多，质地坚牢、挺括、表面平整，较为轻薄，耐磨性好，透气性好。与之相对的则是斜纹布，它是经线和纬线二上一下、45°斜角的织物，特点是较为厚实，光泽较好，手感较为松软，弹性比平纹好，耐磨性、坚牢度不及平纹织物。

②　宽度为36英寸、44英寸、56—60英寸等的布匹，一般分别称作窄幅、中幅与宽幅，高于60英寸的面料为特宽幅，一般常叫作宽幅布。

织成，有波纹或棱纹，是最为廉价的丝绸织品，适用于中等收入的阶层。用于制作紧身上衣、外套和外裙。充天鹅绒织物有时被称为仿天鹅绒织物，其材料是羊毛或羊毛与丝、亚麻的混合物，用于制作礼服、外裙、外套和鲸骨裙。棉麻织物的经线为平滑坚实的亚麻或毛线，纬线为柔软蓬松的羊毛或棉线，是这一时期唯一的适用于所有阶层的织物，用于制作紧身上衣、外裙、礼服、袖子和衬里等。[1]

天鹅绒、绸缎、金线织物属于较高等级使用的衣料，价值十分昂贵。在亨利八世时期，每码紫色天鹅绒价值41先令8便士（625英镑），每码丝绸锦缎价值8先令（120英镑），最为昂贵的则是金线织物，每码价值相当于现在的2170英镑。[2]

（二）15世纪末和16世纪初的宫廷服饰

这一时期男士的衣着较为简朴，外形与人体更为接近，拥有较为自然的肩头和腰身；通常使用颜色较为灰暗的皮草。这种简朴的风格通常被称为"极简主义"[3]。男士的服装一般为：披肩、礼服、紧身上衣、亚麻布衬衣、长筒袜、褶兜、无檐绒帽等，多数男士留着短发和刘海。女士服装主要有天鹅绒礼服（饰有呆板的织锦图案）、丝绸衬裙、饰头巾等，钟形帆布衬裙是妇女的最新时尚，是撑箍裙的先驱。男女通常都穿一种铲形的狮爪鞋。[4] 以下为这一时期的一些绘画作品和实物，从中可以一窥宫廷男女的服饰特色。

图64[5]为勃艮第公爵大胆查理的一件披肩，由红色的金布和天鹅绒制作，图案为石榴花和玫瑰花。图65[6]为同一时期他的一件紧身上衣，没有领子；袖子较长，前端较窄小，后端则比较宽松；衣身上部为紧身设计，

---

[1] Ninya Mikhaila, *The Tudor Tailor: Reconstructing 16th-Centry Dress*, Hollywood: Costume and Fashion Press, 2006, pp. 36–37.

[2] Alison Weir, *Henry VIII: The King and His Court*, New York: Ballantine Books, 2001, p. 185.

[3] Maria Haward, ed., *Dress at the Court of King Henry VIII*, Leeds: Maney Pub., 2007, p. 73.

[4] Tom Tierney, *Tudor and Elizabethan Fashions*, Mineola, N.Y.: Dover Publications, 2000, p. 2.

[5] Maria Haward, ed., *Dress at the Court of King Henry VIII*, Leeds: Maney Pub., 2007, p. 74.

[6] Maria Haward, ed., *Dress at the Court of King Henry VIII*, Leeds: Maney Pub., 2007, p. 74.

下部的裙摆长及大腿中部。图66①为亨利七世的一件半圆形披肩,由金线和天鹅绒制作,以银和镀银的环织成 C 形边缘,卷曲的玫瑰枝上连接着三个戴王冠的波弗特吊闸。

图64(上左) 15世纪末一件男士的披肩,金线织物(伯尔尼历史博物馆)
图65(上右) 15世纪末一件男士的紧身上衣,红色缎子(伯尔尼历史博物馆)

图66 亨利七世的一件半圆形披肩,1495—1505 年(维多利亚和阿尔伯特博物馆,伦敦)

---

① Maria Haward, ed., *Dress at the Court of King Henry VIII*, Leeds: Maney Pub., 2007, p. 78.

图67①为1490年的亨利七世及其王后伊丽莎白。在亨利七世统治时期,宫廷里的朝服一般是全身长,有长长的袖子,以毛皮为内衬,袖子从肩头处开口,以露出华丽的衬衣。画中伊丽莎白戴着三角形头巾,缀饰着珠宝垂在肩头。她身穿全身长的礼服,以白貂皮切边,走路时需将前面抬起。

图67　亨利七世和约克家族的伊丽莎白,1490年

图68②为15世纪末宫廷中的绅士和女士,绅士戴着天鹅绒帽子,帽檐为毛皮;身穿织锦束腰上衣,以毛皮切边;腿穿与皮肤同色的长筒袜;脚穿在脚踝处有折叠设计的鞋。女士戴着亚麻布的饰头巾和兜帽;身穿天鹅绒礼服,袖口和裙边以毛皮为衬。礼服的方形领口露出白色的无袖衬衫。

图69③为这一时期打扮入时的英国绅士和贵族妇女。男士穿着锦缎礼服,即"胡普兰衫",长而宽大的达尔马提亚袖子,以毛皮为衬里;内穿柔

---

① Tom Tierney, *Tudor and Elizabethan Fashions*, Mineola, N.Y.: Dover Publications, 2000, pp. 3 - 4.
② Tom Tierney, *Tudor and Elizabethan Fashions*, Mineola, N.Y.: Dover Publications, 2000, p. 5.
③ Tom Tierney, *Tudor and Elizabethan Fashions*, Mineola, N.Y.: Dover Publications, 2000, pp. 16 - 17.

软的亚麻衬衫，外面则是短短的紧身上衣；他的长筒袜为斑驳纹；他的毛皮帽子上有一金网带饰，上面缀着珍珠，帽顶则装饰着羽毛。女士戴的头巾缀饰着珠宝；礼服的袖子是达尔马提亚袖子，以白貂皮为衬里；礼服的裙裾以刺绣为边，走路时需将其稍微提起；礼服的V形领口露出衬衣的蕾丝边。

图68　绅士和女士，1485—1498年

图69　打扮入时的英国绅士和女士，16世纪初

(三) 亨利八世时期的宫廷服饰

自亨利八世时期开始，英国宫廷服饰逐渐改变了简朴的风格。首先，在保留了15世纪末主要服装的基础上，每类服装的种类变得多样化了。自1510年至1545年，亨利八世定做的服装可以分为外衣、紧身衣、打底衫、附属衣物和头饰五大类52种；其中不同用途的外套就有9种，长筒袜有11种。[①] 其次，男女服装上的珠宝饰物逐渐增多，并日益精致。例如，男士多佩戴以珠宝装饰的颈圈、项链，女士的项链也变得更为奢华。最后，这一时期的服饰一改之前的自然的"极简主义"风格，开始以夸大的形式突出人体的某一部分。例如男士服装为了强调男性的身形宽大，对服装的肩头和裤前褶常常做夸大的设计。

礼服、紧身上衣和长筒袜是15世纪末和16世纪前半期男士的主要服装，对塑造男士的形象至关重要。礼服有全长礼服、短礼服和半长礼服；礼服的袖子有长有短，有的是开口的吊袖（假袖），通常都较为宽松；肩头一般是加宽设计，显得孔武有力；礼服通常以天鹅绒为表，毛皮（通常为白貂皮）为里。紧身上衣一般与身体相适，腰围较为自然；下面有长长的裙摆；袖子有的为固定的，有的则可以拆下；通常紧身上衣可以穿在无袖短上衣（见图70[②]）之下；紧身上衣一般与长筒袜配套穿戴，长筒袜系在紧身上衣下的腰带或衬裙上（见图71[③]）。

亨利八世被认为是"世界上穿着最为奢华的君主"[④]，他的服装在这一时期英国宫廷的服装中最具代表性，他擅长以服饰来制造自己的形象。为了订做或购买服装他往往不惜巨金，每年用于购买服装的费用达16000达克特，相当于当时的8000英镑、现在的120000英镑。[⑤] 亨利八世典型的装束见于他的一些肖像画中：宽大蓬松的织锦天鹅绒礼服，加宽的肩头设

[①] Maria Haward, ed., *Dress at the Court of King Henry VIII*, Leeds: Maney Pub., 2007, pp. 96–97.

[②] Maria Haward, ed., *Dress at the Court of King Henry VIII*, Leeds: Maney Pub., 2007, p. 106.

[③] Maria Haward, ed., *Dress at the Court of King Henry VIII*, Leeds: Maney Pub., 2007, p. 101.

[④] Quoted in Maria Haward, ed., *Dress at the Court of King Henry VIII*, Leeds: Maney Pub., 2007, p. 95.

[⑤] Herbert Norris, *Tudor Costunme and Fashion*, Mineola, New York: Dover Publications, INC, 1997, p. 155.

第三章 宫廷的物质生活

计，以毛皮为里的较短的袖子，礼服下是刺绣的缎子紧身上衣，紧身上衣的裙摆露出了他的褶兜，腿上穿着西班牙白色丝绸长筒袜，脚穿白色铲形狮爪鞋；缀满珠宝的颈圈；珍珠装饰的绒帽（见图218）。除了这些日常穿戴以外，亨利八世还有加冕礼袍服、参加议会的朝服等重要场合穿戴的衣服。在图168中，亨利八世身着加冕礼服，由红色天鹅绒、紫色天鹅绒和金线织物三种织物制作，据说价值达200英镑。在图中，亨利八世则穿着参加议会的朝服，配以天鹅绒斗篷和红色绒帽，斗篷和朝服都以白貂皮为里，十分奢华。

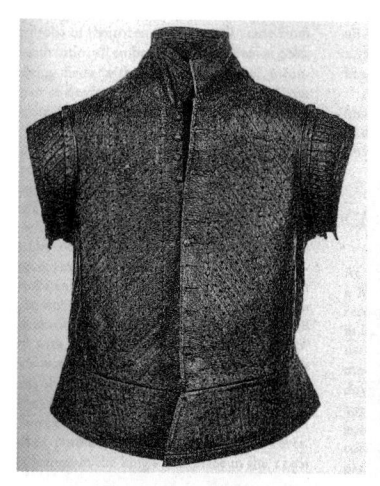

图70（上左） 一青年人的深褐色皮质无袖短上衣（伦敦博物馆，伦敦塔）
图71（上右） 1562年意大利宫廷的一件紧身上衣和长筒袜（皮蒂宫服装馆，佛罗伦萨）

亨利八世服饰的材料和装饰的珠宝尤其值得注意。珠宝是身份和地位的象征，可以展现华丽和炫耀财富。亨利八世拥有的珠宝超过了以往任何一位英国国王，并将其大量地应用到服装装饰上。他定做的服装通常领口较低，以突出戴在脖子上的项链和颈圈，上面缀着许多宝石。据时人所述，"他的手指戴着缀满宝石的戒指，脖子上戴着一条金颈圈，颈圈上吊着一颗钻石，大如胡桃"[1]。在小荷尔拜因为其创作的一幅肖像画中，亨利八世衣服上的

---

[1] Maria Haward, ed., *Dress at the Court of King Henry VIII*, Leeds: Maney Pub., 2007, p.118.

珠宝清晰可见（见图217）：他胸前的紧身上衣上竖着排列着三行红宝石，每行四颗，两条袖子上也分别有四颗红宝石，所有红宝石都镶在金环里。

除了珠宝以外，亨利八世服装的材料也极为奢华昂贵，从1542年至1547年运往白厅宫的织物来看，亨利八世的衣料主要有金线织物、银线织物、金线织锦、箔线织物、天鹅绒、缎子、金银穗、织锦、塔夫绸、薄绸、布里奇斯缎、米兰缎、波德金织锦、荷兰布、诺曼底布等。每种织物往往有很多种颜色。① 这些织物的用途前文已略作交代，值得关注的是，其中有很多是海外进口的，不但价值昂贵，而且在英国较为稀少和时尚。

除了亨利八世以外，亨利八世妻子们的穿着也极为奢华。在图72②中，简·西摩头戴以金和珠宝装饰的三角形头巾，上面别着垂饰和黑纱（冠状头饰）；她的礼服穿在鲸骨裙外，礼服前面敞开，露出与内袖图案相同的外裙；袖套和裙边以金线网眼装饰。在图73③中，安妮·克里夫穿着

图72（上左） 简·西摩肖像画，板面油画（1536年。维也纳艺术史博物馆）
图73（上右） 安妮·克里夫肖像画（1539年。罗浮宫博物馆，巴黎）

---

① Maria Haward, ed., *Dress at the Court of King Henry Ⅷ*, Leeds: Maney Pub., 2007, p. 120.
② http://www.marileecody.com/seymour1.jpg; Maria Hayward, Philip Ward, ed., *The Inventory of King Henry Ⅷ, Ⅱ Textiles and Dress*, London: Harvey Miller, 2012, p. 93.
③ http://www.marileecody.com/cleves1.jpg; http://www.wga.hu/support/viewer/z.html.

天鹅绒礼服，礼服上袖疏松，下袖宽大；领口、袖口和礼服的裙边缀满珠宝；以珠宝缀饰的头巾和垂饰下是满饰珠宝的帽子。

（四）爱德华六世至伊丽莎白一世时期的宫廷服饰

在爱德华六世和玛丽·都铎统治期间，服装并不奢华，缀饰的珠宝也比亨利八世时期少。尤其是玛丽一世登基后，她颁布了许多禁止奢侈的法令，要求其臣民衣着要保守和简朴。玛丽一世自己的衣着也非常简朴，在图74[①]中，玛丽一世的服装上没有多少珠宝装饰和纹饰，颜色也较为单一柔和，只有袖口和领口处有一些蕾丝和珍珠装饰，帽子上有一点珠宝装饰。

图74 玛丽一世与西班牙的菲利普国王，1554年

[①] Tom Tierney, *Tudor and Elizabethan Fashions*, Mineola, N.Y.: Dover Publications, 2000, p. 34.

近代早期英国宫廷文化研究（1485—1714）

除了简朴的特征以外，"法国兜帽"和天鹅绒软帽在这一时期较为流行；飞边①是这一时期的标志，妇女穿戴着大大的皱饰麻纱领，常以蕾丝做边，呈车轮状或扇形，并浆得笔挺；妇女的发型呈卷曲状和波浪状，在珠宝的装饰下高高耸起。

到伊丽莎白一世时期，一改玛丽一世时期的简朴风尚，在服装的设计、装饰等方面取得了辉煌的成就，这一时期成为近代早期英国宫廷服饰最为华丽的时代。珠宝装饰和图案装饰又变得繁复起来，服装设计越来越精巧，其中比较突出的是女士服装中紧身褡的改良、鲸骨裙的风行。紧身外套（紧身褡）在16世纪年代初期出现，最初由僵硬的铁铰链制作，稍后则改为较柔韧的钢带；在伊丽莎白一世时期，妇女的紧身外套则由骨骼组织塑型。与此相同，衬裙也由鲸须等支撑，形成宽大的鲸骨裙。一些男士为了拥有苗条的身材也会穿紧身褡。此外，女士手中还出现了一些手套、扇子等饰物；还有一些时髦的妇女常常染发和使用化妆品。②

图75　艾萨克·奥利弗的《伊丽莎白女王》，1558年（灰色笔墨画，英国皇家收藏）

伊丽莎白一世引领着整个宫廷的衣饰风尚，她的服饰以华丽、夸张而著称。在图75③中，伊丽莎白一世的缎子礼服从上到下都装饰着珠宝；礼

---

① 飞边，流行于16世纪和17世纪的白色轮状皱领。
② Tom Tierney, *Tudor and Elizabethan Fashions*, Mineola, N.Y.: Dover Publications, 2000, p. 2.
③ Erna Auerbach, Portraits of Elizabeth I, *The Burlington Magazine*, vol. 95, no. 603 (Jun., 1953), p. 203.

服的袖子和假袖装填着垫料，显得十分饱满；鲸骨裙有一后拖的裙裾；宽大的鲸骨裙与纤细的倒三角形紧身胸衣形成夸张的对比，显得她的腰身十分狭小；成双的珍珠链垂在领口和紧身上衣上；领口有竖起的飞边；呈网状的珠宝装饰的透明翼饰竖起在头后；波纹状的染色假发被梳理后罩以网饰，缀有珍珠串链。在其《和平肖像》（见图229）中，因在其统治末期法国鲸骨裙已经过时，她穿的是一种有垫料的腰身线条较为自然的裙子，身披宽大的绸缎斗篷；缎子礼服绣着橄榄枝叶图案，饰着分散的珍珠；领口很高，戴着缀满珠宝的颈圈和珍珠项链，飞边以蕾丝为边；头发和假发罩着网饰，头戴珍珠冕状头饰；手中拿着袖口有刺绣的皮手套和珍珠手柄的鸵鸟毛羽扇。

伊丽莎白一世的服装似乎并不追求舒适，宽大的鲸骨裙不便行动，倒三角的紧身胸衣使胸部和腹部受到挤压，过多的珠宝缀饰必然增加服饰的重量。对服饰过度奢华的追求还曾遭到一些主教的批评，然而伊丽莎白一世大动肝火，甚至威胁他们再多说便会短命。她显然更在意于服饰的社会意义，而非其舒适性；奢华、夸张的服饰可以表达她至高无上的地位。其他宫廷贵族的衣着同样以此为目的，来强调自己的社会地位和等级。

小 结

近代早期的英国宫廷，在饮食与服饰上继续制造着"华丽"。宫廷饮食与服饰的华丽几乎具有同样的特征：饮食和服饰上的华丽首先是要"吃得多"或"穿得贵"，各类食物，特别是肉类消费量惊人，而且种类十分丰富；而在服饰上，除了亨利七世和玛丽一世时期外，则都讲究用料昂贵，满饰珠宝。其次，形式上的重要性超过实用的重要性，精美华丽的菜肴，其视觉和娱乐功能往往超过了其食用功能，服装不大追求舒适，而更注重奢华与夸张。最后，饮食与服饰都具有十分丰富的等级内涵，饮食和服饰的不同体现着人们社会等级的差异，并通过各种礼仪，甚至是通过立法将等级差异固定与内化。

第四章
宫廷的日常活动

在近代早期英国宫廷的日常活动中，运动与游戏、巡游与游行占有十分重要的地位。这些日常活动除了是宫廷的生活必需以外，还具有强烈的政治色彩和社会含义。骑士比武、狩猎、网球和保龄球等运动往往是宫廷贵族身份的象征，巡游与游行则常常成为国王和廷臣的政治活动。

一 运动与游戏

在中世纪初期，运动往往是与战争联系在一起的，尤其是骑士的比武大赛，几乎是当时骑士的最重要的运动方式。这些运动虽然具有一定的娱乐性和象征性，但主要目的还是一种军事训练。到了 13 世纪以后，运动则越来越仪式化和娱乐化了；15 世纪以后，某些运动一方面成为贵族身份的象征；另一方面其目的则是促进身体健康。

1527 年，意大利人巴尔代萨尔·卡斯蒂廖内在其《廷臣手册》中首次阐释了这种观念。他认为，诸如网球、游泳和骑术之类的运动虽然不是为了军事目的，但也是合理的运动方式，它们可以展现廷臣的优雅风度。[1]这样，这些运动成了廷臣身份的象征。值得注意的是，卡斯蒂廖内的廷臣概念与中世纪的骑士概念是不同的，后者并没有强调运动的优雅，而前者则强调要以优雅的运动来培养完美的廷臣。因此他的通过运动培养廷臣的

---

[1] Simon Thurley, *The Royal Palaces of Tudor England: Architecture and Court Life*, 1460 – 1547, New Haven: Yale University Press, 1993, p. 179.

第四章　宫廷的日常活动

观念被认为是"培养完人的人文主义教育纲领"[1]。

英国人在接受了卡斯蒂廖内运动象征廷臣身份的观念的同时，还强调了运动可以带来身体健康。托马斯·埃利奥特1531年在其《统治者之书》中向贵族推荐射箭、网球等运动，因为"通过运动，可以使人保持健康和增加力量"[2]。但他并没有提到运动可以提高人们的社会地位。一位名为安德鲁·波奥德的英国医生在1547年他的一本书里建议，人们在早上祷告之后应该"适度地锻炼身体，例如劳动、打网球、投保龄球、举重等"[3]。

在英国宫廷之中，甚至有专文要求进行运动，因为在宫中若无所事事会度日如年。爱德华四世时期的《黑书》要求宫廷侍从"在冬季或夏季的下午和晚上，……（要通过）朗诵国王年代记、演奏管乐、歌唱等方式来充实宫廷和陪伴客人，直到需要他们离开之时"[4]。不过，在都铎王朝早期，随着国王生活的"隐私化"，国王在公开的娱乐活动中出现的次数开始减少；尤其是1530年以后，亨利八世的社交活动主要限于他的私人住所，当国王不在时宫廷只得自我娱乐。在亨利八世统治早期，因春季狩猎、鹰猎及其他户外运动直到5月或6月才能准备好，在这一段时期内往往要开展一些诸如武艺表演、马上长矛比武、狂欢和比武大赛等户内运动以"荣耀其身和促进健康"[5]。正因为如此，在其统治期间的44次比武大赛中有40次发生在1530年之前。1530年之后，为了使其宫廷能够在他不在时进行娱乐，亨利八世只得在宫中修建更多的娱乐设施。

虽然运动可以促进健康，但并不是所有的运动尤其是贵族之外的运动都得到了政府的认同。某些运动，尤其是足球几乎被等同于流氓和骚乱行为。中世纪的足球等运动往往是在闹市进行，骚扰居民和行人，因此遭到很多市民的强烈反对。为此，1536年议会颁布法令，禁止流浪汉和乞丐在

---

[1] ［英］G.R. 波特编:《新编剑桥世界近代史：第一卷，文艺复兴》，中国社会科学院世界历史研究所译，中国社会科学出版社1988年版，第103页。

[2] Quoted in, Simon Thurley, *The Royal Palaces of Tudor England: Architecture and Court Life, 1460–1547*, New Haven: Yale University Press, 1993, pp. 179–180.

[3] Quoted in, Simon Thurley, *The Royal Palaces of Tudor England: Architecture and Court Life, 1460–1547*, New Haven: Yale University Press, 1993, p. 180.

[4] Simon Thurley, *The Royal Palaces of Tudor England: Architecture and Court Life, 1460–1547*, New Haven: Yale University Press, 1993, p. 180.

[5] Simon Thurley, *The Royal Palaces of Tudor England: Architecture and Court Life, 1460–1547*, New Haven: Yale University Press, 1993, p. 180.

闹市进行某些运动。1542年议会采取措施鼓励射箭运动，与此同时限制保龄球、套环、网球等运动，而贵族和绅士只能在自己的房舍和场地内才能从事这些运动。这样，在中世纪末期和近代早期，政府一方面禁止平民从事某些看似野蛮的运动，另一方面则将很多看似高雅的运动变成了贵族的特权，这样平民从事看似无害的运动往往是被禁止的：1510年一个牛津人就因为保有一座网球场而被罚款。[1] 对普通运动来说如此，对比武活动就更是如此了。但到了15世纪末，仅仅是参加比武大赛已不足以成为好骑士的象征了，他还得精通读写、诗歌与音乐、歌唱、舞蹈以及摔跤、保龄球和网球等运动。尤其是对宫廷贵族来说，这些运动更是他们身份地位的象征。

（一）骑士比武

在讨论骑士比武之前有必要对骑士比武的几个概念作一界定。在英语中，"Tournament"和"Joust"往往含义相近，常常可以换用，都有骑士比武的意思。但严格来说两者是有区别的，"Joust"指两个骑士之间的比武；"Tournament"指两队骑士之间的比武，也有整个比武过程的意思，[2] 最早出现在11世纪。从时间上来看，骑士单挑要晚于组团比武，大概是在12世纪出现的，并且往往成为比武大赛的前奏。无论是"Tournament"还是"Joust"，虽然主要是马上长矛比武，但也有徒步比武和使用剑、战斧等武器比武。而到了13世纪以后，骑士比武越来越规则化、仪式化和娱乐化，其军事价值基本消失，比武不再在两队骑士之间进行，而在两位骑士之间进行。这时又出现了另外一个词"Tilting"，特指两位全副武装的骑士之间的马上长矛对刺。[3] 这样，到了这一时期"Tournament"是骑士比武比较正式的说法，更强调其盛大的场面和其仪式性；"Joust"和"Tilting"则更为强调两位骑士之间比武的过程，强调马上长矛比武。

骑士比武最早可以追溯到罗马人的"特洛伊游戏"或日耳曼武士的军事演习。1066年，在法国图尔的圣马丁修道院编年史中首次出现了骑士比

---

[1] Simon Thurley, *The Royal Palaces of Tudor England: Architecture and Court Life, 1460 – 1547*, New Haven: Yale University Press, 1993, p. 180.
[2] 骑士进入运动场地后要策马绕场一周，然后转弯持矛相互冲刺。
[3] Simon Thurley, *The Royal Palaces of Tudor England: Architecture and Court Life, 1460 – 1547*, New Haven: Yale University Press, 1993, p. 181.

武的记载。12世纪，骑士比武迅速传遍整个欧洲，英国则在亨利一世期间出现了骑士比武，在斯蒂芬统治期间已经比较流行了。[①] 在 14 世纪之前，骑士比武的主要目的是为了战争，相当于某种军事演习，而且主要在两组骑士之间进行；其次，赢得骑士荣誉、向贵妇献媚、获取赎金和作为庆祝娱乐活动等也都是骑士比武的目的；但是骑士比武是骑士的特权，不能证明自己骑士身份和骑士血统的人受到了严格的限制。[②] 这一时期的骑士比武因其危险性而屡被教会禁止；此外，随着骑士阶层的衰落，骑士比武越来越成为少数骑士有能力维持的运动。

到了 14 世纪和 15 世纪，骑士比武达到了顶峰，其表现为规则更加细化，装备更加奢华，性质更具戏剧化、娱乐化，比武的主要形式为两个骑士之间的马上长矛冲刺，比武大赛主要成了宫廷的活动。在意大利、德国，尤其是在勃艮第公国，骑士比武尤其受到欢迎，公爵通过比武大赛来保持与其骑士和军队首领的联系，为其臣民提供娱乐活动。在英国同样盛行不衰。

1466 年，伍斯特伯爵约翰在亨利六世授意下起草了英国的骑士比武规则。获胜的条件有"用长矛将对手击倒在地；击中对手盔缨两次；击中对手头盔三次；正确地摧毁多数长矛；在场中坚持到最后或头盔完好；比武中没有犯规或最好用长矛做出最完美的一击"[③]。但如果攻击对手的背部或对手的马匹、击中隔离栏三次或自己摔倒将被判输了比赛。如果在比赛中出现问题，则由专门的裁判来裁决。如果使用的长矛或剑比较锋利，则要被裁判责令钝化。在英国还规定了三种比武方式：一种称为"和平式"，双方身披专用铠甲，沿着比武场手持冠状枪头长矛，左侧相邻并相对冲刺；第二种是"战争式"，双方身披野战铠甲，头戴带有活动脸罩的头盔，手持尖头长矛，左肩和左肘有加强的护甲保护；第三种是"任意式"，与第二种的最大区别是它没有隔离栏，长矛用完后双方除去加强的装甲继之以钝剑。[④]

[①] Cristopher Gravett, *Knights at Tournament*, illustrated by Angus McBride, London: Osprey, 1988, p. 3.

[②] Cristopher Gravett, *Knights at Tournament*, illustrated by Angus McBride, London: Osprey, 1988, p. 10.

[③] Cristopher Gravett, *Knights at Tournament*, illustrated by Angus McBride, London: Osprey, 1988, p. 25.

[④] Cristopher Gravett, *Knights at Tournament*, illustrated by Angus McBride, London: Osprey, 1988, p. 32.

规则细化的同时也越来越仪式化,很多骑士身佩某种标记,只有当它被触到时才意味着接受挑战;还有的在赛前投掷硬币,呈反面意味着他要战斗到死,呈正面则要为荣誉而战。①

与 14 世纪之前不同,这一时期设置了专门的比武场(见图76②)。这

图 76　亨利四世时期的比武场看台及比武过程(大英图书馆)

---

① Cristopher Gravett, *Knights at Tournament*, illustrated by Angus McBride, London: Osprey, 1988, p. 24.
② Cristopher Gravett, *Knights at Tournament*, illustrated by Angus McBride, London: Osprey, 1988, p. 20.

类比武场最早出现于意大利，15 世纪 30 年代以后传入英国。1467 年在史密斯菲尔德设置的比武场总面积为 370×250 英尺，周围设有护栏；爱德华四世作为裁判位于中间带梯级的看台中央，对面看台是市长和市政官，两侧看台是骑士、扈从和王室警卫。1520 年金缕地的比武场总面积为 400×200 步；① 周围环绕着一道壕沟和高台，高 9 英尺；中间比武场为东西向，以防止参赛者或位于南侧看台的高级贵族和国王被阳光刺眼。15 世纪比武场最大的特征是采用了隔离栏将两位参赛者隔离开（见图 77②）。设置隔离栏可以防止参赛者故意撞击对手，也可以避免撞击和摩擦带来的对马匹和参赛者膝盖的损伤。隔离栏的设置还可以使长矛与护栏成大约 25 度的角，在这个角度上长矛更易折断。隔离栏最初是绳索，后来转变成木栏；木栏两端封闭使参赛者只能向右侧转弯，以避免冲向木栏或场外的帐篷。③不过这一时期有些比武场仍然没有隔离栏；徒步比武也时有发生；除了长矛、盾牌以外，为了尽兴还可继之以剑等武器。

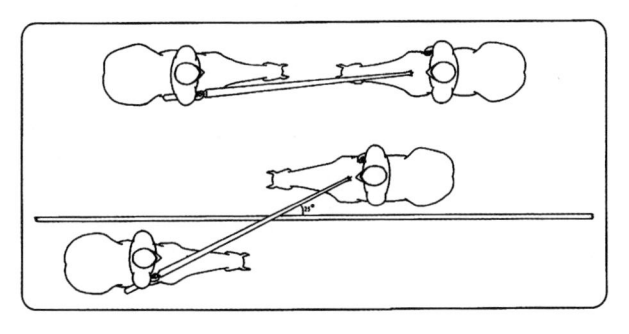

图 77　比武场隔离栏

从 15 世纪中期开始，欧洲主要国家和地区出现了骑士比武的专用甲胄，英国则于爱德华四世时期首次出现了这样的甲胄。马上长矛比武的头盔往往被固定在锁子铠或胸甲上；左手和前臂由护手铠甲保护，双手则佩皮革手套或铁手套；右肘有护肘甲、左肩有巨大的护肩甲保护；在木制方

---

①　步，长度单位，1 步 = 30 英寸 = 0.76 米。
②　Cristopher Gravett, *Knights at Tournament*, illustrated by Angus McBride, London: Osprey, 1988, p. 25.
③　Cristopher Gravett, *Knights at Tournament*, illustrated by Angus McBride, London: Osprey, 1988, pp. 27 - 28.

近代早期英国宫廷文化研究（1485—1714）

盾后的左胸附有木制梨状减震板；右腋下设有长矛托架；整个腿部也都有护甲保护。头盔一般呈"青蛙嘴"式（见图78①）；其余部分则常常为板甲（见图79②）。除了马上长矛比武专用板甲外，还出现了徒步比武的专用板甲（见图80③）。此外，骑士使用的长矛由原来的尖头逐渐被一种带有四尖的冠状枪头取代（见图81④），剑也往往没有刃口。马匹在头部和颈部背侧也有护甲（见图82⑤），骑士的盔甲外衣以及马匹的马衣往往绘有家族纹章（见图83⑥），其扈从也往往手持绘有家族纹章的旗帜。在规则细化以后，在厚重而华丽的板甲的保护下，骑士的安全有了较好的保障，但因其行动笨重而失去了军事训练的价值，只剩下了观赏性和娱乐性。

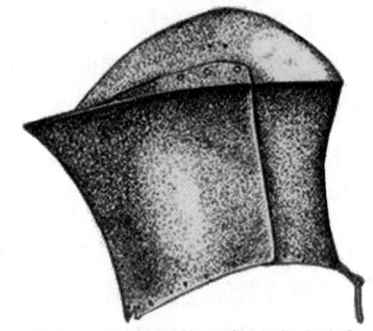

图78　15世纪英国青蛙嘴式头盔

　　随着骑士比武军事作用的弱化，它越来越成为贵族展现骑士精神的场合，而骑士精神之一就是骑士之爱或宫廷之爱。因此，从13世纪开始，妇女开始在比武大赛中发挥重要的作用。贵妇们往往位于看台显要位置，骑士出场之前会向自己中意的妇女或妻子致敬，并称是为了她的荣誉而战，妇女则将自己的丝巾绑缚在长矛等武器上以示接受骑士的爱意（见图84⑦）。有的妇女则用铁链牵着自己的骑士进入比武场，象征着骑士是自己爱情的奴隶（见图85⑧）。

---

① Cristopher Gravett, *Knights at Tournament*, illustrated by Angus McBride, London：Osprey, 1988, p. 31.

② Cristopher Gravett, *Knights at Tournament*, illustrated by Angus McBride, London：Osprey, 1988, p. 59.

③ Cristopher Gravett, *Knights at Tournament*, illustrated by Angus McBride, London：Osprey, 1988, p. 53.

④ Cristopher Gravett, *Tudor Knight*, illustrated by Graham Turner, Oxford；New York：Osprey Pub., 2006, p. 20.

⑤ Cristopher Gravett, *Tudor Knight*, illustrated by Graham Turner, Oxford；New York：Osprey Pub., 2006, p. 8.

⑥ Cristopher Gravett, *Knights at Tournament*, illustrated by Angus McBride, London：Osprey, 1988, p. 54.

⑦ Cristopher Gravett, *Knights at Tournament*, illustrated by Angus McBride, London：Osprey, 1988, p. 18.

⑧ Cristopher Gravett, *Knights at Tournament*, illustrated by Angus McBride, London：Osprey, 1988, p. 26.

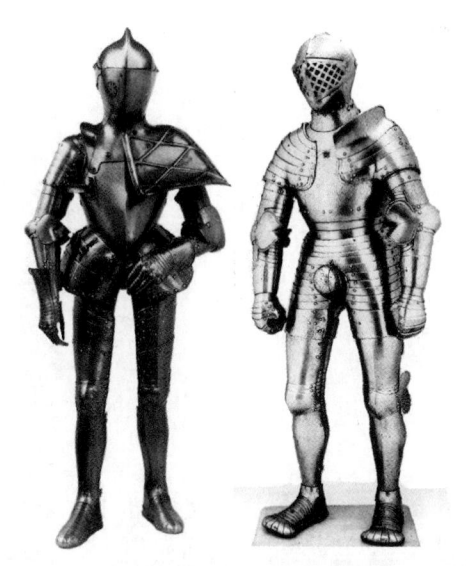

图79（上左） 15世纪末德国的一款骑士长矛比武的专用板甲
图80（上右） 亨利八世在1520年金缕地比武中使用的步战板甲（皇家军械博物馆）

图81 亨利八世使用的马上比武长矛（英国皇家军械博物馆）

图82 制于1515年的亨利八世及其坐骑的铠甲（英国皇家军械博物馆）

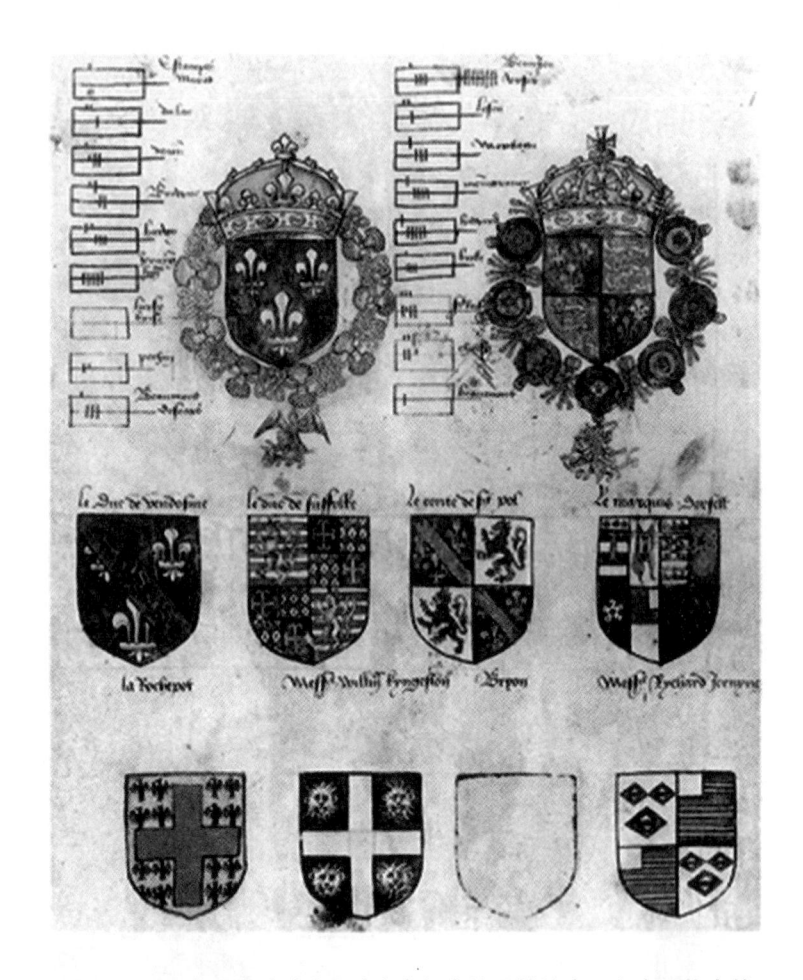

图 83　1520 年金缕地骑士比武中参加者使用的纹章，上方两枚大的纹章分别是法王法兰西斯一世和英王亨利八世的王家纹章，纹章旁则记录着双方的得分（古文物协会，伦敦）

更为重要的是，骑士比武往往被戏剧化了：骑士比武开始之时往往有盛大的入场式，参加比武的骑士扮演各种角色，乘坐华丽的车辆进入比武场，16 世纪初参赛的骑士则全身甲胄列队进入比武场，身后还有号手在马上奏乐；[①] 比武大会常设有主题，以化妆和戏剧的方式选定自己的角色，

---

① Maria Hayward, Philip Ward, ed., *The Inventory of King Henry Ⅷ*, *Ⅱ Textiles and Dress*, London: Harvey Miller, 2012, p.153.

第四章 宫廷的日常活动

会场也往往有反映比武主题的布景；期间甚至还有假面剧舞会和宴会；而比武本身往往沦为象征性的打斗（见图86①）。1343年在斯密斯菲尔德的比武大会中，到场的骑士装扮成教皇及其红衣主教。在1385年巴黎的一场比武大赛中设定了十字军东征的主题，比武的一方扮作狮心王理查的骑士，另一方扮作萨拉丁和撒拉森人。在1331年的一次比武大会中，爱德华三世参加了入场式的游行活动，每位骑士扮作鞑靼人，并由自己的女士用金链牵着。在1390年斯密斯菲尔德的比武大会期间，比武结束后举行了宴会和舞会。② 这样，从爱德华一世以后，英国的骑士比武便越来越戏剧化了。

　　从15世纪后半期至1530年，骑士比武往往与重大的节庆尤其是宫廷的节庆相联系，成为宫廷中主要的有组织的娱乐活动。③ 1403年，在亨利四世的王后的加冕礼期间，沃里克伯爵理查德·比彻姆为王后的荣誉而挑战潘道夫·马拉泰斯塔，马上长矛比武结束后又继之以手持战斧的徒步战斗。潘道夫肩膀受伤，因比赛被终止他才幸免于难。1467年，为庆祝爱德华四世的加冕礼而举行了一场比武大赛，斯凯尔斯勋爵挑战勃艮第的巴斯塔德，前者赢得了戒指和红宝石。④ 1501年为庆祝亚瑟王子与阿拉贡的凯瑟琳之间的婚礼，亨利七世在威斯敏斯特宫的北边举行了一场盛大的骑士比武大赛。⑤ 在15世纪，宫廷之外还出现了资产阶级的比武大赛，尤其是在勃艮第公国较为普遍，好人菲利普甚至还准备参加资产阶级武士的比武。⑥ 但在同一时期以及16、17世纪的英国，却很少有资产阶级参加骑士比武的情况。

---

① ［英］西蒙·特拉斯勒：《剑桥插图英国戏剧史》，刘振前、李毅、康健译，山东画报出版社2006年版，第17页。
② Cristopher Gravett, *Knights at Tournament*, illustrated by Angus McBride, London: Osprey, 1988, pp. 18–19.
③ Simon Thurley, *The royal palaces of Tudor England: architecture and court life, 1460–1547*, New Haven: Yale University Press, 1993, p. 181.
④ Cristopher Gravett, *Knights at Tournament*, illustrated by Angus McBride, London: Osprey, 1988, p. 24.
⑤ Simon Thurley, *The Royal Palaces of Tudor England: Architecture and Court Life, 1460–1547*, New Haven: Yale University Press, 1993, p. 181.
⑥ Cristopher Gravett, *Knights at Tournament*, illustrated by Angus McBride, London: Osprey, 1988, p. 23.

图84（上左） 15世纪英国一木盾牌，盾牌正面描绘的是骑士之爱场景（大英博物馆）

图85（上右） 15世纪末英国的一幅手抄本插图，爱德蒙·达伦德尔爵士被其妻用金链牵着进入比武场（大英图书馆）

图86 戏剧化的角斗场面，骑士们在比武场中纠集到一起推来搡去（绘于1450年的微型画）

第四章 宫廷的日常活动

英国宫廷骑士比武的盛期出现在亨利八世统治前期（1509—1530 年）。亨利八世在这一时期对骑士比武非常热衷，1511 年为庆祝凯瑟琳为其生下儿子，他在威斯敏斯特宫举行了为期两天的比武大赛（见图87[1]），他甚至还亲自出场比武（见图88[2]）。1514 年亨利八世在格林威治宫建立了永久性的骑士比武场，包括一座观光走廊和两座观光塔楼（见图89[3]）。从此以后骑士比武不再是偶尔的消遣，而是成了宫廷里定期和经常性的活动。从 1510 年至 1520 年，仅在格林威治宫就举行了至少 15 次骑士比武大赛。此后，亨利八世又先后在白厅、汉普顿宫、金缕地等宫中建立了比武场。此外，在遇有重大外交活动时往往也举行盛大的比武大会，其中最为著名的是 1513 年在围攻法国图尔奈期间，亨利八世与神圣罗马帝国皇帝马克西米里安一世会晤，并举行了两国之间的盛大比武大赛（见图90[4]），以及 1520 年英王与法王在金缕地会晤期间举办的比武大赛（见图91[5]）。

图87 1511 年威斯敏斯特宫骑士比武大赛（牛皮纸上的水彩画，英国纹章院 1511 年"大比武"案卷）

---

[1] Cristopher Gravett, *Tudor Knight*, illustrated by Graham Turner, Oxford；New York：Osprey Pub.，2006，p. 15.

[2] Cristopher Gravett, *Knights at Tournament*, illustrated by Angus McBride, London：Osprey, 1988，p. 41.

[3] Simon Thurley, *The royal palaces of Tudor England：architecture and court life, 1460 – 1547*, New Haven：Yale University Press, 1993，p. 183.

[4] Cristopher Gravett, *Tudor Knight*, illustrated by Graham Turner, Oxford；New York：Osprey Pub.，2006，p. 6.

[5] Simon Thurley, *The Royal Palaces of Tudor England：Architecture and Court Life, 1460 – 1547*, New Haven：Yale University Press, 1993，p. 184.

近代早期英国宫廷文化研究（1485—1714）

图88　1511年威斯敏斯特宫的比武大赛
1. 亨利八世；2. 对手；3. 侍从

图89　格林威治宫比武场（视角为该宫南面）（文策斯劳斯·霍拉绘，1637年）

在后者中比武的形式除了有马上长矛比武外，还有摔跤比赛（见图92①）；在宴会期间，亨利八世向法兰西斯一世发起挑战，于是两人进行了一场摔跤比赛，宴会也因此突然结束，最终后者将前者摔倒在地而赢得比赛。

---

① Maria Hayward, Philip Ward, ed., *The Inventory of King Henry VIII, II Textiles and Dress*, London: Harvey Miller, 2012, p.113.

第四章 宫廷的日常活动

图90 1513年围攻法国图尔奈期间英国和神圣罗马帝国之间的比武大赛。左为神圣罗马帝国骑士,右为英国骑士（英国皇家收藏）

图91 1520年金缕地比武大赛（无名画家,1545年）

图92 金缕地的摔跤比赛（布面油画,1545年。英国皇家收藏）

虽然这一时期的骑士比武规则细化，比武性质戏剧化、娱乐化，装甲更为坚实，但仍具有很大的危险性。在 1402 年奥尔良的一次比武中，奥尔良公爵的骑士和一些英国骑士发生了血战，双方伤亡惨重，法国骑士最终获胜。① 在 1524 年 3 月的一次比武中，萨福克公爵差点将亨利八世杀死：粉碎的长矛刺进了国王的面甲，头盔里充满了长矛碎片，亨利八世幸免于难并原谅了他。但同一时期的法王亨利二世则没有那么幸运，在 1559 年他和苏格兰卫队长康斯坦布尔·德·蒙哥马利的比武中，对方的断矛刺穿了他的面甲和头部，最终死去。②

比武的危险性恰恰就是骑士比武的魅力所在，这一方面可以彰显骑士精神，另一方面也使骑士比武带有很大的刺激性。如果为了安全而在比武中过于保守则不会得到人们的认可。1554 年 11 月，西班牙的菲利浦国王在英国举办了一场骑士比武，但西班牙的绅士们只以木棍作为武器，因而受到英国观众的嘲笑，甚至国王的顾问们也不得不承认这是一个失误。③因此，自亨利八世以后，骑士比武在英国尽管衰落了，但一直持续到了斯图亚特王朝时代。

自 1524 年比武受伤后，亨利八世就减少了比武的次数；在 1536 年 1 月的一次比武中亨利八世坠马受伤，两小时以后才恢复意识，从此以后他就再没有参加过比武。此后，他的兴趣转移到了保龄球、斗鸡和狩猎等活动上。④ 亨利八世以后，宫廷中的比武大会越来越少；在伊丽莎白一世时期比较著名的比武骑士是莱切斯特伯爵罗伯特·达德利（见图 93⑤），他使骑士比武又在英国宫廷辉煌一时；但骑士比武主要是女王登基纪念日举办的庆祝活动之一。⑥ 斯图亚特王朝早期，宫廷中仍有骑士比武活动：詹

---

① Cristopher Gravett, *Knights at Tournament*, illustrated by Angus McBride, London: Osprey, 1988, pp. 23 – 24.

② Cristopher Gravett, *Knights at Tournament*, illustrated by Angus McBride, London: Osprey, 1988, p. 51.

③ David Loades, *The Tudor court*, Totowa: Barnes & Noble books, 1987, p. 103.

④ Simon Thurley, *The Royal Palaces of Tudor England: Architecture and Court Life, 1460 – 1547*, New Haven: Yale University Press, 1993, p. 70.

⑤ Cristopher Gravett, *Knights at Tournament*, illustrated by Angus McBride, London: Osprey, 1988, p. 43; Cristopher Gravett, *Tudor Knight*, illustrated by Graham Turner, Oxford; New York: Osprey Pub., 2006, p. 39.

⑥ David Loades, *The Tudor Court*, Totowa: Barnes & Noble books, 1987, p. 104.

姆斯一世在1612年参加了登基纪念日的比武大赛；七年后，其子威尔士亲王查理全副甲胄，骑着一匹盛装的紫红色军马来到白厅比武场参加比赛。① 从此以后就很少见到骑士比武的纪录了。

图93 左为身着金色板甲的达德利伯爵。右为达德利伯爵在1586年女王登基日骑士比武大赛中。

(二) 网球

网球最早在12世纪起源于法国北部，是一种用手掌击球的游戏。② 13世纪末期，法王路易十世将其转变为一种室内游戏，建起了近代意义上的网球场，随后便迅速传遍欧洲各国宫廷。③ 直到16世纪才开始在这种运动

---

① Cristopher Gravett, *Knights at Tournament*, illustrated by Angus McBride, London：Osprey, 1988, p. 51.

② Gillmeister, Heiner, *Tennis：A Cultural History*, New York：New York University Press, 1998, p. 117.

③ Paul B Newman, *Daily life in the Middle Ages*, Jefferson, N. C.：McFarland & Co., 2001, p. 163.

中使用球拍,并被称为"网球"①,在场地中间还为发球者和对手设置了绳帘或格网等隔离物,网球可以触墙。网球则是由绳线将碎羊毛等物缠紧并外套白布制成;球拍为木制,中间穿线。②

与此同时,欧洲出现了两种流行的网球运动以及相应的不同的球场(见图94③)。第一种被称为洞穴式或小球场,得名于发球场一侧墙上的一平方英尺的小洞。球场在长墙一侧和接球场一侧设有看台,看台两侧设有木门,看台之上设有格窗。这是较小的一种球场,面积一般在 22×66 英尺左右。另一种球场被称为看台式或大球场,得名于位于发球场一侧的第三道看台。因有第三道看台,其面积较大,一般在 100×38 英尺左右。两种网球游戏的玩法都是将球发到对面看台处,然后将其过网击回,直到一方没能击回。根据未能击回的球的落点距离球网的远近以及击中格窗、看台和墙洞的次数来记分。球不可以击中 18 英尺以上的墙壁,但可以击中天花板。④ 比赛中有两人对打的,也有两人对两人的双打,但女人不能参加比赛。

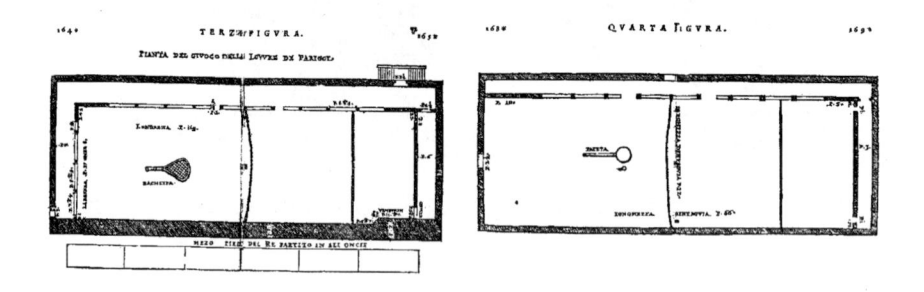

图94 16世纪两种网球场(左为大球场,右为小球场)(A. 斯卡诺《球类游戏》插图,1555年)

这一时期的网球运动在欧洲各国宫廷已较普遍,因为它既可以促进身

---

① 源于法语单词"Tenez",意为持有、接住、拿住等。
② Jeffrey L. Forgeng, *Daily Life in Elizabethan England*, Santa Barbara, Denver, Oxford: Greenwood Press, 2010, p. 194.
③ Jeffrey L. Forgeng, *Daily Life in Elizabethan England*, Santa Barbara, Denver, Oxford: Greenwood Press, 2010, p. 185.
④ Jeffrey L. Forgeng, *Daily Life in Elizabethan England*, Santa Barbara, Denver, Oxford: Greenwood Press, 2010, p. 185.

第四章　宫廷的日常活动

体健康,又可以表现出优雅的风度。1527年,卡斯蒂廖内认为,网球是一项"贵族运动,它非常适合于廷臣,因为它可以显示他的身体是多么健康、多么敏捷"①。1553年,意大利人安东尼奥·斯凯诺认为"这项运动(网球)出自美好的目的而建,它可以使我们保持健康,可以使我们年轻人更强壮、精力更充沛,可以使美德最大的敌人懒散远离他们,因此使他们的品质更坚强、更优秀"②。除了这些因素外,加之网球往往需要昂贵的装备和场地,政府对网球运动的限制等因素,在16世纪从事网球运动便成为法国和英国等国贵族,尤其是宫廷贵族的特权。

　　网球在英国出现较早,在1305年之前就已传入英国;1305—1388年期间网球在英国被禁止;最早在亨利五世期间开始成为宫廷的一项娱乐活动;亨利六世期间在宫廷中则很少有人从事网球运动;到了爱德华四世时期网球运动又重新在宫廷中活跃起来。亨利七世时期,网球则在宫廷中开始流行起来,1492年间他曾在肯尼尔沃斯宫举办了一次网球比赛;在之后的15年中他先后在里士满宫、维康比、伍德斯托克、温莎堡和威斯敏斯特宫等地建立了网球场。在里士满宫,观众可以在走廊里观看网球比赛,走廊用线网覆盖以保护观众。在温莎堡,1506年为欢迎美男子菲利普而举行了一场网球赛,两位国王亲自下场比赛。在球赛期间,观众和玩家往往都要下注赌博。亨利七世的赛绩不佳,常常输给其廷臣和外国球手,他在1494年输给了一位西班牙网球手,并向他支付了4英镑;亨利七世自1493年至1499年总共输掉了20英镑;法王查理六世甚至在1394年的一次比赛中输了300法郎。③

　　亨利八世年轻时就热衷于网球运动,并在威斯敏斯特宫建造了网球场。从1510年至1511年,他与很多法国人和伦巴第人进行网球比赛;尽管他热情投入,但在比赛中却常常失利,损失惨重,输了很多钱。亨利八世在比赛中衣着华丽,仪表优雅,以致1519年一位驻英国大使说"世界上最美妙的事情就是看他(亨利八世)打网球,他白皙的皮肤透过织工精

---

①　Baldassarre Castiglione, Conte, *The Book of the Courtier*, George Anthony Bull, Trans., Harmondsworth; Baltimore: Penguin Books, 1976, p.63.

②　Simon Thurley, *The Royal Palaces of Tudor England: Architecture and Court Life, 1460–1547*, New Haven, London: Yale University Press, 1993, p.183.

③　Simon Thurley, *The Royal Palaces of Tudor England: Architecture and Court Life, 1460–1547*, New Haven, London: Yale University Press, 1993, pp.185–186.

美的衬衣闪耀着青春的光彩"[1]。此后,他在比利尤宫和布里奇维尔宫也建造了网球场,1522年为迎接神圣罗马帝国皇帝查理五世而在刚建成的布里奇维尔宫举行了网球赛,打完11局后双方签订了一项外交协议。这样,网球与骑士比武等运动一样,往往成为外交、婚姻和加冕礼等一些重大场合中的娱乐活动,以活跃气氛、炫耀东道主的"华丽"。从1532年至1535年,他还先后在汉普顿宫、圣詹姆斯、格林威治宫、加来和白厅建立了一些网球场,其中尤以汉普顿宫和白厅的为最(见图61)。

亨利八世以后直至斯图亚特王朝时代,网球运动在宫廷一直兴盛不衰(见图95[2]、图96[3])。1667年一位叫做佩皮斯的人记录了查理二世在白厅

图95 网球比赛及其球场(阿勒马涅绘)
A 球拍;B 网球;C 绳帘;D 看台;E 墙洞;F 格窗

---

[1] Quoted in, Simon Thurley, *The Royal Palaces of Tudor England*: *Architecture and Court Life*, 1460–1547, New Haven, London: Yale University Press, 1993, p. 186.

[2] Jeffrey L. Forgeng, *Daily Life in Elizabethan England*, Santa Barbara, Denver, Oxford: Greenwood Press, 2010, p. 195.

[3] Jeffrey L. Forgeng, *Daily Life in Stuart England*, West Port, London: Greenwood Press, 2007, p. 171.

图96　网球比赛及其球场（夸美纽斯，1887年绘）
A 球拍；B 网球；C 绳索；D 墙洞；E 格网；F 气球

参加的一次网球比赛："国王打网球时总是携带一杆秤，人们说它是用来在国王比赛后称他的体重的。在中午，阿什伯恩先生告诉我，国王常常好奇在赛前赛后称重后，他通过打网球能减少多少体重。这一天他减少了 4 1/21 磅①。"② 不过这一时期的网球运动已经不限于宫廷了，这时伦敦已经出现了一些商业性网球场，经常光顾这里的除了廷臣以外还有比较富有的人，特别富有的人甚至还有自己的网球场。③ 从这里我们看到了网球运动已经从宫廷传播到了新兴的市民阶层。

（三）保龄球

一般认为，欧洲的保龄球起源于3—4世纪的德国，当时是教堂里的一

---

① 1 磅 = 0.90718474 斤，4 1/21 磅 = 1.7711702 斤。
② Samuel Pepys, *The Diary of Samuel Pepys*（8）. 1667, London: London Bell, 1978, p. 419.
③ Jeffrey L. Forgeng, *Daily Life in Stuart England*, West Port, London: Greenwood Press, 2007, p. 173.

种宗教仪式：木柱代表恶魔，将其击倒可以赎罪消灾，没有击倒就要更加信仰天主。到了13世纪则演变成了一种"九柱球"游戏，14世纪初这种游戏成为德国民间较为流行的游戏。16世纪宗教改革后，马丁路德将其统一为"九瓶制"和"十瓶制"（见图97①），成为近代保龄球运动的真正起源。②15世纪末和16世纪英国宫廷里的保龄球运动类似于当时佛兰德人的同类运动，③其来源也应该是德国。其玩法是：每位玩家用奶酪状的扁平的球（见图98④）在球道凹槽内投出，并尽量接近前端的目标，每人可投两次。

图97　17世纪德国民间的保龄球运动（注意地上的球体和瓶状柱体，共有9个）

这一时期英国的保龄球如同网球一样，都是权贵们的运动，社会地位

---

① Katrin Höfer, Bowling: *Geschichte und Regeln*, *Ausrüstung und Technik*, *mit vielen Tipps und Adressen*, Baden-Baden: Humboldt, 2006, p. 12.
② http://sports.sohu.com/20100428/n271811756.shtml.
③ Simon Thurley, *The Royal Palaces of Tudor England*: *Architecture and Court Life*, *1460–1547*, New Haven, London: Yale University Press, 1993, p. 189.
④ Simon Thurley, *The Royal Palaces of Tudor England*: *Architecture and Court Life*, *1460–1547*, New Haven, London: Yale University Press, 1993, p. 190.

较低的人们是被禁止从事这项运动的。安德鲁·波奥德认为,"通过保龄球运动来消遣时间对一位大人物来说是非常必需的"。埃利奥特则不以为然,他认为保龄球用力太小,又耗时颇长,对贵族来说是非常鄙俗不堪的。① 事实证明,安德鲁·波奥德的观点在英国更受欢迎,保龄球在15世纪末和16世纪的英国宫廷中成了一项流行运动。

图98 1962年在白厅发掘出的保龄球。

从亨利七世到亨利八世期间,英国宫殿中兴建了大量的保龄球馆。1501年亨利七世在里士满宫修建的保龄球馆位于环绕花园的走廊内(见图99②)。

图99 里士满宫的保龄球馆(A. 凡·德恩·温加尔德绘,1558—1562年。保龄球槽道位于花园周围的走廊里)

---

① Simon Thurley, *The Royal Palaces of Tudor England: Architecture and Court Life*, 1460 – 1547, New Haven, London: Yale University Press, 1993, p. 190.
② Simon Thurley, *The Royal Palaces of Tudor England: Architecture and Court Life*, 1460 – 1547, New Haven, London: Yale University Press, 1993, p. 179.

近代早期英国宫廷文化研究（1485—1714）

截至1547年，汉普顿宫已建起了三座保龄球馆（见图100[①]），一座位于宫殿北侧，两座位于泰晤士河边。后两座球馆是砖石结构，带有扁平的铅顶。白厅的保龄球馆建于1532年，比汉普顿宫的规模还要大，外观呈狭长的条状，开有很多窗口（见图101[②]）。而在沃金和格拉夫顿的保龄球馆则是露天的，没有屋顶。以上这些球馆一般宽20英尺，汉普顿宫的两座球馆长度分别为230英尺和210英尺，白厅的球馆则长160英尺。在一道倾斜的球道的两端设有等候区，一端是玩家集合投球的地方，另一端是仆人捡球的地方；还有一些为观众和球员休息提供的长凳和靠椅。[③]

因为保龄球运动不需要力量和耐力，而是依靠巧劲，它迅速传遍宫廷内外的男男女女。到了斯图亚特王朝时代，宫廷之外已经发展出草地球、商业球馆，甚至是船上保龄球等多种形式，适合于社会各个阶层。除了保龄球本身的特点外，赌博也是其流行的原因，对比赛结果下注赌博既可以增加观看比赛的刺激性，也可以借此发财。但赌博带来了社会道德问题，保龄球为此也备受有德之士的指责，一位复辟时代的游戏博学者查理·卡顿说："保龄球如果玩得恰当，它有益于身体健康；但对于赌棍而言，他在草地、空地和球馆里投出去的除了保龄球外还有时间、金钱和咒骂，后者则更多。"[④]这样，赌博成为保龄球在宫廷之外屡禁不止的原因。但实际上，在宫廷之内，甚至包括国王在内同样热衷于赌博。亨利八世经常玩保

图100　汉普顿宫的保龄球馆（图中间位置）（17世纪无名画家绘）

[①] Simon Thurley, *The Royal Palaces of Tudor England: Architecture and Court Life, 1460 – 1547*, New Haven, London: Yale University Press, 1993, pp. 52 – 53.

[②] Simon Thurley, *The Royal Palaces of Tudor England: Architecture and Court Life, 1460 – 1547*, New Haven, London: Yale University Press, 1993, p. 59.

[③] Simon Thurley, *The Royal Palaces of Tudor England: Architecture and Court Life, 1460 – 1547*, New Haven, London: Yale University Press, 1993, p. 59.

[④] Jeffrey L. Forgeng, *Daily Life in Stuart England*, West Port, London: Greenwood Press, 2007, p. 174.

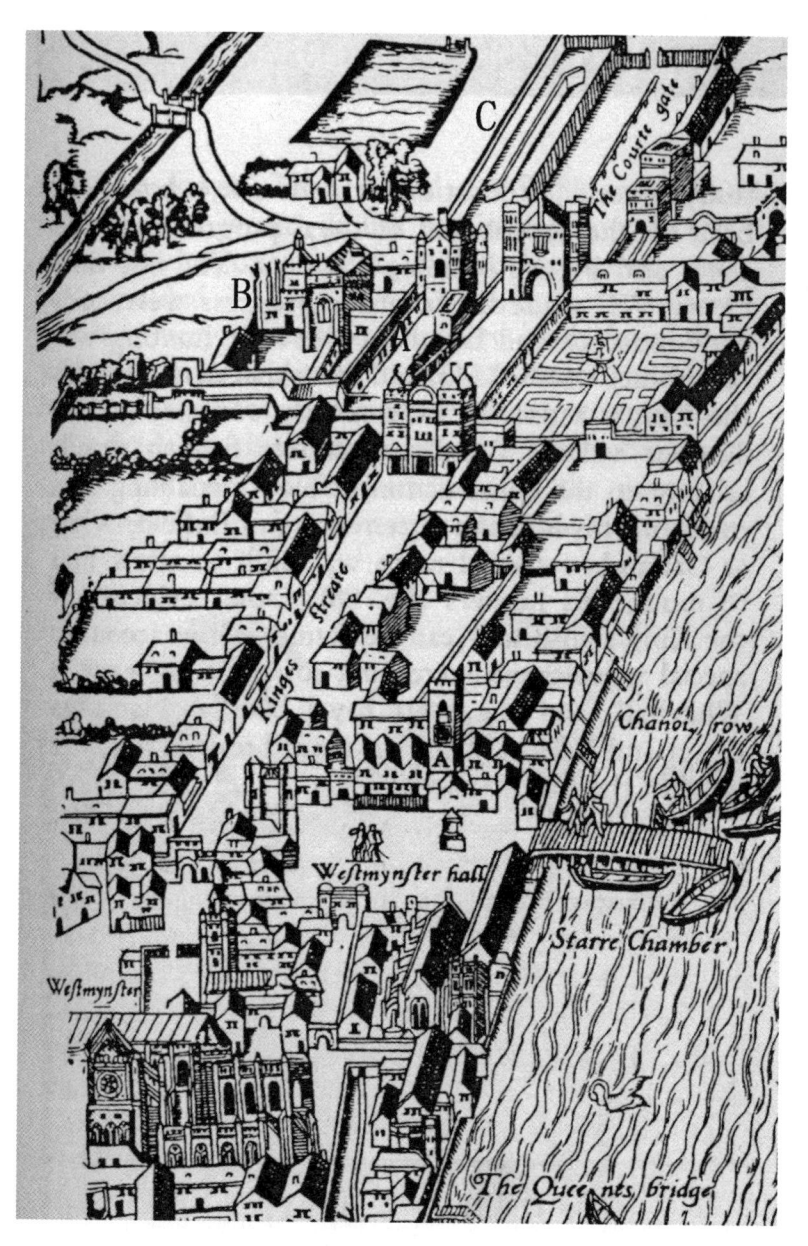

图101　白厅宫局部图，木版画，1561—1566年
A 保龄球馆；B 斗鸡场；C 比武场

龄球并下注，为此他输了很多钱。① 1540年玛丽公主在一次保龄球比赛中输掉了一顿早餐。不但国王赌博，几乎所有王室成员无论男女都玩保龄球并赌博。②

（四）赌博

除了在球类运动中的赌博外，在这一时期还出现了专门的赌博游戏，例如掷骰子、纸牌、棋格游戏等（见图102③）。掷骰子是社会下层的一项经典游戏，因为它廉价、便于携带、易于消磨时光，但贵族也同样喜欢掷骰子，伊丽莎白一世就以沉迷于掷骰子而著称。骰子通常为骨制，六面分别为一点、二点、三点、四点、五点和六点；④ 将骰子置于一较小容器内摇出自己希望的点数；有些人用精巧的技术来摇出点数，而有些甚至在摇骰子时用假骰子代替原来的骰子。游戏开始时玩家将赌注置于赌桌上，然后玩家每人轮流掷骰子，依据规定的点数决定输赢。有一种玩法如下：玩家掷三个骰子，直到掷出两个相同的点数；这时如果三个骰子的点数加起来不超过十点，他就被淘汰出局或输了，如果超过十点他就过关或赢了，如果正好是十点他就要将骰子交给下一位玩家，但不能赢得赌注。⑤

用纸牌赌博同样是流行于社会各阶层的游戏，在贵族和宫廷中非常受欢迎（见图103⑥）。16世纪和17世纪初的纸牌正面没有文字和数字，只有印刷的全身的人物形象；反面没有任何图案和装饰，以防作标记。当时流行的法国牌每种花色的前三张分别是一点（Ace）、二点（Deuce）和三点（Trey）；人头牌分别是国王、王后和杰克，没有丑角牌。⑦ 一套纸牌一

---

① Jeffrey L. Forgeng, *Daily Life in Stuart England*, West Port, London: Greenwood Press, 2007, p.190.

② David Loades, *The Tudor court*, Totowa: Barnes & Noble books, 1987, p.100.

③ Jeffrey L. Forgeng, *Daily Life in Stuart England*, West Port, London: Greenwood Press, 2007, p.176.

④ Jeffrey L. Forgeng, *Daily Life in Elizabethan England*, Santa Barbara, Denver, Oxford: Greenwood Press, 2010, pp.197-198.

⑤ Jeffrey L. Forgeng, *Daily Life in Stuart England*, West Port, London: Greenwood Press, 2007, p.175.

⑥ Jeffrey L. Forgeng, *Daily Life in Elizabethan England*, Santa Barbara, Denver · Oxford: Greenwood Press, 2010, p.208.

⑦ Jeffrey L. Forgeng, *Daily Life in Elizabethan England*, Santa Barbara, Denver · Oxford: Greenwood Press, 2010, p.198.

般有 52 张。在当时也有专门为有文化的人印制的纸牌：有些牌正面绘有英国各郡的地图，还有的印有 1588 年大败西班牙无敌舰队的历史事件，还有的印有 1605 年的火药阴谋事件。①

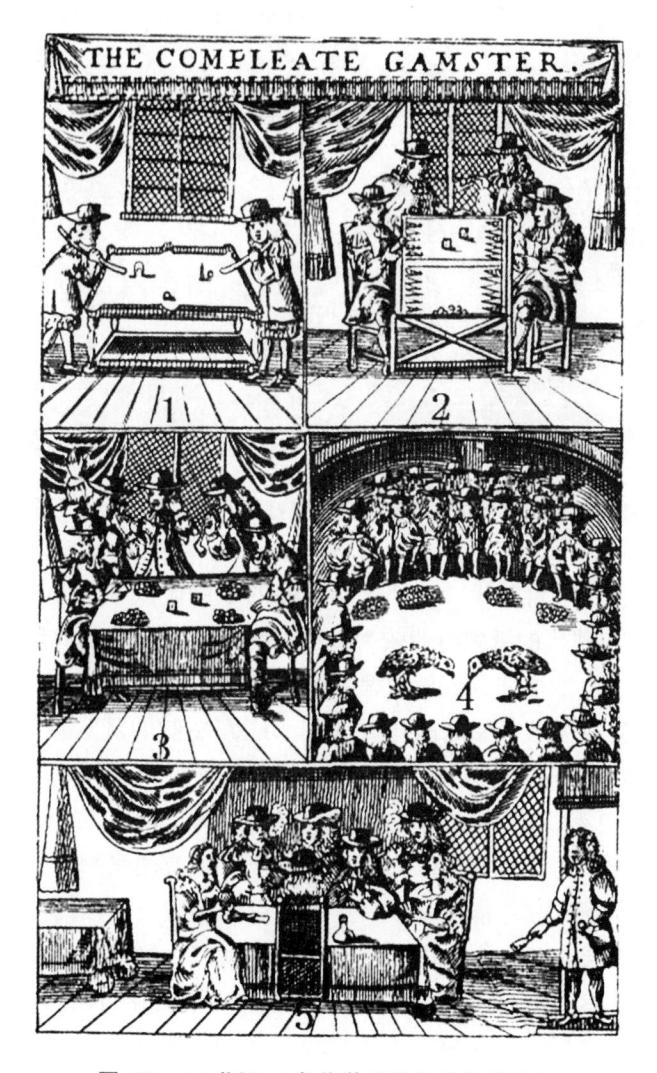

图 102　17 世纪 70 年代英国贵族的娱乐活动
1. 台球；2. 棋格游戏；3. 掷骰子；4. 斗鸡；5. 纸牌

---

① Jeffrey L. Forgeng, *Daily Life in Stuart England*, West Port, London: Greenwood Press, 2007, p. 176.

近代早期英国宫廷文化研究（1485—1714）

图103　17世纪年代早期贵族聚会时在打牌（福尔杰莎士比亚图书馆）

在伊丽莎白一世时代，一种最受欢迎的纸牌游戏被称为"普利默罗"（Primero），与现代的纸牌游戏较为接近。在玩之前，与其他玩法一样，各位玩家要从桌上抽取任意数量的牌，最后一张点大者为庄家，点数若有雷同则重来。正式游戏开始之前还要洗牌。庄家左侧的玩家被称为"头家"（Eldest），头家首先出牌，而且是第二个庄家。在确定好顺序后，庄家将各花色的8、9和10除去，并按逆时针方向给每位玩家发两张牌。从庄家右侧玩家开始，每位玩家可以选择下注或换一张或两张牌。只要有一位玩家下注，其他玩家便不能换牌；一旦一位玩家换牌，后面的一位玩家也要跟着换牌；如果包括庄家在内的所有玩家都换牌，则要重新发牌。当一位玩家下注后，其他玩家要亮牌或弃牌；但如果除下注者外其他玩家都弃牌，那么下注者后一位玩家则要亮牌继续游戏。除了服输或加大赌注外，玩家可以拒绝跟注；如果所有玩家都拒绝跟注，则要重新下注。第一轮下注结束后，每人可再要两张牌，这时第二轮下注就开始了；在这轮中，当玩家下注时可以叫牌表明自己手中牌的大小；叫牌的大小可以等于或大于但不能小于牌的实际大小，唯一例外是前一玩家叫牌为佛拉什（Flush）或普利默罗（Primero），而你手中的是乔鲁斯（Chorus），① 在此情况下你可以叫牌为等于前一玩家的叫牌。这轮结束后，玩家可以换一张或两张牌。最后，所有还继续游戏的玩家亮牌，点数最大者赢取彩池。如果两位玩家点数相同，则最靠近庄家右侧的玩家获胜。②

还有一类被称为"棋格"的带有赌博性质的游戏，其中一种比较简单的玩法是"爱尔兰"（见图104③），现代西洋双陆棋就是由此发展而来。其具体玩法如图104所示，玩家1和2分别有15个人形棋子分散置于棋盘各据点上，数字代表放置在该据点上棋子的数量。正立的数字为玩家1的棋子，倒立的数字代表玩家2的棋子。玩家1沿顺时针方向从z到a移动棋子，玩家2沿逆时针方向从a到z移动棋子。从a到f的6个据点是玩家1的本区，从z到t是玩家2的本区。两玩家各掷一次骰子，点数大者先走棋。先走棋者掷两个骰子，两个骰子的点数分别是两个棋子必须的移动步数，一个棋子也可以走两个骰子点数之和的步数。接着第二个玩家同样掷骰子走棋。每个据点有两个和两个以上对方棋子时不能占据此据点，若只有一个对方棋子则可以对其攻击并将它放在中间的边线上，对方下轮开始时要首先移动此棋子。若棋子不能移动时则由对方开始走棋。最先将棋子移入本区并将所有棋子移出棋盘者获胜。

这些赌博游戏在贵族和宫廷中十分盛行，几乎所有的都铎君主都爱好赌博，即便是节俭的亨利七世每年也要拨出60或100先令经费用于赌博。亨利八世每年在赌博中输掉的钱有100多英镑，主要是输给了他的枢密院成员。在1536—1544年，玛丽公主的赌资每月维持在12/6到40/6英镑。爱德华六世虽然不嗜赌，但对赌博尤其是纸牌游戏非常熟悉。伊丽莎白一世的宫廷则尤以嗜赌著称。女王本人常常参与赌博，其悠闲的廷臣则常用

---

① 各种组合牌如下：纽默鲁斯（Numerus），最小的牌，由两张或三张同花色的牌组成，点数为相同花色牌的点数之和；普利默罗（Primero），第二小牌，由四张不同花色的牌组成，点数为四张牌点数之和；五十五（Fifty-five, or Supreme），由同一花色的A（Ace）、6和7组成，点数总和是55；佛拉什（Flush），由四张相同花色的牌组成，点数是四张牌点数之和；乔鲁斯（Chorus），最大的牌，四张相同点数的牌。各种单牌相应的点数如下：7-21；6-18；Ace-16；5-15；4-14；3-13；2-12；人面牌-10。

② Jeffrey L. Forgeng, *Daily Life in Elizabethan England*, Santa Barbara, Denver, Oxford: Greenwood Press, 2010, pp. 209-210.

③ Jeffrey L. Forgeng, *Daily Life in Stuart England*, West Port, London: Greenwood Press, 2007, p. 192.

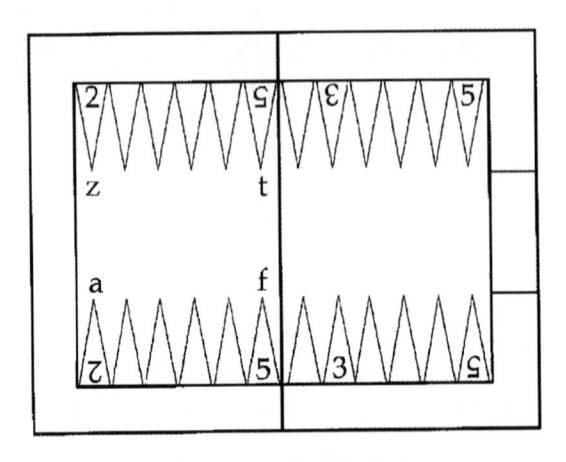

图104 "爱尔兰"游戏

赌博消磨时光。即便是繁忙的王家仆从也常常能连赌几个小时。①

值得一提的是，纸牌和掷骰子常常和骑士之爱（宫廷之爱）的游戏联系在一起，其目的是为了算命，以算出"他爱我、他不爱我"等。棋类游戏也同样如此，玩家在下棋之前常常诚挚而巧妙地说服其情人以她的应允为赌注，当他输了时他就恳求她收下他的赌注——一枚戒指；当他赢了时她自然也要收下，因为她的赌注就是答应他的要求；女士则不免在礼貌与矜持之间的微妙冲突中做出折中的选择。②

（五）狩猎

到了17世纪初，大型的猎物在英国已经消失殆尽，只有在专门的狩猎场和王家森林里能发现特意放养的鹿。③ 一些大贵族和王室成员尤其是国王往往热衷于骑马猎鹿的大型狩猎活动；这样，这一时期大型的狩猎活动往往成为大贵族和王室的特权运动。因为缺乏大型猎物，一般的拥有土地的绅士阶层还将狐狸、兔子等作为狩猎的对象；在狩猎中，他们放两只狗追逐猎物，并下注赌哪一只能追到猎物。猎鸟也是一项贵族运动，方式有

---

① David Loades, *The Tudor Court*, Totowa: Barnes & Noble books, 1987, p. 96.
② David Loades, *The Tudor court*, Totowa: Barnes & Noble books, 1987, p. 97.
③ Jeffrey L. Forgeng, *Daily Life in Stuart England*, West Port, London: Greenwood Press, 2007, p. 182.

第四章 宫廷的日常活动

使用猎鹰、弓箭和火器。钓鱼则是一项比狩猎更为优雅和廉价的运动。平民百姓通常是被禁止进行狩猎和钓鱼活动的,他们将偷猎仅仅作为一种获取额外食物的常用办法。①

英国王室的狩猎场分为两种,一种被称为园林(park),是围圈起来专门驯养鹿的;另一种是没有围圈起来的大片土地和森林,其中的鹿受到王国森林法的保护。多数主要的园林,例如伍德斯托克和德维兹斯,早在1200年之前就建立起来了,它们中许多附属于当地的王室宫殿。整个中世纪狩猎一直是英王的运动,尽管到14、15世纪围场数量减少了。

15世纪末和16世纪上半期英国王室的猎场大量增加。爱德华四世不仅扩大了原来的园林,而且还创建了新的园林。例如在埃尔特姆他围圈了一座鹿苑,并扩建了两座已有的园林。亨利七世扩大了里士满宫附近的希恩园林,并在格林威治围圈了一座新的园林,在其中圈养从迪顿庄园运来的鹿。16世纪30年代,亨利八世围圈了大量园林,包括白厅宫园林(1532)、海德园林(1536)、无双宫的两座园林(1538)、埃塞克斯园林(1542)、马里博恩园林(1544)。此外,他通过罚没或交换而获得了很多园林,例如从白金汉公爵那里罚没的彭斯赫斯特园林;从坎特伯雷大主教那里交换得到的肯特的七个大园林。1540—1541年的一份王室园林清单表明当时王室园林和森林共有85座。其中最大的猎场位于汉普顿宫附近,该猎场占地10000英亩,是其他任何一座猎场的两倍大,仅猎场围栏一项的开支就超过了15000英镑。②

亨利八世对狩猎非常热衷,在1520年他"除了宗教节日期间外,每天从4点或5点狩猎到晚上9点或10点"。在他统治末期,亨利八世整天游移各处进行狩猎活动。最主要和最有名的狩猎方式就是在猎犬的帮助下骑马追逐雄赤鹿。在国王起床之前的破晓时分狩猎开始进行。当猎物选定后,一些特选的猎手和两三群猎狗被安排在猎区周围的指定地点。然后主要的狩猎队伍及其猎狗赶到,将雄赤鹿惊起,这时狩猎就开始了;在狩猎中猎手吹响号角通知各队进行围捕。当猎狗将猎物逼入绝境后,猎手们围

---

① Jeffrey L. Forgeng, *Daily Life in Elizabethan England*, Santa Barbara, Denver, Oxford: Greenwood Press, 2010, p. 190.

② Simon Thurley, *The Royal Palaces of Tudor England: Architecture and Court Life, 1460 – 1547*, New Haven, London: Yale University Press, 1993, p. 68.

拢过来将其杀死,然后仪式性地参与分割猎物。有些时候,需要一些地位较低的人来围捕两三百只鹿,为地方权贵和绅士提供一些运动机会和食物。

为了给狩猎提供便利,猎场中往往建有猎屋。房舍除了供猎手住宿外,一般还设有马厩,并能为猎手提供食物等必需品;有些房舍还设有狗窝,在格林威治宫的狗窝绵延一英里长并直达德特福德;1539年在狗窝周围甚至修建了一条长达230英尺的围栏。此外,为了在狩猎中保障国王骑行的安全,往往在一些沼泽和溪流地区铺道筑桥;1539年在莫尔甚至还花费了8英镑挖掘了一道壕沟用来排水。1536年亨利八世严重摔伤后放弃了骑马狩猎,开始从一座站台上向猎物射击。1538年在莫尔的站台是一座两层木结构建筑,外部涂以灰泥;顶部有阁楼,楼梯在外部;里面有长凳、厕所等设施。1542年在这里的另一座看台面积为20×18英尺,高20英尺(见图105①)。在看台上射击的狩猎活动往往成为一种社交活动,宫廷中的妇女会来观赏国王狩猎。这种狩猎方式的过程如下:先由一批猎手和猎狗将鹿驱逐出来,通过网栏限定路线将鹿群驱赶通过站台,在这里等待的猎手便开始射击。

图105 "伊丽莎白女王的猎屋"

除了狩猎外还有鹰猎。鹰猎自诺曼征服至亨利八世期间,一直是宫廷中的一项娱乐活动,被视为贵族身份的象征。出版于1485年的一本名为《圣奥尔本斯之书》的有关鹰猎的小册子甚至将猎鹰的品种与人的等级地位联系起来:"秃鹰与皇帝,矛隼与国王,雌隼与王子,岩鹰与公爵,游

---

① Simon Thurley, *The Royal Palaces of Tudor England: Architecture and Court Life, 1460–1547*, New Haven, London: Yale University Press, 1993, p. 192.

隼与伯爵，巴斯塔德鹰与男爵，猎隼与骑士，兰纳隼与绅士，灰背隼与女士……茶隼与流氓和仆人"——对应。①

亨利七世喜爱鹰猎，其子亨利八世同样如此。1533年9月，威廉·金斯敦爵士告诉莱尔勋爵说："国王每天带着苍鹰、兰纳隼、雀鹰和灰背隼鹰猎，无论是中午还是下午。"② 1525年亨利八世在鹰猎中为了追逐他的猎鹰，试图用一撑杆越过一条小溪，但撑杆折断后头栽进了淤泥里；幸亏有几人跃入水中将其深入泥中的头拔出，否则他有可能被淹死。鹰猎整体而言是一种夏末和秋季的娱乐活动，因为这时已过了狩猎的季节，大型猎物的数量减少了。此外，鹰猎还是有一些限制的，例如在国王游行期间王室宫殿4英里内严禁猎取野鸡和松鸡；在王室野鸡场放养的野鸡只有在鹰猎娱乐活动后才能送上王室餐桌，平时不得猎取。③

（六）其他运动和娱乐活动

1. 射箭。虽然骑士在军事中的作用降低了，但骑士比武却成为贵族象征身份的特权运动；而射箭则恰恰相反，自14世纪始随着平民弓箭手在军事中作用的提高，英国颁布法律要求平民定期训练射箭。16世纪以后，虽然弓箭手在军事中的作用下降了，但这一时期的很多军事理论学家认为弓箭仍然优越于滑膛枪，这使得射箭运动在宫廷内外社会各阶层中流行着，它甚至被视为一项爱国主义的娱乐。④

在16世纪英国的多数宫殿中都建有为射箭而准备的靶垛。亨利七世喜欢射箭运动，1502年他命人为他在沃金建造了靶垛。亨利八世箭术高超，1513年6月在加来的一次射箭比赛中其成绩超过了他所有的警卫；他年轻时甚至还在宫殿的大厅中进行射箭运动，常常使一些年老的廷臣和玻璃工人不胜其烦；在莫尔宫，1542年工匠们为其设计了带有轮子的可移动的靶垛，

---

① Robin S. Oggins, *The Kings and Their Hawks: Falconry in Medieval England*, New Haven: Yale University Press, 2004, p. 115.

② Simon Thurley, *The Royal Palaces of Tudor England: Architecture and Court Life, 1460－1547*, New Haven, London: Yale University Press, 1993, p. 192.

③ Simon Thurley, *The Royal Palaces of Tudor England: Architecture and Court Life, 1460－1547*, New Haven, London: Yale University Press, 1993, pp. 192－193.

④ Jeffrey L. Forgeng, *Daily Life in Elizabethan England*, Santa Barbara, Denver, Oxford: Greenwood Press, 2010, p. 193.

并将其置于宫中的走廊里，射击的理想位置是距离靶垛300英尺远的地方。[1]

这一时期还出现了一种射箭运动的变体——手枪射击，这种新奇的娱乐只有与国王接近的一小部分人才有机会享受，最早的形式是在格林威治宫附近的普勒斯台德沼泽地射击鸭子。1538年，一位参加亨利八世手枪射击的人理查德·里奇为射击制作了一个人形靶标。有时使用的是长枪，威力更加强大，以至于某次轰掉了格林威治宫公园里亨利·诺里斯的房顶。[2]

在伊丽莎白一世时代，尽管弓箭手的军事意义衰落了，但女王仍然鼓励射箭运动，有时她会像许多英国贵族那样亲自参加射箭运动。到了1700年射箭运动已经成为了一种过时的娱乐活动。

2. 斗鸡。斗鸡自亨利八世起开始成为英国宫廷的一项娱乐活动，在都铎王朝中后期以及斯图亚特王朝时期在宫廷中一直比较盛行，不但是宫廷的主要娱乐活动之一，也成为一般贵族的娱乐活动之一（见图102）。到1709年它已被称为"王家斗鸡娱乐活动"（见106[3]）。

亨利八世是首位在宫中建立斗鸡场的国王，从1533年至1534年他先后在白厅和格林威治宫建立了两座斗鸡场。白厅的斗鸡场为一三台阶的八边形建筑，上有灯笼式天窗（见图107[4]）。格林威治宫斗鸡场的结构与白厅相似。从1533年始，斗鸡场设有三层观众座席和国王的专用席位。国王在这两座宫中还设有专门的鸡舍来驯养斗鸡。然而在格林威治宫的鸡舍很快就改成了养鸟，因为安妮·博林王后在早上因鸡鸣的噪音而无法休息。[5]

一位叫托马斯·瓦特的人记述了1539年在白厅的一场斗鸡比赛，详细介绍了斗鸡场的内部和斗鸡过程："亨利八世国王有一座由最好的工匠建成的华丽的圆形竞技场，像一座圆形大剧场，专门用于这些小动物（斗鸡）之间的搏斗和比赛。在竞技场周围到处都是王公们的鸡笼。在这座圆

---

[1] Quoted in, Simon Thurley, *The Royal Palaces of Tudor England: Architecture and Court Life, 1460 - 1547*, New Haven: Yale University Press, 1993, p. 193.

[2] Simon Thurley, *The Royal Palaces of Tudor England: Architecture and Court Life, 1460 - 1547*, New Haven: Yale University Press, 1993, p. 193.

[3] Simon Thurley, *The Royal Palaces of Tudor England: Architecture and Court Life, 1460 - 1547*, New Haven: Yale University Press, 1993, p. 190.

[4] Simon Thurley, *The Royal Palaces of Tudor England: Architecture and Court Life, 1460 - 1547*, New Haven: Yale University Press, 1993, p. 191.

[5] Simon Thurley, *The Royal Palaces of Tudor England: Architecture and Court Life, 1460 - 1547*, New Haven: Yale University Press, 1993, p. 191.

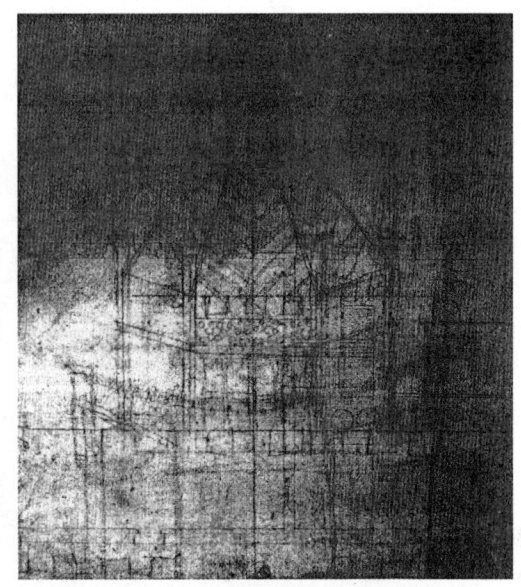

图 106（上左） 1709 年理查德·豪利特《王家斗鸡娱乐》卷首插图
图 107（上右） 约翰·索普绘于 1606 年的白厅斗鸡场

形竞技场的中心竖立着一座短平的圆台，离地一拃半高①……依据斗鸡的耐力和勇猛人们往往下注很大……两只斗鸡放在圆台上，全场观众都能清楚地看到。珠宝和贵重物品作为赌资放在中间，其斗鸡获胜者就可得到这些赌资。"②

3. 赛马。赛马在 16 世纪和 17 世纪的上流社会中也非常流行，在 16 世纪初英国第一个赛马场建立了起来。③ 截止到复辟时代，赛马已经成为上流社会中的一项独具特色的体育盛会，并且在新市场和班斯特德·达恩斯等地建立了永久性的赛马场。④ 1684 年在温莎堡附近的一次赛马大会表

---

① 手指张开时，拇指尖到小指尖的长度为一拃（Span）。

② René Glaziani, "Sir Thomas Wyatt at a Cockfight, 1539", *The Review of English Studies*, v27 n107（Aug., 1976）: p. 301.

③ Jeffrey L. Forgeng, *Daily Life in Elizabethan England*, Santa Barbara, Denver, Oxford: Greenwood Press, 2010, p. 191.

④ Jeffrey L. Forgeng, *Daily Life in Stuart England*, West Port, London: Greenwood Press, 2007, p. 182.

明，宫廷中的赛马大会往往场面盛大，观者如云；赛场一端设有为查理二世和权贵们观看比赛用的看台，王家卫队列队一侧；骑手们身穿专门的赛马服，赛场边则有他们的助手（见图108①）。

图108 1684年在温莎堡附近的一次宫廷赛马大会

二 巡游与游行

在近代早期英国宫廷的日常活动中，运动与娱乐、宴会与饮食等活动虽然彰显了国王和宫廷贵族的身份和声望，但其影响主要限于上流社会，对广大的社会中下层的影响较为间接。而宫廷巡游与游行活动则更具有公共影响力，对社会中下层产生了直接的影响，成为国王和宫廷对国内外展现自己权势和财富的常用手段。

---

① John H. Astington, English Court Theatre, 1558–1642, Cambridge: Cambridge University Press, 1999, p. 80.

第四章　宫廷的日常活动

（一）巡游

在近代早期的英国，宫廷巡游与迁移有重要的区别。在巡游中，国王和宫廷遵循着往往数月前已制定的路线，而宫廷迁移则是国王和宫廷在泰晤士河谷宫殿之间的频繁的移动。这种区别也有季节性：在夏天和"草季"（当干草被收割正是狩猎的好时节，一般指8月到10月）是巡游时节，而冬季则通常是择机在首都附近宫殿迁移的时节。[1] 这里主要探讨的是夏季的巡游。

在多数年份国王的夏季巡游是由"巡游表"的小册子决定的，被称之为"Giests"。巡游表列出了国王从某地前往某地的计划以及各地之间的里程和在各地停留的时间。无论是国王还是参加巡游的宫中人员对巡游表十分关注。1521年达拉谟的鲁扫主教告诉沃尔西，国王"打算按照巡游表来进行巡游"[2]。国王毫无疑问对其将来的游行很有兴趣，但是巡游表是由他人编辑的。廷臣对巡游表的发行也十分期待，因为对多数廷臣来说参加游行的个人花费和不便将是巨大的。在1543年国王内廷的首席绅士托马斯·亨尼不得不给他的岳父伊顿先生写信，要求借钱给他以参加某次巡游，并承诺在米迦勒节归还。

巡游表一旦发布，通常都会遵循，除非天气恶劣、食物短缺、瘟疫等因素导致计划改变。例如，1517年，亨利八世准备按计划在夏季巡游，但突然一场瘟疫袭来，改变了他的目的地；1528年，萨福克公爵的一名仆人在伍德斯托克宫死后爆发了一场瘟疫，并最终将伍德斯托克从行程表中去掉了。1529年国王为躲避伦敦附近的瘟疫不得不改变行程，预定路线是从一座大宫殿到一座小宫殿，计划要去访问沃尔西在莫尔的宅第，但最终被取消。国王对瘟疫的恐惧使他绕过一些所经之地，仆人预先被派往要经过的城镇检查有没有瘟疫。

巡游行程的设计主要出自两个因素：首先是其政治功能。在一个运动

---

[1] George Cavendish; Richard Standish Sylvester, ed., *The Life and Death of Cardinal Wolsey*, London, New York, Published for the Early English Text Society by the Oxford University Press, 1959, p. 92.

[2] S Simon Thurley, *The Royal Palaces of Tudor England: Architecture and Court Life, 1460 – 1547*, New Haven: Yale University Press, 1993, p. 67.

非常普遍的时代，国王的一个重要的职责就是通过一场运动向其臣民展示自己，而巡游则提供了这样的一个机会。亨利八世最著名的政治巡游是1541年在北方的大巡游，目的是为了在约克会见苏格兰国王，意为增加两国国王和国家之间的联系。但在亨利八世时期，多数情况下游行的主要目的不是政治性的而是娱乐性的，为了寻求狩猎。[①] 从中世纪开始，王室宫殿的分布在很大程度上是由王室园林或森林所在地决定的。因此，宫廷巡游一个重要的目的是为了到该宫附近进行狩猎。而到了伊丽莎白一世时代，巡游的政治功能占据了主导地位。例如1578年伊丽莎白一世到东盎格利亚地区的巡游（见图109[②]）就是如此。东盎格利亚地区主要包括当时的诺威奇主教区，而诺威奇主教区主要包括诺福克郡和萨福克郡。这个地区在伊丽莎白统治初期是政治和宗教斗争比较激烈的地区，诺福克公爵托马斯·霍华德因策划反对女王而于1572年被处决；伊丽莎白推行国教遭到该地区清教徒的激烈反抗。因此女王此行的主要目的是出于政治和宗教原因，是为了在东盎格利亚树立国教的威望与自己的至尊地位。

国王及其宫廷的巡游是最主要的巡游活动，但王后、王子和公主也往往有自己的巡游，是与国王的巡游分开的。例如，阿拉贡的凯瑟琳朝圣出游有四次，分别为1515年、1517年、1519和1521年。有时亨利八世的孩子们也有自己的巡游。1518年在玛丽公主的巡游中有69名仆从和官员及其12名仆人，还有陪侍她的21名女士和绅士；1523年5月她需要26辆车用于在里士满宫和格林威治宫之间的巡游。国王的巡游规模更大，在1539年国王访问赫特福德伯爵的游行中有800名宫廷人员参加。1541年法国大使认为在到约克的游行中动用了1000匹马，是平时的四到五倍，这些马匹包括拉车运送给养的马匹。[③]

在巡游中运送这些数量庞大的人员是一项艰巨的任务。主要的家务官和廷臣拥有自己的马匹，但运送管家所部职员通常需要征用额外的交通工具。1526—1546年任御厨的威廉·悉尼文件中的一份清单显示了汉普顿郡

[①] Simon Thurley, *The Royal Palaces of Tudor England: Architecture and Court Life, 1460 - 1547*, New Haven: Yale University Press, 1993, p. 68.

[②] Jayne Elisabeth Archer, Elizabeth Goldring and Sarah Knight, ed., *The Progresses, Pageants, and Entertainments of Queen Elizabeth I*, Oxford; New York: Oxford University Press, 2007, p. 123.

[③] Simon Thurley, *The Royal Palaces of Tudor England: Architecture and Court Life, 1460 - 1547*, New Haven: Yale University Press, 1993, p. 70.

劳普里的卫士需要为国王搬家提供多少运输工具。每一村庄的车辆被分为两部分，一部分用于冬季一部分用于夏季。夏季所用车辆数比冬季要多。然而国王家务各部都被分派了各自的车辆用以搬家。这使其宫殿需要更多的马厩。

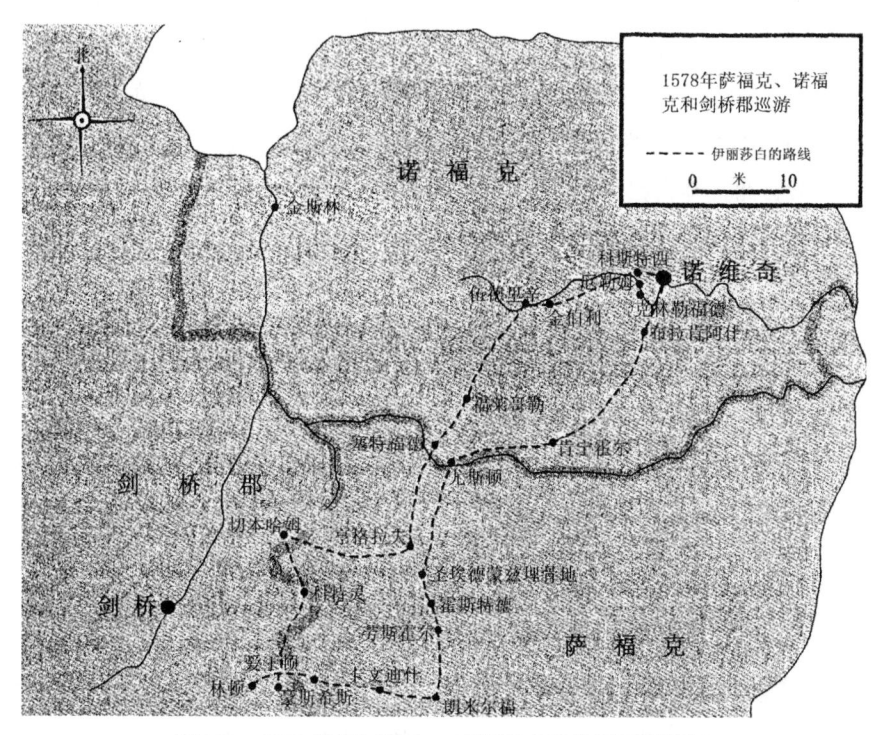

图 109　1578 年伊丽莎白一世巡游东盎格利亚路线图

国王所有的宫殿和住所都至少拥有一间马厩，较大的宫殿则拥有几间马厩。在宫中限制马匹的数量与限制人员的数量一样重要。在《埃尔特姆宫条例》中沃尔西限制了各级人员在宫中的马匹数量，拥有马匹的数量与其等级相对应，例如红衣主教、大主教和公爵最多可拥有 24 匹马，而一般仆人最多只有两匹马。[①] 对廷臣、国王和王室成员的马匹来说需要巨大的

---

① Society of Antiquaries of London, ed., *A Collection of Ordinances and Regulations for the Government of the Royal Household, Made in Divers Reigns: from King Edward III to King William and Queen Mary: also Receipts in Ancient Cookery*, London: Printed for the Society of Antiquaries by John Nichols, sold by Messieurs White and Son [and 4 others], 1790, pp. 198 – 199.

空间，例如在格林威治宫拥有好几间马厩。1509 年，他登基后不久就在此地为国王的廷臣建立了一座新的马厩。四年之后为国王的马雷什种马又建立了一座马厩。1537 年国王的砖瓦匠总管克里斯多夫·迪肯森在汉普顿宫花费 130 英镑建造了一座新的马厩。马厩一般分为两部分，一部分是国王专用，另一部分是公共使用。后者一般容纳宫廷巡游时所用马匹和廷臣的马匹。马匹总管负责照料国王的马匹。1534 年马匹总管安东尼·布朗为给格林威治宫马厩的维修和改建而支付了费用。马厩官是马匹总管的助手，一般住在马厩之上（例如在汉普顿宫）或住在马厩一侧（例如在格林威治宫）。王后拥有她自己的马厩和马匹总管。宫廷的某些机构特别是远离宫殿的主要建筑的机构往往有自己独立的马厩。例如建于 1529 年的汉普顿宫后部的烫洗室和面包房拥有自己的马厩，以便不必经过宫殿外院而直接将补给运入。①

为给巡游中的宫廷提供食物，不得不提前做好准备。《黑书》要求集市官在国王到来之前到乡村令人烤制面包、酿酒等。② 负责安排食物的绿衣官需要自己来运送这些食物。国王工程署官员也要走在宫廷之前。都铎国王与其中世纪的前辈一样在很大程度上以他们的巡游来指导王室的工程计划。工程署的官员负责在国王到来之前维修行程表所列的宫殿和房舍。一旦维修完毕，给养和运输组织好后，每间房舍都要打扫和开放，这是一项劳动密集型的工作。③

宫廷离开某宫殿之后，另一组仆人就会开始工作。长达数周的停留会造成很多问题，例如卫生、家具和日常用品的损害等问题。于是他们便清理房舍内所有表面的污迹，更新一些日常用品。1543 年 4 月 11 日，亨利八世的宫廷迁到格林威治宫，一直待到 5 月 28 日。宫廷离开之后不但将房舍打扫干净，而且还更新了壁炉、镜子、席子等，重新装修了许多巨大的窗户，重新油漆了磨损的漆面，修理了锁子，修补了房顶。在 8 月 8 日焕然一新的格林威治宫迎来了巡游的宫廷，在那儿宫廷一直待到月末。到 16

---

① Simon Thurley, *The Royal Palaces of Tudor England: Architecture and Court Life, 1460 – 1547*, New Haven: Yale University Press, 1993, pp. 71 – 72.

② A. Haynes, Supplying the Elizabethan Court, *History Today*, Nov. 1978, pp. 729 – 737.

③ Simon Thurley, *The Royal Palaces of Tudor England: Architecture and Court Life, 1460 – 1547*, New Haven: Yale University Press, 1993, p. 72.

第四章　宫廷的日常活动

世纪40年代甚至在白厅宫出现了三名专门负责清理宫殿工作的官员。不但需要工程署清理宫殿，还需要王室家仆协助清理。例如，门房绅士威廉·李曾组织七个人清理温莎堡外院房舍。

持续数月之久的巡游虽然以王室宫殿或房舍为中心，但也常到访其臣下的住处。在亨利八世统治期间，国王与其宫廷在宫殿之间共巡游了1150余次。其中830次是到他自己的宫殿，而余下的则是到教会或其臣下的宅第。这样，巡游所到之处有3/4是属于他自己的宫殿。1530年之前，在总数556次巡游中只有366次或65%是到王室宫殿。1530年之后这个数字更高：在总数596次巡游中除了52次外都是到他自己的宫殿，占总数的9/10。变化的原因，一方面是1530年之后王室宫殿迅速增加，一方面是因为增加的部分往往是他很久以前就已经习惯巡游的地方。整体而言，非王室宫殿比王室宫殿更小、更不舒适，结果王室和宫廷需要部分居住在其附近。尽管1530年之前35%的巡游是到非王室宫殿，但国王在那些地方一年中所待的时间不超过20%。而在伊丽莎白一世时期，她在游行中总共对39名枢密院成员作了147次访问，其中访问塞西尔20次、达德利23次；在她首届20名枢密院成员中她到访了11名；在随后的40名枢密院成员中她到访了26名；1586年，在19名枢密院成员中她到访了14名；1597年，在11名枢密院成员中她到访了9名；1601年，在13名枢密院成员中有9名参加了她的游行活动，并在大伦敦各自宅第为女王举办各种欢迎和娱乐活动；最后，在她统治期间，她还访问了约200名下院议员、郡长、治安法官等官员。①

国王和宫廷在非王室宫殿相对短暂的留宿给其臣下带来了无上的荣誉，1575年伊丽莎白在巡游中来到肯尼尔沃斯城堡访问莱斯特伯爵罗伯特·达德利以及在伍德斯托克访问亨利·李爵士都给受访者带来了荣誉，提高了他们的政治地位。这样，巡游在某种程度上便成为国王的一种政治工具，甚至成为政治的晴雨表。因此很多大臣往往在自己的宅第中为国王建造和提供住宅。托马斯·洛弗尔爵士为亨利七世在埃菲尔德提供了住处，此后这种做法被竞相仿效，最著名的例子是沃尔西在汉普顿宫为亨利

---

① Mary Hill Cole, *The Portable Queen: Elizabeth I and The Politics of Ceremony*, Amherst: University of Massachusetts Press, 1999, p. 26.

八世和阿拉贡的凯瑟琳提供的住处。埃尔特姆条例将此默许，1526年更是将沃尔西的汉普顿宫列入整个宫廷所处的宫殿名单之中。①

国王所到之处往往举行盛大的活动和仪式来欢迎国王。例如，1575年当伊丽莎白来到肯尼尔沃斯城堡时，莱斯特伯爵罗伯特·达德利为女王精心策划了一场欢迎式和娱乐活动，其欢迎式的主题是一位"湖夫人"出来欢迎她、赞颂她，并在通往城堡的地毯上堆满了为女王准备的礼物。② 当1564年8月5日女王来到剑桥大学后，剑桥大学从8月6日到8月8日连续三天举行了盛大的戏剧表演，其主题多为与女王有关的婚姻、宗教问题；在第四天女王则参加了大学举办的神学辩论会；③ 1566年8月31日女王到访牛津大学后，牛津大学同样举办了四天的戏剧表演以及一天的神学辩论会来欢迎女王。④ 在1591年伊丽莎白一世的巡游中女王于8月14日来到了考德雷，考德雷勋爵蒙塔古精心组织了一场欢迎仪式：一名身披盔甲的守门人出来欢迎她，他一手持棍棒一手持钥匙，随后他将钥匙交给女王；棍棒象征着他要捍卫伊丽莎白的荣誉，将钥匙交给女王象征着他对伊丽莎白的忠诚和坦诚。⑤

总之，宫廷巡游在近代早期尤其是在伊丽莎白一世时代不仅是一项娱乐活动，更是一种政治活动。一方面，国王通过盛大华丽的游行队伍来树立在一般群众中的威望，通过巡游所到地点来暗示国王的政治态度；另一方面，宫廷巡游成为一些权贵们争夺的政治资源，能争取到国王及其宫廷来到自己的领地便可以抬高自己的威望和增加自己的权势。

---

① Simon Thurley, *The Royal Palaces of Tudor England: Architecture and Court Life, 1460-1547*, New Haven: Yale University Press, 1993, p. 73.

② Marilyn Stokstad, *Medieval Castle*, Westport, Connecticut, London: Greenwood Press, 2005, p. 80.

③ Jayne Elisabeth Archer; Elizabeth Goldring and Sarah Knight, ed., *The progresses, pageants, and entertainments of Queen Elizabeth I*, Oxford; New York: Oxford University Press, 2007, pp. 90-94.

④ Jayne Elisabeth Archer; Elizabeth Goldring and Sarah Knight, ed., *The progresses, pageants, and entertainments of Queen Elizabeth I*, Oxford; New York: Oxford University Press, 2007, pp. 98-100.

⑤ Jayne Elisabeth Archer; Elizabeth Goldring and Sarah Knight, ed., *The progresses, pageants, and entertainments of Queen Elizabeth I*, Oxford; New York: Oxford University Press, 2007, pp. 198-199.

（二）游行

与宫廷巡游不同，宫廷的游行活动往往是在重大节庆、政治与外交事件期间在较小的地域范围内（例如伦敦城内）进行的活动；游行的种类一般有加冕礼入城游行、外交游行、婚礼或葬礼游行等；这些游行一般是这些节庆、政治和外交场合等盛会的组成部分。下面分别以伊丽莎白一世的加冕礼游行、亨利八世的金缕地游行与菲利普·西德尼的葬礼游行来做个案研究。

1. 伊丽莎白一世的加冕礼入城游行

加冕礼入城游行是国王或女王在正式的加冕礼前后而举行的游行活动，在游行中往往有很多露天表演等活动或仪式，借此表达国王与城市之间的君臣关系、国王或女王的宗教立场、国王或女王的合法地位等内容。1559年伊丽莎白一世的加冕礼入城游行是其中的典型代表。

1559年1月14日，即伊丽莎白加冕礼的前一天，为其举行了进入伦敦的入城式游行，游行路线是从伦敦塔到威斯敏斯特宫（见图110[①]）。游行队伍十分壮观，有许多贵族和侍从或乘马或步行随从。队伍中最显眼的就是伊丽莎白及其乘坐的轿子。轿子由前后两匹盛饰的马驮行，轿子四角有木杆撑起一座华盖。伊丽莎白则端坐轿中，衣着华丽，头戴王冠，手持权杖和宝球（见图111[②]）。

沿途数地设有场面剧、露天表演、演讲等表演活动，其主题是歌颂国王的荣耀。游行的高潮是伦敦首席法官向国王做欢迎辞和伦敦市向国王赠送礼物。游行是伦敦市民对国王表示欢迎和宣誓效忠的正式仪式；同时通过游行国王和城市之间的关系得到了确定，城市对国王效忠的同时，国王也要为其提供庇护。通过专门设立的戏剧表演、凯旋门和静态场面，伊丽莎白的形象一时充斥着伦敦；通过发表的对这次入城式游行的记述，伊丽莎白也成为伦敦历史和神话的一部分。

[①] Jayne Elisabeth Archer; Elizabeth Goldring and Sarah Knight, ed., *The Progresses, Pageants, and Entertainments of Queen Elizabeth I*, Oxford; New York: Oxford University Press, 2007, p. 66.

[②] Susan Frye, *Elizabeth I: The Competition for Representation*, Oxford: Oxford University Press, 1993, p. 25.

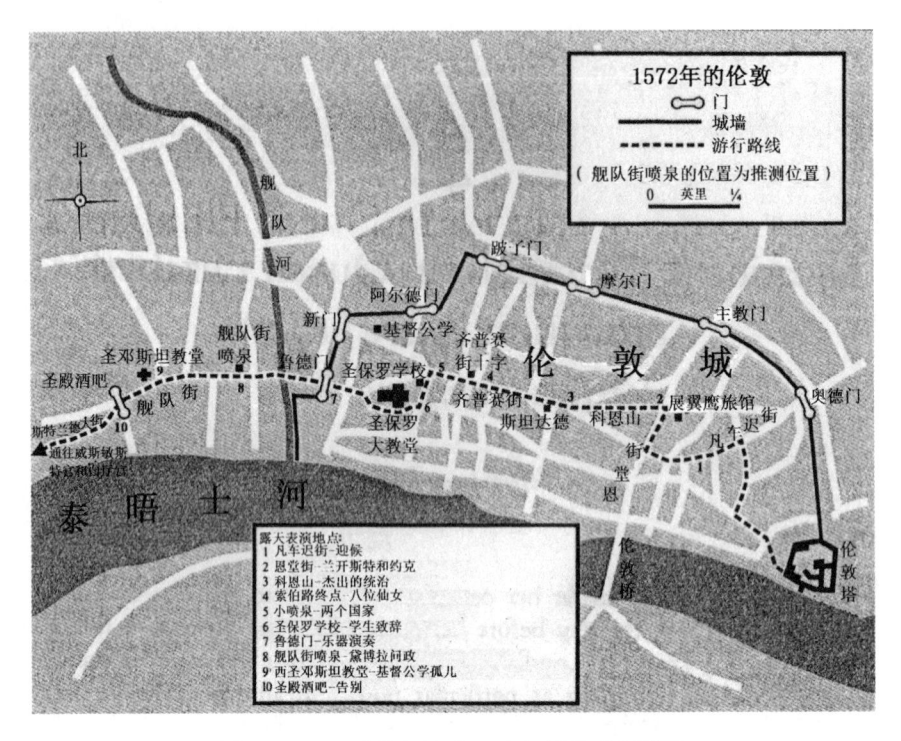

图 110　1559 年伊丽莎白一世加冕礼游行路线

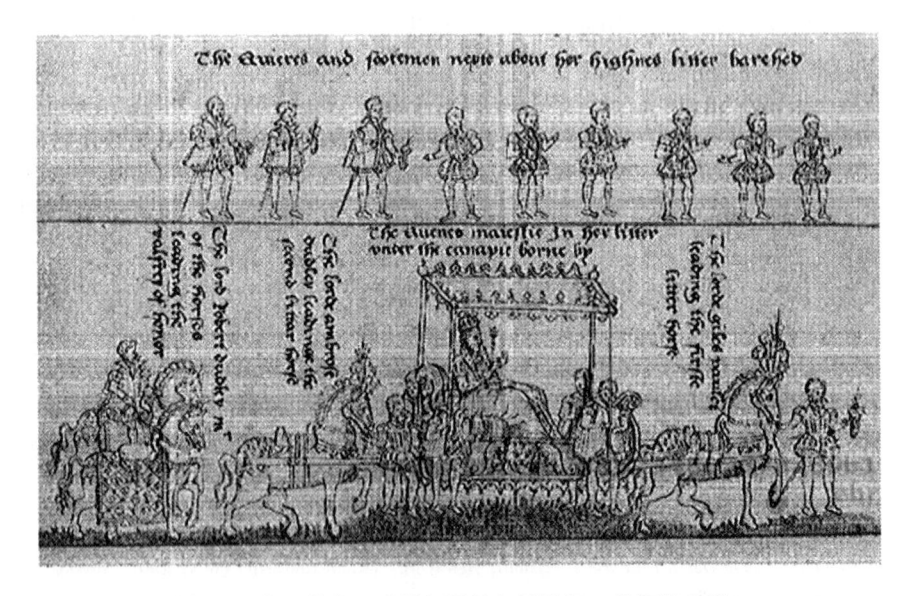

图 111　伊丽莎白一世的加冕礼入城游行（英国纹章院）

第四章　宫廷的日常活动

　　许多露天表演设在伦敦市内的公共场所，例如教堂、市场、广场等。这些场所往往是伦敦的象征，加冕礼游行通过这些地方则象征着城市与女王之间的君臣关系；与此同时，在这些公共场所也能吸引更多的市民观瞻游行与露天表演，扩大了游行对市民的影响。例如在齐普赛街有三处搭设了舞台，即大喷泉、小喷泉和斯坦达德，这些地方都是相对比较开阔的场所，人群密集；而齐普赛街则是理想的游行路径，它长直宽，甚至有人将其作为公共仪式场所而与威尼斯的圣马可广场相比拟。此外，这条街还有伦敦最昂贵的商店，例如金店，这使得街面富丽堂皇，为游行增色不少。[①]

　　当游行队伍到达齐普赛街后，尤其是在小喷泉进行的露天表演中达到了高潮。这里露天表演的背景中有两座"山头"，其中一座位于北侧，崎岖、荒芜、多石，山上有一棵已枯萎的人造树；另一座山头位于南侧，美丽、清新、绿色，遍布鲜花，同样有一棵树但却生机盎然。每棵树旁都有一位相应打扮的"人物"，第一座山同时用拉丁语和英语被标为"堕落的国家"，第二座被标为"美好的国家"。每棵树都附有更多的标签来解释原因，堕落国家的原因有：不敬神、违逆统治者、无知、官员腐败、臣民叛逆、人民不和、谄媚王公、统治者不仁、臣民忘恩负义；繁荣国家的原因有：敬畏上帝、智慧的王公、博学的统治者、顺从官员、温顺的臣民、热爱国家、惩恶扬善。两座山中间有一处设有门锁的空地或洞穴，从中一个被称为"时间"的人物形象走出；他装扮成一位老人，手持大镰刀，拥有人造的翅膀。他引领着一个比他矮的人物形象，她被精心地打扮，全身穿着白色丝衣，在她额头用拉丁语和英语标为"时间的女儿"，在其胸部标有她的正式名字"真理"；她手捧一本书，书名为《箴言》。这本书是一部英语圣经，它被转交给侍从绅士约翰·佩罗特爵士，再由他呈送给女王。[②] 女王一接到该书便吻了它，然后双手捧在胸前并向伦敦致谢。

　　在英国文艺复兴时期的游行中向国王呈交圣经是有其政治意涵的，一方面表明了国王的宗教态度，另一方面则为国王的统治披上了合法的外衣。女王代表新教臣民接受了《箴言》书，表明她是一位清教统治者；游

[①] Jayne Elisabeth Archer; Elizabeth Goldring and Sarah Knight, ed., *The Progresses, Pageants, and Entertainments of Queen Elizabeth I*, Oxford; New York: Oxford University Press, 2007, pp. 67–68.

[②] Jayne Elisabeth Archer; Elizabeth Goldring and Sarah Knight, ed., *The Progresses, Pageants, and Entertainments of Queen Elizabeth I*, Oxford; New York: Oxford University Press, 2007, p. 77.

行使伦敦的面貌发生了魔幻般的变换,显示了《箴言》的力量,因为只有英语圣经中的《箴言》才有力量改变景观。于是这场露天表演,尤其是女王接受英语圣经便成为她的政治宣言书,并因其宗教立场而得到了新教臣民的拥护。

2. 亨利八世金缕地游行与盛会

在重大外交场合下的游行与其他形式的游行相比更加注重游行队伍的庞大和奢华,以期显示国王个人及国家的声威。当游行结束后,往往有骑士比武、宴会、舞蹈等盛大的娱乐活动。1520年6月的金缕地之会为我们提供了一个典型案例。

早在动身去法国之前亨利八世就已经做了精心的准备,他甚至为了个人形象而煞费苦心。他不知道是留着胡须好还是剃净胡须好,这甚至成为他出发之前的主要问题。当他听从王后凯瑟琳的建议刮掉胡须后又后悔了,于是又蓄起长须,目的是为了能引起法国人的惊叹。①

亨利八世、阿拉贡的凯瑟琳及其扈从队伍在6月1日离开多佛,到达加来后停留了六天。在6月8日,即基督圣体节,英法两国国王率队在加来附近位于吉尼斯和阿代尔之间被称为金戴尔的山谷中相会。英王有500骑兵和3000步兵相随,法王队伍的人数与之相仿。亨利八世骑着一匹白马,马身有金子做的罩袍和佩饰,亨利则身披金缕大氅,格外引人注目(见图112②和图113)。双方队伍在传令兵和纹章官的指挥下暂时停驻,而两位国王骑马进入谷底,在马上相互拥抱后下马脱帽再次拥抱。而与此同时,多塞特侯爵高举英王之剑,波旁公爵高举法王之剑。随后双方各自返回自己的营地。英国的营地设在吉尼斯城堡之前,可以说是一座临时宫殿,占地12000平方码(10000平方米);宫殿呈四方形,中间为一庭院,每边长328英尺(100米);宫殿的砖构地基高8英尺(2米),其上是高30英尺(10米)的由木架支撑的布墙或帆布墙,并绘成石头或砖的形状;倾斜的顶部由油布构成,绘成铅色和石板瓦的形状。其内部装饰奢华,到处金光闪闪。红葡萄酒从殿外两座山上流入殿中。

6月9日,两位国王在比武场旁的营地相会,比武场旁边有一棵缀有

---

① [英]温斯顿·丘吉尔:《英语国家史略》(上),薛力敏、林林译,新华出版社1985年版,第481页。
② Wikimedia Commons.

锦叶的绿树。第二天，两位国王的纹章盾悬挂于这棵树上，并声明任何参加长矛冲刺比武、马上比武和徒步比武等王家比武者都应携带其纹章盾，其名字应由纹章官记录下来。6月11日，法王到吉尼斯与英国王后进餐，并受到红衣主教沃尔西、白金汉公爵、萨福克公爵、诺森伯兰伯爵等贵族以及贵妇和绅士的热情款待；他们都身着由金丝、天鹅绒和丝绸制作的华丽的服饰。法王则身着由宝石和珍珠缀饰的薄衣。当宴会结束时，在宴会厅举行了舞会。当法王开始跳舞前，他脱帽在手横穿宴会厅，亲吻两侧所有的女士，四五个实在是太老太丑的女士除外。然后他返回原处与王后聊了一会儿，接着便开始了一天的舞蹈。与此同时，亨利八世在阿代尔与法国王后跳舞，一直到晚上七点才返回吉尼斯，而法王也大概在此时返回阿代尔。

6月12日两国则进行了一场比武大赛。进入比赛场地的除了两国国王和他们的骑士外，还有两国王后及其侍从贵妇，她们有的骑马、有的乘轿，无论是马还是轿子都经过精美的装饰。在比武中英王和法王展开了激烈的竞赛，最终英王略占上风，他折断的长矛的数量超过了法王。6月15日，亨利八世再次参加比武大赛，向所有到场的骑士进行挑战，其中包括两位法国贵族。第二天因大风比武暂时中止，6月17日比赛再起。这天亨利八世的盔甲罩袍和马衣装饰着2000盎司黄金和1100颗巨大的珍珠；德文伯爵则穿着由金线、银线和薄丝织成的衣服，他的扈从穿着相同的制服。当法王和德文伯爵比赛时双方冲刺过猛以至于都将长矛折断；他们总共比赛了8次，法王折断了3根长矛，而德文伯爵虽然折断了两根长矛，但还击伤了法王的鼻子。

6月23日，由亨利斥资搭建起了一座礼拜堂，礼拜堂装饰着华丽的墙幔、摆设着圣徒塑像和圣物。红衣主教在这里主持着一场弥撒。在弥撒中两国国王的专职牧师轮流唱着圣歌，歌声优美仿佛来自天堂。弥撒结束后，两国国王和王后及其随从在教堂旁边举行了盛大的宴会。6月24日这场盛会终于结束。

这次盛会与其说是两国争取和平之会，不如说是一场竞争大会。在游行队伍的壮观华丽、在宫殿的奢华、在比武和宴会中、在衣着饮食等方面双方尤其是亨利八世和法兰西斯一世之间展开了激烈的竞争，他们处处显示自己的权势、财富、力量和教养。

图112 亨利八世进入金缕地的游行队伍。水彩画,詹姆斯·巴希尔于1774年仿自1545年的一幅油画(英国皇家收藏)

图113 金缕地游行中的亨利八世(图的局部)

3. 菲利普·西德尼的葬礼游行

菲利普·西德尼爵士（1554—1586）一直被视为伊丽莎白一世宫廷的"模范廷臣"，他是当时著名的政治家、骑士和学者。他虽然直到 1583 年才被封为爵士，但却出身名门。他的外祖父约翰·达德利曾是诺森伯兰公爵；他的父亲亨利·西德尼爵士是爱尔兰副总督；他的舅舅和老师罗伯特·达德利是莱斯特伯爵和女王一度最喜爱的宠臣。作为学者，他于 1581 年写成十四行组诗《爱星者和星星》和《诗辨》，成为当时英国最杰出的文学作品。作为政治家，他曾出使法国、意大利、波兰、匈牙利、奥地利等国家和地区，主要活动是商谈伊丽莎白的婚事；更重要的是他曾是大陆清教徒与女王之间的中间人，是清教徒的支持者，具有举足轻重的地位。作为骑士，他在 1585 年被任命为荷兰法拉盛总督，以援助荷兰新教徒对抗西班牙。[1] 1586 年 9 月 22 日他在荷兰聚特芬的一次与西班牙人的遭遇战中腿部中枪，26 天后（即 10 月 17 日）去世，时年 32 岁。据说他在受伤后将水给了另外一位受伤的战士，说"他比我更需要水"[2]，这充分体现了他的高贵品质。11 月份他的遗体由船运回英国。他死后四个月，即 1587 年 2 月为他举行了葬礼。

葬礼游行队伍共计 700 人，浩浩荡荡的游行队伍从阿尔盖特外的米诺雷斯教堂开始出发，结束于圣保罗教堂。游行路线上充斥着人群，游行队伍几乎无法通过。但游行队伍秩序井然，队伍的最前面是两位引导官，他们身后是 32 名穷汉，每人代表西德尼生命中的一年。随后依次是他在荷兰的官员；绅士和仆人；他的亲属和朋友随从；他的亲属和朋友骑士；五名传令官和一名绅士门房；主要的送葬者，逝者的弟弟罗伯特·西德尼爵士；他的伯爵和男爵亲属朋友（见图 114[3]）；荷兰的代表；伦敦的市长、市参议员、市首席法官和市治安官；杂货公司成员；部分伦敦市民等。在游行队伍的中间是菲利普·西德尼的灵柩，覆盖着天鹅绒，上面缀有西德尼家族的纹章；有四名西德尼家族的成员手持纹章旗帜站在灵柩四周（见

---

[1] Stephen Greenblatt, et al, *The Norton Anthology of English Literature*: Sixteenth/Early Seventeenth Century, Volume B, New York; London: W. W. Norton, 2012, p. 1037.

[2] Charles Carlton, *Going to the Wars*: The Experience of the British Civil Wars, 1638 – 1651, New York: Routledge, 1992, p. 216.

[3] J. R. Mulryne and Elizabeth Goldring, ed., *Court Festivals of the European Renaissance*: Art, Politics and Performance, Aldershot; Burlington: Ashgate, 2002, p. 203.

图115①)。此外，在游行队伍中还有号手、横笛手和鼓手奏乐。

图114　菲利普·西德尼葬礼游行队伍中他的伯爵和男爵亲属们

图115　菲利普·西德尼葬礼游行中的灵柩

---

① J. R. Mulryne and Elizabeth Goldring, ed., *Court Festivals of the European Renaissance: Art, Politics and Performance*, Aldershot; Burlington: Ashgate, 2002, p.205.

第四章 宫廷的日常活动

在近代早期的英国，宫廷的纹章院对贵族葬礼的游行队伍有严格的要求，在队伍的人数、音乐和乐手的使用等方面有详细的规定。这样做的目的是为了强调逝者的社会等级。而伊丽莎白一世的廷臣菲利普·西德尼爵士的葬礼游行队伍一方面是当时典型的贵族葬礼游行队伍，另一方面则打破了纹章院的规制，使其葬礼成为英国历史上最豪华的葬礼，并反映了这一葬礼背后的政治内涵。

伊丽莎白一世时代，典型的贵族葬礼的游行队伍如下：次要的参加者通常从贫民阶层中选取，他们一般出现在游行队伍的最前端；灵柩通常位于游行队伍的中间或2/3处；随后是传令官；传令官之后是社会等级最高的参加者和主要的送葬者。菲利普·西德尼的送葬队伍与此相仿，尤其值得注意的是他的亲属和朋友伯爵或男爵们（即莱斯特伯爵、亨廷顿伯爵、彭布罗克伯爵、埃塞克斯伯爵、威洛比男爵和诺斯男爵）与罗伯特·西德尼一起走在灵柩之后，这是为了表明菲利普·西德尼集团的团结一致；他们与他的关系要么是政治盟友，要么是亲属。荷兰和西兰代表紧随伯爵和男爵们之后，他们的参加显示了这些国家与英国、菲利普及其宫中党派之间的政治联盟关系。

与此同时，菲利普·西德尼的送葬队伍就其社会等级而言已经超过了宫廷纹章院的规制。罗伯特·西德尼作为主送葬者有六名随从走在灵柩之前，而作为一名骑士拥有六名随从已经远远超过了规定。更不符合常规的是莱斯特伯爵、亨廷顿伯爵、彭布罗克伯爵、埃塞克斯伯爵、威洛比男爵和诺斯男爵等高级贵族也参加了送葬游行队伍，而当时规定骑士的葬礼顶多只能有骑士、绅士及其下属参加。同样令时人震惊的是在游行队伍中打起了西德尼家族的纹章大旗，而当时只有大贵族的葬礼才能享此殊荣。[①] 在游行队伍中有四名号手（见图116[②]），而小号通常是与王室的仪式相联系的，一般只有在君主或高级贵族的葬礼中才使用号手。在游行开始时有两名横笛手和两名鼓手，在游行结束时则又有两名横笛手和四名鼓手演奏（见图117[③]）；

[①] J. R. Mulryne and Elizabeth Goldring, ed., *Court Festivals of the European Renaissance: Art, Politics and Performance*, Aldershot; Burlington: Ashgate, 2002, p. 206.

[②] J. R. Mulryne and Elizabeth Goldring, ed., *Court Festivals of the European Renaissance: Art, Politics and Performance*, Aldershot; Burlington: Ashgate, 2002, p. 207.

[③] J. R. Mulryne and Elizabeth Goldring, ed., *Court Festivals of the European Renaissance: Art, Politics and Performance*, Aldershot; Burlington: Ashgate, 2002, p. 208.

横笛和鼓是适用于战场葬礼的乐器，因菲利普·西德尼死于战事，似乎这并不为过，但与其在战场上取得的成就相比这仍是超越规制的。

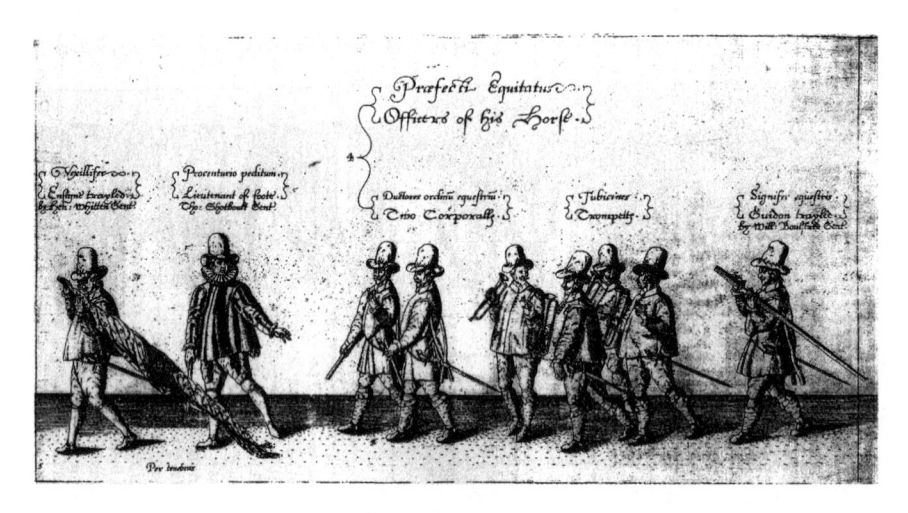

图116 菲利普·西德尼葬礼上的号手

图117 菲利普·西德尼葬礼上的横笛手和鼓手

这场葬礼游行超越规制必然得到了纹章院的同意，而纹章官也必然得到了女王的应允。其原因除了西德尼家族及其政治盟友希望利用这场葬礼加强清教主义的影响，提高菲利普·西德尼本人的形象和名声外，与伊丽莎白一世处死苏格兰的玛丽女王这一事件关系密切。菲利普·西德尼的葬礼在其死后四个月，尤其是在处死玛丽的八天后举行绝非偶然。玛丽被处死后，伊丽莎白面临着天主教徒叛乱的危险。为了分散人们对处死玛丽事件的注意力，利用葬礼所产生的反天主教情绪，女王只好同意将西德尼的葬礼举办得超越规制，使其成为一场准王室葬礼，并最终成为英国历史上最奢华的葬礼。因此，这场葬礼游行一方面体现了菲利普·西德尼的社会等级，但更体现了当时的政治形势。

  游行是当时宫廷生活中的常见现象，除了以上这些较为重大的游行活动外，还有一些小规模的游行活动，充分表现了宫廷生活的仪式化和戏剧化。例如，都铎王朝时期，国王在到礼拜堂作礼拜时，他们要进行一次正式的游行。扈从成员都是精英阶层，主要的贵族、掌管国玺的贵族以及其他一些手持御剑和权杖的高级官员。在他们之后则是国王和各种各样的参加者。他们从内厅前进到接见厅，再通过大殿、穿过走廊进入王家礼拜堂。伊丽莎白一世的游行队伍在某些宫殿中会在来访者中通过，当女王通过时他们双膝跪地。[①] 伊丽莎白一世常常雇佣私人牧师，通常只在礼拜天和特殊的节日期间来到礼拜堂，因此这样的游行并非每天都有。图118[②]则是1512年亨利八世去参加议会时的游行场景。国王走在队伍的中间，右手持权杖，穿着华丽的朝服和斗篷，有四名仆人为他举着绣有玫瑰花的华

图118 亨利八世去参加议会的游行队伍，1512年（剑桥大学三一学院）

---

  ① Robert Tittler; Norman L Jones, *A Companion to Tudor Britain*, Malden, MA: Blackwell Pub., 2004，pp. 64 – 65.
  ② Maria Hayward, Philip Ward, ed., *The Inventory of King Henry Ⅷ*, Ⅱ *Textiles and Dress*, London: Harvey Miller, 2012, p. 91.

盖；国王的前面是白金汉公爵和坎特伯雷大主教等人，身后则是其他重要的朝臣；每位朝臣头的上方绘有其盾牌纹章，表明了自己的身份，决定了他们在队伍中的先后顺序。

小 结

　　宫廷的日常活动在华丽的外表下依然蕴含着强烈的政治色彩。运动的等级性显而易见：能够体现传统的骑士精神的骑士比武、狩猎等运动是国王及贵族的特权；在文艺复兴运动人文主义影响下，能够体现贵族优雅风度的网球、保龄球、赛马等新兴运动亦是国王和贵族的特权；英国政府甚至通过法令来强化运动的等级性，到了16世纪，骑士比武和狩猎等运动几乎主要限于宫廷贵族。但英国宫廷同样盛行一些流行于社会各阶层的运动，例如赌博、射箭、斗鸡等，而足球等被视为流氓和扰民行为的运动，无论哪一等级，一律禁止从事。在宫廷巡游中，一方面，国王通过盛大华丽的巡游队伍来树立在一般群众中的威望，通过巡游所到地点来暗示国王对臣下的政治态度；另一方面，宫廷巡游成为一些权贵们争夺的政治资源，能争取到国王及其宫廷来到自己的领地便可以抬高自己的威望和增加自己的权势。而在游行中，通过游行队伍的华丽、游行规格、途中表演，呈现出了国王的权威、贵族的高贵、国家的荣耀、参加者的政治地位以及当时的政治形势等政治含义。

第五章
宫廷的艺术生活

戏剧、音乐和舞蹈等艺术生活在近代早期英国的宫廷生活中达到了顶峰。戏剧表演自亨利七世起便在宫中盛行开来，到伊丽莎白一世时期进入繁荣阶段，在斯图亚特王朝早期甚至更加受到重视，并往往沦为宫廷的政治宣传工具。音乐和舞蹈在这一时期的宫中亦非常盛行，不但有大量的专业音乐家和舞蹈家，宫廷贵族自己也非常善于演奏和表演，音乐和舞蹈已经成为宫廷男女的必备素质。

一 戏剧

早在公元 5 世纪初叶诺森伯兰国王埃德温统治期间，英国宫廷就已经出现了专门的剧院用以戏剧表演。表演者或为宫廷弄臣，或为专业演员和剧团，也有吟游诗人；表演的内容有滑稽剧、史诗和礼拜仪式剧等。1066年诺曼征服以后，英国的宫廷戏剧产生了较大的变化。一是传统的吟游诗人因为以古英语表演而退出了宫廷表演；二是产生了大量以法语创作的剧本；三是出现了带有寓意性质的道德剧、强调社会等级的露天历史剧、强调角色扮演的化妆表演（假面剧）等。戏剧表演在宫廷之盛甚至连贵族行为本身也戏剧化了，表现最为突出的是"宫廷之爱"和骑士比武，两者共同"促进了宫廷戏剧化行为的培养"[1]。

玫瑰战争期间，英国宫廷的戏剧表演一度衰落，而到了都铎王朝时期却开始走向辉煌的阶段。亨利七世并非出身于兰开斯特家族嫡系，他又是

---

[1] ［英］特拉斯勒：《剑桥插图英国戏剧史》，刘振前、李毅译，山东画报出版社 2006 年版，第 56 页。

通过法国支持发动政变而取得王位的，就当时的观念来说他的统治并没有多少"合法性"。为了使其统治稳固并披上合法的外衣，亨利七世及其继承者们一方面为削弱和控制贵族而重用一些出身平民的文职官员，另一方面则篡改历史并进行宣传，这就是历史学家所谓的"都铎神话"。戏剧在神话的创造和维护过程中起到了重要的作用；同时它与宫中的其他奢华的生活方式一同将贵族置于国王的监控之下，又能体现出贵族的身份地位。

从都铎王朝早期开始，英国宫廷中一直有戏剧演出。最早见于记载的是幕间剧。1502年在宫廷中曾出现过四名埃塞克斯演员、几名法国演员、几名诺森伯兰公爵的演员和国王的演员；从1537年2月到1538年2月，宫廷中出现了七个剧团，名义上分别隶属于国王、王后、宫务大臣、大法官、萨福克公爵埃克塞特侯爵和五港总督。这些演员和剧团都是幕间剧演员和剧团。国王和王后的剧团演员通常是其家仆，当他们没有演出时要履行正常的职能。那些隶属于冠名家族的演员不用为其服役，只是身着这些家族的制服，并受其保护。① 这种名义上的庇护或赞助具有重要意义，这意味着这些演员和剧团的表演在很大程度上受控于他们的庇护人或赞助人。他们表演的剧本是宫廷或与宫廷关系密切的剧作家专门创作或改编的戏剧，例如亨利·麦德维尔的《福尔根思和卢克丽斯》和约翰·海伍德的《宽恕与兄弟》等，它们中有的是道德说教，有的是喜剧。麦德维尔的戏剧改编自意大利皮斯托亚人博纳科尔索的《真正的贵族》，这是罗马共和国强盛时期的一个爱情和公民道德故事。② 这是人文主义在1509年之前已经深刻地影响着英国宫廷的一个反映。这些幕间剧演员和剧团到伊丽莎白登基之前已经与宫廷基本上脱离了关系，除了偶尔在宫廷表演外，常年在各地巡回演出，观众主要是一般大众。③

在宫廷中继幕间剧演员之后比较受欢迎的是唱诗班学校儿童的戏剧表演。其中比较著名的唱诗班学校有王家礼拜堂、圣保罗大教堂和温莎城堡的唱诗班学校。唱诗班男童在宫廷中最早的演出可追溯到16世纪初，1501年在阿瑟王子与阿拉贡的凯瑟琳的婚礼上，王家礼拜堂唱诗班男童表演了

---

① David Loades, *The Tudor Court*, Totowa: Barnes & Noble books, 1987, p. 111.
② David Loades, *The Tudor Court*, Totowa: Barnes & Noble books, 1987, p. 112.
③ [英] 特拉斯勒：《剑桥插图英国戏剧史》，刘振前、李毅译，山东画报出版社2006年版，第37—38页。

一场假面剧。1509—1523年，王家礼拜堂唱诗班儿童声名鹊起，时常在宫廷内外表演。圣保罗教堂和圣乔治教堂的唱诗班儿童剧团甚至还有固定的演出剧场。他们演出的题材非常广泛，有道德剧、神话浪漫剧、古典喜剧、历史剧等正剧，也有骑士比武大会和宴会中的假面剧、讽喻剧等。到伊丽莎白登基后，宫廷对儿童剧团的宠爱达到了顶峰。自1558年以来，他们在宫廷中共演出46场，而成年人剧团则仅演出32场。[1]

宫廷弄臣（小丑）表演的滑稽剧也深受国王们的喜爱，尤其是亨利七世和亨利八世对此十分热衷。这些滑稽剧是由天生或假扮的小丑来表演的。当红衣主教沃尔西失势后，他将其弄臣帕奇送给了国王，这是一个天生头脑迟钝、身体畸形的小丑。而威尔·萨默斯则是假扮的小丑，以插科打诨的连珠妙语赢得国王的宠爱，在亨利八世晚年成为其身边最受宠的人（见图119[2]）。在1516年约翰·斯凯尔顿的《华丽》一剧中，小丑成为剧

图119 亨利八世的宫廷弄臣威尔·萨默斯。左为1540年《国王诗篇》插图，右为亨利八世晚年与玛丽公主的肖像画（画面中间为威尔·萨默斯）

---

[1] ［英］特拉斯勒：《剑桥插图英国戏剧史》，刘振前、李毅译，山东画报出版社2006年版，第37页。

[2] ［英］特拉斯勒：《剑桥插图英国戏剧史》，刘振前、李毅译，山东画报出版社2006年版，第36页。

中的角色。他们在剧中常常扮演"罪恶"的角色。戏剧中第一个有名的丑角理查德·查尔顿据传正是伊丽莎白女王最有名的弄臣。

在16世纪20年代，时政评论已经融入到了戏剧之中。其题材或是来自古代历史，如约翰·拉斯泰尔的《四元素》，或是来自老式的道德剧，如斯凯尔顿的《华丽》。1527年，沃尔西定制剧本并在宫中表演，以庆祝与法国结盟和教会对"异端"的胜利。随着托马斯·沃尔西的失势，从1529年开始，沃尔西通常成为戏剧中被讽喻的对象。这一年在由圣保罗教堂的儿童表演的特伦斯的《薄情》正剧演出中间，穿插了一段简短的政治讽喻剧。在16世纪30年代，托马斯·克伦威尔积极赞助宫廷之外的戏剧，其中有些在国王面前表演的戏剧具有明显的反教皇倾向。①

到伊丽莎白时代，从16世纪80年代开始，在莎士比亚、托马斯·海伍德等人的努力下，历史剧成为这一时期宫廷演出的一大特色。宫廷历史剧之所以兴盛，一般认为有两个原因：一是为了掩饰都铎王朝"弑君罪孽"，美化都铎王朝君主而丑化约克王朝君主。例如《理查三世》丑化理查三世，而《亨利四世》则是美化兰开斯特王朝并间接美化了都铎王朝。二是当时正与西班牙开战，迎合官方的爱国主义并掩饰国内政策，例如《亨利六世》和《亨利五世》。这样，这一时期的宫廷历史剧演出便带有浓厚的政治色彩。

在都铎王朝早期，宫廷中的戏剧演员多为兼职。直到伊丽莎白统治时期，专业剧团才开始经常在宫中表演。截至1552年，有8名演员出现在王室名单中，但他们的薪水一年只有3英镑6先令8便士，表明他们还只是兼职演员，直到玛丽和伊丽莎白时期未曾变化。② 在玛丽一世统治期间，颁布了严酷的法律来对待剧团和演员，③ 戏剧演出在宫廷一度萧条。到伊丽莎白统治早期，因为女王本人酷爱戏剧，为专业剧团提供了很多庇护和赞助，于是专业剧团为了商业目的而在宫廷演出已经很常见了。在女王带动下，达官贵人对演员和剧团的庇护和赞助蔚然成风；除了女王以外，重要的廷臣还有莱斯特伯爵、海军大臣和宫廷大臣等，④ 很多剧团便

---

① David Loades, *The Tudor Court*, Totowa: Barnes & Noble books, 1987, p. 112.
② David Loades, *The Tudor Court*, Totowa: Barnes & Noble books, 1987, p. 112.
③ 廖可兑：《西方戏剧史》，中国戏剧出版社1981年版，第140页。
④ Peter Womack, *English Renaissance Drama*, Malden: Blackwell, 2006, pp. 25–26.

以他们的名字命名,例如海军大臣剧团、莱斯特剧团、女王剧团、宫廷大臣剧团等。在这种氛围下,1576年在伦敦出现了第一个剧院,其名称就是"剧院"①。这样,剧团的地位不但合法化,而且还有了自己的永久性演出场地。伊丽莎白在1583年授予在大众剧院演出的专业剧团以赞助和称号,更增强了他们的地位,促进了戏剧水平的提高。因此,这时宫中专门创作的剧本已经不再常见,因为宫中的水平已大不如宫外。约翰·海伍德、尼古拉斯·尤德尔和威廉·鲍尔温是16世纪中期最受欢迎的剧作家;② 到了伊丽莎白统治后期,莎士比亚、托马斯·海伍德则成为新宠,莎士比亚及其剧团还经常在宫中为伊丽莎白女王及其宫廷进行表演(见图120③)。

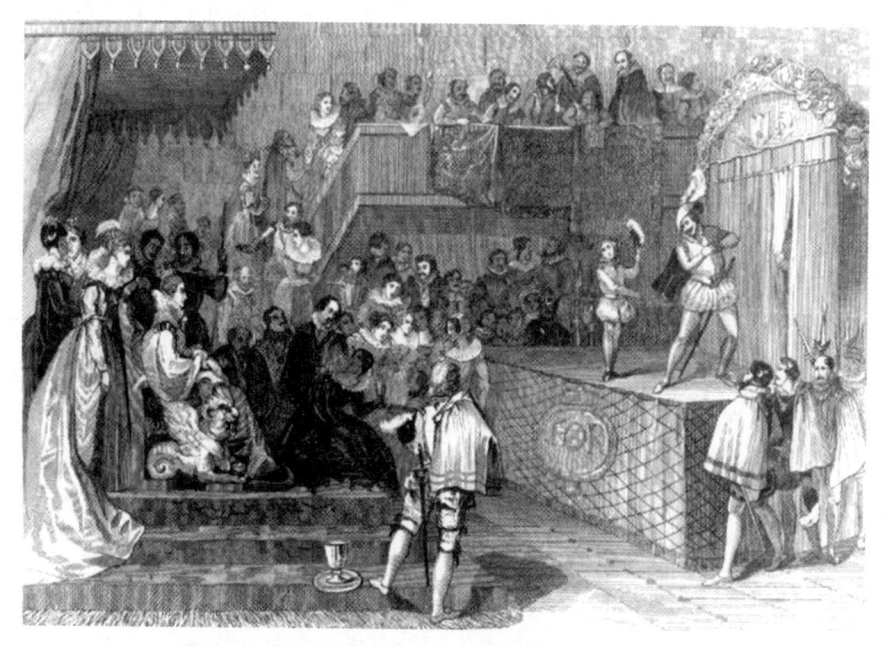

图120　莎士比亚在伊丽莎白女王及其宫廷面前表演

到了斯图亚特王朝时代,戏剧演出在宫廷更加受到重视,甚至沦为宫

---

① [英]特拉斯勒:《剑桥插图英国戏剧史》,刘振前、李毅译,山东画报出版社2006年版,第47页。
② David Loades, *The Tudor Court*, Totowa：Barnes & Noble books, 1987, pp. 112 – 113.
③ Rosemary M Canfield Reisman, *British Renaissance Poets*, Ipswich, Mass.：Salem Press, 2012, p. 12.

廷的政治宣传工具。詹姆斯一世入主英格兰两个月后便强令所有剧团都要取得王室的庇护，而非仅是贵族的庇护。宫廷大臣剧团被置于詹姆斯一世庇护之下，更名为国王剧团；海军大臣剧团则受亨利王子庇护；伊丽莎白公主、查尔斯王子亨利都曾成为某些剧团的庇护人。① 与此同时，在17世纪斯图亚特王朝统治期间，出现了很多保王党戏剧家，例如约翰·萨克林爵士、约翰·德纳姆爵士和威廉·伯克利爵士。后者的剧作《迷失的贵妇人》歌颂了王后的柏拉图式爱情理想。②

在16世纪末和17世纪前半期，大量的戏剧，包括在宫中表演的戏剧，都具有强烈的政治色彩，有人将其称为"政治剧"。其题材主要是英国或古典历史剧，也有时政剧和政治寓意剧。悲剧如《巴黎的屠杀》《李尔王》；讽刺喜剧如《魔鬼是驴子》和《还旧债的新方法》；悲喜剧如《奴隶》（1623年）、《瑞士人》（1631年）、《东方皇帝》（1631年）；此外还有夹杂着人身攻击的宗教或政治讽喻剧，如《棋戏》等。《高布达克》和查理一世宫廷的假面剧，甚至包括《棋戏》和17世纪30年代的反教士的圆形剧场剧都是国王为在议会或街头影响舆论而专门设计的。《伦敦的警钟》（1600年之前）、《鞋匠的预言》（约1590年）则是为了迎合莱斯特伯爵沃尔辛厄姆以及后来的埃塞克斯派的战争政策。《巴比伦的荡妇》（1606年）、《魔鬼宪章》（1606年）则是对火药阴谋事件的反映。在宗教改革时期，许多新教思想家指责戏剧夸大或扭曲事实，故他们攻击伊丽莎白时代的戏剧表演。③ 但到了17世纪上半期，戏剧却成为新教徒与专制王权斗争的工具。例如，《艾伯塔斯·沃伦斯坦》歌颂了新教徒在国外的斗争；《英勇无畏的苏格兰人》以历史类比形式反映了长老会对查理一世在苏格兰强制推行圣公会祈祷书的蔑视；《杂耍》讽刺了宫廷弄臣和宫廷假面剧；《一部叫做坎特伯雷的新戏——他的胃口的改变》则嘲弄了倒台后的劳德大主教（见图121④）。

---

① [英]特拉斯勒：《剑桥插图英国戏剧史》，刘振前、李毅译，山东画报出版社2006年版，第62页。

② [英]特拉斯勒：《剑桥插图英国戏剧史》，刘振前、李毅译，山东画报出版社2006年版，第75页。

③ Adrian Streete, *Protestantism and Drama in Early Modern England*, Cambridge: Cambridge University Press, 2009, p.131.

④ [英]特拉斯勒：《剑桥插图英国戏剧史》，刘振前、李毅译，山东画报出版社2006年版，第77页。

第五章 宫廷的艺术生活

1642年内战爆发后,国会和新教徒为防止作为人民喉舌的公共剧院激起民变,引发暴民统治而将其关闭,直至1660年斯图亚特王朝复辟。这样,从某种程度来说,内战爆发前的50年中,戏剧就是专制王权与新教徒相互斗争的政治工具。

图121 《一部叫做坎特伯雷的新戏——他的胃口的改变》戏剧小册子的标题页,劳德大主教与小丑一起被关在笼子里

近代早期英国宫廷文化研究（1485—1714）

在16、17世纪的英国宫廷中，随着戏剧演出的繁荣而出现了专门的管理机构及演出场地。16世纪宫廷的戏剧表演主要由亨利七世设置的节庆典礼官负责，除此以外还负责其他娱乐活动；亨利八世则将其设为专职，专门负责戏剧表演及对戏剧的审查，为剧团和剧院颁发许可证；印刷的剧本一般由坎特伯雷大主教或其他教会权威审查；最后一道关是由枢密院把关，如果有违统治者的意志则往往会扣押剧本，对作者进行审讯、罚款甚至投入监狱。① 在政治气氛比较紧张的时期，例如16世纪90年代末、詹姆斯统治初期、17世纪20年代和17世纪30年代，这些机构对戏剧的审查尤为严格。例如，在16世纪90年代的歉收和饥荒时期，包括伦敦在内的很多地方爆发了骚乱，而这时由芒迪等人创作的剧本《托马斯·莫尔大人》被审查官批示为"将暴乱及其原因部分整个删除"，导致该剧无法再登台演出。在内战之前的50年中，至少有2000个剧本被判禁演，其中还包括马娄、莎士比亚、琼生、丹尼尔等著名剧作家的剧本。在此情形下，向审查官支付某种费用或行贿是戏剧能够通过审查的捷径。② 此外，与宫廷戏剧表演相关的几个部门是：国库，负责为戏剧表演提供资金；工务署，为表演提供舞台和座席；藏衣署，为表演提供服装和穿戴用品以及节目信息。③

宫廷戏剧表演的场地一般选择在中世纪以来的大厅之中；在没有大厅的宫殿中，例如格林威治宫、里士满

图122　圣詹姆斯宫接见厅里的演出（17世纪30年代）

---

① A. R. Braunmuller and Michael Hattaway, ed., *The Cambridge Companion to English Renaissance Drama*, Cambridge: Cambridge University Press, 2003, p. 169.
② A. R. Braunmuller and Michael Hattaway, ed., *The Cambridge Companion to English Renaissance Drama*, Cambridge: Cambridge University Press, 2003, p. 170.
③ John H. Astington, *English Court Theatre, 1558 – 1642*, Cambridge: Cambridge University Press, 1999, pp. 8 – 9.

宫和圣詹姆斯宫，警卫厅、接见厅（见图122①）等往往成为搭建舞台的场所；在白厅，甚至宴会厅和斗鸡场也成为剧场（见图123②）。从1576年开始，伦敦市内出现了很多公共剧院，比较著名的有玫瑰剧院、天鹅剧院等，在这些公共剧院中往往有为国王和王室准备的专门座席和包厢，突出了国王和宫廷在这些剧院中的中心位置（见图124③）。而在斯图亚特王朝时代，宫廷中已经出现了专门的剧院，其中比较著名的是1630年建造的"宫廷科克皮特剧院"（见图125④）。

图123　17世纪70年代的白厅宫，亨德里克·达恩科茨绘（最左边为宴会厅，其右侧为斗鸡场）

---

① John H. Astington, Staging at St James's Palace in the Seventeenth Century, *Theatre Research International*, Volume 11, 1986（9）, p. 201.
② John H. Astington, English Court Theatre, 1558 – 1642, Cambridge：Cambridge University Press, 1999, p. 42.
③ ［英］特拉斯勒：《剑桥插图英国戏剧史》，刘振前、李毅译，山东画报出版社2006年版，第59页。
④ ［英］特拉斯勒：《剑桥插图英国戏剧史》，刘振前、李毅译，山东画报出版社2006年版，第74页。

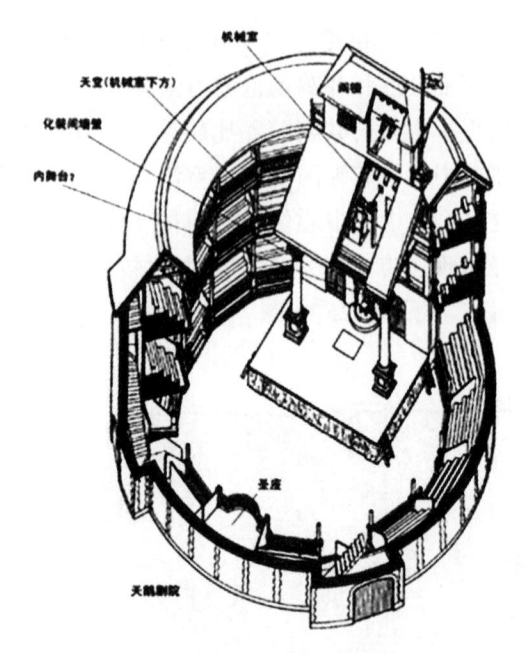

图 124　天鹅剧院

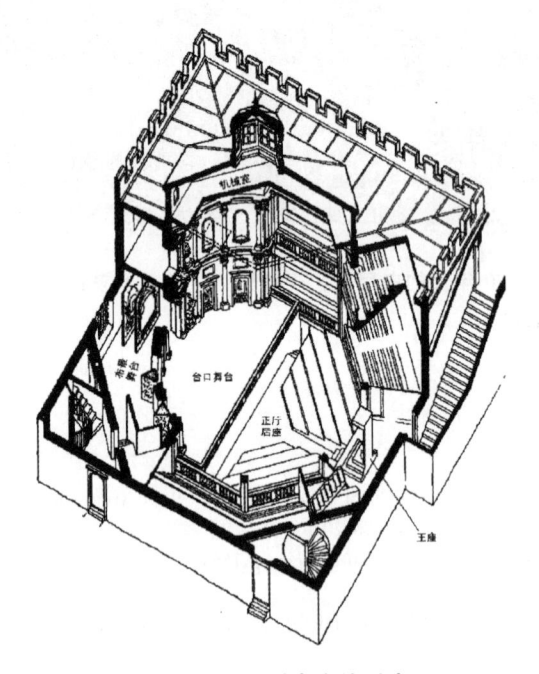

图 125　宫廷科克皮特剧院

二 音乐

所有的都铎君主，除了爱德华六世以外，都喜欢音乐。他们不但雇佣大量的专业音乐家，还亲自歌唱和演奏，并鼓励其廷臣们也这样做。亨利八世不但创作音乐，还演奏管风琴、小型有键乐器、诗琴和八孔直笛，一位意大利的来访者说他演奏得非常出色。作为一个小孩，玛丽被认为是演奏键乐器的奇才，经常被其骄傲的父亲夸耀。在她晚年继续时常演奏并相当出色，她还经常尝试演奏诗琴。伊丽莎白也弹诗琴，也可能演奏键乐器。可以断定，多数王室成员至少精通一种乐器。宫廷里的女士和绅士时而会公开演奏乐器，因为音乐是宫廷男女教育的必要部分，多数人的演奏都相当出色。1503 年当玛格丽特遇到了她未来的丈夫苏格兰国王詹姆斯四世时，前者"来到他面前演奏弦乐，继之以诗琴"。在另一场合，她也同样地为他演奏。由上可知，一种完全业余的"室内音乐"① 成为宫廷内外贵族娱乐中的常见特征之一。

然而乐器不如歌唱普及。多部合唱是亨利八世最喜欢的娱乐之一。他时常从其内廷绅士中根据他们的音质和技巧择人组织合唱。一部当时廷臣创作的歌谱流传到 18 世纪，其各种抄本的合集被称为亨利八世的 MS，由一些单曲组成，适合于业余演奏。除了亨利八世等少数人外，英国宫廷的业余歌唱似乎并不为外人看好。一位法国人在 1536 年说安妮·博林的歌声如此优美，他几乎不敢相信她是英国人。②

英国宫廷音乐在伊丽莎白的长期统治期间繁荣起来，其表现就是诸如托马斯·塔利斯、威廉·伯德等杰出作曲家和乔治·兰代尔、威廉·特雷萨勒等技艺精湛的乐手的出现。此外，六弦提琴等新乐器开始出现，采纳了法国和意大利的一些新技巧。这是家庭音乐的伟大时期，每一个贵族出身或受贵族教育的人都需要能在歌唱中占有一席之地，还都要能演奏一种适合自己的乐器。从这一时期开始，有许多诗琴和键乐的歌谱和歌集流传下来。据法兰西斯·梅雷斯在 1598 年观察，各种场合都有音乐，音乐征服

---

① 室内音乐，原指西欧贵族宫廷中演奏的世俗音乐，以区别于教堂音乐和歌剧音乐；18 世纪以后指少数人演奏并为少数人欣赏的音乐。演奏这类乐曲的音乐家就是室内音乐家。
② David Loades, *The Tudor Court*, Totowa: Barnes & Noble books, 1987, pp. 108 – 109.

了所有的心。当伊丽莎白长大后,她已很少歌唱,她从来没有一副好嗓音;但音乐和舞蹈仍是她最喜欢的娱乐,那些陪她消遣的人常被要求参加。

尽管在某种程度上来说音乐是廷臣的自娱,但在所有这些活动中身为王室官员的专业人士要进行主要表演。爱德华四世常年雇佣的音乐家不超过5位,还有9位音乐家只是偶尔出现在宫廷。截至1502年,亨利七世常年雇佣的音乐家有9名喇叭号手、4名萨克布号号手和3名弦乐手;同时,一位风琴手和一位威尔士竖琴手偶尔出现在宫廷。

从15世纪末期始,国王和王室成员往往拥有自己的乐队。亨利七世、王后和亚瑟王子都有自己的乐队,他们主要在宴会、化妆舞会、骑士比武以及其他一些仪式性场合表演,而且通常与演员或王室礼拜堂的绅士和儿童等一些专业音乐家合作。[①] 亨利八世在亨利七世的基础上扩大了乐队的规模。在其登基几个月内,喇叭号手人数从9个增加到了16个。在其统治中期,有50名男女在王室领取薪金,演奏的乐器有:长笛、双簧管、三弦琴、萨克布号、诗琴和六弦提琴。亨利八世的乐队是欧洲最好的王室管弦乐队,可以与法国王室的乐队相媲美。乐队的搭配依据场合的变化而有所不同,例如,在比武大赛中需要大量的喇叭、管乐器和单面小鼓。

很多宫廷器乐家是从国外征召的。亨利八世利用他的外交官,尤其是意大利的外交官搜罗音乐人才。他搜罗到的第一个名人是威尼斯圣马可教堂的风琴手狄俄尼索斯·梅莫;他于1516年来到英国宫廷,随身携带了一架巨大的风琴。国王非常欣赏梅莫的天才,经常让他为来客演奏并留给他们以深刻的印象。同一时期另一名风琴手是来自安特卫普的本尼迪克图斯·德·奥皮提斯,专门在室内为国王演奏;他每月薪金为33先令4便士,大大超过了普通乐手的薪金,这表明这些海外天才们的地位特别重要。赞·皮耶罗是意大利的诗琴手,还有不止一位大键琴手。欧洲各宫廷竞相招揽这些艺术天才,而亨利八世很快在这一领域赢得了声望,获得了慷慨赞助的名声。当然,并非所有外国人地位都很高,他们中的多数只是普通的乐师。例如,1547年雇用的18名德国、意大利和法国的乐师每天的薪水是4便士,与信差的薪水相当。尽管如此,他们多数人都相当满足,有些家族,例如万·维尔德和巴萨诺家族在英国宫廷服务了好几代。精选

[①] David Loades, *The Tudor Court*, Totowa: Barnes & Noble books, 1987, pp. 109–110.

的"室内音乐家"数量不多,他们在职能和地位上相差甚大。菲利普·万·维尔德在 16 世纪 30 年代是王室家庭音乐教师,负责管理其他室内音乐家,照管国王的所有乐器;但他没有常设职位,没有人能代替他。但并非所有被宠幸的乐师都是外国人,键乐师马克·斯密顿就是英国人。[①]

截至 1552 年,宫廷乐师人数达到了 63 人,包括两名乐器匠,但不包括王室礼拜堂的绅士和儿童。他们的薪水从喇叭号队长的每年 40 镑到一般乐师的每年 18 镑 5 便士不等,每年薪金总额有 1908 镑。到玛丽一世和伊丽莎白一世时期,他们的人数有所削减,去掉了两名竖琴师、一名横笛师和 12 名普通的乐师。截至 1593 年,乐队花费总额减少到了大约每年 1100 镑。扣除物价因素,节省主要是因为他们的薪水没有增加。[②]

三 舞蹈

舞蹈在宫廷的日常生活中占有重要地位,宫中男女将舞蹈视为个人必要的素质。在近代早期尤其是斯图亚特王朝的宫廷中,年轻的女士学习舞蹈如同学习走路。白金汉公爵的女儿玛丽·维利尔斯在她只有 2 岁时就已经开始学习舞蹈;1632 年,"漂亮的玛儿"在宫中化装舞会跳舞时还不到 11 岁。宫中男女的跳舞水平堪比当代的专业水平,其中水平较高者还能表演包括国外舞蹈在内的多种舞蹈。[③]

在 16 世纪后半期和 17 世纪初,英国流行的舞蹈主要有以下几种来源:意大利和西班牙的舞蹈、英国本土乡村舞蹈、法国舞蹈;从其种类来看,主要有滑稽戏舞蹈、化装舞会正舞、化装舞会联谊舞、交际舞和戏台舞等。[④]在上流社会中较为流行源自大陆,尤其是意大利和法国的宫廷舞蹈;这些舞蹈多是双人舞或一组双人舞;它们往往有精致的舞步。普通人更喜欢英国传统的乡村舞蹈;这些舞蹈由多对人以圆形、正方形或长方形舞阵进行;在形式与舞步上更为简单,类似现在的方块舞。但这种区分并不绝

[①] David Loades, *The Tudor Court*, Totowa: Barnes & Noble books, 1987, p. 110.
[②] David Loades, *The Tudor Court*, Totowa: Barnes & Noble books, 1987, p. 111.
[③] Barbara Ravelhofer, *The Early Stuart Masque: Dance, Costume, and Music*, Oxford: Oxford University Press, 2006, pp. 18 – 19.
[④] Barbara Ravelhofer, *The Early Stuart Masque: Dance, Costume, and Music*, Oxford: Oxford University Press, 2006, p. 28.

对，普通人有时也跳源自法国的宫廷舞蹈，而伊丽莎白一世则亲自在宫廷中倡导乡村舞。① 下面主要介绍一种法国宫廷舞和一种英国乡村舞。

乐谱中的符号：

[A]，[B] 等，音乐的特定部分。

[A×2]，此部音乐演奏两次。

[A1] 和 [A2] 两段重复的音乐。

single：单步

double：双步

Up：指大厅前端乐师的位置。所有的舞蹈都以左脚开始，男士通常站在女士左侧。双人舞则以向对方鞠躬和行屈膝礼开始；如有必要，两人可以按顺时针方向从乐师处开始绕场一圈。

步数：每一步型的数量是音乐节拍的数量（and，即"又"，为半拍）。

致敬：当音乐开始时参加者牵手：乡村舞牵手位置较低；在日耳曼舞中，前臂则要呈水平相交。

1-2 右脚向后滑，右腿弯曲，脱帽在左手（女士不用滑动右脚和脱帽）。

3-4 右脚归位，戴上帽子。（见图126②)

任何舞蹈都需要在开始和结尾时致敬，为此乐师要在开始时演奏几个节拍，在结束时同样如此。

双步（乡村舞）

1. 踏左脚

2. 踏右脚

3. 踏左脚，"又"左脚脚尖向上

4. 当放低脚后跟时，右脚向左脚靠拢。

图126　致敬

---

① Jeffrey L. Forgeng, *Daily Life in Elizabethan England*, Santa Barbara, Denver, Oxford: Greenwood Press, 2010, p. 189.

② Jeffrey L. Forgeng, *Daily Life in Elizabethan England*, Santa Barbara, Denver, Oxford: Greenwood Press, 2010, p. 216.

下一个双步则始于右脚。一个双步可以迈向任意方向。

双步（日耳曼舞）

1. 踏左脚
2. 踏右脚
3. 踏左脚
4. 向前踢右脚（可以跳也可以不跳）

下一个双步则始于右脚，双步可以迈向任意方向。

单步（乡村舞）

1. 踏左脚，"又"左脚脚尖向上。
2. 当放低脚后跟时，右脚向左脚靠拢。

下一个单步从右脚开始，单步可以迈向任意方向；在乡村舞中向一侧的单步被称为一"节"（set）。

单步（日耳曼舞）

1. 踏左脚
2. 向前踢右脚（可以跳也可以不跳）

下一个单步始于右脚，单步可以迈向任意方向。

滑步（"法式滑步"）

1. 左脚向左迈，"又"右脚跳向左脚。

下一滑步与此雷同，并无变化。[①]

黑色日耳曼舞：源自法国的宫廷舞蹈中最流行的就是日耳曼舞，但同时也能在乡村发现它的踪迹。其中的一种被称为黑色日耳曼舞（乐谱见图127[②]），由男女若干对围合成圆形或椭圆形舞阵进行。

［A］所有人向前做4个双步。

［B1］转身面对舞伴并握手：向后一个双步，再向前一个双步。

［B2］所有人向左做直角回转：双步向前。所有人向右转180°：双步向前。

［C］所有人转身面对舞伴。男士做两个单步和一个双步，然后在原地

[①] Jeffrey L. Forgeng, *Daily Life in Elizabethan England*, Santa Barbara, Denver, Oxford: Greenwood Press, 2010, pp. 215-217.

[②] Jeffrey L. Forgeng, *Daily Life in Stuart England*, West Port, London: Greenwood Press, 2007, p. 202.

转身。女士以此重复。

[D] 双方相互握手：顺时针做双步到舞伴处。所有人做4个滑步到大厅前端（乐师处）。所有人顺时针双步返回自己的位置，再做4个滑步到大厅后端。所有人握手：双步向后，然后双步舞伴相会。

舞蹈的第二次则由女士先跳，男士随后跟进。①

图127 黑色日耳曼舞乐谱

特伦奇摩尔舞（猎狐舞）：这是一种英国乡村舞蹈，最早在1551年被提及，此后在英国乡村和宫廷长期盛行。参加者人数不限，男女相对站立成一长列，男士在左侧，女士在右侧，队形如下：

大厅前端（乐师处）

男士　　女士

男士　　女士

---

① Jeffrey L. Forgeng, *Daily Life in Elizabethan England*, Santa Barbara, Denver, Oxford: Greenwood Press, 2010, p. 218.

男士　　女士
……　　……

一幅1618年在符腾堡宫廷的芭蕾舞演出版画就形象地展示了这种舞阵（见图128①）。

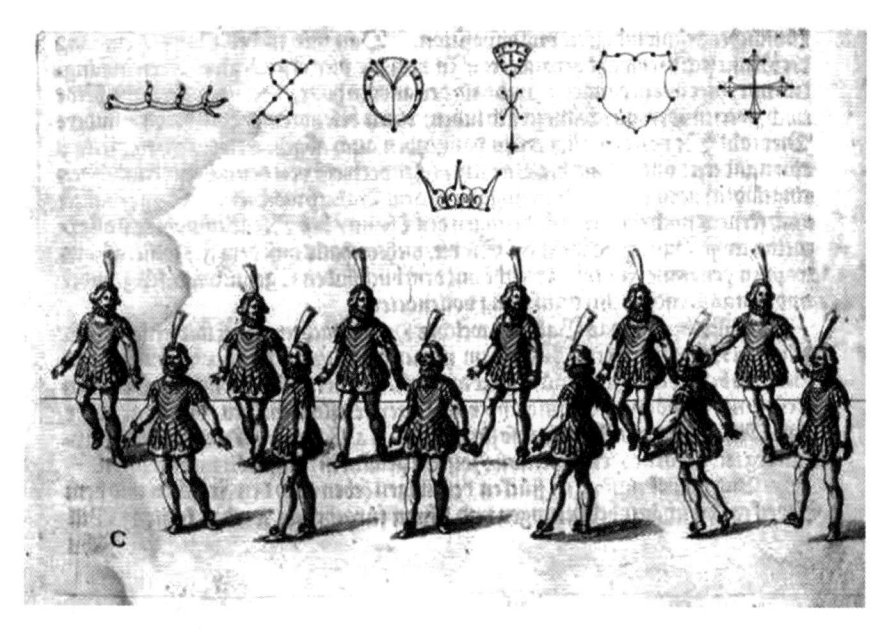

图128 德国符腾堡宫廷的芭蕾舞表演（格奥尔格·鲁道夫·维克赫林《叙述与保护》插图，费雷德里希·布伦特尔绘，符腾堡国家图书馆）

与其相配的歌曲是《明天狐狸将来到我们镇上》（见图129②），歌词大意如下：明天狐狸将来到我们镇上，当心、当心、当心、当心、当心。明天狐狸将来到我们镇上，保管好你所有的物品，我希望你们所有的邻居将狐狸从厅室内驱赶，尽其可能高呼呜噗、呜噗、呜噗、呜噗、呜噗，尽其可能高呼，保管好你所有的物品。

第1节：舞者以双步前进一次，后退两次；第一对首先开始，其他各

---

① Barbara Ravelhofer, *The early Stuart masque: dance, costume, and music*, Oxford; New York: Oxford University Press, 2006, p. 79.
② Jeffrey L. Forgeng, *Daily Life in Elizabethan England*, Santa Barbara, Denver, Oxford: Greenwood Press, 2010, pp. 212.

图 129 《明天狐狸将来到我们镇上》歌谱

对依次跟进,每对两人分别从各队外侧向内迂回;当第一对在两队尾部相会时,再前进到他们原来的位置,其他各对依次跟进复位。

第 2 节:所有舞者握手,第二队做一拱形,第一对从下通过;第一对做一拱形第三对从其下通过;当第二对通过第三对时,第一对通过第四对。以此类推,直到所有对都在其原位之后。

第 3 节:第一对与第二对交叉换位(第一位男士与第二位女士换位,第一位女士与第二位男士换位),然后相互换位;接着他们再与第三对交叉换位,然后相互换位,以此类推,直至队列的末尾。当穿插完整个队列后,他们转身与最后一对在右侧以臂相挽(男士挽着最后一位女士,女士挽着最后一位男士),然后他们在左侧相互挽臂,返回原处。

第 4 节:第一对相互牵右手交换位置,第二对相互牵左手交换位置,第三对则又是相互牵右手交换位置,以此类推,直至队列末尾。①

---

① Jeffrey L. Forgeng, *Daily Life in Elizabethan England*, Santa Barbara, Denver, Oxford: Greenwood Press, 2010, pp. 219–210.

四 假面剧舞会

除了骑士比武以外,在宫中其他形式的娱乐活动一般分为两类:一类是自娱性活动,廷臣们自己唱歌、跳舞和表演;另一类是专业艺人的表演。假面剧舞会即属第一类,在都铎王朝和斯图亚特王朝的宫廷中非常流行。假面剧舞本起源于乡村,后来却变成社会精英阶层具有寓言意味的宫廷娱乐形式。① 宫廷假面剧舞会是融诗歌、舞蹈、戏剧、服装(见图130②)和可换舞台背景(见图131③)等为一体的综合性娱乐活动,其最主要的部分是戏剧和舞蹈,最令人关注的则往往是服装。假面剧舞会最常见的一种形式如下:首先是"入场式",戴面具的人穿着适当的衣服,乘坐一辆精致的花车出场;然后是"表演",表演一场短剧或哑剧,或朗诵

图130 伊尼戈·琼森为亨利埃塔·玛丽亚王后分别在1632年、1638年和1640年设计的假面剧舞会服装(科尔陶德艺术研究中心,伦敦)

---

① [英]特拉斯勒:《剑桥插图英国戏剧史》,刘振前、李毅译,山东画报出版社2006年版,第56页。
② Barbara Ravelhofer, *The Early Stuart Masque: Dance, Costume, and Music*, Oxford; New York: Oxford University Press, 2006, p. 136, 182, 183.
③ Barbara Ravelhofer, *The Early Stuart Masque: Dance, Costume, and Music*, Oxford; New York: Oxford University Press, 2006, p. 91.

诗歌，往往带有象征或讽刺意义；最后是舞蹈，表演者和观众都可以参加。[①] 每一步都伴随着适当的音乐：入场时吹号；表演时歌唱和演奏弦乐；跳舞时则有单面鼓和三弦琴。奏乐者几乎都是专业人士，歌手常是绅士或王家礼拜堂的儿童。

图131 约翰·韦伯为1640年的一场假面剧舞会设计的舞台背景"伟大城市的郊区"（科尔陶德艺术研究中心，伦敦）

1501年为庆祝亚瑟王子的婚礼而举办了一场假面剧舞会。戴假面具的人乘两辆车而入，车辆如同两座巨山，一座植有树、灌木和花朵；另一座饰有黄金等贵重金属。一辆车上坐着18位绅士，着装怪异，另一辆车上则坐着18位女士，两辆车由金索相连。表演由绅士和女士们自己进行，男士们演奏单面鼓、诗琴和竖琴，女士们演奏古钢琴等乐器。在表演结束时，车上的山被移走，他们全都从车上下来跳舞。亨利七世从未参加过这类假面剧舞会，化装舞会通常在圣诞节等节日期间定期举办，在某些特别的场

[①] David Loades, *The Tudor Court*, Totowa: Barnes & Noble books, 1987, pp. 105–106.

第五章　宫廷的艺术生活

合也会举办。

亨利八世热衷于假面剧舞会如同热衷于骑士比武，两种活动通常融合在一起。1511年为庆祝亨利王子的出生而举办了骑士比武，在比武之后的宴会和舞蹈中，亨利八世亲自表演假面剧舞：

> 在娱乐进行到中间时，当所有人的注意力都还在舞蹈上时，国王突然出现，在场的多数人都没有认出来……他刚一出场，大厅一端的号手就吹起号来。然后一辆游车进入，一位盛装的绅士从中走出，指出车上有一座金色的藤架，里面的绅士和女士如果被允许的话是多么希望取悦王后和女士们；王后回答道她和其他人很希望看到他们和他们的娱乐；于是在游车前的巨大的挂毯被撤走，游车更走近了，金色的游车上饰有金银丝绸等制作的树木和花朵。在金色的藤架里有六位身着白色绸缎的女士，衣服上绣着金色的"H & K"（亨利国王英文首写字母）的字样……在这座花园里还有国王和五位绅士，他们身着紫色的绸缎衣服，上面也同样绣着"H & K"的字样，他们每人的名字也都以金线绣在衣服上，他们的名字依次是"聪明的忠诚"、"端正的品行"、"美好的希望"、"慷慨的赠予"、"勇敢的欲望"、"忠诚的爱情"……当时间到了，就开始了表演；然后绅士和女士成对走下；接着乐手也化妆跳舞，绅士女士跳舞，场面真令人愉快。①

假面剧舞会的创意有时出自国王自己或内廷成员，但一般情况下是由一位被认可的专家设计的，他将创意转变成动作、音乐和语言。在亨利八世统治早期，最伟大的"设计者"是威廉·考尼什，他是王家礼拜堂儿童总管。从1510年至1523年他去世，他设计了一系列精致的假面剧舞会。他最杰出也是最后设计的假面剧舞会是1522年在沃尔西为帝国大使举行的娱乐活动中所表演的"围攻舍图城堡"：有八位美丽的女士被囚禁在城堡中，她们的名字是"美丽""忠贞""仁慈""怜悯"等；城堡由八个恶魔镇守，名为"蔑视""嫉妒""嘲笑"等，由王家礼拜堂的儿童扮演；拯救者是国王和他的伙伴，通过以水果和饰物为武器的激战，他们及时解

---

① David Loades, *The Tudor Court*, Totowa: Barnes & Noble books, 1987, pp. 106–107.

围，手拉着被拯救的少女（包括国王的妹妹玛丽和安妮·博林）开始跳舞。①

然而，假面剧舞会的真正繁荣时期是在17世纪前半期的斯图亚特王朝早期。16世纪的苏格兰宫廷已确立了自己的节庆文化，其中最重要的一种便是假面剧舞会。詹姆斯六世不但亲自参加假面剧舞会，甚至还在1588年亲自创作了假面剧舞会的剧本以庆祝其表妹亨利埃塔·斯图尔特的婚礼。当他入主英格兰后，他不再亲自跳舞，但他的王后却常常参加舞会。在随后的统治中，圣诞节庆很快成为宫廷中每年最重大的事件，而且往往以一场奢侈的以《第十二夜》为题的假面剧舞会而告终。② 假面剧舞会往往成为艺术创作和财政开销的焦点，吸引了当时最杰出的艺术家：例如本·琼生、托马斯·坎皮恩、塞缪尔·丹尼尔和乔治·查普曼等诗人，伊里高·琼斯、康斯坦丁诺·德·赛尔维等设计家，阿方索·费拉伯斯科、尼古拉斯·拉尼尔、杰里·劳斯等音乐家，雅克·博坎、托马斯·贾尔斯等舞蹈家，以及一些今所不知的服装设计师。表演者有宫廷贵族、国王的仆从等。相对宫廷的总支出而言，假面剧舞会的开销并不昂贵，但影响很大，吸引了相当多的公众注意力。

观众参加假面剧舞会与其说是为了诗歌和戏剧，不如说是为了其他的乐趣，因为说讲部分只是整个晚上的很小一部分。多数时间留给了舞蹈，音乐、服装和壮观场面的效果往往令人震撼。外国大使的报告和国内的反馈表明，诗歌往往被误解、听不清或被忽视。琼生和琼斯之间著名的有关戏剧还是场面哪个更重要的争论表明了对这个问题的关注。对舞蹈和观看而言，最主要的吸引力是能轻易地看和被看到：分享宫廷成员的快乐，炫耀财富和地位，让人意识到自己属于精英阶层。假面剧舞会将宫廷成为贵族能在此感到身份认同的地方，就此而言，假面剧舞会的社会意义绝不下于其狭义的政治意义。

正如宫廷的其他娱乐活动一样，假面剧舞会在斯图亚特王朝尤其具有较强的政治功能。首先，假面剧舞会是宣传王权的工具。国王在场与否事关重大；国王在场时是舞会的中心，通过能否与国王对话、距离国王座席

---

① David Loades, *The Tudor Court*, Totowa: Barnes & Noble books, 1987, p.107.
② Martin Butler, *The Stuart Court Masque and Political Culture*, Cambridge, UK: Cambridge University Press, 2008, p.1.

第五章　宫廷的艺术生活

远近等方式来体现国王的权威和参加者的政治地位。舞会的主题强调和谐、统一和团结，多数舞会寓言的目的是将冲突升华为美学上的和谐，使国王的意志看上去不可抗拒和神圣。舞会的主题常常取材于国王的政策或时事，通过创造象征性的形式和设计寓言来鼓励君主与观众之间在这些方面的认同，努力创建一致和自信的氛围。其次，假面剧舞会是国王和臣民之间的纽带。假面剧舞会只在少数观众前表演，而且通常只表演一次。观众都是从社会精英阶层中选择的，国王正是从这个阶层选择官员的。在宫廷之外，通过印刷剧本、传阅手抄本、宫廷信差发往各郡的信件等方式，这类宫廷庆典很快就在宫廷之外广为人知了。这样，假面剧舞会就成为国王及其臣民之间的重要联结点，加强了国王和臣民之间忠诚和观念的纽带。再次，假面剧舞会还是外交活动的舞台。舞会之夜还是授予外国政权代表荣誉的机会，无论是那些临时留在白厅的高级使者，还是常驻英国的使者。尽管斯图亚特王朝的国王们竭力避免通过邀请来暗示对某国的帮助，但外交官们还是永不停息地争夺荣誉之地。通过舞会，斯图亚特王朝展示了有能力吸引世界的注意力，伦敦开始看上去与巴黎、维也纳、马德里一样是权力的中心。

　　本·琼生是斯图亚特王朝早期著名的宫廷诗人，同时也是著名的假面剧剧本的创作者，在某种程度上来说他的剧本往往被等同于詹姆斯一世宫廷的假面剧剧本。[①] 他在伊丽莎白一世时代就已经开始创作假面剧，王家礼拜堂的儿童在1600年表演了他创作的《月亮女神的狂欢》。其主题是月亮女神辛西娅的宫廷在墨邱利[②]和学者兼诗人克莱茨的主持下进行娱乐。辛西娅代表着伊丽莎白女王，面戴轻纱，犹如神圣；而克莱茨则代表着琼生自己。其他角色形成了两派对立的廷臣：由阿瑞特领导的由名士构成的女神的亲密小圈子和由阿索图斯、阿莫弗斯领导的受嘲笑的边缘圈子。后者设计陷害墨邱利和克莱茨；但最后克莱茨被命创作假面剧本来庆祝辛西娅宫廷的团结，伪君子忏悔，正义得到维护，诗人得到了认可。[③] 该剧有两个特点值得注意：一是强调正义与邪恶的斗争，正义的一方有阿瑞特

---

① Eric I. Salehi, *Refiguring Royal Spectacle: Court Masques and Court Culture on the Jacobean Public Stage*, Ph. D. dissertation, New York University, 2007, p. 113.
② 神的使者，对应希腊的赫尔墨斯（Hermes），是裘比特和玛亚的儿子，医药、旅行者、商人和小偷的保护神，西方药店经常用他那缠绕两条蛇的手杖作为标志。
③ Eric I. Salehi, *Refiguring Royal Spectacle: Court Masques and Court Culture on the Jacobean Public Stage*, Ph. D. dissertation, New York University, 2007, pp. 115–116.

（在希腊语中阿瑞特意为"美德"），以及他领导的伏龙涅西斯（智慧）、萨尤玛（奇迹）和泰姆（荣誉）；邪恶的一方有阿索图斯（放荡）、阿莫弗斯（畸形）、费拉尤蒂娅（同性恋）、凡塔斯特（幻想）等。二是强调正义获得胜利，宫廷实现团结与和谐，这几乎是以后所有斯图亚特王朝假面剧的基本特征；团结与和谐的结局实际上是在赞美国王，只有合法的国王才能带来秩序与和谐。

在詹姆斯一世时代，他创作的假面剧剧本主要有两个，即《王后的假面剧舞会》和《奥伯龙》。《王后的假面剧舞会》于1609年在宫廷表演，是琼生第五个在宫廷演出的假面剧剧本，标志着他作为宫廷诗人达到了其事业的巅峰。因为该剧受王后赞助，因此琼生在剧中抬高王后的地位和权力，在某种程度上是对詹姆斯一世权威的冒犯。该假面剧以男演员扮演的十二女巫呼唤她们的魔鬼开场。在欧洲宫廷剧中，代表狂怒与不和的魔鬼随后向他们显现，她裸臂赤脚，罩袍褶皱，头发打结，盘绕毒蛇；她手持点燃的用人骨制作的火把，以毒蛇缠绕（见图132①）。她呼唤女巫的名字，当确定集齐后，她宣称她们的目标是用她们能想到的最恶毒的不和来破坏"名声"和"荣誉"：

图132 舞台上狂怒（魔鬼）的形象。纽约公共图书馆表演艺术分馆

  我仇视这些温柔和平之果，
  我诅咒正在增长的怜悯和光明。
  让我们将其毁灭；
  让我们混淆天堂与地狱，

---

① Barbara Ravelhofer. *The Early Stuart Masque: Dance, Costume, and Music*, Oxford; New York: Oxford University Press, 2006, p. 189.

第五章　宫廷的艺术生活

让人们的本性自相残杀；
让我们破坏事物的整个内核，
让其返回它们原始的春天。①

在听完其女巫最近嗜杀的功绩后，魔鬼引领她们念了一系列符咒以给世界带来混乱和无序。当她们念咒时，她们便开始了一场圆舞②（见图133③），充满各种荒谬的变化和姿势，象征着她们的邪恶与对和谐秩序的反对。但其符咒无一成功，女巫们变得更加狂暴。正当其野蛮的狂欢达到高潮时，她们突然消失于可换的舞台背景中。代表着英雄品德的玻耳修斯从"名声之殿"降下，并带来了历史上最具美德和声望的王后们。她们中最主要的是贝尔—安娜，代表着安妮王后自己。贝尔—安娜集中了其他人所有的美德，拜其所赐，她们所有人都出现在"名声之殿"中。当玻耳修斯向国王推荐王后后，他的女儿"名声"出现并引导王后从其殿中坐入战车中，她驾车通过舞台。然后一系列歌唱和舞蹈赞美王后，"美德""名声"和其他演员退入"名声之殿"。④

有一种说法认为，在这部假面剧中琼生将安妮王后描绘成亚马逊女战士，代表着对父权制社会的反抗，体现了女性的权力。例如，凯瑟琳·施瓦兹认为，"在《女王》这部剧中，妇女和女巫包含了英雄和男性的美德，……没有为男性君主留有任何空间"⑤。哈佛大学文学史教授芭芭拉·基佛·勒瓦尔斯基指出，"（该剧）暗喻并非只是王后们摧毁了女巫的权力，王后们本身就是暴力的形象，颠覆了性别规范……王后安妮则具有所有的品质和美德，'它们每一项都是如此可怖'"⑥，因此该剧体现了"王

---

① Eric I. Salehi, *Refiguring Royal Spectacle: Court Masques and Court Culture on the Jacobean Public Stage*, Ph. D. dissertation, New York University, 2007, p. 136.

② 在16、17世纪的欧洲宫廷舞蹈中，圆舞往往与魔法和女巫相联系。

③ Barbara Ravelhofer, *The Early Stuart Masque: Dance, Costume, and Music*, Oxford; New York: Oxford University Press, 2006, p. 193.

④ Eric I. Salehi, *Refiguring Royal Spectacle: Court Masques and Court Culture on the Jacobean Public Stage*, Ph. D. dissertation, New York University, 2007, p. 137.

⑤ Katherine Schwarz, Amazon Reflections in the Jacobean Queen's Masque, *Studies in English Literature, 1500 - 1900*, 35: 2 (1995), p. 309.

⑥ Barbara Kiefer Lewalski, *Writing Women in Jacobean England*, Cambridge: Harvard University Press, 1993, pp. 37 - 38.

图133 魔法圆舞（版画）（大英图书馆）

后的价值和权力"①。但笔者以为该剧的主题不是为了体现女权，不是为了提高宫廷妇女的地位，而是为了取悦赞助他的安妮王后。剧中的贝尔—安娜代表的不是所有的王后，而只是安妮王后，他并没有将贝尔—安娜泛化为所有的王后。剧中虽然有王后们战胜了男演员扮演的女巫和魔鬼，但更强调贝尔—安娜在王后中的独尊地位——她集合了所有最优秀王后的美德。这样，她再一次将女王或王后置于假面剧的中心位置，赞颂了她们的崇高地位。

从1609年左右开始，亨利王子开始步入政治舞台。他与其父相反，热爱军事与战争，推崇骑士精神。于是很多文人开始将其作品呈献给他，以期获得其赞助；其主题往往是骑士与战争，结果在这一时期的文学和戏剧

---

① Barbara Kiefer Lewalski, Anne of Denmark and the Subversions of Masquing, *Criticism*, 35 (1993), p. 350.

中出现了"骑士精神的复兴",本·琼生的假面剧《奥伯龙》就是其中之一。该剧于 1611 年在宫廷演出。背景是一座森林,在舞台背景中间有一座巨石,一群精灵萨提聚拢在一起嘲笑几名迷人的仙女。这时短号响起,萨提们开始舞蹈。他们很快就被森林之神西勒诺斯打断了,他命令他们使用"正派的语言",他向他们解释道,今夜"如此庄严,为有精灵王子(奥伯龙)及其骑士们光彩的仪式"。当西勒诺斯引起了精灵们的兴趣后,他继续说明奥伯龙的优秀:

> 他在每一个季节、每一个地方,
> 都显得如此优雅,
> 他的脸庞如此美丽,
> 他在我们族类中是最伟大的。[1]

接着,十名男孩身着古装出现。他们列成圆队,面向詹姆斯国王,并歌颂亚瑟王的继承者詹姆斯国王、奥伯龙及其骑士。他们表演圆舞,并时常面向国王和王后。儿童和精灵只是奥伯龙出场的序幕。当奥伯龙快要出场时,背景中间的石头打开了,奥伯龙辉煌的宫殿出现了。两名守卫在宫殿门前躺着睡着了。为了将他们唤醒,精灵们唱起了一首献给月亮的歌,跳起了一种"古代的舞蹈,姿势轻柔优美"[2]。接着宫门打开,在骑士假面舞者之后,奥伯龙乘坐一辆由两头白熊驾驶的战车出场了。这时,乐师们弹起了二十把诗琴。[3] 奥伯龙呈现出古罗马战士的形象,他头戴饰有白色和深红色羽毛的头盔,身穿深红色的斗篷和短裤,一条深红色的带子穿过金色的胸膛。这身装束展现了他优美的身段和强健的腿部(见图 134[4])。当奥伯龙通过舞台时,假面剧舞者唱了一首赞美诗赞美他和詹姆斯一世。

---

[1] Eric I. Salehi, *Refiguring Royal Spectacle*: *Court Masques and Court Culture on the Jacobean Public Sage*, Ph. D. dissertation, New York University, 2007, p. 148.

[2] Eric I. Salehi, *Refiguring Royal Spectacle*: *Court Masques and Court Culture on the Jacobean Public Stage*, Ph. D. dissertation, New York University, 2007, p. 148.

[3] Barbara Ravelhofer, *The Early Stuart Masque*: *Dance*, *Costume*, *and Music*, Oxford; New York: Oxford University Press, 2006, p. 200.

[4] Barbara Ravelhofer, *The Early Stuart Masque*: *Dance*, *Costume*, *and Music*, Oxford; New York: Oxford University Press, 2006, p. 202.

最后，奥伯龙在13名宫中最优秀的舞蹈家的陪同下与不同的角色合跳了两支芭蕾舞，并伴有歌唱；直到一个代表晨星的角色出现招呼他们去休息。

在这个假面剧舞会中，国王和王后被置于舞会的中心，假面剧舞者要尽其可能面对他们。剧中还不时地歌颂国王和王子，尤其是赞颂詹姆斯一世是亚瑟王的继承者，以确定其王位的合法性。虽然精灵们在剧中代表着一种不和谐，但当奥伯龙即将出现时却都大大收敛了放肆的行为，并对他屈从和尊崇，表现出整部剧是以和谐为主题的。这样，《奥伯龙》便同样带有强烈的政治色彩。

图134 奥伯龙的服装（科尔陶德艺术研究中心，伦敦）

小　结

近代早期英国宫廷的艺术生活除了纯粹的娱乐（宫廷小丑表演的滑稽剧等）外，更多地体现了其政治功能：戏剧表演主要为了宣传都铎王朝统治的合法性，反映重大政治、外交、军事等事件，以及不同政治力量之间的斗争；音乐和舞蹈几乎是宫廷贵族的必备素质，虽然在民间也能发现这些宫中流行的艺术，但宫廷贵族的专业水平和流行程度不是民间所能比拟的，成为宫廷贵族身份认同的重要载体；假面剧舞会可以说是集戏剧、音乐、舞蹈和化妆为一体的综合性艺术活动，往往是宣传王权的工具和宫廷贵族身份认同的载体，是国王和臣民之间的纽带，也是外交活动的舞台。

第六章
宫廷的宗教生活与教育

宫廷的宗教生活不仅是宫廷贵族的日常生活，而且还影响到了整个国家的宗教信仰和政治生活，而君主的宗教信仰又主导着宫廷的宗教生活。在宫廷贵族的教育中，这一时期宫中的人文主义学者大力提倡人文主义教育，反对骑士教育；而提倡骑士教育的贵族在宫中亦有深厚的根基，骑士教育从未淡出宫廷贵族的教育之中，结果呈现出人文主义教育与骑士教育竞争与共存的格局，深刻地影响了这一时期的宫廷文化。

一 宗教生活

近代早期英国宫廷的宗教生活有专门的机构，即王家礼拜堂来管理和安排；王家礼拜堂在礼拜仪式中使用的宗教音乐和祈祷书是这一时期宗教生活的核心问题；从都铎王朝的亨利七世到斯图亚特王朝的詹姆斯一世，都对宫廷和国家的宗教生活产生了重要的影响。

(一) 王家礼拜堂的机构设置及其成员

宫廷的日常宗教生活是由王家礼拜堂负责管理和安排的。王家礼拜堂并不是指某一座具体的礼拜堂，而是指宫廷的一个机构设置，陪侍国王参加各种重大的仪式和活动，负责国王及其他王室成员的个人日常礼拜仪式和活动。王家礼拜堂的日常活动场所是宫殿中国王的御用礼拜堂。王家礼拜堂最初形成于13世纪。[1] 到了爱德华四世时代，王家礼拜堂职员有：主

---

[1] Simon Thurley, *Hampton Court: a Social and Architectural History*, New Haven: Yale University Press, 2004, p.195.

持牧师、首席牧师、法衣室警长、26名专职教士、两位礼拜堂仆人、8名儿童和一位歌手，[①]其开支直接来源于国库。随后的一个半世纪内，王家礼拜堂的机构鲜有改变，尽管其名称时有变化。在亨利八世统治末期，主持牧师有一位传道士、一位诵经者、一位司事、两位仆人和一位儿童总管等助手，此外还有10名唱诗班歌手、20位礼拜堂绅士。在玛丽·都铎的加冕礼上出现了30名绅士、两名传道士和10名唱诗班歌手。在16世纪80年代，除了主持、副主持和唱诗班总管外，还有32名绅士和12名唱诗班歌手。显然，这时的传道士和诵经者已经被归到了一般绅士行列，而仆人也不再定期领取薪水了。[②]

这些职员的职责并非十分明确。在伊丽莎白一世时代，整个唱诗班只在星期天和宴会期间演唱；平日在职的人数减半，他们往往每月一次轮流值班。在圣彼得节和米迦勒节期间的工作日和主显节、圣烛节、复活节、圣乔治日和降临节的随后一个星期是不用在职演唱的。宫廷在巡游期间，或宫廷处于那些诸如安姆特山宫和无双宫等没有礼拜堂的宫殿时，礼拜堂成员可以暂时放假。礼拜堂的主要成员只在白厅、格林威治宫、里士满宫和汉普顿宫履行职责；而在温莎城堡的圣乔治教堂有自己单独的神职人员。圣乔治教堂虽然与王家礼拜堂不同，但地位是平等的。圣乔治教堂的神职人员是不流动的，他们要常年在此服役。这两个教堂都是王室财产，不受主教管辖而直接受控于国王。

正如其他宫廷岗位一样，教堂绅士的正式薪水并不很多，在16世纪后半期每年不到12英镑，与一位军士的薪水相当。但被认可的收费和津贴加起来却达到了30英镑；此外，对这些技术娴熟的乐手来说，他们有很多机会可以在宫廷之外进行利润丰厚的表演。只有一人对自己感到非常冤屈，这就是儿童总管。1583年，儿童总管威廉·哈尼斯抱怨每天6便士的津贴不足以养活他所负责的部门，他一年40英镑的收入入不敷出。之所以出现这种情况有以下原因：儿童在宫中没有免费食宿、前任留下的债务、培训儿童或供其到大学深造的费用不菲等。

礼拜堂绅士的任期一般都比较长，辞职一般都是因为年老体衰，因为

[①] A. R. Myers, *The Household of Edward IV*, Manchester: Manchester University Press, 1959, pp. 133–139.

[②] David Loades, *The Tudor Court*, Totowa: Barnes & Noble books, 1987, p.172.

行为不端而辞职的情况非常罕见。一位名为所罗门·康普顿的人因重婚罪而在1588年被辞退。通常训斥和小额罚款就已经是绅士面临的最糟糕的惩罚。即使在1547—1561年宗教仪式的高峰期,礼拜堂职员的失误也没有明显增加。这样,他们的任期都比较长。至少有五位亨利八世时期任命的绅士在1560年仍在其岗位,玛丽加冕礼中的19位绅士一直服役到伊丽莎白时期。个别人的服役时间尤其长,约翰·费希尔从1503年到1547年一直在礼拜堂内演唱;威廉姆斯·海因斯任命于1520年,直至1566年去世;罗伯特·斯通作为礼拜堂职员出现于玛丽加冕礼上,自此以后一直工作到1613年。

礼拜堂的绅士在地位和功能上并不平等。有些人,例如罗伯特·费尔法克斯和理查德·皮格特是非常出色的乐师,他们在宫廷内外履行很多其他职责,因此他们是不用参加日常演唱的;他们这种专门的乐师与单纯的唱诗班成员有明显区别,后者常常要一直参加演唱。在16世纪初,随着音乐变得更加复杂和精致,开始出现了专门的风琴手,托马斯·塔利斯和威廉·伯德都自称"王家礼拜堂风琴手",约翰·布尔在16世纪末也被任命为这一头衔。①

(二) 礼拜堂的宗教音乐与祈祷书

截至1547年,王家礼拜堂的规程几乎没有发生多少变化。教堂的祈祷文和音乐受亨利八世离婚案和教会中王权至尊之争影响较小。较大的变化是在1544年出现了托马斯·克兰默的英语祈祷文。克兰默在他1554年10月写给玛丽一世的信中说:"考虑到拉丁语既严肃又不够清晰,我就将其改换成英语,音符照旧。但当吟诵时显得更为庄重。我这样做只是想检验一下英语在吟唱中的效果如何。"② 换言之,他采用了传统的音乐而将拉丁文换成英文。但当1549年第一本英语祈祷书出现时,很快就证明效果并不理想,因为很多牧师已经习惯于拉丁语和旧音乐的搭配,突然换成英语吟唱起来十分不畅。为解决这个问题,只有为新的祈祷文设计出新的音乐,约翰·莫贝克便在1550年推出了附有新乐谱的英文《公祷书》,并在王家

---

① David Loades, *The Tudor Court*, Totowa: Barnes & Noble books, 1987, p. 174.
② Quoted in, David Loades, *The Tudor Court*, Totowa: Barnes & Noble books, 1987, p. 174.

礼拜堂首次实行。莫贝克的曲调源自单旋律圣歌，但他将其改为以每一个音节主音对应一个音阶，并将实词的音阶拔得很高，这样就使英语显得更加清晰。这对宗教改革者来说意义重大，莫贝克的乐谱可以说是英国第一部新教徒的宗教乐曲。因此，宗教改革不是毁了而是提升了宗教音乐。

但1552年出现的第二部《公祷书》，因为在斯特拉斯堡和苏黎世一些理论家影响下宗教仪式被大大简化了，尤其是他们对祈祷文音乐非常敌视，他们认为这会分散礼拜者对圣言的注意力。在此影响下，教会音乐常常被丑化甚至毁弃。① 从此以后，王家礼拜堂的音乐活动急剧减少了。与此同时，礼拜堂的面貌随着一系列禁令而逐渐发生了变化。圣母坐像不见了，代替它的是圣徒和殉教者的肖像画；祭坛也被餐桌取代。爱德华六世非常乐意参加的布道也不是礼拜堂必须进行的活动，最多也只是礼拜仪式的组成部分。礼拜堂的日程表也大大简化了，许多诸如驱邪仪式和涂油仪式等旧仪式被废除了。礼拜堂简化了的规程只有玛丽一世时期有所恢复，并废除了1552年的《公祷书》。

伊丽莎白即位后，1552年的《公祷书》被恢复了，但因为加尔文派对英国新教徒的影响超过了苏黎世派，在做礼拜时并不反对使用音乐。在此情况下，1563年约翰·戴出版了《四章节圣诗》，这是一部音乐版的有韵圣诗；与此同时，托马斯·塔利斯也为帕克主教的有韵圣诗谱曲。这些既是合唱队的圣歌，也是公理会的颂歌，首次投入使用是在圣保罗大教堂，同时也在王家礼拜堂使用。1575年，一位意大利人描述了当时的一次礼拜仪式："女王移驾至王家礼拜堂，在那儿待了20分钟，直至仪式结束。仪式首先是由大约30人用英语八部合唱的赞美诗，然后由一单音唱诵《使徒书》，之后另一单音唱诵《福音书》，最后所有的声音一起歌唱教义。"② 路德派教徒纽伦堡公爵的秘书记述了一次在圣乔治教堂的宗教仪式："在这座教堂（圣乔治教堂），陛下听了一个多小时美妙的音乐和英语布道。音乐，尤其是风琴非常的精妙……他们的仪式与天主教徒的仪式非常相似，需要歌唱等等……"③ 这样，从此以后英国国教或安立甘教会就将音乐融入到了宗教仪式尤其是礼拜仪式中。

---

① David Loades, *The Tudor Court*, Totowa: Barnes & Noble books, 1987, p. 175.
② David Loades, *The Tudor Court*, Totowa: Barnes & Noble books, 1987, p. 176.
③ David Loades, *The Tudor Court*, Totowa: Barnes & Noble books, 1987, p. 176.

(三) 君主、宫廷与宗教

君主或其配偶的宗教信仰是公众关注的大事，这是"圣恩"广布全国的必要渠道。爱德华四世对宗教信仰比较冷漠，他对宗教的赞助也是微不足道；唯一值得一提的是他建造了圣乔治教堂，但这并不表明他对宗教信仰的虔诚，而是为了模仿勃艮第宫廷的华丽之风和骑士精神。亨利七世则竭力利用宗教来作为自己的统治工具，表现出对宗教的热情。他慷慨地发放救济品，通过购买出狱者的债务形成了常规的慈善活动。他鼓励他的母亲慷慨地施舍和赞助，他自己则为至少3万人捐赠过财物。他对宗教理论并不感兴趣，也没有参加对罗拉德派的迫害。他只有一次介入了一个异端案件，在1498年他劝说一位坎特伯雷的神父，使其忏悔了自己的错误并像一位基督徒般死去，为此他赢得了很高的声誉。此事非常可疑，因为将忏悔者烧死，即便他只是在最后时刻才做出忏悔也是不正常的，但这至少说明亨利七世已被认定为维护正统教义的模范。在亨利七世的管理下，与欧洲其他国家的宫廷比较起来，英国宫廷的宗教氛围相当浓厚，充满着严肃和高贵的色彩；信仰也都较为正统，很少有丑闻发生；亨利七世的个人品行也无可非议。[①]

亨利八世与其父有所不同，他显得年轻气盛，在宫中先后有很多情妇。他的宫廷并不怎么固守道德，与其父的宫廷相比文艺复兴的风气显得更为浓厚。他比亨利七世看起来更有学识，在其统治早期表现出对教会法，尤其是对灵魂和现世审判问题的兴趣。最早在1514年他就表现出了政教合一的思想倾向，这最终导致了他的"王权至尊"[②]。但在这一时期，他的探讨还都限于正统教义之内。1521年因受马丁·路德的刺激，他起而捍卫七项圣礼，发表《驳路德派有关七项圣礼之言论》，表现出对宗教理论之争的兴趣。在对宫廷的宗教氛围的影响上他不及王后凯瑟琳，是凯瑟琳在这一时期确立了宫廷的宗教氛围。她信仰虔诚，厉行苦修。她通常在亨利打猎时到各郡朝拜，并慷慨地赏赐。她由固守传统的母亲伊莎贝拉养

[①] Barbara Ravelhofer, *The Early Stuart Masque: Dance, Costume, and Music*, Oxford: Oxford University Press, 2006, pp. 177 – 178.

[②] G. R. Elton, *Reform and Reformation—England, 1509 – 1558*, Cambridge, Mass.: Harvard University Press, 1977, pp. 54 – 56.

第六章 宫廷的宗教生活与教育

大,无论是处于顺境还是逆境,她都不屈不挠,毫不妥协。

亨利八世和凯瑟琳都对格林威治宫的男修道院感兴趣,这里有几位王家忏悔牧师,对伦敦和希恩的加尔都西会也很有兴趣。这些机构厉行追求崇高的精神品位,加尔都西会的影响尤其大,可以在宫廷中发现其踪迹。正是希恩的加尔都西会形成了索尔兹伯里女伯爵之子雷金纳德·博勒和托马斯·莫尔的神学思想。不过,这一时期对宫廷有决定性影响的是国王的首席大臣红衣主教沃尔西。沃尔西的"灵性"标准并非如其要求的那样高,他的正统性看似也比国王要松些;他在本质上不是一个迫害者,对新教徒也比较宽容。但当国王离婚案与教派之争联系在一起时,他已经下台了。从1529年起,一方面因为安妮·博林鼓励,另一方面因为新教徒小册子的流传,清教的影响已经开始渗透进宫廷。一本名为《一位基督徒的顺从和恶魔玛蒙的讽喻》的小册子由安妮·博林送给了亨利八世,后者深受这本小册子中政治观点的影响。在随后的十年中,他形成了自己独特的"王权至尊"的概念。

1534年英国议会颁布《至尊法案》,到1540年英国教会已具有以下特点:国王是教会的最高首领,有一部英语方言圣经,没有教会房产和一部简化的日程表。在宗教改革的16世纪30年代,宫廷在宗教教义方面也开始分裂了:有些人强调传统教义的连续性;另一些人强调用人文主义来改革教义并在很多方面变革了教会的惯例,还有的人具有新教倾向。后者中很多人,例如安妮·博林和托马斯·克伦威尔已经是秘密的新教徒了。在宫廷中,有的人思想倾向接近萨沃纳罗拉[①],有的则接近伊拉斯谟[②]。这样,宫廷在1540年之前已经成为宗教论战的中心,国王身边的不同政治派别也都披上了意识形态的外衣。尤其是到了1543年之后,政治斗争最常见的形式就是指控对手为"异端"来打击对手。当时的两大政治势力一是牛津大学校长、后任玛丽一世大法官的斯蒂芬·加德纳,具有人文主义倾向;另一势力是王后凯瑟琳·帕尔和坎特伯雷大主教托马斯·克兰默,具

---

① 萨沃纳罗拉,多明我会修士,佛罗伦萨宗教改革家。从1494年到1498年担任佛罗伦斯的精神和世俗领袖。他以反对文艺复兴艺术和哲学,焚烧艺术品和非宗教类书籍,毁灭被他认为不道德的奢侈品,以及严厉的布道著称。他的布道往往直接针对当时的教皇亚历山大六世以及美第奇家族。

② 文艺复兴时期荷兰的人文主义学者,倡导古典文学、抨击教会弊端,但并不反对罗马教会和教皇,甚至撰写《论自由意志》来反对路德的"因信称义"。

有新教倾向。斯蒂芬为打击对手，在16世纪40年代初指责托马斯·克兰默为"异端"，并因受到国王支持而获胜。而在1544年，他的对手又指责他是"异端"，反对王权至尊。斯蒂芬甚至在1546年组织了对王后凯瑟琳·帕尔的谋杀，[①] 因为后者公开宣扬自己的新教观点，在王后向国王屈服后她才免遭谋杀。亨利八世也许既不信新教，也不是人文主义者，他最相信的是他的宗教至尊地位，因此他既需要利用克兰默等人来宣扬自己的至尊地位，也需要斯蒂芬来表明自己信仰的正统性。这就是两派互相斗争而最终都受国王保护的原因。

与亨利八世不同，爱德华六世和玛丽一世都以对宗教信仰的虔诚而著称，玛丽一世在那些外交官和来访者中表现得尤其如此，并在爱德华六世时期坚持自己的礼拜仪式。当玛丽一世即位后，天主教在某种程度上被恢复了：爱德华六世时代的宗教仪式被废除，教士重新要保持独身，恢复耶稣受难像和圣徒像，恢复罗马正教的祈祷书。但另一方面，她却没有试图全面恢复宗教改革前的状态：玛丽一世保留了国王在教会中至尊首领的地位；教皇权威和罗马教廷秩序只在非常有限的范围内恢复了；没有恢复教会的财产；她个人从未去朝拜圣物和圣地；圣徒传记也未再发行；英语圣经继续由官方推行。更能引人深思的是，玛丽并非我们通常认为的那样"血腥"地彻底地迫害新教徒。玛丽虽然没有将新教徒在宫中置于高位，其亲近的人也都是天主教徒，但仍有很多秘密的新教徒留在宫中，甚至著名的新教徒昂德希尔在宫中一直服役到1555年。在职位较低的宫廷仆役中，更有很多人直到玛丽统治末期还为信仰而陷于困境。[②]

由于玛丽时期并没有全面恢复天主教，大大便利了伊丽莎白在1559年之后将并非彻底的天主教徒改造成了安立甘教徒。伊丽莎白从小就生长在宗教改革的思想环境下，这种改革倾向很容易转向新教主义。她即位后将与其有相似背景和宗教倾向的人网罗在身边，她还鼓励伦敦市民组织新教徒的游行活动。但另一方面，她却喜欢在公共礼拜中的华丽仪式，敌视清教主义。她甚至还很严肃地考虑过与两位天主教徒结婚。[③] 由此看来，她很明显希望自己有选择信仰的空间，以使所有英国人效忠于她。但自1570

---

① David Loades, *The Tudor Court*, Totowa: Barnes & Noble books, 1987, p. 180.
② David Loades, *The Tudor Court*, Totowa: Barnes & Noble books, 1987, p. 182.
③ David Loades, *The Tudor Court*, Totowa: Barnes & Noble books, 1987, p. 182.

年之后，随着她统治的稳固，她在宗教上的这种选择性已经没有必要，宫廷中也不再容忍秘密的天主教徒。到其统治中期，王室成员的信仰很明显已经是新教了，尽管她保留了一些奢华的宗教仪式。女王不喜欢教士，尤其是结婚的教士，她很少将主教们作为自己的亲信。这样，她的宫廷的精神和文化生活相对于以往历届国王的宫廷显得更加世俗化；这样，一位欧洲教权最高的国王却主持着一个欧洲最世俗化的宫廷。

詹姆斯一世在苏格兰时已经逐渐形成了"君权至上"的观念，他在《皇帝的天才》和《自由君主制的正确规范》两文中表达了自己的君主专制思想。这种君主专制思想直接影响到了他的宗教思想，即"君权神授"：上帝授予他在英格兰以绝对统治权，正如上帝对世界拥有绝对统治权一样。① 在他看来，"宗教改革是件坏事情，因为它宣扬平等，而平等是秩序和秩序奠基者统一的大敌"②。因此他对新教，尤其是加尔文派和清教派十分痛恨。这两派都要求取消主教制，也就否定了主教们的领袖国王的至尊地位，以至于他提出"没有主教，就没有国王"③的观点。这样，他在位时便一方面宽容天主教、竭力维护国教的统一，另一方面则压制和打击清教等新教派别。查理一世即位后，在继承了詹姆斯一世"君权神授"的基础上接受了国教中"劳德派"的主张并推及全国。劳德派以坎特伯雷大主教劳德为代表，鼓吹君主不是历史的选择，而是由上帝指派的；王权就是上帝旨意的体现，其权威不容侵犯。④ 这样就形成了系统的"君权神授"理论。在此情形下，英国宫廷中出现了对王权的崇拜。

二 人文主义与宫廷教育

15世纪末和16世纪的英国宫廷文化经历了从骑士文化到人文主义文化演变的过程，骑士文化逐渐衰落了，但却并没有完全淡出，而人文主义

---

① R. Malcolm Smuts, *Court Culture and the Origins of a Royalist Tradition in Early Stuart England*, Philadelphia: University of Pennsylvania Press, 1987, p. 231.
② [苏] 叶·阿·科斯明斯基、雅·亚·列维茨基主编：《十七世纪英国资产阶级革命》（上），何清等译，商务印书馆1990年版，第103页。
③ Robert Southey, *The Book of The Church*, vol. II, London: 1824, p. 321.
④ R. Malcolm Smuts, *Court Culture and the Origins of a Royalist Tradition in Early Stuart England*, Philadelphia: University of Pennsylvania Press, 1987, pp. 231–235.

近代早期英国宫廷文化研究（1485—1714）

文化正在逐渐兴起。忽视这一时期宫廷文化双重特征的人往往误以为这一时期在文化上英国宫廷是文艺复兴的王宫，[1] 这显然是片面的。宫廷文化的这种特征一方面与这一时期欧洲宫廷文化的整体特征相关联，另一方面与宫廷教育的人文主义化有着极大的关系，而主导宫廷文化取向的国王及其子女的教育则显得更加重要。

（一）15 世纪末的宫廷教育

在 15 世纪末，英国宫廷文化带有更多的勃艮第宫廷的骑士文化色彩，受此影响英国君主对人文主义并不感兴趣，宫中很少有杰出的人文主义学者；在宫中占统治地位的是教会学者，而教会学者对宫廷的影响也非常有限。教会学者自 14 世纪以来一直存在于宫中，但 1420 年以后他们的影响大大衰落了。亨利五世和亨利六世一直对神学感兴趣，但并无显著的学术成就。在爱德华四世时期，宫廷中的诸如伍斯特伯爵约翰·提普多夫特和里弗斯伯爵安东尼等贵族对意大利人文主义感兴趣，并精通古典拉丁语，但他们对宫廷的精神生活并无任何成就。有许多高级教士同样文化水平很高，对教育也很热心，但没有一个人对国王有影响，除非是非常间接的方式。[2] 在此情形下，这一时期英国宫廷教育主要以骑士教育为主。

在 15 世纪末，宫廷是贵族青年的教育中心，其主要内容就是培养一名合格的骑士。据约翰·弗特斯克说，贵族青年在宫中接受"体育、道德和礼貌"的教育。[3] 爱德华四世的家庭秩序书确认，总共有 50 名贵族青年在一位侍从教师的指导下参加宗教活动，用英语和拉丁语读和说，骑马、狩猎、射击、比武和佩戴盔甲，懂得餐桌礼仪，演奏竖琴和管笛，唱歌和跳舞。与此同时，他们从其语法教师那里了解了一些粗浅的拉丁语知识，这清楚地表明他们的教育主要是骑士的教育。[4] 多数贵族青年是通过纪尧姆·费拉的《金羊毛》（1470 年）接触到古典世界的，勃艮第的宫廷文学

---

[1] [英] F.E. 霍利迪：《简明英国史》，洪永珊译，江西人民出版社 1985 年版，第 45 页。
[2] David Loades, *The Tudor Court*, Totowa: Barnes & Noble Books, 1987, p. 114.
[3] John Fortescue, *De Laudibus Legum Anglie*, ed., S. B. Chrimes, Cambridge: Cambridge University Press, 1942, p. 110.
[4] A. R. Myers ed, *The Household Order for Edward IV*, Manchester: Manchester University Press, 1959, pp. 126 – 138.

第六章　宫廷的宗教生活与教育

应用古代传说、史诗和历史来支持当代的礼仪准则。① 另外，15 世纪英国宫中最流行的文学是特里斯坦的浪漫传奇，这些浪漫传奇强调国王必须经受武艺和礼貌培训以成为一名完美的骑士。此外，骑士还被要求参加许多仪式和活动来彰显自己的骑士身份，一位英国骑士应能唱歌跳舞，渴望被选入圣乔治骑士团。②

爱德华四世自己的教育如其他年轻贵族的教育一样，主要集中在武艺和社交礼仪上，作为国王，他的法语水平常被评论，他或许还有一些传统拉丁语的基础知识，以上也是他在自己的家庭中所提供的教育类型。当时宫中有三位家庭教师，一是侍从教师，负责教授国王侍从有关英国的知识、骑马、礼仪等，地位最高。第二名是语法教师，负责教授国王侍从、王室礼拜堂儿童以及任何宫中的儿童和成人以语法；语法课程是人文主义教师所反对的，古典学者对此毫无兴趣。第三名是歌唱教师，其职责限于王室礼拜堂并是其中一员。爱德华五世在这种教育下以及在其母亲的法国文化影响下，他可以阅读许多法语译本的意大利书籍。③

亨利七世所受教育与爱德华四世所受教育相差不大。当他 14 岁时他的正规学校教育几乎已经完成，那时他的叔叔亚斯佩尔在 1471 年带他来到布列塔尼。在那之前他从 1461—1469 年最主要的成长期是在赫伯特勋爵威廉家中度过的，在那里他受到了成长所必需的各种礼仪教育。赫伯特家族及其多数高级仆从都说英语，法语则是礼貌和骑士用语。1495 年亨利七世任命了一位意大利人彼得罗·卡莫里安诺作为他的拉丁语秘书，但这只是例外情况。桂冠诗人和亨利王子的家庭教师伯纳德·安德烈也是一位学者，但不是人文主义者。亨利的其他家庭教师，例如约翰·斯凯尔顿则按勃艮第风格写了一些"礼仪"书。当 1499 年伊拉斯谟在托马斯·莫尔陪同下访问亨利七世的宫廷时，他很礼貌地称赞了很多事情，但并没有提及人文主义的情况。④ 可见这一时期骑士教育仍主导着宫廷教育。

到 1505—1506 年伊拉斯谟再访英国时，宫廷教育正在发生变化。正如

---

① Gordon Kipling, *The Triumph of Honour: Burgundian Origins of the Elizabethan Renaissance*, The Hague: Leiden University Press, 1977, p. 23.
② Thomas Betteridge and Anna Riehl, *Tudor Court Culture*, Selinsgrove [Pa.]: Susquehanna University Press, 2010, p. 45.
③ David Loades, *The Tudor Court*, Totowa: Barnes & Noble Books, 1987, pp. 114 – 115.
④ David Loades, *The Tudor Court*, Totowa: Barnes & Noble Books, 1987, p. 116.

一位佚名作者的《贵族手册》所指出的，出身贵族的年轻人开始对"礼貌之事"关注起来。亨利七世的儿子们，尤其是亚瑟王子，已经能广泛阅读拉丁语古典作品了，据他的家庭教师、诗人和历史学家伯纳德·安德烈称，他曾读过 25 本拉丁语书籍，其中包括维吉尔、西塞罗、李维、奥维德、修昔底德和维罗纳的里诺等人的书。1499 年亚瑟王子写给阿拉贡的凯瑟琳的拉丁语书信集便是一种僵硬和华丽的新古典主义文法。①

玛格丽特·蒲福负责组织对亨利八世的教育，她的朋友和顾问约翰·费希尔对人文主义学者非常感兴趣；约翰·斯凯尔顿和霍恩可能就是在他的建议下从剑桥大学聘来的。截至 1500 年，英国宫廷已经有了像林纳克和科利特这样的杰出人文主义学者。② 其中诗人约翰·斯凯尔顿对亨利八世的教育影响较大，他为其学生未来的亨利八世准备了一部拉丁语道德箴言集，即"Speculum principis"（创作于 1501 年，呈献于 1509—1512 年），这是从"Disticha Catonis"（三世纪拉丁语箴言集）、圣经和瓦勒留·马克西姆斯的秘史中摘录的。瓦勒留·马克西姆斯的秘史和三世纪拉丁语箴言集都是伊拉斯谟为早期拉丁语法和写作而推荐的，故伊拉斯谟在很多场合称赞了斯凯尔顿为教育亨利王子而做出的努力。③

不过，这一时期的宫廷教育仍然以传统的骑士教育为主。斯凯尔顿虽然是人文主义者，但与此同时他也传授传统的勃艮第文化。他或许曾经使用一本 15 世纪中期的小册子《贵族的教育》（*Enseignement de vraie noblesse*）和一本 13 世纪的译文《兰斯游吟诗人的纪录》（*Recits d'un menestrel de Reims*）来教育亨利，指明王公的职责。贾尔斯·韦斯还教授亨利法语，他随后将法语视为具有独特性和高雅性的语言，而不仅仅是学习完美的古典拉丁语的前奏。在对亨利的培养中，非常突出骑士训练，他对音乐、舞蹈、骑马、狩猎和比武表现出极高的才能。因此，当成年的亨利八世希望被视为博学的神学家和杰出的艺术赞助人时，他的心或许还停留在比武场上。④

---

① Thomas Betteridge and Anna Riehl, *Tudor Court Culture*, Selinsgrove [Pa.]: Susquehanna University Press, 2010, p. 45.
② David Loades, *The Tudor Court*, Totowa: Barnes & Noble Books, 1987, p. 116.
③ Thomas Betteridge and Anna Riehl, *Tudor Court Culture*, Selinsgrove [Pa.]: Susquehanna University Press, 2010, p. 45.
④ Thomas Betteridge and Anna Riehl, *Tudor Court Culture*, Selinsgrove [Pa.]: Susquehanna University Press, 2010, pp. 45 – 46.

（二）北欧人文主义者及其对教育改革的呼吁

在亨利八世统治的前20年，北欧人文主义者为英国宫廷教育提供了一系列参考书。在他们的著述中，伊拉斯谟、比韦斯、帕斯和莫尔声称那些生而为国家服务的人不应学习狩猎和鹰猎，而应受到自由教育，尤其应受到"美好文学"（Good Letters）的教育，这门课程强调学习拉丁语和希腊语语法、修辞法以及古典作品，因为这类作品是真实的和经验的，它们的思想是奠基于人们的生活的。

意大利和法国的人文主义者论述王室教育，经常高度赞扬华丽，认为军事荣誉是王公应当追求的价值。因此，除了"美好文学"外，他们认为宫廷教育还应包括传统的骑士训练。他们的言论遭到了包括伊拉斯谟、莫尔和帕斯等在内的北欧人文主义者的攻击。被托马斯·莫尔称之为"希腊派"的学者们认为骑士训练培养了宫廷中对战争和财富的热爱。伊拉斯谟的讽刺作品《格言集》（1518）和莫尔的《乌托邦》《讽刺短诗》常常攻击动物式的胃口和骑士传统，认为它们使人无视战争的真正后果。多米尼克·巴克-斯密斯谴责了1513年亨利八世对法国的入侵和詹姆斯四世不负责任地突袭英格兰并导致弗洛登战役。这场战役的死难者詹姆斯的私生子亚历山大·斯图尔特是伊拉斯谟非常喜爱的学生。

北欧人文主义者声称，只有将"美好文学"完全替代骑士和宫廷成就才能打破自负传统，驯化未来统治者野蛮的爱好。在《基督教要义》中伊拉斯谟坚持认为"王公的名声、伟大和高贵不是由特权等级的炫耀而是由智慧、诚实和正确的行动来树立和维持的"①。这类"吵闹的炫耀"包括军事训练、演奏乐器、鹰猎和狩猎，"还有什么能比从以下成就来评判一位王公更愚蠢的：优雅地跳舞，熟练地掷骰子，毫无节制地海饮，夸耀自己并沉溺于奢靡之风"。这些对"华丽"的炫耀使统治者追求外在的表现而非内在的价值。区分"一位真正的国王和一名演员"是非常重要的。更重要的是这些宫廷活动养成了惰性，使王公疏离于他的职责。②最需要批评的是骑士训练和狩猎鼓励了可憎的黩武主义。一位真正的基督教王公宁愿

---

① Desiderius Erasmus, *The Education of a Christian Prince*, New York: Norton, 1964, p.14.
② Desiderius Erasmus, *The Education of a Christian Prince*, New York: Norton, 1964, pp.15, 17, 46-47.

伤害其国也不愿伤害其民。总之，骑士价值使王公"行如暴君"，他们的游戏是以牺牲其臣民为代价的。

在托马斯·莫尔《乌托邦》第一部中希斯拉德严厉批评了欧洲的好战君主，指责他们"自小就受错误观念的熏染了"①。在第二部中，他专门批判了狩猎和战争，他认为狩猎会腐蚀人们的品德，不宜于自由公民。② 战争则是"唯一适宜于野兽的活动，然而任何一种野兽都不像人那样频繁地进行战争"③。在《乌托邦》中莫尔强调只有理性才能将人的本性引向正当高尚的快乐，人才因此而幸福。④ 而要达到这一点可以阅读希腊的道德哲学著作。理查德·帕斯则在其著作中严厉批评了懒散无知的贵族，他们将闲暇滥用而不学无术，结果他们不能胜任外交事务和行政事务；他甚至警告道，有学问的乡村小孩将会取代他们。比维斯也劝告亨利八世骑士精神会导致其贵族没有统治能力。除非他们放弃刀剑拾起笔杆，否则便会"牺牲公共利益而服务于他们的个人兴趣，幻想着他们愚蠢的对自由的理解，而这不但不能使其自由反而会将其引向邪恶"⑤。

此外，人文主义者还抨击骑士文学。比维斯禁止妇女并劝说男士不要阅读有关特里斯坦、兰斯洛特、皮拉缪斯和忒斯彼的传奇故事，因为"这些书是由懒散的、无心的和无知的人写的，他们是恶习和不洁的奴隶；我认为这些书中吸引我们的无非是些下流无礼的东西"⑥。伊拉斯谟同样谴责亚瑟王和兰斯洛特的传奇故事，认为这些传奇故事"不但颂扬暴君，而且没有学识"⑦。

通过批判骑士教育和宣扬人文主义，他们逐渐开始受到重视并得到支持。1518年亨利八世和阿拉贡的凯瑟琳支持帕斯、莫尔和伊拉斯谟等人在牛津大学研究希腊语的请求。玛丽的母亲阿拉贡的凯瑟琳则早已开始支持

---

① [英] 托马斯·莫尔：《乌托邦》，商务印书馆2008年版，第33页。
② [英] 托马斯·莫尔：《乌托邦》，商务印书馆2008年版，第78—79页。
③ [英] 托马斯·莫尔：《乌托邦》，商务印书馆2008年版，第96页。
④ [英] 托马斯·莫尔：《乌托邦》，商务印书馆2008年版，第74—75。
⑤ Thomas Betteridge and Anna Riehl, *Tudor Court Culture*, Selinsgrove [Pa.]: Susquehanna University Press, 2010, p.48.
⑥ Thomas Betteridge and Anna Riehl, *Tudor Court Culture*, Selinsgrove [Pa.]: Susquehanna University Press, 2010, p.49.
⑦ Desiderius Erasmus, *The Education of a Christian Prince*, New York: Norton, 1964, p.61.

人文主义者，她在1512年任命伊拉斯谟的英国赞助人芒乔伊勋爵威廉·布朗特作为其宫务大臣。更为重要的是，从此以后亨利八世子女的教育更多是受到了人文主义的教育。当然，亨利八世之所以开始支持人文主义也与当时的潮流有关。自1513年法国入侵意大利后，意大利人文主义开始成为法国宫廷文化的新宠，从此人文主义开始引领欧洲宫廷文化。如果亨利八世想在欧洲舞台上竞争，他也不得不在宫中容纳人文主义以赢得声望。

（三）亨利八世时期的人文主义及其子女的教育

亨利八世在沃尔西和阿拉贡的凯瑟琳的帮助下，逐渐在宫中汇集了一批人文主义学者。约翰·科利特是当时英国人文主义的领袖人物，在宫廷支持下出任圣保罗教堂的主持并建立了声望很高的学校；理查德·帕斯则长期出使他国；托马斯·林纳克受聘为宫廷音乐家；威廉·布朗特则是凯瑟琳的宫务大臣；[①] 托马斯·莫尔成为亨利八世的大法官。这样，他在某种程度上便赢得了知识和学问赞助人的名声。伊拉斯谟在1519年写给其朋友的一封信中说："如果我们国家能有像英国那样的一位王公，学问就会在这里获得胜利……他公开显示自己是一位美文的赞助者，他平息了所有的争论。所有的研究都被约克大主教提升了，他心怀仁慈，诚邀所有热爱学问的人……国王的宫廷汇聚了比大学数量还多的富有学识的人。"[②]

实际上，伊拉斯谟的热情赞颂只是夸大和溢美之词。当时英国的人文主义领袖约翰·科利特确实获得宫廷的赞助，具有晋升圣保罗大教堂主持的优先权，并得到建立著名学校的鼓励，但他并不是宫廷一员。理查德·帕斯也不是宫廷中人，他的多数时间花在外交使命上。托马斯·莫尔当时还只是偶尔到访宫廷而并不是一位廷臣。在亨利八世统治早期有两人确实在宫中树立了人文主义，这就是托马斯·林纳克和芒乔伊勋爵布朗特。林纳克在1501年曾短暂出现在亚瑟王子的宫中，在亨利八世登基后不久被任命为王家医生，随后成为出生于1516年的玛丽公主的家庭教师。芒乔伊勋爵是颇具名望的学者赞助人，在1509年成为凯瑟琳的宫务大臣，随后与她的一位西班牙女仆结婚。他对人文主义的态度有些矛盾，尽管他推崇学

[①] David Loades, *The Tudor Court*, Totowa: Barnes & Noble Books, 1987, p. 118.
[②] David Loades, *The Tudor Court*, Totowa: Barnes & Noble Books, 1987, pp. 115-116.

问，甚至更多的是称许人文主义的影响，但从根本上来说他对他们的和平主义和启蒙思想鲜有同情。① 可见当时人文主义虽然在宫中影响较大，但并没有占据主导地位，而这种形势深刻地影响了亨利八世子女的教育。

玛丽公主和里士满公爵亨利的教育与人文主义的教育理念颇为接近。他们的学校教育表明伊拉斯谟和比维斯的教育思想在宫中影响很大。两人都由熟稔"美好文学"的教师授教：学者和教士理查德·费瑟斯顿在1525年左右受命教育玛丽；杰出的语法学家约翰·巴拉丁和外交官与希腊语学者理查德·克罗克分别于1525年和1527年成为里士满公爵的教师。玛丽学习了托马斯·林纳克的《初级语法》和比维斯的《儿童学习手册》，这两部书都是献给玛丽公主的，伊拉斯谟称赞了玛丽在拉丁语语法上的进步。里士满公爵学习了拉丁语写作和意大利书法，他可以用拉丁语给其父亲和沃尔西写信；在其老师的指导下，他阅读了大量伊拉斯谟为初学拉丁语所推荐的著作，包括特伦斯和维吉尔的著作。② 然而，玛丽和里士满公爵都没有被推荐北欧人文主义者最喜爱的学科古典希腊语，他们甚至被建议要学习一些传奇故事，这表明骑士教育的思想仍然在宫中存在。

爱德华王子的学校教育始于1544年。从1545年开始，由理查德·考克斯、约翰·奇克和威廉·格林德等人文主义学者组成了一支专业的教师队伍；一同接受他们教育的除了爱德华王子以外，还有王子的伙伴亨利·布兰登（1545年其父死后袭爵萨福克公爵）、巴纳比·菲茨帕特里克（奥蒙德伯爵一个表亲）、哈斯廷斯勋爵、罗伯特·达德利、托马斯·霍华德勋爵、拉姆利勋爵和芒乔伊勋爵等人，③ 共计有14人。对这些最大只有七八岁的孩子要求非常严格，主要讲授比维斯和伊拉斯谟的学问。源自威廉·里利权威之作的新式拉丁语法看似要做特别准备，卡托和伊索大量采用了这种语法。同时还阅读圣经，学习官方教义问答书。爱德华的正规教育持续到1551年夏，那年他14岁。到那时他对新教教义的忠诚，他对拉丁语和法语的熟练程度和他希腊语的基础知识，从其自己的写作中得到了

---

① David Loades, *The Tudor Court*, Totowa: Barnes & Noble Books, 1987, p. 116.
② Thomas Betteridge and Anna Riehl, *Tudor court culture*, Selinsgrove [Pa.]: Susquehanna University Press, 2010, pp. 50–51.
③ James McConica, *English Humanists and Reformation Politics under Henry VIII and Edward VI*, Oxford: Clarendon Press, 1965, pp. 217–218.

证实。根据那些无须恭维他的人的说法,他在某些世俗学科上的表现也很好,尤其是数学和宇宙结构学,并正开始对国务表现出积极和明智的兴趣。①

伊丽莎白在11岁或12岁时受教于罗杰·阿斯克姆。到13岁时她对意大利语和希腊语如同对拉丁语和法语一样熟练,并向国王和王后呈献了许多她自己的译作:从法语翻译成英语的《有罪灵魂的错误》,从英语翻译为拉丁语、法语和意大利语的《祈祷文或诵读》,从拉丁语翻译为法语的《信仰对话》。②爱德华登基之后,她在阿斯克姆、简·巴尔曼和巴普蒂斯特·卡斯蒂廖内的指导下继续学习,直到1550年早期她被授予一处真正独立的地产为止。1550年阿斯克姆返回剑桥大学标志着她的正规学校教育的结束。

虽然亨利八世的子女们接受了人文主义的教育,甚至取得了很大的成就,但实际上他们的骑士教育同样甚至更为受到重视。玛丽和里士满公爵都受到了精心的骑士教育,而这正是人文主义者所谴责的。玛丽学习了音乐和舞蹈,而比维斯和伊拉斯谟则禁止真正的基督教妇女学习音乐和舞蹈。据1520年7月2日为玛丽与法国皇太子的订婚而到里士满宫拜访玛丽的三位法兰西斯一世的绅士的说法,玛丽接待他们时"面容姣好,举止得体,在闲暇时演奏键乐器"③。1527年她的舞蹈取悦了另一支法国使团,他们部分是为了玛丽与弗朗索瓦或奥尔良公爵亨利之间的订婚而来英国宫廷的。为与西班牙的菲利普订婚她甚至还亲自参演了一部假面剧。比维斯和伊拉斯谟坚持认为,在公共场合跳舞有失贞洁,但玛丽的表演却被认为对其择偶非常重要,因为她能借此来表现自己能为其未来丈夫的宫廷增添光彩。④

人文主义学者和教师经常抱怨宫中的骑士教育。1525年里士满公爵的第一位教师约翰·巴拉丁向莫尔抱怨道,他给里士满公爵的课程常因运动而被打断。每天都有许多人来说里士满公爵应该与他们一起去射箭、狩

---

① David Loades, *The Tudor Court*, Totowa: Barnes & Noble Books, 1987, p. 122.
② James McConica, *English Humanists and Reformation Politics under Henry VIII and Edward VI*, Oxford: Clarendon Press, 1965, p. 231.
③ David Loades, *Mary Tudor: A Life*, Oxford: Basil Blackwell, 1989, pp. 19-20.
④ Thomas Betteridge and Anna Riehl, *Tudor Court Culture*, Selinsgrove [Pa.]: Susquehanna University Press, 2010, p. 51.

猎、鹰猎和骑马。在1527年7月,继任的克罗克请求沃尔西命令公爵的学习"不应该被各种无聊危险的运动打断"。像帕斯和伊拉斯谟一样,公爵的教师们为公爵对狩猎的爱好而担心,他们甚至警告公爵,如果他不学习,他对其父的统治毫无用处。1527年克罗克声称乔治·科顿在公爵及其同学本应上课的时间中带他们去射箭。1528年克罗克写给沃尔西的一封信中指责家务大臣威廉·帕尔爵士为公爵树立了很坏的榜样,他本人懒散并迷恋狩猎。①

然而,科顿和帕尔面对人文主义者的指责无所畏惧,他们甚至鼓励公爵及其同学嘲弄他们的老师,在教堂称他为"臭名昭著的无赖,专横放肆并且充满愤怒"。科顿嘲弄了那些熟稔罗马文学的人;当里士满公爵因其语法错误而受老师批评时他为其辩护。② 实际上,科顿和帕尔是希望公爵能接受传统的骑士教育,对他们而言,里士满公爵的骑士和运动兴趣有比熟悉拉丁语更多的外交价值。因此当巴拉丁和克罗克试图将骑士教育从里士满公爵的课程中删除时,他们遭到了嘲笑和讽刺。

科顿和帕尔等人之所以敢于嘲弄人文主义者是与国王和宫中的骑士风尚密切相关的。亨利的宠臣在内廷坚持了骑士文化,而国王本人深受骑士文化的影响。当克罗克向科顿说沃尔西要让公爵留在室内读书时,科顿便讽刺道:"如果国王不赞成,红衣主教大人是不敢坚持他的命令的。"③ 在此情形下,沃尔西和人文主义者被迫缓和他们的要求。因为亨利八世不可能反对骑士文化,因此伊拉斯谟的理想在英国宫廷便很难实现。

截至1526—1527年,克罗克和玛丽的教师费瑟斯顿不再坚持伊拉斯谟和比维斯的理想,他们开始向其对手学习,将学习作为一种炫耀的手段。克罗克建议沃尔西里士满公爵不应为其来访者展示骑术,而应展示他的学问;他还确信公爵给其父和沃尔西常写的信用的是一种完美的意大利书法,展示了他在书法上的进步。玛丽也常被鼓励炫耀她的语法技巧,1527年她的译作《托马斯·阿奎那的祈祷文》流行一时,许多博学的廷臣对其

---

① Thomas Betteridge and Anna Riehl, *Tudor Court Culture*, Selinsgrove [Pa.]: Susquehanna University Press, 2010, pp. 51–52.

② Thomas Betteridge and Anna Riehl, *Tudor Court Culture*, Selinsgrove [Pa.]: Susquehanna University Press, 2010, p. 52.

③ Thomas Betteridge and Anna Riehl, *Tudor Court Culture*, Selinsgrove [Pa.]: Susquehanna University Press, 2010, p. 53.

第六章　宫廷的宗教生活与教育

称赞有加。① 从1520年开始所有王室儿童受教都是为了在宫中炫耀他们的学识。

这样，宫中的人文主义教育到了16世纪20年代以后便成了炫耀王公贵族的学识以抬高自己威望的手段，到了17世纪初依然如此。斯图亚特王朝的詹姆斯一世甚至直接明了地认为，对亨利王子的教育来说，修辞和诗歌与鹰猎、狩猎和比武属于同类；如果运用得当"这些无关痛痒的事情"能够吸引臣民，通过炫耀自己的艺术技艺和爱好能得到他们的善意和顺从。②

小　结

宗教生活在近代早期英国宫廷的精神生活中占有核心位置：由宫廷专设机构王家礼拜堂负责管理和安排；宗教改革后，围绕王家礼拜堂的宗教音乐与祈祷书问题，各宗教派别展开了激烈的斗争，并反映了不同时期各宗教派别势力的消长；宗教信仰是近代早期英国最大的政治之一，与王权等纯政治问题融为一体，这使宫廷往往成为宗教论战的中心和政治斗争的中心，国王的信仰在宫廷中具有引领作用，而国王身边的不同政治派别也都披上了意识形态的外衣。近代早期英国的宫廷教育反映了这一阶段英国宫廷文化的特殊性，即中世纪的骑士文化和文艺复兴的人文主义文化竞争共存：亨利八世统治之前，虽然出现了人文主义教育，但仍以骑士教育为主；到了亨利八世统治期间，在北欧人文主义者的呼吁下，人文主义教育大受重视，在王室成员的教育中取得了较高成就，但骑士教育依然盛行不衰；无论骑士教育还是人文主义教育，都是君主及王室成员提高声望、标识身份和加强统治的手段，因此骑士文化和人文主义文化才能竞争共存。

---

① Thomas Betteridge and Anna Riehl, *Tudor Court Culture*, Selinsgrove [Pa.]: Susquehanna University Press, 2010, pp. 53–54.
② Johann Sommerville, ed., *James VI and I : Political Writings*, Cambridge; New York: Cambridge University Press, 1994, p. 59.

第七章
宫殿的室内装饰艺术

与这一时期辉煌的宫殿建筑相应的是宫殿华丽的室内装饰艺术。英国宫廷与欧陆宫廷之间频繁的交往为英国宫殿的室内装饰艺术带来了新的风格，尤其是受意大利仿古风格或"奇异风格"装饰艺术影响较深，因此近代早期英国宫殿室内装饰最主要的创新便是"奇异风格"装饰艺术。

一 欧陆宫廷与英国宫廷的联系

1477年，法军在南锡战役中打败了大胆查理的勃艮第军队。随着勃艮第公国的衰落开始了法国主宰欧洲的时代，勃艮第宫廷文化在北欧的影响减弱了。1494年，法王查理八世率军侵入意大利并征服了那不勒斯，此后21年中意大利被卷入了欧洲的联盟体系中。[1] 对法国来说，对意大利半岛的政治和军事活动带来了文化上的变化。1494年之后，各国士兵和最具名望的外交官纷纷涌向意大利，并将意大利的思想传遍欧洲。大量意大利的书籍、雕刻和工匠源源不断地流入北欧，改变了北欧各国的宫廷文化，尤其是其宫殿的装饰风格。

法国入侵意大利将意大利文艺复兴艺术带到了法国，而英国入侵法国则将法国文艺复兴艺术传入了英国。1513年6月，亨利八世率大军渡过海峡入侵法国，攻克图尔奈后便载誉而归。在这场战争中，英国亨利八世的宫廷与神圣罗马帝国马克西米里安一世皇帝的宫廷和尼德兰摄政奥地利的玛格丽特的宫廷相会。三位首脑前后两次相会，一次是在里尔举行了三天的宴会；一次是在攻陷图尔奈后举行了三周的庆祝活动。这两次相会使英

---

[1] J. R. Hale, *Renaissance Europe*, London; New York: Harper, 1971, pp. 58–59.

第七章 宫殿的室内装饰艺术

国宫廷有机会近距离观察当时欧洲最时髦的宫廷,对英国宫廷产生了深刻的影响。此后,英法两国宫廷开始了较为频繁的交流:在这次战争中英国俘获了一些法国大贵族,将其作为人质带到英国宫廷;1518 年亨利八世率队到法国批复伦敦条约;1520 年英法两国举行了金缕地之会,两国宫廷得到了充分的交流。这样,在 1477 年到 1520 年间,法国宫廷便逐渐取代了勃艮第宫廷,对英国宫廷产生了决定性的影响,使英国重新开始向法国学习。[①]

英国宫廷与意大利北部的几个宫廷也有直接的联系。从亨利七世时代开始,英国就与乌尔比诺一直保持着密切的联系。1474 年乌尔比诺公爵费德里戈·达·蒙泰费尔特罗被选为嘉德骑士。1504 年之初,亨利七世遣使到乌尔比诺同样授予公爵之子吉多贝多嘉德骑士称号。吉多贝多因未能亲赴英国,便委托巴尔德萨·卡斯蒂廖内于 1506 年参加在温莎城堡举行的授勋仪式。卡斯蒂廖内基于乌尔比诺宫廷写作的《廷臣手册》在 1527 年出版,影响了英国同类著述的出现,例如 1531 年出版的托马斯·埃利奥特爵士的《统治者之书》。另一位乌尔比诺人也深深影响了早期都铎宫廷,即波利多尔·维吉尔,他是首位来到英国的教皇税收官阿德里亚诺·卡斯蒂利的代理人,并在 1506 年受亨利七世之邀写作英国历史。在 1525 年的帕维亚战役中,有一小部分英军参战,他们在意大利长期滞留后回到英国。最后,为了亨利八世的离婚案,有很多英国外交官和高级教士出使意大利,也使英国加强了与意大利的直接联系。[②] 尼德兰与德意志宫廷对英国宫廷文化的影响也很大,尤其是在宗教改革后当法国工匠和设计师减少后,对英国宫殿装饰艺术影响最大的便是北德意志和尼德兰的宫廷。

在 15 世纪末和 16 世纪初期,欧陆各国宫廷之间的密切联系,尤其是一些重大的战争和外交活动,促进了各国宫廷文化的趋同。意大利文艺复兴艺术正是因此而迅速传遍了整个欧洲。

[①] 亨利七世时代英国宫廷曾大规模模仿法国宫廷,例如对法国宫殿建筑的仿造、内廷的建立、绅士警卫的设立等。

[②] C. H. Clough, Relations between England and the Court of Urbino, 1474–1508, *Studies in the Renaissance*, XIV (1967), pp. 202–218.

二 意大利文艺复兴艺术对英国宫殿装饰艺术的影响

欧陆各国宫廷，尤其是法国和意大利宫廷对英国的宫殿装饰风格最大的影响就是在亨利八世统治时期出现了所谓的"仿古风格"，或称"奇异风格"（Grotesque）。[①] 在英国，"奇异风格"被应用于宫殿的装饰有其社会和政治含义，这与英国当时日渐增长的"帝国"意识有着密切的关系。正因如此，在亨利八世时期，宫殿的主要创新的装饰形式便是源于罗马帝国宫殿的"奇异风格"。

"奇异风格"的建筑装饰艺术是意大利文艺复兴艺术的重要内容。平图里乔是较早应用"奇异风格"的意大利艺术家。他这类作品的代表有梵蒂冈凉廊的壁画、圣·安吉尔城堡的萨拉·代·庞特费希与沐浴中的克莱门特七世以及罗马天坛圣母堂的壁画（见图135[②]）。意大利"奇异风格"最显著的创作当属罗马梵蒂冈宫殿中的教皇利奥十世的私人凉廊，在拉斐尔主持下他的助手乔瓦尼·达·乌迪内负责了"奇异风格"的装饰工作。[③] 菲利波·尼格罗里则将"奇异风格"应用到了头盔等上面，即查理五世的"游行头盔"（见图136[④]）。

与文艺复兴早期的装饰艺术和北欧晚期的哥特式装饰艺术相反，"奇异风格"逐渐演变为"无生命和非自然"的特征，即图案中的植物、人物、花彩、花环等逐渐减少，而面具、武器、器皿和盘碟越来越多。它们通常以条状形式排列，并常常带有一个枝形烛台，周围附有其他图案。最

---

① 英语"Grotesque"一词源于拉丁语词根"Grotto"，而"Grotto"又源于希腊语"Krypte"一词，意为"小洞"。罗马皇帝尼禄于公元64年大火之后在埃斯奎琳山上新建了"金宫"；当1500年左右人们发现了这座被掩埋的宫殿时，其中的房间和走廊被称为"洞穴"或"迷宫"（Grotesque）；在这些房间和走廊的墙壁上画有大量卷曲的、奇异怪诞的人物形象和花草树木。文艺复兴时期罗马拉斐尔学派首先复兴了这种风格，于是这种装饰风格便被称为"仿古风格"（Antique）或"奇异风格"（Grotesque），并在16世纪的意大利很快流行起来，随后普及整个欧洲，一直持续到19世纪。这种装饰风格既可以是平面的（壁画）也可以是立体的（雕刻）。

② http://en.wikipedia.org/wiki/File:Aracoeli8.jpg.

③ Simon Thurley, *The Royal Palaces of Tudor England: Architecture and Court Life, 1460 – 1547*, New Haven: Yale University Press, 1993, p.87.

④ Bosiljka Raditsa, etc., *The Art of Renaissance Europe: A Resource for Educators*, New York: The Metropolitan Museum of Art, 2000, p.64.

第七章 宫殿的室内装饰艺术

初,"奇异风格"的装饰是作为一种建筑上尤其是壁柱中的分隔,逐渐地这种分隔本身扮演了重要的角色,形成了一种新的以缠绕、卷曲为特征的"带状饰"装饰艺术(见图137、138①)。

图135 平图里乔的《在图卢兹的路易斯和帕多瓦的安东尼之间的锡耶纳的贝尔纳迪诺》(罗马天坛圣母堂壁画)

---

① Simon Thurley, *The Royal Palaces of Tudor England: Architecture and Court Life, 1460 – 1547*, New Haven: Yale University Press, 1993, pp. 87 – 88.

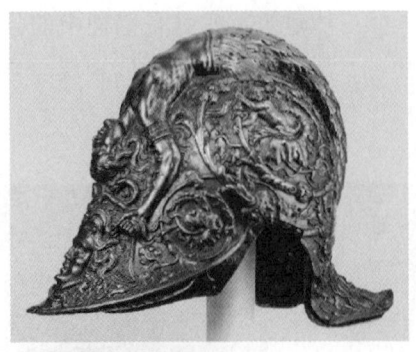

头盔顶部与正面：
美杜莎之脸与塞壬

头盔颈部：奇异风格的面具

图136 菲利波·尼格罗里：查理五世的游行头盔（制作于1510—1579年）

图137 多梅尼克·基尔兰达约的《圣母诞生》（佛罗伦萨圣母玛利亚教堂壁画，15世纪80年代）

第七章 宫殿的室内装饰艺术

图 138 卡罗·克里韦利的《通告》，1486 年（此处奇异风格的带状饰为雕刻）

意大利的"奇异风格"装饰艺术主要通过大量的印刷品传入英国。在15世纪90年代，尼科莱特·达·摩德纳、安东尼奥·达·布雷西亚和乔瓦尼·皮特罗·达·比拉果等人一直在出版发行源自罗马古宫里的"奇异风格"壁画的图片。其中最著名的是佩里诺·代尔·瓦加于1532年印刷的一张源自古罗马宫殿绘画的图片，其下附有一首指导工匠如何使用这幅图片的小诗（见图139①）。自15世纪60年代始，这些意大利的印刷品可

图139 佩里诺·代尔·瓦加，古罗马宫殿绘画图片（印刷品，1532年）

---

① Simon Thurley, *The Royal Palaces of Tudor England: Architecture and Court Life, 1460-1547*, New Haven: Yale University Press, 1993, p. 89.

第七章　宫殿的室内装饰艺术

以直接进入英国；到了 16 世纪早期，这些印刷品从在意大利印行到传入英国往往只需要一个月的时间。

　　除了意大利和法国的印刷品外，到了 15 世纪末，瑞士、德国和尼德兰的此类印刷品也涌入英国。在 16 世纪 20 年代，巴塞尔成为欧洲印刷和书籍交易的中心，也因此成为传播意大利装饰风格的中心。1512 年，约翰·弗罗本在巴塞尔首次出版了乌尔斯·格拉夫设计的以"仿古风格"装饰的扉页（见图 140[①]）；此后他雇佣小汉斯·荷尔拜因为他的一本书设计了以"仿古风格"装饰的扉页（见图 141[②]）。

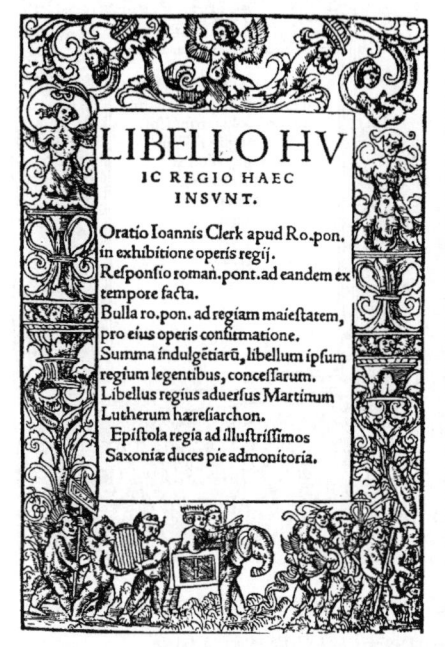

图 140（上左），乌尔斯·格拉夫设计的以"仿古风格"装饰的扉页，1512 年
图 141（上右），小汉斯·荷尔拜因设计的以"仿古风格"装饰的扉页，1516 年

[①] Simon Thurley, *The Royal Palaces of Tudor England: Architecture and Court Life*, 1460–1547, New Haven: Yale University Press, 1993, p. 92.

[②] Simon Thurley, *The Royal Palaces of Tudor England: Architecture and Court Life*, 1460–1547, New Haven: Yale University Press, 1993, p. 92.

近代早期英国宫廷文化研究（1485—1714）

从爱德华四世到亨利八世，历代国王都支持和鼓励印刷和书籍事业，在此影响下，1518年由王室印刷官理查德·平森首次制作了英国的以仿古风格装饰的扉页（见图142—143①）。不过，这些扉页中的仿古风格往往是过时的风格，能反映较新装饰潮流的是图册。亨利八世在白厅、格林威治宫、汉普顿宫等地收藏了一些建筑和装饰的设计图和图册，其中一部手工绘制和装订的法国建筑图册保留下来，书中的五幅插图说明了该建筑的五个步骤（见图144②）。而这样的设计又来源于一部北意大利的图册（见

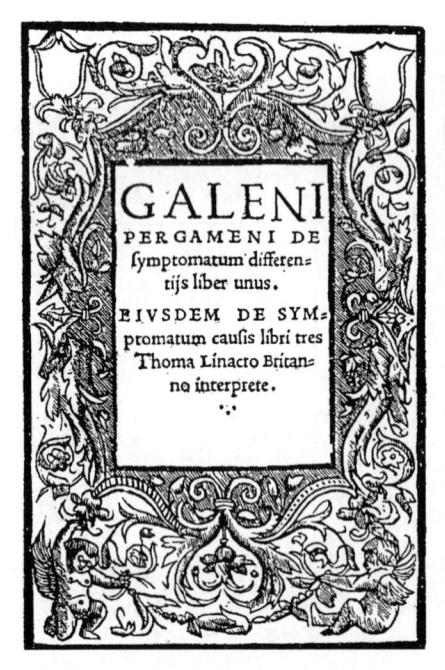

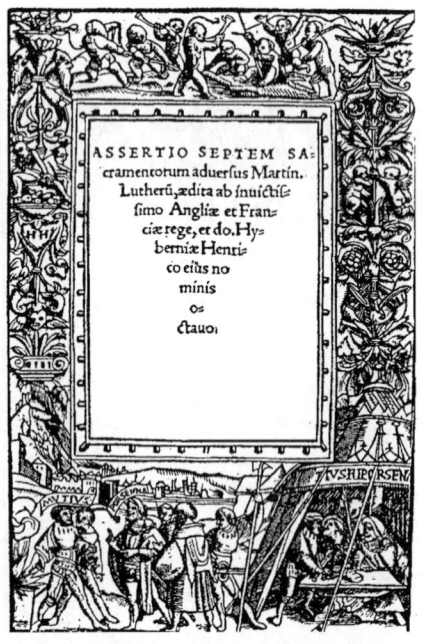

图142（上左） 托马斯·林纳克的译作《伽林》的扉页，其装饰设计是平森于1519年仿自乌尔斯·格拉夫在1518年为弗罗本设计的扉页装饰图案

图143（上右） 1516年荷尔拜因在巴塞尔为弗罗本设计的扉页装饰，平森于1518年首次在英国使用，随后成为亨利八世1521年的《七圣事确定论》的扉页

---

① Simon Thurley, *The Royal Palaces of Tudor England: Architecture and Court Life, 1460-1547*, New Haven: Yale University Press, 1993, p. 92.

② Simon Thurley, *The Royal Palaces of Tudor England: Architecture and Court Life, 1460-1547*, New Haven: Yale University Press, 1993, p. 94.

第七章 宫殿的室内装饰艺术

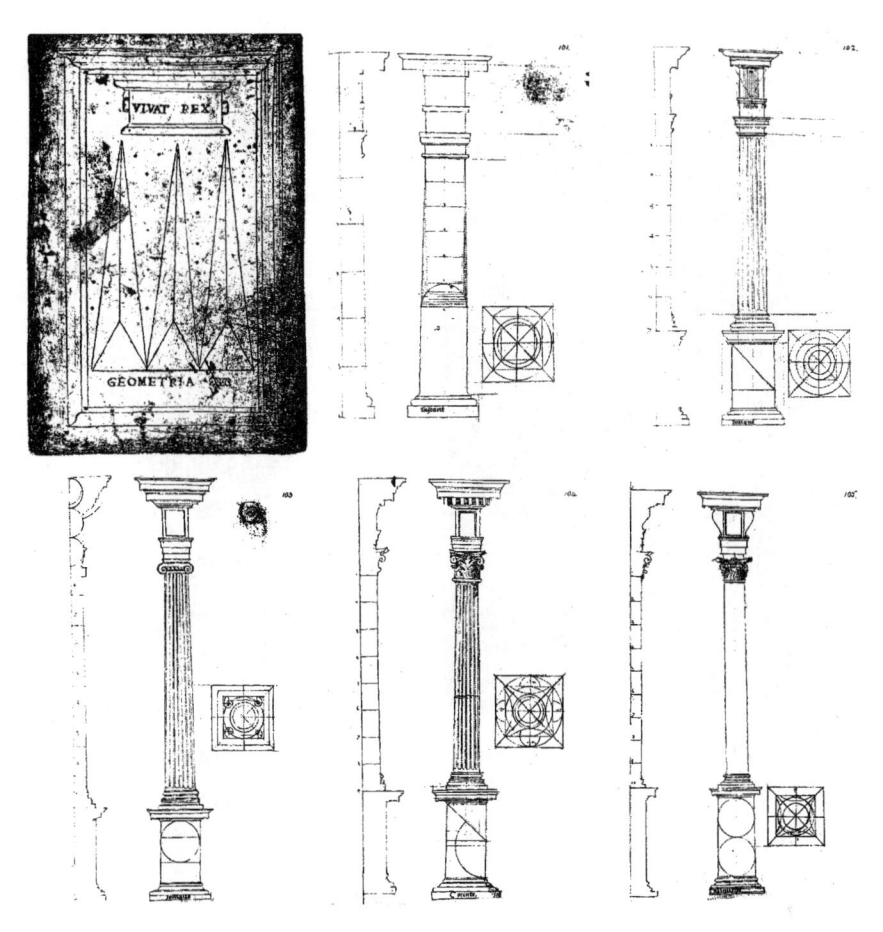

图144 亨利八世收藏的法国建筑图册及其中的五页

图145①），这部图册是由一位英国工匠或设计家复制并带到英国的。荷尔拜因曾为简·西摩在1536年设计过一座珠宝装饰的金杯，其装饰风格是典型的仿古风格（见图146②）。此外，亨利八世的工匠们也拥有大量的设计图，并直接影响到了宫殿建筑的形式。国王的御用画师那不勒斯人文森特·沃尔佩拥有一套仿古风格的设计图，他在1536年去世时他的遗嘱中将

---

① Simon Thurley, *The Royal Palaces of Tudor England: Architecture and Court Life, 1460 – 1547*, New Haven: Yale University Press, 1993, p. 95.
② Maria Hayward, Philip Ward, ed., *The Inventory of King Henry VIII*, Ⅱ *Textiles and Dress*, London: Harvey Miller, 2012, p. 173.

· 237 ·

一册图纸留给了宫廷画师约翰·佩格罗姆。[1]

图145 约翰·索恩爵士博物馆中牛皮纸图册中的一页，由英国工匠复制于一部北意大利图册

图146 1536年小荷尔拜因为简·西摩设计的金杯。油墨和粉笔画，牛津大学阿什莫林博物馆

  这样，在亨利八世时期，大量的意大利、法国和瑞士等地的设计图册传到了英国，给英国宫殿的装饰艺术带来了"奇异风格"。圣詹姆斯宫礼拜堂天顶的装饰图案（见图147[2]）与赛利奥出版于1537年的《建筑的一般规则》第四部中的一幅插图相似（见图148[3]），它们都属于"奇异风格"。汉普顿宫沃尔西密室的天顶装饰图案同样呈现出赛利奥书中的"奇

---

[1] Simon Thurley, *The Royal Palaces of Tudor England: Architecture and Court Life, 1460–1547*, New Haven: Yale University Press, 1993, p. 93.

[2] Simon Thurley, *The Royal Palaces of Tudor England: Architecture and Court Life, 1460–1547*, New Haven: Yale University Press, 1993, p. 198.

[3] Simon Thurley, *The Royal Palaces of Tudor England: Architecture and Court Life, 1460–1547*, New Haven: Yale University Press, 1993, p. 96.

第七章 宫殿的室内装饰艺术

图 147 圣詹姆斯宫礼拜堂天顶装饰图案

图 148 赛利奥出版于 1537 年的《建筑的一般规则》第四部中的一幅插图

异风格（见图149①）。此外，宫殿中的家具也往往有仿古风格的装饰：亨利八世有一张由胡桃木制作的小写字桌，表面覆以彩绘的皮革；盖子中间是亨利八世的纹章，纹章两侧有两名裸体的丘比特在吹号，两侧最边上分别是战神和维纳斯；此外还有其他一些人物肖像，周围也都以仿古风格装饰（见图150②）。

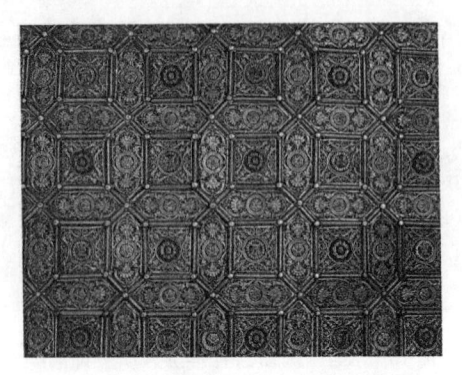

图149 汉普顿宫沃尔西密室的天顶装饰图案

图150 亨利八世的胡桃木小写字桌

① Simon Thurley, *The Royal Palaces of Tudor England: Architecture and Court Life, 1460 – 1547*, New Haven: Yale University Press, 1993, p. 97.
② Simon Thurley, *The Royal Palaces of Tudor England: Architecture and Court Life, 1460 – 1547*, New Haven: Yale University Press, 1993, p. 99.

第七章 宫殿的室内装饰艺术

以上所述是欧陆国家尤其是意大利对英国宫殿装饰风格的影响，给英国带来了仿古风格装饰艺术。下面则全面介绍英国宫殿的室内装饰。

三 英国宫殿的室内装饰

近代早期英国宫殿的室内装饰始终遵循的原则就是华丽，另外两个需要考虑的因素便是等级与和谐。不同的材料代表着不同的等级，黄金位于最高等级，其次是白银；在黄金和白银之间是由金线和银线织成的挂毯；再往后依次是普通挂毯、地毯、刺绣、天鹅绒；最后是绘画和家具等。1508年当亨利七世的女儿玛丽公主与卡斯蒂尔王子结婚时，她的房间作了精细的装饰。在她的四间房屋中卧室墙壁挂着金布，周边绣着她的徽章；床和椅子也罩以同样的织物；地面铺着地毯；深红色的天鹅绒织物覆盖桌面；橱柜和邻窗座位覆以金布。第二间房子则较为逊色，悬挂着金线和丝线织就的挂毯，装饰着金色和紫色的衬物。第三间房子里的挂毯不如第二间，第四间房的挂毯只能称为不错的挂毯。这样，根据房间的功能及其地位而使用了不同等级的装饰品；越是私人用途的房间装饰得越华丽，而外面的房间装饰得较为逊色。除了等级以外，和谐也是宫殿内部装饰要考虑的因素，例如上述玛丽的卧室如果要悬以金布，那么她的床、椅子、靠垫以及其他织物和家具都要配以金布。

（一） 墙壁

墙壁装饰是宫殿内最重要的装饰。宫殿的内壁一般是砖面或壁骨式隔墙，装饰之前一般都要先涂以灰泥。装饰一般有以下几种：在墙面以单色绘图，在重要的房间则以组合色绘制；木制包层可以做镶嵌，有的有一房间高，有的则作为护壁板有三分之二房间高；织物挂件，例如挂毯、金布、织锦等也用来装饰壁面。各种装饰都以檐口装饰结束，它可以是天顶装饰的一部分，也可以是墙壁装饰的一部分；最后图画或其他物件悬挂在它们上面。

几乎所有宫殿的服务区房间都被涂以灰色和白色的石灰泥，而以裸砖装饰在当时则是比较时尚的，例如汉普顿宫的回廊就率先采用了这种风格

(见图151①)。楼梯井、长廊和廷臣的房间一般也都只是涂以灰色或白色灰泥。而国王的私人房间则往往装饰得最为华丽,首先是因为国王的房间往往有大型的壁画。在宫殿中绘制壁画作为装饰的传统历史久远,例如亨利三世在克拉里登城堡内有一个房间被称为"安条克",该房间墙壁装饰着以十字军东征为主题的壁画。在亨利八世统治初期,宫殿中已经完成了几幅壁画,其中最大的一幅绘于白厅的一座走廊中。在温莎堡邻近他的卧室的一间房被称为"罗兹岛之围",墙面一系列壁画描述的是1480年罗兹岛抵御土耳其人进攻的英雄场面。在白厅有一房间被称为"亚当和夏娃",墙面壁画的主题是诱惑与堕落。在格林威治宫沿河一侧的国王密室中,墙壁则描绘着圣约翰的事迹。② 此外,比较重要的壁画还有汉普顿宫沃尔西密室中的壁画(见图152③)和白厅宫中的"金缕地"壁画(见图46)。

图151(上左)　汉普顿宫回廊
图152(上右)　汉普顿宫沃尔西密室中的壁画

---

① Simon Thurley, *The Royal Palaces of Tudor England*: *Architecture and Court Life*, 1460 – 1547, New Haven: Yale University Press, 1993, p. 208.

② J. Sherwood and N. Pevsner, *Oxfordshire*, *The Buildings of England*, Harmondsworth: Penguin, 1974, p. 496.

③ Simon Thurley, *The Royal Palaces of Tudor England*: *Architecture and Court Life*, 1460 – 1547, New Haven: Yale University Press, 1993, p. 208.

第七章　宫殿的室内装饰艺术

然而，亨利八世时期宫殿中最重要的壁画是小汉斯·荷尔拜因在白厅国王密室中绘制的《白厅壁画》。1667年该壁画因火被毁，查理二世便命米吉乌斯·凡·利姆普特复制了该画（见图153①），其范本是保留下来的荷尔拜因为制作该壁画而创作的草图（见154②）。这幅壁画与亨利八世定制的其他壁画不同，它是自13世纪60年代亨利三世时期威斯敏斯特宫壁画传统的延续。亨利三世在威斯敏斯特宫的壁画是为其卧室绘制的，其主体部分"圣爱德华的加冕礼"（见图155③）则直接绘于床上方的墙壁。将其绘于国王主要宫殿的最重要、最隐秘的房间中其用意是证明其盎格鲁—撒克逊祖先的神圣性和金雀花王朝的合法性。④ 亨利八世在白厅宫的壁画与此相似，它位于国王主要住处白厅的密室之中，是亨利八世国王身份的

图153　《白厅壁画》。1667年米吉乌斯·凡·利姆普特仿自小荷尔拜因白厅壁画（布面油画，英国皇家收藏，温莎城堡）

---

① http://www.royalcollection.org.uk/collection/405750/henry-vii-elizabeth-of-york-henry-viii-and-jane-seymour.
② Simon Thurley, *The Royal Palaces of Tudor England: Architecture and Court Life*, 1460–1547, New Haven: Yale University Press, 1993, p. 210.
③ Simon Thurley, *The Royal Palaces of Tudor England: Architecture and Court Life*, 1460–1547, New Haven: Yale University Press, 1993, p. 209.
④ Paul Binski, *The Painted Chamber at Westminster*, London: Society of Antiquaries of London, 1986, pp. 33–45.

象征。这幅画传达了两层含义：一是亨利七世是都铎王朝的创立者，是有史以来最伟大的国王，为英国带来了和平、法律和秩序；二是亨利八世是亨利七世唯一的继承人，并创造了更伟大的功绩，即将教皇权力逐出了英国。

图154 小荷尔拜因《白厅壁画》草图（油墨和水彩画，国家肖像画廊，伦敦）

图 155 《圣爱德华的加冕礼》，威斯敏斯特宫

值得注意的是，这一时期的宫殿壁画中有许多仿古风格的装饰，1930年在挖掘出的白厅御厨附近的后楼梯墙壁上发现了仿古风格的绘饰（见图156、157[①]）。大厅绘有仿棋格图案，而在御用走廊外侧则绘有黑色和白色仿古风格的图案。

图 156　20 世纪 30 年代，白厅宫挖掘现场。在通向沃尔西私人厨房的灰泥墙上发现了仿古风格的装饰图案

[①] Simon Thurley, *The Royal Palaces of Tudor England: Architecture and Court Life, 1460–1547*, New Haven: Yale University Press, 1993, p. 212.

图157 通向沃尔西私人厨房墙上的仿古风格装饰图案

　　壁画在这一时期的宫殿墙面装饰中仅占一小部分，更为重要的装饰是镶板，它们或简朴风格、或布褶纹式雕饰或雕以仿古装饰。但镶板已经很少有保留下来的了，只是在一些绘画和微型画中保留了很多镶板的装饰艺术。在绘于1545年的《亨利八世的一家》（见图158[①]）一画中，可以看到仿古风格的镶板，并因其有油漆和金叶装饰而格外引人注目。嘉德勋章

图158 无名画家的《亨利八世的一家》，1545年（布面油画，英国皇家收藏，汉普顿宫）

---

① http://www.royalcollection.org.uk/collection/405796/the-family-of-henry-viii.

第七章　宫殿的室内装饰艺术

《黑书》中的插图（见图159①）则显示了油漆和雕刻的镶板，在它们之上则是天花板。已知的最精美的墙面镶板设计是白厅宫的一幅16世纪40年代为亨利八世设计的室内装饰图（见图160②），直至今天在英国宫殿中也没有能与之匹敌的镶板设计。

在这一时期的墙面装饰中很多都带有立柱，使其看似更有立体感；柱头或柱身往往有仿古风格的雕饰。例如，在《亨利八世的家庭》《卧室中的亨利八世》（见图161③）和《所罗门与示巴女王》（见图162④）等画作中都反映了这种设计。在小荷尔拜因的肖像画《玛丽·沃顿，吉尔福德女

图159　嘉德勋章《黑书》中的插图，1534年（牛皮纸绘画，温莎城堡）

---

① Maria Hayward, Philip Ward, ed., *The Inventory of King Henry Ⅷ*, *Ⅱ Textiles and Dress*, London: Harvey Miller, 2012, p. 315.
② Simon Thurley, *The Royal Palaces of Tudor England: Architecture and Court Life, 1460 – 1547*, New Haven: Yale University Press, 1993, p. 217.
③ Haward, Maria, ed., *Dress at the Court of King Henry Ⅷ*, Leeds: Maney Pub., 2007, p. 2.
④ Simon Thurley, *The Royal Palaces of Tudor England: Architecture and Court Life, 1460 – 1547*, New Haven: Yale University Press, 1993, p. 218.

图160 无名艺术家为亨利八世设计的室内装饰图，1545年

图161 《亨利八世在卧室中阅读〈诗篇〉》，1540年（大英图书馆）

图162 《所罗门与示巴女王》，小荷尔拜因，1535年（皇家图书馆，温莎城堡）

士》（见图163①）的背景中，这种立柱的细节清晰可见。这种设计现存的实物比较著名的有切尔西老教堂中托马斯·莫尔爵士礼拜堂中的立柱柱头雕饰（见图164②）；与此相仿的见于从汉普顿宫挖掘出土的石制垂饰（见图165③）。

绘于木板或帆布上的架上绘画在宫殿的某些地方是非常重要的装饰元素。走廊通常是大量装饰绘画的地方，1547年在汉普顿宫的走廊里至少有20幅画作，在白厅则有167幅绘画和11幅"染色布"。这些绘画作品多为三联画，其主题主要是宗教内容，而且常常与当时的政治环境相联系。例如，悬挂在汉普顿宫走廊里的一幅画，名为《四福音传道者向教皇投掷石头》（见图166④），这显然适合亨利八世反对教皇的品位。此外，这些绘画

图163　《玛丽·沃顿，吉尔福德女士》，小荷尔拜因，1527年（圣路易斯艺术博物馆，美国圣路易斯）

---

① Simon Thurley, *The Royal Palaces of Tudor England: Architecture and Court Life, 1460-1547*, New Haven: Yale University Press, 1993, p.219.

② Simon Thurley, *The Royal Palaces of Tudor England: Architecture and Court Life, 1460-1547*, New Haven: Yale University Press, 1993, p.218.

③ Simon Thurley, *The Royal Palaces of Tudor England: Architecture and Court Life, 1460-1547*, New Haven: Yale University Press, 1993, p.218.

④ http://www.wga.hu/support/viewer/z.html.

图164 切尔西老教堂中托马斯·莫尔爵士礼拜堂中的立柱柱头雕饰

图165 1912年,汉普顿宫的石制垂饰残片

图166 《四福音传道者向教皇投掷石头》,小萨弗纳罗拉·达·特雷维索,1540年(板面油画,汉普顿宫)

第七章　宫殿的室内装饰艺术

保护得相当好，足见时人对艺术的珍视。当房间空闲后许多画保留在原处以保护它们，甚至还为它们设置了专门的护帘。护帘往往色彩鲜艳，1547年，汉普顿宫长廊里的绘画几乎都有绿色或黄色的护帘罩护着。这些画背后有眼，挂在墙上，以便移走；届时会将其装在制作考究的皮革箱中。一些更加昂贵的画作会取下来珍藏在专门的画室中。

除了架上绘画以外，地图和设计图在宫中也非常受欢迎。1547年，紧邻汉普顿宫撤回厅的短走廊中有一幅英国和苏格兰地图、一幅单独的威尔士地图和苏格兰地图以及一幅诺曼底地图。同年，在白厅则共有35幅地图。在格林威治宫与国王卧室相邻的密室中悬挂着两座桥的结构图。镜子的受欢迎程度稍次，在亨利八世去世时汉普顿宫的长廊中有四面镜子，在白厅宫有14面镜子。镜子通常是金属制作的，需要工人定时抛光；镜架是镀金的木头，或覆以牙兰缎等织物。[①]

纺织品是国王内殿和外殿中最常见的装饰形式。金布是最贵的、最有名望的和最有价值的壁挂；而丝绸、天鹅绒或锦缎则比较普通。金布在15世纪主要还是从小亚细亚进口的，而亨利八世时期几乎所有的金布都是从意大利进口的。金布的纹饰通常呈现出如下特征：石榴、洋蓟、菠萝或玫瑰花蕾以叶子、玫瑰花饰或康乃馨构成的圆圈相环绕（见图167[②]）；16世纪末期开始出现了花冠和花瓶的图案。一套意大利

图167　意大利装饰金线织物，1475—1525年

[①] Simon Thurley, *The Royal Palaces of Tudor England: Architecture and Court Life, 1460–1547*, New Haven: Yale University Press, 1993, p.220.
[②] Simon Thurley, *The Royal Palaces of Tudor England: Architecture and Court Life, 1460–1547*, New Haven: Yale University Press, 1993, p.220.

丝绸或金布悬挂物往往是国王最昂贵的财产之一，1532年1月亨利八世就曾给安妮·博林送过成套的室内悬挂物作为礼物。这种悬挂物逐渐地仅限于用在国王或王后的卧室中。1547年，上面有白、蓝、红和绿色的天鹅绒图案的八条汉普顿宫的金布拼在一起，周边是深红色的天鹅绒并绣着王冠、玫瑰、鸢尾花等图案。金布以外便属没有金线与银线的割绒与丝绸壁挂最奢华了。在汉普顿宫，有九幅丝绸壁挂拼在一起，上面有深红色、蓝色、紫色、黄褐色、青苔色、绿色和橙色天鹅绒图案，周边是深红色天鹅绒并绣着王冠和国王徽章。

挂毯是宫殿中最重要的非建筑装饰元素。亨利八世从其父亲和祖父那里继承了大量的挂毯收藏，总数大约有四百多件。但这与他在随后的40年中所购买的相比便相形见绌了。在他去世时，总共拥有将近2000件挂毯，其中1/3是含有金线和银线的高质量挂毯。这些挂毯很多是购自海外，尤其是南尼德兰（见图168①、图169②），十分昂贵。其中一件购于1528年，以"大卫的事迹"为主题，总共花费了1500英镑。

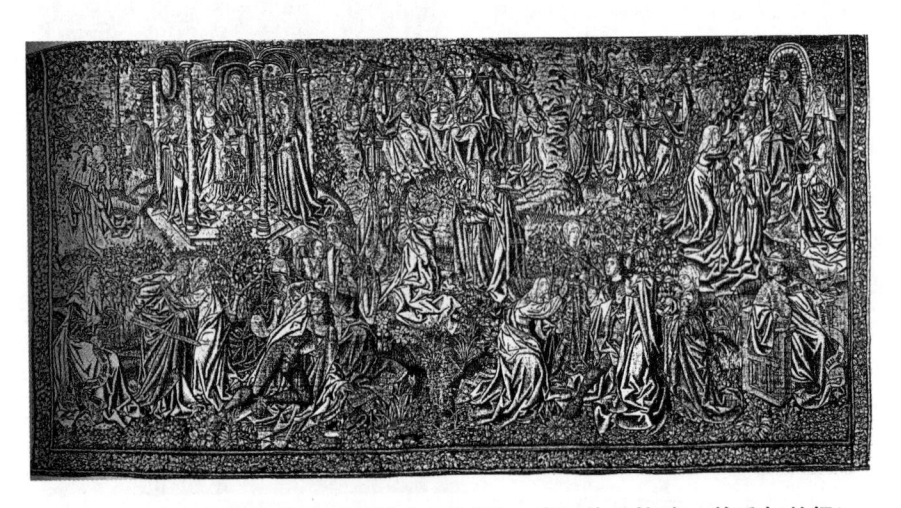

图168 《和平与怜悯战胜了救赎人的许诺》，南尼德兰挂毯（羊毛与丝绸），1517—1521年（英国皇家收藏，汉普顿宫）

---

① Maria Hayward, Philip Ward, ed., *The Inventory of King Henry VIII*, II *Textiles and Dress*, London: Harvey Miller, 2012, p. 21.
② Maria Hayward, Philip Ward, ed., *The Inventory of King Henry VIII*, II *Textiles and Dress*, London: Harvey Miller, 2012, p. 33.

图169 《维纳斯指示埃涅阿斯离开迦太基》,布鲁塞尔挂毯(羊毛、丝绸、镀金的线),1530年(英国皇家收藏,汉普顿宫)

昂贵的挂毯平时并不使用,悬挂这些挂毯对场合和挂法有着严格的等级要求。1527年汉普顿宫为法国大使悬挂了这些挂毯,乔治·卡文迪什观察道,"第一间会见厅挂着精美的挂毯,其余厅室也都是如此,一件比一件精美"[1]。最隐秘的房间则悬挂着最好的挂毯。同样的,最好的挂毯只有

---

[1] George Cavendish, *The Life and Death of Cardinal Wolsey*, Richard Standish Sylvester, ed., London, New York: Published for the Early English Text Society by the Oxford University Press, 1959, p. 72.

在最重要的场合才展示出来；平时在外部房间和客房只悬挂着质量较低的羊毛挂毯。

一般来说挂毯只悬挂在天窗之下，汉普顿宫的大警卫厅里就是如此（见图170①）。悬挂的方式有两种：一种是用压条将挂毯固定在墙上，并钉上钉子，在安姆特山宫就是如此。另一种则使用挂钩将其挂起，这种方法较为常用，对挂毯的损伤较小。埃克塞特侯爵对这种方法颇为赞赏，1525年他买了100个挂钩和300个张布钩用来在温莎城堡悬挂挂毯，还买了100个挂钩在布里奇维尔宫悬挂挂毯。

图170 汉普顿宫警卫厅

在亨利八世统治时期，挂毯的设计经历了从后期哥特式到意大利流行风格的急剧变化。亨利八世从其父辈那里继承的挂毯其设计风格是传统的

---

① Simon Thurley, *The Royal Palaces of Tudor England: Architecture and Court Life, 1460–1547*, New Haven: Yale University Press, 1993, p. 122.

哥特式风格，但他自己购买的一套名为"使徒行传"的挂毯是由拉斐尔设计，在布鲁塞尔编织的，设计风格属于仿古风格，反映了王室对意大利最流行的设计风格的重视。1542年，亨利八世为其在白厅的新宅购买了一套名为《诸神的胜利》的挂毯（见图171①），代表了王室对意大利风格主义②设计的接受。

图171 《酒神巴克斯的胜利》（16世纪40年代白厅宫系列挂毯《诸神的胜利》之一部）

（二）窗户和壁炉

16世纪英国宫殿中的窗户通常是石头的，有时会选择砖、陶瓦和木头来做窗户，是重要的装饰对象。在比较重要的房间中的窗户有时则有精致雕刻和塑型的侧壁。窗口内侧的石头被刷成白色，窗栏则被刷成红色或黑

---

① Simon Thurley, *The Royal Palaces of Tudor England*: *Architecture and Court Life*, 1460-1547, New Haven: Yale University Press, 1993, p.225.

② "风格主义"一词源于意大利文 Maniera，也被译为曼那主义、样式主义和矫饰主义，意即"风格"。它反对理性对绘画的指导作用，强调艺术家内心体验与个人表现，注重艺术创作的形式感，倾斜线条和曲线的运用比较明显。

色。窗台有时嵌入铅或镀金的座右铭。在格林威治宫密室中窗口的侧壁甚至绘有仿古风格的装饰。窗户装有遮板或窗帘,在比较重要的房间两者都有。1533年装在格林威治宫国王卧室窗口的遮板内侧有雕刻,外侧则没有雕饰。

一般只有在最隐秘、最重要的房间才有窗帘,格林威治宫的密室就是如此。窗帘一般是由绸缎或薄绸制作,非常华丽,颜色有单一的紫色,也有白与黑、绿与黄、深红与黄的组合色。一些巨大的窗户也有窗帘,例如1532年一道长竿被装在白厅以悬挂高高的窗帘。有时也用比较重的材料来做窗帘,例如挂毯或毛毯,在埃尔特姆宫就曾将所有凸窗遮以毛毯。较重的窗帘一般是在冬季使用的,而较轻的则在夏季使用。在小荷尔拜因的肖像画《亨利·吉尔福德爵士》(见图172①)中,窗帘是由金属环悬挂在一横竿上的。

图172 小荷尔拜因,《亨利·吉尔福德爵士》,1527年(板面油画,英国皇家收藏,温莎城堡)

图173 饰有都铎王室纹章的彩色玻璃,1540年(维多利亚和阿尔伯特博物馆,伦敦)

---

① Maria Hayward, Philip Ward, ed., *The Inventory of King Henry VIII, II Textiles and Dress*, London: Harvey Miller, 2012, p. 275.

第七章 宫殿的室内装饰艺术

  这一时期的窗户一般都装有玻璃，玻璃的边缘有国王的座右铭和图案，在其中央则会有国王及其配偶的纹章（见图 173①）。亨利八世每次再婚，玻璃工便不得不更换玻璃上的纹章；宫殿无论大小，甚至连安姆特山宫这样小的宫殿也要更换纹章。

  壁炉架往往也是被装饰的对象。在温莎堡亨利七世塔楼内有一座被雕饰的壁炉，它的雕饰风格比较简朴（见图 174②）。而在圣詹姆斯宫为亨利八世修建的壁炉则雕饰得较为精美（见图 175、176③），拱间角有仿古风格的装饰，再上则有四叶饰。在多数宫殿中壁炉的上方往往有彩绘或镀金的圆形陶饰（见图 177④）；白厅、格林威治宫和汉普顿宫的壁炉架则更为宏大（见图 178⑤）。小荷尔拜因于 16 世纪 40 年代设计的一款壁炉宏大而

图 174　温莎堡亨利七世塔中的壁炉（木版画，1500—1502 年）

---

 ① Maria Hayward, Philip Ward, ed., *The Inventory of King Henry VIII, II Textiles and Dress*, London: Harvey Miller, 2012, p. 172.
 ② Simon Thurley, *The Royal Palaces of Tudor England: Architecture and Court Life, 1460–1547*, New Haven: Yale University Press, 1993, p. 227.
 ③ Simon Thurley, *The Royal Palaces of Tudor England: Architecture and Court Life, 1460–1547*, New Haven: Yale University Press, 1993, p. 227.
 ④ Simon Thurley, *The Royal Palaces of Tudor England: Architecture and Court Life, 1460–1547*, New Haven: Yale University Press, 1993, p. 228.
 ⑤ Simon Thurley, *The Royal Palaces of Tudor England: Architecture and Court Life, 1460–1547*, New Haven: Yale University Press, 1993, p. 228.

图 175　圣詹姆斯宫警卫厅 16 世纪 30 年代亨利八世的壁炉（现今）

图 176　圣詹姆斯宫警卫厅 16 世纪 30 年代亨利八世的壁炉（1822 年草图）

第七章　宫殿的室内装饰艺术

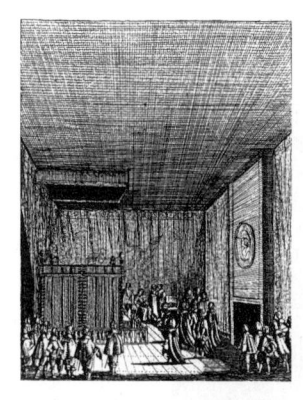

图 177　三幅记录 1638 年玛丽·德·美第奇访问英国宫廷的雕刻版画

图 178　汉普顿宫阿拉贡的凯瑟琳的接见厅壁炉

精美（见图 179①），是这一时期宫中壁炉中最华丽的设计：壁炉架呈两层结构，高 14 英尺，宽 9 英尺 6 英寸，壁炉宽 6 英尺，高 4 英尺；壁炉架以仿古风格雕饰和王室徽章装饰；每层中间还有四根壁柱，饰以带状饰和凤

---

① Simon Thurley, *The Royal Palaces of Tudor England: Architecture and Court Life, 1460–1547*, New Haven: Yale University Press, 1993, p. 229.

· 259 ·

格主义装饰。这一时期只有白厅和奥特兰宫①有这样的壁炉架。

图179 小荷尔拜因的一张壁炉设计图，1540年

仿古风格的雕饰在这一时期的壁炉架中十分流行。在为安妮·博林的加冕礼而整修伦敦塔期间，塔内国王的所有房间焕然一新，壁炉则以仿古风格装饰。不久之后在格林威治宫和其他宫殿也以仿古风格来装饰壁炉架。在白厅，沃尔西的前接见厅在被国王接手时雕刻工在壁炉上雕刻了王室纹章；几年后隔壁房间的壁炉则被一名法国工匠刻以精致的仿古风格装饰。②

---

① 奥特兰宫，都铎王朝和斯图亚特王朝的宫殿，位于萨里郡惠桥和沃尔顿之间的泰晤士河岸边。1964年挖掘出了奥特兰宫的遗址。
② John Rowlands, *The Age of Dürer and Holbein: German Drawings, 1400 - 1550*, Cambridge; New York: Cambridge University Press, 1988, pp. 247 - 248.

(三) 地板和天花板

一般来说，宫殿中一楼因没有木地板便铺以瓷砖，砖或石板置于墙边。也有的二楼也铺以瓷砖，但这需要很厚实的木楼板来支撑；汉普顿宫的大厅就是如此，1532年10月在这里铺设了瓷砖。多数地板铺的是橡木板，再覆以熟石膏，有时会在上面绘制假大理石（见图158、180①），或直接铺以大理石板。② 这些瓷砖或石膏板上最简单的铺设是覆以少量的毛片，但因其不卫生而自16世纪始便使用得越来越少。更常见的做法则是在地板上铺着苇席，以条状紧紧地缝合在一起。在16世纪早期，汉普顿宫就曾使用过这种苇席（见图181③），与此相同的苇席曾经出现在伊丽莎白一世接见外国大使的房间中（见图182④）。

图180 小荷尔拜因的《使者》，1553年（板面油画，国家美术馆，伦敦）

---

① Maria Hayward, Philip Ward, ed., *The Inventory of King Henry VIII*, II *Textiles and Dress*, London: Harvey Miller, 2012, p. 136.

② Christopher Gilbert, etc., *Country house floors, 1660 – 1850*, Leeds: Leeds City Art Galleries, 1987, p. 27.

③ Simon Thurley, *The Royal Palaces of Tudor England: Architecture and Court Life, 1460 – 1547*, New Haven: Yale University Press, 1993, p. 230.

④ http://www.luminarium.org/renlit/elizadutch.jpg.

图181　16世纪的苇席，汉普顿宫

图182　1585年伊丽莎白一世接见两名荷兰使者（德国卡塞尔新画廊）

在重要的房间或场合会在苇席上铺上地毯。亨利八世收藏的 800 多件地毯中最昂贵的是土耳其地毯。还有很多乌沙克和钦塔马尼地毯,[①] 尺寸为 15×30 英尺；在汉普顿宫有 17 件这样的地毯。地毯是身份和地位的象征，在亨利八世的全身肖像画中他常常脚踏着地毯（见图 153、183[②]）。

都铎时期的天花板装饰源于中世纪的哥特式装饰，在那些较大的房间尤其是大厅和教堂天花板装饰得十分精美。13 世纪 60 年代威斯敏斯特宫画厅的无梁式天花板上固定有木制圆盘饰，上面还缀饰着有色玻璃（见图 184[③]）；威斯敏斯特宫的天花板装饰是当时宫殿中的典型代表。不

图 183　小荷尔拜因《亨利八世和理发师—医师》（局部），1543 年（板面油画，英国皇家外科学院，伦敦）

过有时装饰的并不是木制圆盘饰，铅饰也非常流行；克拉雷登的无梁天花板上绘成蓝色，点缀着闪闪发光的镀铅星星。中世纪的无梁天花板装饰一直保留到都铎王朝早期。在温莎堡亨利七世新建的塔楼中，房顶的扣板上装饰着四叶饰（见图 185[④]）。

图 184　威斯敏斯特宫的木制圆盘饰

[①]　乌沙克、钦塔马尼分别是土耳其和印度地名，两地均以盛产地毯而闻名。
[②]　http://www.marileecody.com/henry8/henry8barber.jpg.
[③]　Simon Thurley, *The Royal Palaces of Tudor England: Architecture and Court Life, 1460–1547*, New Haven: Yale University Press, 1993, p.231.
[④]　Simon Thurley, *The Royal Palaces of Tudor England: Architecture and Court Life, 1460–1547*, New Haven: Yale University Press, 1993, p.232.

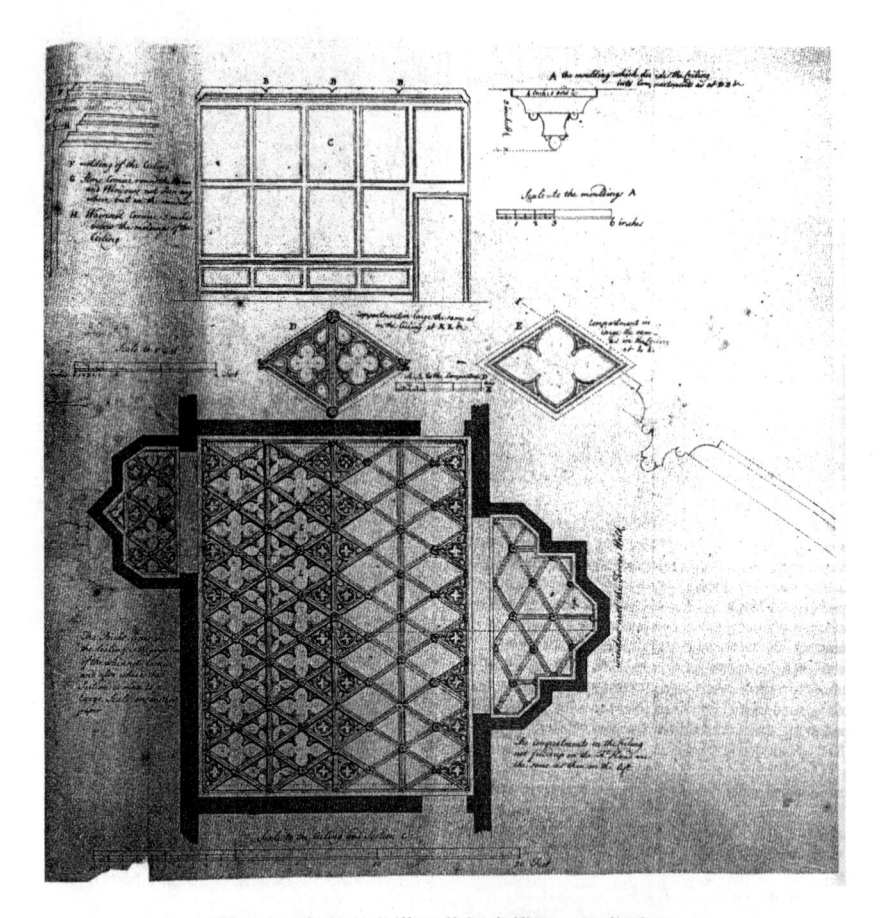

图185　亨利七世塔天花板素描图，温莎城堡

到了亨利八世时期，天花板的装饰风格发生了变化。格林威治宫亨利七世密室中的天花板一直保留到1537年，但已经非常过时了。亨利八世便命人以仿古风格重新设计天花板和檐口，在"亨利八世的家庭"一画中可以看到这种无梁扣板天花板，扣板饰物上描绘着王室徽章。在汉普顿宫警卫厅里有同样的天花板（见图186[1]），木制圆盘饰上雕刻着亨利八世和简·西摩的徽章（见图187[2]），饰盘被钉在木圈（扣板）上，而木圈又钉

---

[1] http://www.leleyuan.com/index.php?m=content&c=index&a=show&catid=10&id=5884.

[2] Simon Thurley, *The Royal Palaces of Tudor England: Architecture and Court Life, 1460–1547*, New Haven: Yale University Press, 1993, p. 313.

第七章 宫殿的室内装饰艺术

在天花板上。

汉普顿宫礼拜堂和大厅的天花板装饰与上述均有所不同。大厅的屋顶由悬臂梁支撑（见图188[1]），是14世纪经常使用的设计，已经过时；但是却以16世纪30年代较为流行的方式来装饰，饰物有雕刻和描绘的徽章、头像等（见图189、[2] 190[3]）。礼拜堂天顶的装饰别具一格：悬臂梁已不再成为独立的结构，这样之上的防水层便成为独立的结构，可以使工匠自由地装饰（见图191[4]）。虽然有很多仿古风格的雕饰，但其蓝色的背景和闪亮的星星等装饰仍属于中世纪晚期的哥特式装饰，体现了这一时期的过渡风格。

图186 汉普顿宫警卫厅的天花板

---

[1] Simon Thurley, *The Royal Palaces of Tudor England: Architecture and Court Life, 1460 – 1547*, New Haven: Yale University Press, 1993, p. 112.

[2] Simon Thurley, *The Royal Palaces of Tudor England: Architecture and Court Life, 1460 – 1547*, New Haven: Yale University Press, 1993, pp. 104 – 105.

[3] Simon Thurley, *The Royal Palaces of Tudor England: Architecture and Court Life, 1460 – 1547*, New Haven: Yale University Press, 1993, p. 105.

[4] http://news.xinhuanet.com/travel/2013 – 08/13/m_125156387_2.htm

图 187　汉普顿宫警卫厅天花板木制圆盘饰上的雕刻

图 188　汉普顿宫大厅

第七章 宫殿的室内装饰艺术

图 189 汉普顿宫大厅房顶的雕刻和描绘的徽章，1532 年

图 190 汉普顿宫大厅房顶的雕刻和描绘的头像，1532 年

图 191　汉普顿宫礼拜堂天顶

(四) 家具

家具也是宫殿内重要的装饰品，相比其他物件而言家具更能反映出等级色彩。廷臣可以根据某人使用的家具迅速判断出他的社会等级和地位。需要注意的是这与财富无关，例如红衣主教沃尔西虽然能买得起与国王一样奢华的家具，但他的社会等级却远远不及国王。国王使用的家具往往象征着他的权威，他人不得使用和接近，否则就是对国王权威的冒犯。国王的家具主要有三样：床、座椅和橱柜，这三样都在王室管理规章中做出了特别规定，"无论其社会等级如何，均不得靠近王座，不得站在华盖之下，不得斜靠在国王的床上，不得接近国王的橱柜，不得站在国王

第七章 宫殿的室内装饰艺术

的地毯上"①。

1. 床。床是国王最昂贵的家具。因为床有昂贵的帘布，它往往成为人们拥有的单件最贵的财产；这种床通常适合于作礼物送人，1529年亨利八世从法兰西斯一世那里收到了一件礼物，即一张床。自中世纪以来，英国国王的床上便安装了床围栏；爱德华一世的床就曾围着一张帆布。② 到了约克王朝时期，国王的床成为一件独立的家具，并带有一些仪式和精神意义。亨利七世时期国王上床睡觉前往往有一些象征性的仪式：亨利七世的侍从官、仆人和男侍每天都会把被褥从床上取下，抖落干净后再铺上，然后铺上床单和毛毯，接着往床上洒一些圣水，最后拉上床帘。③

中世纪床的木架非常简单，几乎没有什么装饰，只有床幔看起来还比较华丽。到了都铎王朝时期木架已经开始进行装饰，床杆、床头板等结构开始被精雕细刻或描绘。国王的这类床并没有保存下来，一张与亨利八世统治早期王室的床非常相似的床却保留了下来（见图192④），这张床属于亨利七世的继父首位德比伯爵或其孙子第二任德比伯爵。16

图192　英国的一张精雕细刻的橡木床，1500—1521年

---

① Simon Thurley, *The Royal Palaces of Tudor England: Architecture and Court Life, 1460–1547*, New Haven: Yale University Press, 1993, p. 234.

② Paul Binski, *The Painted Chamber at Westminster*, London: Society of Antiquaries of London, 1986, pp. 13–14.

③ Society of Antiquaries of London, *A collection of Ordinances and Regulations for the Government of the Royal Household*, London: Printed for the Society of Antiquaries by John Nichols, sold by Messieurs White and Son, 1790, pp. 121–122.

④ Simon Thurley, *The Royal Palaces of Tudor England: Architecture and Court Life, 1460–1547*, New Haven: Yale University Press, 1993, p. 236.

世纪30年代为给国王在白厅的新房建造一张大床，从匈牙利骑兵统帅那里购买了两棵胡桃木并从海路运回；其他材料还购买了18块护壁板、三块松木板、铁制品和胶水；在圣劳伦斯·波尔特尼教区租了一间房子，在这里为制作床架六名雕刻工连续工作了十个月；最后由安德鲁·莱特为床镀金。这张床耗资巨大，仅床架就花费了86英镑3先令10便士。

然而，床幔比床架更为昂贵，尤其是当床有冬夏两套床幔时。1547年，在汉普顿宫的国王的床及帘布记载如下：国王的床长8英尺，宽7英尺6英寸；床杆和床头都被雕饰、描绘和镀金；床杆有四个镀金的圆球，球顶各有一铁制风信旗，绘着国王的纹章；天篷和床头罩以金布和银布相拼的帘布，以紫色天鹅绒缎带为边；天篷和床头装饰着王室纹章，环绕以鸢尾花和玫瑰花环；有五张床幔，以23块紫色或白色塔夫绸①拼成，以金缎带为边；床罩以塔夫绸制作，绣着王室纹章。

相比国王的床，王后的床则要逊色很多。安妮·博林的床的天篷是由胡桃木制作的，被漆成木纹并镀金。简·西摩的床有一个木制圆形饰，上面绘着她的纹章。在这类装饰得较为简单的床中，安妮·克莱夫的床有部分保留了下来（见图193②）：床头为橡木制作；两个全身甲胄的男女人物形象分立床头板两侧；男性人物形象上方是一座放肆的丘比特裸像，女性人物形象上方是一座怀孕的丘比特裸像。

这些精致的床并不是为了睡在里面，而是为早起晚睡的日常仪式准备的。国王或王后实际上是睡在其他卧室中更小也更舒适的床上。在格林威治宫和汉普顿宫，亨利八世有两间自己的卧室，而他的第三个睡处则在王后的宅内。

除了国王和王后拥有自己的床以外，国王还为廷臣和来访者在宫中提供床。1532年上半年，曾有十张昂贵的床被特别安排在白厅。其中三张有镀金的床头板，只有两张床的床柱上有绘有国王纹章的风信旗。这些床都是为最富有的廷臣准备的。

---

① 塔夫绸，英文taffeta的译音，含有平纹织物之意。又称塔夫绢，是一种用优质桑蚕丝经过脱胶的熟丝以平纹组织织成的绢类丝织物。经纱采用复捻熟丝，纬丝采用并合单捻熟丝，以平纹组织为地，织品密度大，是绸类织品中最紧密的一个品种。

② Simon Thurley, *The Royal Palaces of Tudor England: Architecture and Court Life*, 1460 – 1547, New Haven: Yale University Press, 1993, p. 237.

第七章 宫殿的室内装饰艺术

图 193 描绘的橡木床头，1539 年

除了床以外，宫中还有为儿童准备的摇篮：1535—1536 年，宫中为伊丽莎白公主制作了一部新摇篮，与保存下来的那一时期的一部摇篮非常相似（见图 194①）。伊丽莎白的摇篮覆以深红色的绸缎，以深红色的丝绸作边；一个皮制旅行箱被用来做摇篮的主体。

2. 座椅。宫殿中的某些椅子具有特殊的意义，其中最重要的是官座。官座的主要功能是提高使用者的权威和地位，一般与天篷、高台、脚蹬、垫子和地毯配套使用。这些物件如何配套、尺寸大小和精致程度依据使用者的等级而定。为了突出亨利七世的重要地位，1501 年威斯敏斯特宫的大厅进行了一些装饰："高台处是国王陛下座椅的天篷，椅子配以垫子和地

---

① Simon Thurley, *The Royal Palaces of Tudor England: Architecture and Court Life, 1460 - 1547*, New Haven: Yale University Press, 1993, p. 236.

· 271 ·

图 194 摇篮，1500 年

毯，所有其他精致的必需品都荣耀了他的贵族身份和等级。"① 亨利七世在王室管理规章中特别规定了官座天篷的高度，背景幕是卷起还是悬挂。例如，王后官座天篷的高度必须低于国王的。②

在中世纪主要有两种王座，一种是由撑杆和木板构成的椅子，或被称为台座（见图195③）；另一种是 X 型椅子（见图196④）。从 1340 年开始，

---

① Gordon Kipling, ed., *The Receyt of The Lady Kateryne*, Oxford; New York: Published for the Early English Text Society by the Oxford University Press, 1990, p. 66.

② Society of Antiquaries of London, *A collection of Ordinances and Regulations for the Government of the Royal Household*, London: Printed for the Society of Antiquaries by John Nichols, sold by Messieurs White and Son, 1790, p. 115.

③ Simon Thurley, *The Royal Palaces of Tudor England: Architecture and Court Life, 1460–1547*, New Haven: Yale University Press, 1993, p. 238.

④ Simon Thurley, *The Royal Palaces of Tudor England: Architecture and Court Life, 1460–1547*, New Haven: Yale University Press, 1993, p. 238.

君主的形象开始出现在抬高的带有天篷的台座上；截止到1542年，台座的哥特式装饰风格已经被仿古风格所取代（见图197①）。白厅的两把座椅展现了其装饰风格：两把座椅为木制；罩着金布，以威尼斯金布作边；有四个镀金的银球。与此相似的座椅可以在当时的一些绘画作品中发现（见图198、199②）。

天篷是台座中装饰得最精美的部分。高台可以容纳国王、王后及其子女。在1501年亚瑟王子与凯瑟琳公主的婚礼上，一位传令官观察到，"在大殿的前端和高处，有一座由精美和珍贵的布罩着的座椅，国王坐在金布坐垫上，……亲王殿下在其右侧，约克公爵在其左侧"③。亨利八世有许多这种带有天篷的台座，其中在白厅的一座其天篷和靠背罩以紫色、黑色和

图195 王座上的爱德华四世，源自15世纪中期一部佛兰德手稿

图196 温彻斯特座椅，曾在玛丽一世的婚礼上使用

---

① Simon Thurley, *The Royal Palaces of Tudor England: Architecture and Court Life, 1460 – 1547*, New Haven: Yale University Press, 1993, p. 239.

② Simon Thurley, *The Royal Palaces of Tudor England: Architecture and Court Life, 1460 – 1547*, New Haven: Yale University Press, 1993, p. 240.

③ Gordon Kipling, ed., *The Receyt of The Lady Kateryne*, Oxford; New York: Published for the Early English Text Society by the Oxford University Press, 1990, pp. 36 – 37.

图 197　左：亨利七世的国玺；右：亨利八世第三个国玺（1542 年）

图 198　王座上的亨利八世，《大圣经》① 卷首插图

---

① 《大圣经》，英国首部官方英语圣经，在亨利八世授权、托马斯·克伦威尔监制下，由迈尔斯·科弗代尔翻译制定，于1539年颁行。《大圣经》以《廷代尔圣经》为基础，修改了其引起主教们反感的部分，翻译了拉丁文圣经中廷代尔未译出的部分，该圣经以其较全的文本和版本的巨大尺寸而著称。

图 199　王座上的亨利八世，三一教堂案卷，1517 年

绿色的布，不同花色的布中间饰以金穗带，天篷和靠背上都绣有国王的纹章。

对廷臣而言，他们主要坐的是方凳和椅子。如果国王坐在椅子上会专门装上坐垫（见图 200①）。椅子主要是在内殿使用，而在外殿主要使用方凳。更重要的廷臣则被提供带有靠背的长凳。在格林威治宫曾有一带橱柜的长凳；在小荷尔拜因创作的克伦威尔的肖像画中可以看到橡木长凳的靠背（见图 201②）。

---

① http://www.marileecody.com/mary3.jpg；http://zh.wikipedia.org/wiki/File:Maria_Tudor1.jpg.

② http://www.marileecody.com/cromwell.jpg.

图200 安东尼奥·莫尔，《玛丽一世》，1554年（普拉多博物馆，马德里）

图201 小荷尔拜因，《托马斯·克伦威尔》，1542—1543年（弗里克美术收藏馆，纽约）

3. 橱柜。都铎王朝时期，橱柜是宫殿中的一项重要的家具。从其功能上来说有两种：一种是展览餐具等贵重物品的橱柜，一种是存放一般物品的橱柜。前者在宫中比后者更常见，几乎所有内殿的房间中都有展览用的橱柜。它们一般都罩以毛毯或布。1508年玛丽公主就曾在其卧室中使用毛毯遮盖橱柜；1547年，汉普顿宫的一只橱柜被盖上了描绘的皮革。在1547年，亨利八世的一张遮盖橱柜的布由天鹅绒制成，以红色描绘，周边是薄纱并悬以红绸穗和金穗。小荷尔拜因的绘画《使者》就显示了这种橱柜（见图180），画中一张简朴的壁桌覆盖着一张华丽的毛毯，桌下橱内摆设着诗琴、地球仪和书籍等物。1538年亨利八世曾在格林威治宫的接见厅接受了新年礼物，并将其放置在该厅橱柜中以使宫中所有人都能看到。[①]

国王的卧室中也有橱柜。亨利八世在汉普顿宫和格林威治宫的大卧室

[①] David Starkey, ed., *Henry Ⅷ: A European Court in England*, London: Collins & Brown in association with the National Maritime Museum, Greenwich, 1991, pp. 126-135.

第七章　宫殿的室内装饰艺术

中各有两套橱柜，在汉普顿宫的橱柜盖着绿布；这些橱柜通常用来放置国王的烛台、碗碟、甚至是床边的水壶和水罐。这类存放普通物品的实用主义的橱柜在小荷尔拜因的绘画《托马斯·莫尔的一家》的背景中可以看到（见图202[①]）。更多的橱柜被放置于密室的入口、会客室和走廊处，其中放置在会客室的橱柜是做展览使用的。

图202　小荷尔拜因，《托马斯·莫尔的一家》，素描图

在国宴中，橱柜具有某种仪式和象征功能。在这种场合下，橱柜只是一种阶梯结构，以便展览碗碟。橱柜的层数越多、展览的餐具越昂贵，用餐者的地位也就越高。在1501年的一次宴会中，一套橱柜有六层，里面放满了珍贵和奢华的流行餐具，例如罐子、酒壶、酒杯等。[②] 亨利八世在很多次国宴上用的是十二层的橱柜；而红衣主教沃尔西在1527年汉普顿宫用

[①] Simon Thurley, *The Royal Palaces of Tudor England: Architecture and Court Life, 1460-1547*, New Haven: Yale University Press, 1993, p. 223.

[②] Gordon Kipling, ed., *The Receyt of The Lady Kateryne*, Oxford; New York: Published for the Early English Text Society by the Oxford University Press, 1990, p. 66.

近代早期英国宫廷文化研究（1485—1714）

的则是六层橱柜，与其较低的等级相适合。餐具的价值和数量也依人们的等级而变化。在1501年亚瑟王子的婚礼中，亨利七世为客人在他们的房间中分别准备了不同的橱柜和餐具：大主教的餐具价值600—700马克，主教的是500马克，伯爵的是500马克，他们兄弟的是300马克。[①]

4. 其他家具。桌子一般有两种：一种是供欣赏的，另一类是比较实用的桌子。前一种的代表是一张带有折叶雕饰的桌子，比较少见的是折叠桌，安妮·博林在白厅宫曾有这样一张桌子。此外，还有供玩纸牌等游戏的桌子。以上这些桌子往往雕饰得很精美，尤其是有仿古风格的雕饰。在宫中最常见的则是搁板桌，这种桌子往往被用作餐桌（见图203[②]）。

钟表也是室内常见的装饰。在汉普顿宫的密室中曾有一只钟表被放置在一个带有边饰的柱头上。但更为常见的是被固定在墙壁的支架上，在小荷尔拜因的《托马斯·莫尔的一家》中钟表就是如此安置的（见图202）。在温莎堡有一座保留下来的亨利八世的钟表，可谓是其中的典型代表。这座镀金的金属钟雕饰得十分精

图203 无名画家《金缕地》（局部），1545年，廷臣在帐篷中用餐（英国皇家收藏）

致，顶部有一狮子形象，扶着王室纹章；表身随处有仿古风格的雕饰；此

[①] Gordon Kipling, ed., *The Receyt of The Lady Kateryne*, Oxford; New York: Published for the Early English Text Society by the Oxford University Press, 1990, p. 76.

[②] Maria Haward, ed., *Dress at the Court of King Henry VIII*, Leeds: Maney Pub., 2007, p. 272; Simon Thurley, *The Royal Palaces of Tudor England: Architecture and Court Life, 1460 – 1547*, New Haven: Yale University Press, 1993, p. 243.

外还雕刻着亨利八世和安妮·博林名字的首字母和座右铭（见图204①）。

在近代早期，蜡烛还是一项奢侈品，一般只供高级廷臣和王室成员使用，因此烛台便成为这一时期宫中的一项重要家具。国王和王后宅内最常见的还是壁挂式烛台，而灯笼则较少见。1527年，卡文迪什描述了汉普顿宫的壁挂烛台："挂在墙上的烛台是银质并镀金的，从中发出的光线照亮了房间。"② 烛台的固定方式有的是悬挂着的，例如在白厅的烛台用饰以金色流苏的金绳悬挂在房上；还有的是被钉在了墙上，例如在汉普顿宫的走廊中一铜制烛台被钉在护壁板上。除了壁挂烛台外，蜡烛还被安置在烛台架上。这些落地烛台和枝状大烛台被雕饰得十分精美，与保留到现在的用于亨利八世墓的烛台非常相似（见图205③）。亨利八世有一对落地烛台也保留了下来（见图206④），在烛台顶部雕饰着亨利八世的纹章、姓名的首字母"HR"和安妮·博林的猎鹰。

小 结

在15世纪末和16世纪初期，欧陆各国宫廷之间的密切联系，尤其是一些重大的战争和外交活动，促进了各国宫廷文化的交流与趋同。英国宫殿的室内装饰艺术深受欧陆宫廷中盛行的意大利文艺复兴艺术影响，加之这一时期英国日渐增长的"帝国"意识，使得源于罗马帝国宫殿的"奇异风格"成为室内装饰的主流风格。宫殿室内装饰总体来看十分华丽，并对王权、等级制等政治意义的暗示几乎不放过任何角落：壁画是由小汉斯·荷尔拜因等名家绘制的主题壁画，反映了一些诸如王朝统治的合法性及君主的个人功绩等政治含义，架上画则往往呈现出宗教改革时期反教皇等主

---

① Simon Thurley, *The Royal Palaces of Tudor England: Architecture and Court Life, 1460–1547*, New Haven: Yale University Press, 1993, p. 244.

② George Cavendish, *The Life and Death of Cardinal Wolsey*, Richard Standish Sylvester, ed., London, New York: Published for the Early English Text Society by the Oxford University Press, 1959, p. 73.

③ Simon Thurley, *The Royal Palaces of Tudor England: Architecture and Court Life, 1460–1547*, New Haven: Yale University Press, 1993, p. 244.

④ Simon Thurley, *The Royal Palaces of Tudor England: Architecture and Court Life, 1460–1547*, New Haven: Yale University Press, 1993, p. 244.

题；挂毯往往是由金线银线织就的购自海外的贵重挂毯；天花板、窗户和壁炉的装饰中则往往出现王室的徽章；床、座椅和橱柜等家具的装饰和使用有着严格的等级要求，特别突出国王家具至高无上的优越性。

图204　亨利八世镀金钟表，温莎堡

图205　亨利八世墓烛台

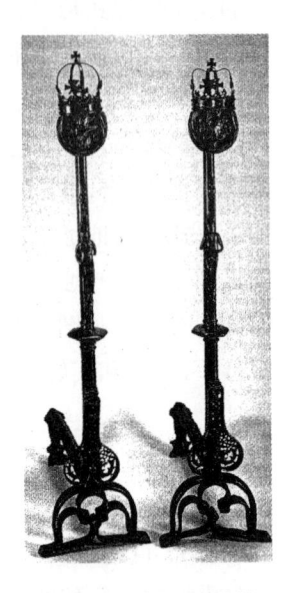

图206　亨利八世铸铁烛台，诺儿庄园

第八章
王室肖像艺术

在近代早期，英国宫廷和宫廷之外通过绘画（油画、木版画、微型画、素描等）、雕刻、雕塑等各种艺术形式制作了大量的王室成员形象，其中主要是肖像。这里主要以亨利七世、亨利八世、伊丽莎白一世和查理一世四位国王的肖像艺术作为案例研究。

一 亨利七世

亨利七世在其执政时期一直在追求使自己的统治合法化，为此他极力神圣化兰开斯特王朝的君主，并将他们描绘成"帝国君主"的形象。这一时期亨利六世被认为是殉道者和圣徒，甚至在亨利七世带动下"崇拜圣国王亨利"成为了国家崇拜。在诺福克郡圣凯瑟琳教堂中，有一幅制作于1500年的木屏风，上面的亨利六世像就表现了这种崇拜（见图207[1]）。画中亨利六世头戴饰有十字架的皇冠，双手持权杖和宝球，头顶还带有光圈，使其具有圣徒和皇帝的双重形象。此外，在许多教堂的窗户和屏风上都有类似的亨利六世的形象。与这种形象崇拜同时，还广为流传着一种说法：在亨利六世遇害前他曾预言亨利·都铎将登上王位。这实际上是在暗示亨利六世将王位传给了亨利·都铎。这样，对亨利六世的崇拜和神圣化最终的目的原来是使亨利七世自己的王位继承和帝王统治具有合法性。

亨利七世自己的"帝国君主"形象最早出现于1489年3月英国铸造

---

[1] Dale Hoak, ed., *Tudor Political Culture*, Cambridge: Cambridge University Press, 1995, p. 73.

的一套20先令的金币（见图208a①）上，被亨利七世命名为"至高无上"。值得注意的是，这是英国历史上首套展示国王头戴"闭合的王冠"的铸币，而这种王冠自15世纪中期以来则是神圣罗马帝国皇帝统治的象征。② 1487年，神圣罗马帝国曾发行过类似的马克西米利安一世头戴"闭合的王冠"的铸币（见图208b），是为这类铸币的肇始。1504年左右发行的亨利七世头戴王冠的银币（见图208c）因其流通量大，则使亨利七世的帝国君主的形象更为人们所知。

除了"帝国君主"的形象，亨利七世还极力将自己扮演成一个受教会拥戴的具有合法性的国王。1504年6月16日，亨利七世签署了一份修建威斯敏斯特修道院的文件，在该文件的插图中（见图209③），亨利七世头戴象征帝国统治的皇冠，手持权杖，将

图207　亨利六世圣徒像，1500年（诺福克圣凯瑟琳教堂）

一部令书转交给跪在地上的高级教士们。这些教士包括坎特伯雷大主教威廉·沃尔海姆、温彻斯特主教理查德·福克斯、威斯敏斯特修道院院长约翰·艾斯利普等人。修建该修道院的目的是为了使自己与亨利五世和亨利

---

① Dale Hoak, ed., *Tudor Political Culture*, Cambridge: Cambridge University Press, 1995, p. 69.
② Stewart Mottram, *Empire and Nation in Early English Renaissance Literature*, Boydell & Brewer Ltd, 2008, p. 59.
③ Dale Hoak, ed., *Tudor Political Culture*, Cambridge: Cambridge University Press, 1995, p. 74.

第八章 王室肖像艺术

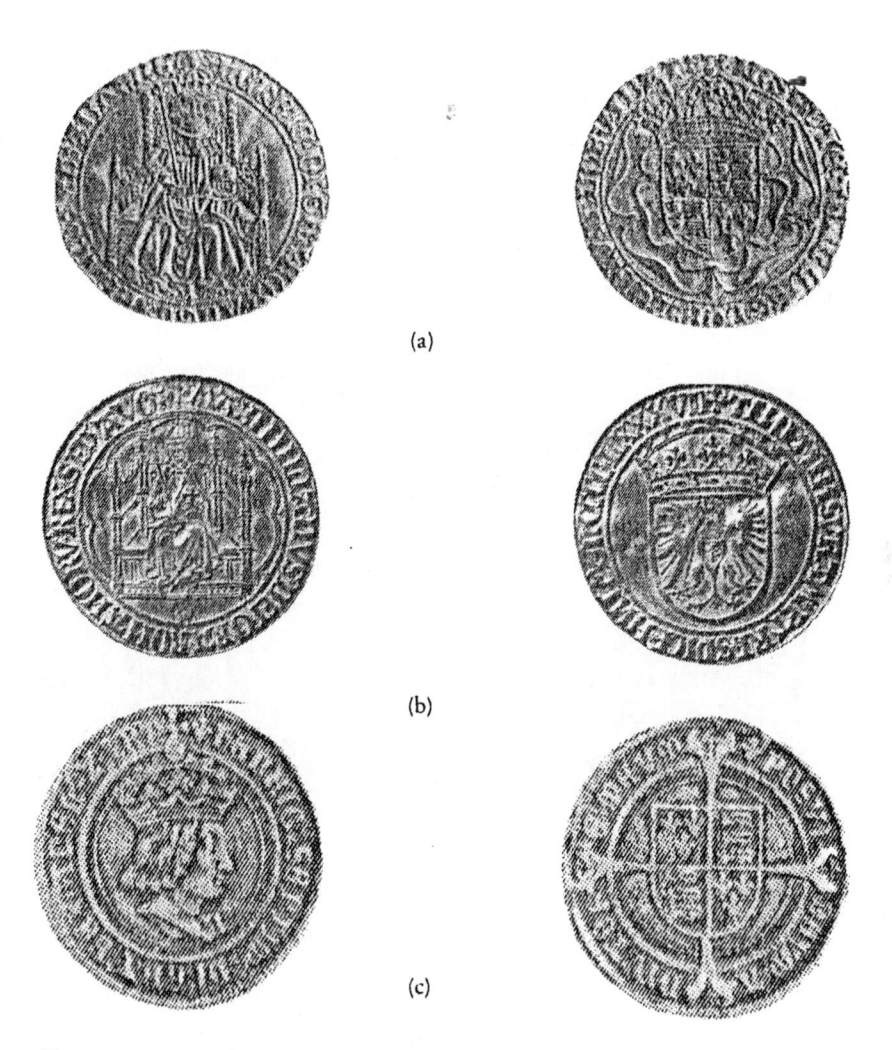

图208（a），1489年3月英国铸造的一套20先令的金币；（b），1487年，神圣罗马帝国发行的马克西米利安一世头戴"闭合的王冠"的铸币；（c），1504年左右发行的亨利七世头戴王冠的银币。

六世葬在一起，显示自己是他们的继承人。亨利七世作此插图的用意便是为了体现自己是受教会拥戴的神圣的国王，教士们则俯首听命承担起修建修道院与墓葬的使命。

最能体现亨利七世帝王形象的则是托马斯·利特尔顿1510年版的

· 283 ·

《普通法读本》中的一幅木版画（见图210①）。该书最早印刷于1481年或1482年，是首部英国印刷成册的法律书籍，在英国法律文化中具有非常权威的地位，因此阅读量非常大。其1496年的版本中首次出现了这幅关于亨利七世的木版画，1510年版本中的木版画就是从其中复制的。画中亨利七世周围有六名枢密院大臣，他本人端坐在王座上，手持权杖和宝球，头戴拱形王冠。该画最大的特点是以王座的小来衬托出王冠的大，突出了王冠，加强了亨利七世的"帝国君主"形象。

图209 亨利七世在转交令书，修建威斯敏斯特修道院文件的插图，1504年

图210 托马斯·利特尔顿的《普通法读本》中的一幅木版画，1510年版

二 亨利八世

亨利八世的形象制作范围已经远远超过了亨利七世。亨利七世的形象主要限于表现其王位的合法性和神圣性，而亨利八世的形象则表现出了多样性，除了继续表现王位的合法性和神圣性以外，还包括表现他的英勇好武、善于运动、宗教改革等，美化了亨利八世的统治和个人魅力。

---

① Dale Hoak, ed., *Tudor Political Culture*, Cambridge: Cambridge University Press, 1995, p. 76.

第八章 王室肖像艺术

对亨利八世形象的制作从其登基之日起便已经开始。斯蒂芬·霍斯于1509年出版了他的诗集《欢乐的冥想》，以纪念亨利八世的加冕礼。在这部诗集的扉页有一幅木版画插图（见图211①），描述了亨利八世的加冕礼。画中教士们正将皇冠戴在亨利八世和阿拉贡的凯瑟琳的头上。二人坐在各自的徽章之下，亨利八世的徽章是一朵玫瑰，凯瑟琳的徽章是一枝石榴花，两枚徽章都被夸大了。二人手中则各持有鸢尾花和石榴花头的权杖。加冕礼的气氛是隆重的，但二人相视而笑，并不显拘谨，与亨利七世形象中一贯的严肃面孔形成了鲜明的对比。

图211 斯蒂芬·霍斯《欢乐的冥想》木版画插图，1509年（剑桥大学图书馆）

英勇好武是亨利八世年轻时最重要的形象之一。亨利八世统治初期爱好骑士比武，现保存于威斯敏斯特宫骑士比武记录中的一幅插图（见图212②）

---

① Dale Hoak, ed., *Tudor Political Culture*, Cambridge: Cambridge University Press, 1995, p. 78.
② Dale Hoak, ed., *Tudor Political Culture*, Cambridge: Cambridge University Press, 1995, pp. 82 - 83.

展现了亨利八世在1511年参加威斯敏斯特宫骑士比武游行仪式的场面。亨利八世骑着一匹灰马,右手持一折断的比武长矛,身披黑貂皮披肩和以黑貂皮裁边的金袍,项戴缀有宝石的金链,头戴饰有金色徽章的深红色帽子。蓝色的马袍上以金线绣着王后凯瑟琳的名字的首字母"K"和"LOY-ALL"(忠诚)的字样。王后凯瑟琳坐在比武长廊中间的金色天篷之下,她的侍从贵妇在右侧,一些绅士位于左侧。亨利八世的前面由一传令官(萨里伯爵亨利·霍华德)骑马引导,右手持有亨利八世参加比武的头盔和金色的皇冠。亨利八世的步行随从在其周围,身着灰色或黄色的束腰衣,项戴金项链,脚穿红色长筒袜和黑鞋,头戴黑色帽子,手持绿白条纹相间的短棒。整幅图显示了亨利八世的华丽之风和骑士风度,表现了国王作为骑士的英勇形象。

图212　亨利八世在1511年威斯敏斯特宫骑士比武游行仪式上(威斯敏斯特宫"大比武"案卷,羊皮纸34、35,英国纹章院)

在另一幅图(见图88)中,则展现了亨利八世在这场比武大赛中亲自上阵进行比武。图中左侧策马挺枪者即为亨利八世。瞬间断裂的长矛表明亨利八世已经成功地将长矛击碎,获得了这场比赛的胜利。身后的仆人面露喜色,为国王的成功感到喜悦;看台(天篷)里的女士和绅士有的面露喜色,有的感到震惊,中间华盖之下的凯瑟琳则面容淡定、击掌相庆。

亨利八世的形象不仅出现在比武场上,甚至还出现在战场上。1513年英军在马刺战役中击败了法军,同一年为了庆祝这次胜利而创作了一幅

《马刺战役》(见图213①)。画中英国骑士或举剑或张弓,英勇异常,而法军士兵则丢盔弃甲,跪地求降。亨利八世位于画的中心位置,他的金色甲胄和坐骑的金色护甲在身披银色甲胄的骑士中显得格外耀眼;坐骑高昂着头,他手持权杖俯视一名跪地求降的法国领主,这使他的形象显得更加高大。

图213 《马刺战役》,1513年

英国宗教改革以后,亨利八世开始以反教皇和英国教会首领的形象出现在一些绘画作品中。在1535年出版的《科弗代尔圣经》②的扉页有一幅小荷尔拜因创作的木版画插图(见图214③)。在图的上方有许多圣经人物形象和铭词,表明了亨利八世的宗教改革是秉承上帝的意志:最上方左侧

---

① http://www.marileecody.com/henry8/henry8spurs.jpg.
② 《科弗代尔圣经》,由英国英语圣经译者威廉·廷代尔和其助手迈尔斯·科弗代尔共同翻译,前者被处死后后者继续翻译,并于1535年出版了这部英国首部全本英语圣经。
③ Dale Hoak, ed., *Tudor Political Culture*, Cambridge: Cambridge University Press, 1995, p. 105.

是亚当和夏娃，右侧是旧约中预言耶稣复活的人物；再往下则是摩西在接受十诫；接着是耶稣在向众人传道。图的最下方则是亨利八世，他右手持剑，左手则不再是宝球而是一部《圣经》，并将其交给教士们，再由他们分发给他的臣民；他的脚下则是他的纹章；他的两侧站着弹琴的大卫和持剑的保罗。从整幅图来看，强调了亨利八世的宗教改革是上帝的意志，与摩西接受十诫、耶稣传道等是一脉相承的，亨利八世同样是教会的领袖；大卫和保罗侍立两侧则增加了亨利八世的神圣性。

图 214　1535 年版《科弗代尔圣经》木版画插图，小荷尔拜因（大英图书馆，伦敦）

图 215　约翰·福克斯 1570 年版《伟绩与丰碑》木版画插图，《国王亨利八世将教皇踏在脚下》

约翰·福克斯是 16 世纪英国著名的新教作家，其著作《伟绩与丰碑》1570 年版本中有一幅木版画插图（见图 215[①]），被称为"国王亨利八世将

[①] Dale Hoak, ed., *Tudor Political Culture*, Cambridge: Cambridge University Press, 1995, p.92.

教皇踏在脚下"。在这幅图中，亨利依旧右手持剑，左手将《圣经》交给教士（托马斯·克兰默），在他的皮帽之上戴着拱形帝国王冠，脚下踩着教皇克莱门特七世，身旁是托马斯·克伦威尔和托马斯·克兰默等拥护新教的僧俗重臣。主教约翰·费希尔和红衣主教雷金纳德·波尔试图帮助教皇挣脱，还有的跟随者则帮他牵马；教皇的冠冕和权杖散落地上，狼狈不堪；他的拥护者们都在哭泣。这幅插图表达了福克斯本人的观念：中世纪的教皇是反基督的，他们僭取了国王的王冠、王座、皇袍和宫殿等，而现在要在英国恢复国王的绝对权力和恢复真正的教会，即要推翻教皇在英国的权威，树立英王在世俗和宗教领域的至尊地位。福克斯的这本书在多数教区教堂中广为流行，有力地宣传了国王在教会中地位至尊的观念。

关于亨利八世的个人肖像，从其青年时期到老年时期在绘画作品中都有反映。亨利八世登基以来最早的一张肖像图是1509年某位画家创作的（见图216[①]）。画的顶端和两侧有象征王室的鸢尾花图饰，亨利八世头戴饰有金色徽章的貂皮帽，项配缀有宝石的金链，双手戴有几枚戒指，右手持一朵红玫瑰。他的面容清瘦，眉清目秀，没有胡须，皮肤白皙而有张力，显得英俊而有活力。眼中锐利的目光显示了初登王位的亨利八世的王者威严。

1536年，时值中年的亨利八世有一幅经典的肖像画（见图217[②]），这是小荷尔拜因为他创作的首幅肖像画。画中亨利八世珠光宝气，帽檐、金项链、戒指和袖口都饰有各色宝石，胸口和袖口显示的紧身衣绣着精致复杂的类似仿古风格的纹饰，领口则以金线绣饰。与他的衣着修饰相比，令人印象更加深刻的是他的表情，此时的他已经少了以前俊朗潇洒的外表，蓄着黑须，面容严肃，眼睛充满着审慎和怀疑的目光，给人一种威严不可侵犯和不可接近之感。此画作于安妮·博林被处死前后，此时宗教改革正在进行，修道院被解散，自己的权力和财富正在急剧增加，小荷尔拜因比较真实地绘出了这一时期亨利八世的形象。

[①] Maria Hayward, Philip Ward, ed., *The Inventory of King Henry Ⅷ, Ⅱ Textiles and Dress*, London: Harvey Miller, 2012, p. 85; http://www.marileecody.com/henry8/henry8unknown3.jpg.

[②] http://www.marileecody.com/henry8/henry8holbein1.jpg.

图216　亨利八世的肖像画，1509年

图217　亨利八世的肖像画，1536年（板面油画，提森—博内米萨博物馆，马德里）

1545年，宫廷画师汉斯·伊沃斯创作了一幅亨利八世晚年的肖像画（见图218[①]）。画中亨利八世的站姿一如既往，斗篷的加宽设计显得他肩膀宽阔，孔武有力，腿部也坚挺有力，一手持手套，一手按宝剑，浑身上下珠光宝气，唯有胡须已白。但实际上这夸大了亨利八世的孔武有力的形象。同一时期一位无名作者的亨利八世肖像（见图219[②]）则揭露了亨利八世的真实面貌：眼睛苍白无力，脸庞有些浮肿，神情有些木然。这表明，国王的艺术形象在很多情况下与其真实的形象往往是存在很大差异的，艺术形象不在乎真实不真实，而是关心如何塑造国王的某种形象。

[①] Maria Hayward, Philip Ward, ed., *The Inventory of King Henry Ⅷ, Ⅱ Textiles and Dress*, London: Harvey Miller, 2012, p.236; http://www.marileecody.com/henry8/henry8eworth1.jpg.

[②] Maria Hayward, Philip Ward, ed., *The Inventory of King Henry Ⅷ, Ⅱ Textiles and Dress*, London: Harvey Miller, 2012, p.338; http://www.marileecody.com/henry8/henry8engraving1.jpg.

图218 汉斯·伊沃斯的亨利八世肖像，1545 年（布面油画，利物浦国家博物馆沃克艺术画廊）

图219 科内利斯·马特西斯的亨利八世晚年肖像，1545 年（法国国家图书馆）

三 伊丽莎白一世

伊丽莎白一世统治时期在各种艺术品中出现了大量的女王形象，这些形象的制作大多受到了当时政治形势和女王政治意图的影响：在其加冕礼以及稍后一段时间内，她被描绘为一个伟大的帝王；在其统治初期为谋取婚姻，她的形象则有很多生活气息，并将她与宗教和美德相联系；还有许多肖像画则反映了女王统治时期的一些对外政策和重大事件；在其统治后期，当确定其不能结婚后，更多的是强调她的"童贞女王"、她的至高无上的统治权和她的永恒性的形象。

关于伊丽莎白一世加冕礼较早的一幅肖像是一位无名作家绘于约1559年的嵌板画，后于1600年为人所复制（见图220[①]）。她头戴王冠，右手持

[①] http://www.marileecody.com/gloriana/elizabethcoronation.jpg.

权杖，左手持宝球。身披白鼬毛皮为里、金线和银线织物为表的斗篷，表面有玫瑰花、玫瑰花蕾和鸢尾花形状的纹饰。里面则是她的外裙和紧上衣套筒，修长紧绷的套筒（或称紧身三角胸衣、紧身褡等）以鲸须为支撑；套筒与外裙的连接处呈长长的V形，并饰以珠宝。王冠和项圈上同样缀满各种宝石。

图220 无名画家1559年的伊丽莎白加冕礼肖像（1600年复制）（国家肖像画廊，伦敦）

图221 1563年版《伟绩与丰碑》木版画插图，伊丽莎白一世被视同为君士坦丁大帝

对伊丽莎白帝王形象刻画得更为深刻的则是福克斯1563年首版《伟绩与丰碑》中的一幅木版画（见图221[①]）。福克斯曾将该书献给女王，而这幅插图则将女王的统治比拟为君士坦丁大帝的统治：君士坦丁曾结束了早期教会在罗马帝国遭受迫害的历史，而伊丽莎白的继位则结束了玛丽一世对新教徒的迫害。画中由哺乳宙斯的羊角、英国王室纹章等形象构成"C"型图案环绕着伊丽莎白，君士坦丁大帝名字的首字母就是"C"，因此这儿的"C"形图案象征着帝王（君士坦丁大帝）的统治，并能带来和

[①] Dale Hoak, ed., *Tudor Political Culture*, Cambridge: Cambridge University Press, 1995, p. 94.

第八章 王室肖像艺术

平与和谐。在"C"形图案的羊角中长出三朵都铎王室的玫瑰花，它们又是从左侧象征兰开斯特和约克家族结合的两朵玫瑰中长出。伊丽莎白手持剑与宝球正襟危坐，而双手持钥匙的教皇则在其脚下（为"C"形图案的下半部分），象征着女皇已经打破了教皇的垄断统治。她的身旁则是她的三名崇拜者：约翰·达伊、约翰·福克斯、托马斯·诺顿。

除了帝王和美德的形象以外，在其统治初期因她推行婚姻外交，她的肖像常常要传到外国宫廷，为此这一时期很多肖像具有一些生活气息，展现了她的年轻美貌和高贵气质。早在其登基之前，伊丽莎白公主就已经成为欧洲最显赫的待嫁娘，在1546年由威廉·斯格罗特绘制的伊丽莎白公主肖像（见图222①）中，伊丽莎白有着红褐色的头发、乌黑的眼睛、白皙的皮肤、姣好的面庞、修长的身材与手指。她的仪态端庄娴静，目光淡定或有所思。身旁打开的书本和手中的书显得她颇有学者气质。红色的长裙、红色兜帽、较为简朴的纹饰都显示出了少女的装扮。

图222 威廉·斯格罗特的《伊丽莎白公主肖像》，1546年。板面油画，英国皇家收藏，温莎城堡。

1558年，伊丽莎白登基后一位无名画家创作了一幅伊丽莎白一世的肖像（见图223②）。画中的伊丽莎白衣着依然较为简朴，但看起来更有生气和活力。通过黑色的衣服更加衬托出皮肤的白皙。她的眼神看起来不但没有威严之感，甚至还有些审慎和矜持。绘于1565年的另一幅肖像（见图224③）也同样有着生活气息，画中她的头发向后梳，并罩以一顶饰有珠宝的意大利式便帽。相框的下方则写着伊丽莎白对一位质疑圣餐礼中基督降

---

① Maria Hayward, Philip Ward, ed., *The Inventory of King Henry Ⅷ*, Ⅱ *Textiles and Dress*, London: Harvey Miller, 2012, p.257; http://www.marileecody.com/gloriana/princesselizabethscrots.jpg.
② http://www.historicalportraits.com/Artworkimages/z460.JPG.
③ http://www.marileecody.com/gloriana/elizabethverses.jpg.

· 293 ·

临的牧师的答复:"耶稣基督曾经说起过它,他取走了面包并分发了它,耶稣基督确实这样做过,我相信他取走了它。"① 从这首小诗和她手中的书(《圣经》)来看,这幅肖像带有浓厚的宗教气息。

图223 1558年伊丽莎白一世的《克洛普顿肖像》(板面油画,布里奇曼艺术博物馆)

图224 1565年伊丽莎白一世肖像(私人收藏,克利斯蒂拍卖行,纽约)

实际上,这一时期伊丽莎白一世的许多肖像画都将其与宗教和美德联系起来,这一方面是为了其婚姻而加强对外宣传,另一方面则是与宣扬女王本人的政治和宗教地位相关。在1568年《主教圣经》② 中的扉页上有一幅页边画(见图225③),画中伊丽莎白位于人格化的"仁慈"和"信仰"之间,代表着"希望",从而构成了神学三德:有信、有望、有爱。"仁慈"和"信仰"的形象都是女性,前者正在哺乳两名婴儿;后者一手持圣经一手持十字架,象征着可以自由传阅新教徒的英语圣经。两人之间是王室纹章和伊丽莎白的象征——诗琴。这样伊丽莎白在这幅图中便成为了神

---

① http://www.marileecody.com/eliz1-images.html.
② 《主教圣经》,1568年由坎特伯雷大主教马修·帕克主持翻译和修订的圣经版本,自出版后便成为英国国教的官方圣经。
③ Dale Hoak, ed., *Tudor Political Culture*, Cambridge: Cambridge University Press, 1995, p.123.

学美德的化身和新教及其英语圣经的捍卫者。

在1569年版的《主教圣经》的扉页上，一幅页边画（见图226①）则将伊丽莎白与四种美德联系起来，即"正义""仁慈""勇气"和"审慎"。图中上方持剑的正义和持书的仁慈（人格化的女性形象）正在给伊丽莎白戴王冠，剑与书象征着伊丽莎白在世俗和教会中的最高地位。图中下方左侧的"勇气"怀抱一断柱，暗指参孙毁灭了非利士人的神庙；右侧"审慎"之后则是月桂树的枝叶，暗指天主教和新教的结合，即伊丽莎白的宗教宽容政策；两者表现了伊丽莎白的文治武功。画中最下方是英国民众在听取布道，暗指的是女王支持民众自由阅读和传布英语圣经。从空间结构来看，女王正好处于下方民众和上方天堂之间，象征着她是上帝与信徒的中间人、英国教会的首领。

图225　1568年《主教圣经》中扉页页边画，将伊丽莎白一世比拟为"希望"

图226　1569年《主教圣经》中扉页页边画，将伊丽莎白一世与四种美德相联系

---

① Dale Hoak, ed., *Tudor Political Culture*, Cambridge: Cambridge University Press, 1995, p. 125.

在1569年汉斯·伊沃斯绘制的《伊丽莎白女王与三女神》（见图227①）中，伊丽莎白一世结合了爱和美神维纳斯、智慧女神密涅瓦和婚姻母性之神朱诺三者的美德，三种美德均是作为贵族妻子而被期望拥有的。三位女神以意大利样式主义风格来表现，身姿多曲线和变化，而伊丽莎白一世的形象则端庄威严并带有立体感，手中的宝球和权杖更显得她超越于三位女神之上。

图227 汉斯·伊沃斯《伊丽莎白女王与三女神》，1569年（板面油画，英国皇家收藏，汉普顿宫）

在伊丽莎白一世推行婚姻外交的16世纪六七十年代，英国在对外斗争中先后与法国和西班牙交恶，直至在1588年打败了西班牙无敌舰队，使英国走上了海上霸主的道路。因此这一时期也出现了许多反映英国对外政策和对外斗争的肖像画。1575年，宫廷画师尼古拉斯·希利亚德绘制了伊丽

---

① http://www.royalcollection.org.uk/collection/403446/elizabeth-i-and-the-three-goddesses.

莎白一世的一幅肖像画,《鹈鹕肖像》(见图228①)。在此图中有两点值得注意,首先是伊丽莎白胸部的鹈鹕垂饰。在传说中,鹈鹕戳破自己的胸膛以自己的血喂食小鹈鹕;作者在这儿以鹈鹕比喻伊丽莎白对其臣民无私的爱,勾画出了她的爱民形象。其次,在画的左上角和右上角,分别有两顶皇冠,并分别置于一朵玫瑰红花和一朵鸢尾花之上。玫瑰花是英国王室的象征,鸢尾花则是法国王室的象征,这暗指伊丽莎白不但有权统治英格兰,也有权成为法国的国王,反映了她对法国领土的野心。

由老马库斯·基尔拉尔茨于1580—1585年间创作的《和平肖像》(见图229②)体现了女王对当时尼德兰的政策。1580年西班牙国王腓力二世继承了葡萄牙王位,实力大增;在尼德兰,南方贵族成立了阿拉斯同盟,伙同西班牙军进攻北方;而恰在此时一直牵制西班牙的法国发生了内战。这样,尼德兰战火再起,而且受英国支持的北方新教徒,即乌特勒支同盟处境不利。而在这幅画中表现了女王对尼德兰的政策。她右手持橄榄枝,连衣裙上也有橄榄枝叶的图案,一支入鞘的剑被扔在脚下。这样,女王被看作和平使者,要熄灭战火。但是要和平显然必须先打败西班牙,保护尼德兰的新教徒,结果英国便陷入了尼德兰的战火之中,直至女王去世战火仍在燃烧。

图228 伊丽莎白一世的《鹈鹕肖像》,1575年(沃克艺术画廊,利物浦)

图229 伊丽莎白一世的《和平肖像》,1580—1585年间(私人收藏)

① http://www.marileecody.com/gloriana/elizabethpelican.jpg.
② http://www.marileecody.com/gloriana/elizabethpeace.jpg.

1588年一位无名画家绘制的《无敌舰队肖像》（见图230①）表现了刚刚大败西班牙无敌舰队的伊丽莎白一世的形象。这幅画是女王获胜后请人制作的。画中的伊丽莎白一世充满着胜利的自信和得意，项中和衣服上的珍珠象征着她的纯洁和高贵，珍珠项链是莱斯特伯爵罗伯特·达德利送给女王的最后一件礼物。他的右臂旁放着一顶皇冠，她的右手放在一地球仪上，手指触摸着北美部分，皇冠和地球仪象征着大败无敌舰队后女王要成为北美的女主人。背景即为1588年英国海军大败西班牙无敌舰队的场景。

图230 乔治·高尔的伊丽莎白一世《无敌舰队肖像》，1588年（沃本修道院，贝德福德郡）

自1572年以后，随着年龄的增长，伊丽莎白一世的婚姻越来越不可能

---

① http://www.luminarium.org/renlit/elizarmada.jpg.

了，1584年女王最后一位追求者法国的阿朗松公爵去世，因此从16世纪70年代中期英国便逐渐开始了对"童贞女王"的崇拜。在女王的肖像画中，有两幅反映了对她的这种崇拜，其中一幅是尼古拉斯·希利亚德绘于1575年的《凤凰肖像》（见图231①）。画中伊丽莎白一世胸口有一凤凰垂饰，而其头饰也类似凤凰开屏状。凤凰是牺牲和再生的象征，在这里象征着女王的贞洁。

图231 伊丽莎白一世的《凤凰肖像》，1575年（国家肖像画廊，伦敦）

图232 伊丽莎白一世的《筛子肖像》，1583年（国家画廊，锡耶纳）

除了将女王比作凤凰以外，在这一时期她的许多肖像画中还被描述为手持筛子，其中一幅是小昆廷·马赛斯绘于1583年的《筛子肖像》，或称为《锡耶纳肖像》（见图232②）。画中女王左手持筛子，筛子是其贞洁和纯净的象征。这种筛子象征来源于彼特拉克《贞洁的凯旋》中的一则故事：罗马的维斯塔贞女为了证明自己的纯洁，将水盛于筛中而没有一滴漏

---

① http://www.marileecody.com/gloriana/elizabethphoenix.jpg.
② http://www.marileecody.com/gloriana/eliz1-metsys.jpg.

下。在她的右侧是女王的廷臣克利斯多夫·哈顿爵士，这幅画应该就是他委托制作的。画中左侧女王右臂后的立柱上有圆形饰物，描述的是埃涅阿斯和狄多的故事；① 在女王左臂旁则有一地球仪，舰船向西行驶，象征着英国对新大陆的征服。这幅画将伊丽莎白女王比喻成了埃涅阿斯，为了创建和领导一个强大的国家，她抵制了婚姻的诱惑，与其手中的筛子共同制造出了童贞女王的形象。

到伊丽莎白统治末期，英国已经成为一个繁荣富强的国家，并走上了海外扩张的道路，国王的权力和威望也达到了顶峰。在这一时期，女王的肖像多表现她的权力的伟大和永恒性，构成了女王崇拜的一部分。其中的代表便是《迪奇雷肖像》和《彩虹肖像》。

《迪奇雷肖像》（见图233②）由小马库斯·基尔拉尔茨于1592年绘制。是年，女王的前冠军斗士亨利·李爵士在牛津郡迪奇雷的宅中以奢华的娱乐活动来款待女王，以便能重新取悦女王。在此两年之前，他因与情人公开同居而冒犯了女王。他委托制作这幅画就是为了纪念女王的这次到访和对他的宽恕。

这幅画主要表达的便是女王至高无上的权威。画中女王站在一幅英国地图上，她的脚则在牛津郡迪奇雷附近，这象征着女王对英国和对亨利·李本人的绝对统治。悬在左耳的饰有宝石的天球象征着她控制自然的力量，也象征着对亨利·李的控制，因为天球曾是他的徽章符号。她的服装包括紧身褡、三角胸衣、外裙、斗篷和鞋等，其中多数都以蓝宝石、红宝石和珍珠等装饰；三角胸衣长长的V型设计、白色的服装和珍珠项链等象征着她的贞洁。地图中，陆地周围的海洋中有进出英国的舰船，象征着女王对海上掠夺和海外扩张的支持。女王身后的背景一分为二，左半部分是蓝天和阳光，太阳正破云而出；右半部分则是乌云和闪电；两者象征着女王的光芒"比这些宇宙中的自然之光更加灿烂夺目"③。画的右侧饰板上有一首四行诗，大体内容是赞美了女王的"恩惠"和"权力"，描述了"无

---

① 在《埃涅阿斯纪》中，埃涅阿斯是特洛伊英雄。特洛伊城破后他率领残存的特洛伊人逃到迦太基，并与迦太基的开创者女王狄多产生恋情。狄多要求埃涅阿斯留下来与她结婚并共同统治迦太基，但最终他在神的指引下为了建立罗马城而离开了迦太基，狄多随后自杀。

② http://www.marileecody.com/gloriana/elizabethditchley.jpg.

③ Albert C. Labriola, *Painting and Poetry of the Cult of Elizabeth* I : *The Ditchley Portrait and Donne's "Elegie: Going to Bed"*, in *Studies in philology*, 93, no. 1, (1996), p.47.

第八章 王室肖像艺术

边的大海"和汇入其中的"恩惠之河";① 将女王比喻为恩惠和权力的化身,恩惠之河通过女王流入到了下面的臣民之中。

《彩虹肖像》（见图234②）由宫廷画师艾萨克·奥利弗绘于1600年。画中伊丽莎白的长袍上绣着英国的野花图案,而这正是正义女神阿斯特莱亚的装束。她的斗篷装饰着眼睛和耳朵,暗指女王能看到和听到一切。她的头巾和王冠上装饰着大量的珍珠和红宝石,项上则有珍珠项链和红宝石吊坠,她肩头的透明面纱也装饰着珍珠,珍珠象征着她的贞洁。王冠上带有红宝石的新月形饰物则将女王比喻为月亮女神辛西娅。一条由宝石构成的蛇盘绕在她的左臂,嘴里衔着一枚心形红宝石,头顶是一颗天球;蛇象征着智慧,心形红宝石象征着女王的心,其含义则为女王的情感受到智慧的控制;天球象征着女王的智慧和对自然的控制,这样女王如同在《迪

图233 伊丽莎白一世的《迪奇雷肖像》,1592年（国家肖像画廊,伦敦）

图234 伊丽莎白一世的《彩虹肖像》,1600年（哈特菲尔德宫）

---

① Albert C. Labriola, *Painting and Poetry of the Cult of Elizabeth Ⅰ: The Ditchley Portrait and Donne's "Elegie: Going to Bed"*, in *Studies in philology*, 93, no. 1, (1996), p. 48.
② http://www.marileecody.com/gloriana/rainbowlarger.jpg.

· 301 ·

奇雷肖像》中一样再次被神化了。女王的右手握着一条彩虹，旁边以拉丁文题写着"Non sine sole iris"（没有太阳就没有彩虹）；彩虹象征着和平，太阳暗指女王，题词是在提醒观者：只有女王的智慧才能确保和平与繁荣。

值得注意的是，该画创作时女王已经60岁，而画中她的身体和面容俨然少女状，正如罗伊·斯特朗所说："利用了女王年轻时肖像的现成面具。"[1] 这样做的目的是为了将女王塑造成一个不老的永恒的统治者的形象，将女王及其统治神圣化、永恒化了。

正如亨利八世的画像一样，伊丽莎白的画像很多也都是经过美化了的，甚至经过女王及其政府的审查。据沃尔特·罗利爵士在詹姆斯一世时期的著述中所说，他们对于那些制作"拙劣"的女王肖像画"根据女王本人的命令被撕成碎片，然后投入火中"[2]。即便如此，仍有人认为女王对肖像画制作的控制还不够严厉，查理二世时代的约翰·伊夫林批评女王道："如果女王慎重些的话，也不会有那么多拙劣绘画的廉价复制品。"[3] 这些一方面说明女王为了美化自己而尽力审查肖像画的制作，另一方面则表明民间对女王肖像需求之大以及对女王崇拜的热切。这样肖像画便在女王崇拜中扮演了重要的角色。

四 查理一世

查理一世在近代早期以收藏和鉴赏艺术品而著称，因此对其本人的肖像设计和审查十分严格。除了绘画以外，他的肖像制作还包括硬币和纪念章像、雕刻或蚀刻印刷像、雕塑像等。

亨利七世开创了在铸币上以国王的侧面像取代正面像的先例，因罗马皇帝在钱币和纪念章上呈现的就是侧面像，于是就将英国国王的形象与皇帝联系了起来。斯图亚特王朝因为使英格兰与苏格兰结合在一起，便更增强了这种联系。詹姆斯一世曾经发行过一套钱币，上面的图像将其显示为

---

[1] Roy Strong, *The Cult of Elizabeth: Elizabethan Portraiture and Pageantry*, London: Thames and Hudson, 1987, p. 161.

[2] Thomas N. Corns, *The Royal Image: Representations of Charles I*, Cambridge: Cambridge University Press, 1999, p. 177.

[3] Thomas N. Corns, *The Royal Image: Representations of Charles I*, Cambridge: Cambridge University Press, 1999, p. 177.

头戴桂冠的罗马皇帝，类似的形象在其加冕礼纪念章中也有体现。查理一世则继承了这种传统并将其发扬光大。

1631—1632年，法国洛林人尼古拉斯·布里奥为查理一世制作了一套银克朗（见图235①）。银币的正面是国王的骑马侧面像，马的走姿铿锵有力；国王头戴王冠，昂首挺胸，身体端正并略微后倾。高举的剑向上穿过铭文与肖像之间的界限，连接着肖像与铭文。铭文以拉丁语表明了骑马者的身份"不列颠和法兰西之王"。银币的背面中间是查理一世的狮子和竖琴纹章，纹章之上是一顶皇冠。纹章两侧的"C"和"R"之上是两顶王冠，象征着他是教会和世俗的最高统治者。边缘的铭文是拉丁文"基督护佑国王"。这套银克朗上的国王肖像不但具有象征意义，而且具有较高的美学价值。

内战期间查理一世为了筹措军费，他命布里奥于1642年设计铸造了一套20先令的银币（见图236②）。银币正面是国王乘马持剑图，因为处于内战时期，设计仓促，其艺术效果不如前面的银克朗肖像。此外还更强调了战争气氛，国王是身披甲胄的。身后是王室的象征鸢尾花图案，强调了国王的权威不可冒犯。银币背面已没有了纹章图案，取代它的是一组拉丁文"REL. PROT. LEG. ANGL. LIBER. PARL"，即，"信仰，保护，法律，英国，自由，议会"。其含义与1642年查理一世在威灵顿的宣言是一致的：

图235　尼古拉斯·布里奥为查理一世制作的银克朗，1631—1632年

---

① Thomas N. Corns, *The Royal Image: Representations of Charles Ⅰ*, Cambridge: Cambridge University Press, 1999, p. 181.

② Thomas N. Corns, *The Royal Image: Representations of Charles Ⅰ*, Cambridge: Cambridge University Press, 1999, p. 184.

图236　布里奥于1642年设计铸造的一套20先令的银币

"捍卫和维护真正的改革的新教信仰……依据众所周知的土地法律来统治……维护议会的正当自由和权利。"[1] 背面边缘拉丁文的铭文"Exurgat Deus Dissipentur Inimici"来自于《旧约·诗篇》68：1"愿神兴起，使他的仇敌四散"，表达了查理一世战胜议会军的愿望。

在内战中，查理一世将铸币上的肖像作为宣传的武器，但并不全是为了强调战争双方的冲突和对敌人的仇视，更多的则是强调国王的神圣形象和君权神授，并能以此来调和冲突双方与实现和平。这类铸币的代表是1645年查理一世在布里斯托尔发行的20先令金币（见图237[2]）。在其正面，查理一世的半身像侧面向左，一手持剑一手持橄榄枝，象征着他带来战争与和平，而不仅仅是战争。在其背面有保护新教和议会的铭文饰在一面保皇党的旗帜上。

查理一世收藏过大量的仿古或近代风格的纪念章，而且他还是英国第一位在位期间持续发行纪念章来纪念某些重大事件的国王。带有国王肖像的纪念章通常根据王室命令而发行，对其设计和发行做了严格的控制，体现了国王及其拥护者的用意。

---

[1] Thomas N. Corns, *The Royal Image: Representations of Charles I*, Cambridge: Cambridge University Press, 1999, p. 183.

[2] Thomas N. Corns, *The Royal Image: Representations of Charles I*, Cambridge: Cambridge University Press, 1999, p. 185.

第八章　王室肖像艺术

图237　1645年查理一世在布里斯托尔发行的20先令金币

在其统治期间出现最早的纪念章是1625年他与法国的亨利埃塔·玛丽亚的结婚纪念章。该纪念章的正面是两人相对的侧面像，反面是丘比特手持一束玫瑰花和百合花（即金百合或香根鸢尾花，法国王室的象征）。其中有一款纪念章（见图238[①]）稍有不同，正面两人的形象被两个儿童的形象所取代，一男一女牵手站在一花岛上相庆，一条链子从岛上伸入海中。两名儿童暗指阿波罗和戴安娜，他们生于漂浮的提洛岛上，后被宙斯以链束缚于海床。边缘铭文为拉丁语，大意是"这些后代牢牢地站在另一座提洛岛上"，将查理一世和玛丽亚比作阿波罗和戴安娜的后代，将不列颠岛比作提洛岛，于是二人便被神圣化了。

图238　查理一世与法国的亨利埃塔·玛丽亚的结婚纪念章（变体），1625年

[①] Thomas N. Corns, *The Royal Image: Representations of Charles I*, Cambridge: Cambridge University Press, 1999, p. 189.

· 305 ·

查理一世即位后，对内试图统一教会，对外则与法国和西班牙争夺海上霸权。在1630年尼古拉斯·布里奥制作的《海洋主权》纪念章（见图239①）中就表现了他的对外政策。在其背面是一艘行使在海上的战舰，拉丁文铭文大意为"对我没有什么界限，如果有的话便是世界的尽头"，深刻地体现了他的海上霸权的野心。正面是国王的半身像，他身披铠甲，项中围有一个很大的飞边，斗篷被绣制得十分精美；他裸着头，没有戴王冠或头盔，是当时比较流行的法国肖像画特征。

图239 尼古拉斯·布里奥《海洋主权》纪念章，1630年

因查理一世对外与法、西开战，对内又两次发动主教战争，为筹措军费而终于引发了内战。内战期间，双方都将发行纪念章作为宣传手段，而国会也发行带有国王肖像的纪念章，例如1642年由托马斯·罗林森制作的由国会发行的《国会宣言》纪念章（见图240②）。其背面下方是下议院和演讲者，上方是国王主持的上议院。正面是查理一世的半身侧面像，他身披王袍，头戴王冠；周围的铭文以英语写道："要尊重国会支持的真正的信仰和臣民的自由"，以英语代替拉丁语表明国会与国王在平等地对话，降低了国王的神圣性，同时表明了国会对国王的立场。

---

① Thomas N. Corns, *The Royal Image: Representations of Charles I*, Cambridge: Cambridge University Press, 1999, p. 191.

② Thomas N. Corns, *The Royal Image: Representations of Charles I*, Cambridge: Cambridge University Press, 1999, p. 194.

第八章 王室肖像艺术

　　而在内战中，查理一世则继续将自己的形象神圣化，并强调了自己的不可战胜。1643年6月13日王军在下拉文德维战役中打败了议会军，同一天国王与王后在凯恩顿相会。是年发行了国王与王后在凯恩顿相会的纪念章（见图241①），背面是拉丁文铭文，记录了这次幸运的巧合。在其正

图240　托马斯·罗林森《国会宣言》纪念章，1642年

图241　查理一世与王后在凯恩顿相会的纪念章，1643年

---

① Thomas N. Corns, *The Royal Image: Representations of Charles I*, Cambridge: Cambridge University Press, 1999, p. 190.

面，查理一世和亨利埃塔·玛丽亚右手相握；在他们头顶分别有一太阳和月亮图案，将他们比喻为太阳神阿波罗和月亮女神戴安娜；在他们脚下是一条龙，一根矛刺穿了它的脖子。拉丁文铭文为"他们联合起来更能毁灭恶龙皮同"，将这只龙等同于阿波罗所杀之龙。这只怪物在这里象征着内战中反叛国王的人，被国王踏在脚下并项上中矛，象征着国王必能战胜他们。

在查理一世统治时期，在印刷的雕刻或蚀刻版画中也有许多他的形象。与伊丽莎白一世的《彩虹肖像》相似，在查理一世的一幅雕刻版画《查理一世骑马图》（见图242[①]）中借用了他青年时的形象。这幅雕刻版画最早由雷诺·埃尔斯特拉克创作于查理一世登基前十年左右，当时他才十几岁；随后更换了头、帽子和飞边，成为年轻成人的形象；最后又改动了飞边，加长了头发、尖胡须和髭须，最终形成了一位国王的形象。此外，在画的左上角圆形饰板上写着："至高无上而强大的君主查理，受神护佑的大不列颠、法兰西和爱尔兰国王，信仰的捍卫者，等等"；右侧则是其国王纹章和王冠。

1633年查理一世加冕为苏格兰国王，科内利斯·凡·达伦创作了一幅雕刻版画《查理一世加冕为苏格兰国王》（见图243[②]）。画中查理一世头戴王冠，身披长袍，右手持权杖，跨一匹前蹄腾空的骏马，背景下方为苏格兰首府爱丁堡，这些表明国王刚刚加冕为苏格兰国王。画中左上角的文字与前图相同。

托马斯·马伊于1630年出版了《卢坎续集》一书，其卷首插图是一张乔治·利德创作的查理一世的蚀刻版画肖像（见图244[③]）。画中的查理一世头戴礼帽，表情显得有些孤傲冷漠。另一幅蚀刻版画（见图245[④]）则是温塞斯拉斯·霍拉创作于1649年，是为了纪念已经被处死的查理一世。画中查理一世头戴礼帽，目视远方，肩膀上佩戴着嘉德勋章的星形标记，底部则以拉丁文写着："英格兰、苏格兰以及爱尔兰国王"等。

[①] Thomas N. Corns, *The Royal Image: Representations of Charles I*, Cambridge: Cambridge University Press, 1999, p. 201.

[②] Thomas N. Corns, *The Royal Image: Representations of Charles I*, Cambridge: Cambridge University Press, 1999, p. 205.

[③] Thomas N. Corns, *The Royal Image: Representations of Charles I*, Cambridge: Cambridge University Press, 1999, p. 211.

[④] Thomas N. Corns, *The Royal Image: Representations of Charles I*, Cambridge: Cambridge University Press, 1999, p. 210.

第八章 王室肖像艺术

图 242 雷诺·埃尔斯特拉克的第三幅《查理一世骑马图》

图 243 科内利斯·凡·达伦的雕刻版画《查理一世加冕为苏格兰国王》，1633 年

图 244 乔治·利德蚀刻版画《查理一世》，托马斯·马伊《卢坎续集》一书卷首插图，1630 年

图 245 温塞斯拉斯·霍拉蚀刻版画《查理一世》，1649 年

· 309 ·

近代早期英国宫廷文化研究（1485—1714）

雕塑也是查理一世肖像的重要制作方式，由法国雕塑家休伯特·勒·叙厄尔于1631年创作的查理一世大理石胸像（见图246[1]）成为其中的范型。这座胸像中的查理一世身披铠甲，并饰有仿古风格的图案，尤其显眼的是其胸部的美杜莎面具和卷草纹条饰。在后者的中间是玫瑰花饰，暗指查理是都铎王朝的继承者。其脸部雕塑得较为简朴和抽象，是16世纪样式主义对肖像的处理手法，强调伟人的冷漠和高傲。仿古风格、样式主义和玫瑰花饰都是16世纪都铎王朝的装饰风格，相对于17世纪而言有些过时，但却表达了王朝的连续性，即斯图亚特王朝对都铎王朝的继承的主题，表明了前者统治的合法性。

图246 查理一世大理石胸像，休伯特·勒·叙厄尔，1631年（维多利亚和阿尔伯特博物馆）

图247 休伯特·勒·叙厄尔制作的查理一世镀铜胸像，1638年（斯托海德风景园，威尔特郡）

1638年，休伯特·勒·叙厄尔创作的查理一世的镀铜胸像（见图

---

[1] Thomas N. Corns, *The Royal Image: Representations of Charles I*, Cambridge: Cambridge University Press, 1999, p. 213.

247①）则将查理一世描绘为罗马皇帝的形象。查理一世全身罗马戎装，四方的领圈上只有一个狮子面具作装饰，斗篷以一圆形领针固定在肩头，所有这些都非常类似罗马皇帝的胸像。头微侧，目光微斜，也同样是罗马塑像的特点。他的头盔则是样式主义风格，头盔顶有一条竖起的龙，暗指圣乔治与龙的传奇和查理一世的嘉德骑士身份。

在所有的艺术品中，查理一世最喜欢的则是油画。他对油画的嗜好还具有一定的政治动机，油画是近代早期欧洲各国统治者相互传递自己肖像的主要媒介，以此建立自己在国际政治体系中的形象。一国统治者往往会选择外国艺术家来塑造自己的形象，以使自己的形象能够被外国人理解。查理一世统治时期聘用的宫廷画师来自荷兰和佛兰德：丹尼尔·迈特恩来自代尔夫特，安东尼·凡·代克来自安特卫普。

丹尼尔·迈特恩早在查理一世登基之前就已经受雇于他。1623 年丹尼尔创作的《威尔士王子查理》（见图 248②）被带到西班牙，以商谈他与西班牙公主的婚姻。他站在一张图案精美的地毯上，一边是天鹅绒幕帘和一张覆以金线绣饰的天鹅绒桌布的桌子，另一边是泰晤士河与威斯敏斯特宫。其衣服的基色是暗红和黑色，整体效果看起来虽然富丽但有些阴沉，这种基调是为了迎合西班牙的宫廷礼仪。

1628 年丹尼尔·迈特恩为查理一世创作了一幅其统治早期比较经典的室内肖像画（见图 249③），画中查理一世站在黑白相间铺设的大理石地板上，他的目光直视观者。在他身后，一道红色天鹅绒幕帘被收起，由此看到白色大理石栏杆和外面的风景。外面景色苍白的色调与室内暗色的天鹅绒和国王做工华丽的服装形成鲜明对比，从外面射进来的光线使室内产生了阴影。这幅画的背景实际上是格林威治宫王后住所，而这里一般是用来接待外宾的。丹尼尔将查理一世置于此处是为了象征国王对欧陆国家的开放和交流；画中的所罗门立柱则是欧陆天主教的形象，再次表现了对欧陆开放的主题。

---

① Thomas N. Corns, *The Royal Image: Representations of Charles I*, Cambridge: Cambridge University Press, 1999, p. 217.

② http://www.royalcollection.org.uk/collection/405790/charles-i-1600-1649-when-prince-of-wales.

③ http://www.royalcollection.org.uk/collection/404448/charles-i.

图248 丹尼尔·迈特恩《威尔士王子查理》，1623年（英国皇家收藏，伦敦皇家展览馆）

图249 丹尼尔·迈特恩《查理一世》，1628年（英国皇家收藏，伦敦皇家展览馆）

凡·代克于1620年来到英国，在1632年成为国王的首席画师，很快便取代了丹尼尔·迈特恩的地位。他之所以能获得成功，与其绘画特点不无关系。他将移情应用于绘画，强调人物形象的主观性，善于刻画人物的精神世界，尤其是将贵族的高人一等刻画为源自其内在的高贵品质。他创作的查理一世肖像就具有这种特征。

安东尼·凡·代克创作于1633—1640年间的《查理一世骑马像》（见图250①）是其最著名的查理一世肖像画之一，"在无议会统治期间这幅肖像画成为君权神授的专制国王的不朽象征"②。这幅帆布油画高12英尺，查理一世骑在一匹高头大马上，全身甲胄，身佩宝剑，目视远方，身后仆从捧着他的头盔。马的遒劲有力的肌肉、鲜亮的甲胄和宝剑都象征着查理

---

① http://www.royalcollection.org.uk/collection/400571/charles-i-1600-49-on-horseback.

② Roy Strong, *The Tudor and Stuart Monarchy: Pageantry, Painting, Iconography*, Ⅲ *Jacobean and Caroline*, Woodbridge: The Boydell Press, 1998, p.160.

一世强大的力量和骑士身份。身旁的橡树也苍劲有力,衬托了查理一世的高大形象;蓝天和白云则构成了辽阔的远景,他的目光似乎高瞻远瞩,心胸广阔。整体效果则是远近明暗错落有致。值得注意的是,他的眼神似乎有些忧郁,甚至噙着泪水,看起来像是一位圣徒;而树枝上的拉丁文铭文则标明了他的身份:"大不列颠国王查理一世"。这样,一幅骑士、圣徒和帝王的伟大形象便展现了出来。

图250 安东尼·凡·代克的《查理一世骑马像》,1635—1640年(国家美术馆,伦敦)

小 结

近代早期，除了内战时期外，英国君主和政府对王室肖像制作的审查十分严格，无论是出自宫廷还是宫廷之外的王室肖像一般都反映了君主的意志。这些王室肖像，有的象征着国王的权威及其统治的合法性，有的则神化和美化国王及其配偶，有的是表达君主的某项宗教或外交等政策，有的是为了确立君主的某种特定的形象，还有的则是为了纪念加冕、结婚等事件。这样，这些肖像艺术品或出于国王的有意为之，或出于臣下的歌功颂德，便转变成了宣传王朝、国王和王室成员的工具。

第九章
宫廷诗歌

近代早期英国的宫廷文学中成就最大的当属诗歌和戏剧。宫廷中的戏剧即剧本创作一般与剧台表演联系更紧密一些，而诗歌在当时属于比较纯粹的文学，在英国文学史上，自"《贝奥武甫》直到十八世纪现代小说兴起之前，占主导地位的文学形式实质上就是诗歌"[①]。一方面因为诗歌在这一时期宫廷文学中的特殊地位，另一方面限于篇幅，在这里探讨的宫廷文学主要就是宫廷诗歌。此外，宫廷诗歌主要指的是生活在宫廷之中或受宫廷委托的人创作的诗歌，除了对国王歌功颂德的御用文人以外，这一时期最著名的、成就最大的宫廷诗人有两位，即托马斯·怀亚特、萨里伯爵亨利·霍华德。

一 托马斯·怀亚特

托马斯·怀亚特爵士是16世纪英国文艺复兴时期最著名的宫廷诗人，他在英国诗歌史上最大的贡献是翻译和仿作了许多彼特拉克的十四行诗，开创了英国的十四行诗体，从而改变了英国散漫无章的诗风，为英诗带来了形式和艺术。[②]

（一）托马斯·怀亚特的生平

托马斯·怀亚特的父亲亨利·怀亚特1460年出生于约克郡一个富裕的地主家庭。他曾是亨利七世的追随者，1483年曾参加过白金汉公爵发动的

---

① 胡家峦：《英语诗歌精品》，北京大学出版社1996年版，第1页。
② 王佐良：《英国诗史》，译林出版社1997年版，第57页。

反对理查德三世的叛乱,① 失败后曾被理查德三世囚禁在苏格兰两年多。②亨利七世成功登上王位后,他在其宫中担任高职,在亨利八世登基前后,他担任的官职有珠宝总管、贴身绅士、司库和枢密院议员等要职,甚至成为亨利七世的托孤重臣。

托马斯·怀亚特出生于1503年,1536年其父死后继承了肯特阿林顿城堡等地的庄园。他最早进入宫廷生活是在1516年,这一年他在玛丽公主的洗礼仪式上充当一名餐桌仆人。1520年他与科巴姆勋爵乔治的女儿伊丽莎白·布鲁克结婚,在1525—1526年期间他指责其妻子通奸而与其断绝关系。1524年他成为亨利八世的一名贴身侍从和国王珠宝库办事员。随后曾几次出使外国宫廷,1526年他随同托马斯·切尼爵士出使法国宫廷,1527年随同约翰·拉塞尔爵士出使罗马教廷。此外,还曾担任过加来执法官、埃塞克斯治安法官等职。1534年曾因与伦敦的卫士打架而被捕入狱。1535年3月18日受封为骑士。1536年5月因被控与安妮·博林通奸而被囚禁在伦敦塔,后在其父和克伦威尔帮助下被释放。同年被任命为康尼斯堡城堡的总管,并召集了350人参与镇压求恩巡礼叛乱。1537年被遣往神圣罗马帝国宫廷,并被控没能改善英国与神圣罗马帝国的紧张关系。此后还先后出使过法国、西班牙、勃艮第等地。1538年被埃德蒙·帮纳控以叛逆罪,后被克伦威尔平息;同年还被卷入刺杀红衣主教波尔的阴谋事件中;同年他与情人伊丽莎白·达雷尔在阿林顿城堡游玩。1540年他返回英国,目睹了他的靠山、教父克伦威尔被处死。1541年又被邦纳控以叛逆罪而被逮捕,在忏悔后被释放。1542年曾任对法作战的舰队副司令,同年被遣往法尔茅斯迎接帝国大使,10月11日在途中因发烧而病死于多塞特郡的谢伯恩。③

从其一生来看,他的仕途主要是依赖父荫,从没有担任过要职,即便到晚年官至枢密院议员也没有被重用过,也没有为亨利八世立过大功;在宫廷的政治斗争中常常陷入被动,数次被捕入狱。从其感情生活来看,他先后被其妻子和安妮·博林背叛。正是他的这种经历或许使他在诗中集中表达了两方面的主题:一是对宫廷生活的厌恶,二是对骑士爱情或典雅之

---

① Patricia Thomson, *Sir Thomas Wyatt and His Background*, London: Routledge, 1964, p. 4.
② Stephen Merriam Foley, *Sir Thomas Wyatt*, Boston: Twayne Publishers, 1990, p. 4.
③ Stephen Merriam Foley, *Sir Thomas Wyatt*, Boston: Twayne Publishers, 1990, pp. Ⅷ-ⅩⅤ.

爱的警醒并持一种男女平等的爱情观。那么如何脱离这两种苦恼呢？他选择了新斯多噶主义①的人生态度。为此，他对彼特拉克和贺拉斯的诗歌进行了创造性的仿作。

（二）怀亚特诗歌的特点

1. 平等的爱情观与斯多噶主义的克制

在中世纪骑士文学中占据主流地位的是一种骑士之爱或典雅之爱，其核心内容是骑士对贵妇（往往是有夫之妇）的忠诚和崇拜，其目的是为了升华精神和博得荣誉。其爱情观是一种既崇拜女人又鄙视女人的奇异结合，正是因为鄙视女人所以崇拜女人才显得更为高贵华丽。因此这并不是一种平等的爱情观，在表面上女士占据主导地位，骑士为此常常痛苦地甜蜜着，但实际上仍是男人占据主导地位，这种爱情形式都是男性制造出来的，正如约翰·赫伊津哈所指出的，在这种爱情中对女性的崇拜与同情只是"性感的刺激和自我的满足"②。这样，所谓的典雅之爱则变成了一种男人的爱情游戏，不但将女人置于附属地位，而且矫揉造作、自鸣得意。

在英国文学史上，乔叟率先突破了中世纪的骑士爱情观。他的《公爵夫人颂》（或称《公爵夫人之书》）③被誉为"第一首真正的英语宫廷诗"。这首诗虽然也属于宫廷爱情诗传统，描述了黑衣骑士的求爱及其悲伤，但却在以下几个方面超越了传统的骑士爱情：取材于生活现实；表达得更加真实；表达的是夫妻之间的感情。④

在意大利，彼特拉克的十四行诗集《歌集》同样突破了中世纪的骑士爱情观。《歌集》歌颂的是诗人现实生活中遇到的女士劳拉；对劳拉的美貌和心灵进行了楚楚动人的描述；他并没有将劳拉看成天使，遥不可及，

---

① 斯多噶主义，古希腊哲学家芝诺约于公元前305年左右创立的哲学流派。他们认为宇宙是绝对的理性，人是世界理性的一部分，使个体与世界理性相契合便是好的，这也就是他们的人生目的；为此应该避免理智的判断受到感情方面的影响，将克制、知足、平静（一种对外在事物的冷漠）等个人的意志视为美德。新斯多噶主义也称后期斯多噶主义，代表人物是塞涅卡和马可·奥勒留，主张宿命论和禁欲主义。
② ［荷］约翰·赫伊津哈：《中世纪的秋天》，广西师范大学出版社2008年版，第142页。
③ ［英］乔叟：《乔叟文集》，方重译，上海译文出版社1979年版，第3—27页。
④ 肖明翰：《宫廷爱情诗传统与乔叟的〈公爵夫人颂〉》，载《外国文学研究》2003年第6期。

而是将其等同于"荣誉、成就等其他的尘世追求,使他远离上帝"①。这样,《歌集》便成为一部人文主义诗歌名著。

但是,无论是乔叟的《公爵夫人颂》,还是彼特拉克的《歌集》,虽然在某些方面突破了中世纪的骑士爱情观,但是仍然持一种男女不平等的爱情观。在《公爵夫人颂》中,男主人公为了一位女士备受煎熬:"我已给悲哀完全压倒,快乐早就不是我的份了……死亡呀,……当你掳走我心爱的时候,你竟不肯把我也掳去……"②尽管对逝者情真意切,但表达的却是一种男士应对女士的倾倒。在《歌集》中,彼特拉克表达了对劳拉的一厢情愿,同样备受煎熬,当其爱上劳拉后,却"在期盼与痛苦之中,我徒劳地哭泣……"③而当他想以理智摆脱这种爱的折磨时"但它却又无能为力,望洋兴叹"④。这样,乔叟笔下的兰开斯特公爵和彼特拉克便都"我不曾抵抗就做了俘虏"⑤。

怀亚特的诗歌同样以爱情诗为主题。在1557年出版的《托特尔杂集》中收录了怀亚特的96首诗歌,而其中绝大多数都以"情人"或"爱"为题。⑥但在怀亚特笔下,被追求的女子并不是至高无上而又无法得到的完美者,追求者也并没有陷入爱情的苦恼中而不能自拔。相反,怀亚特对爱情保持着一种警醒和克制,甚至是一种厌倦和抛弃;同时认为爱情是相互的,男士在付出之后要求得到回报。这充分体现了他对爱情的新斯多噶主义的态度和爱情男女平等的观念,彻底抛弃了中世纪以来的骑士爱情观。

在《永别了,爱》⑦一诗中诗人表达了对过去痴迷爱情的悔悟以及对爱的抛弃:

永别了,爱,以及你所有的法度,
你的诱钩再也不能使我迷惑。

---

① [意]彼特拉克:《歌集》,李国庆、王行人译,花城出版社2000年版,第8—9页。
② [英]乔叟:《乔叟文集》,方重译,上海译文出版社1979年版,第12页。
③ [意]彼特拉克:《歌集》,李国庆、王行人译,花城出版社2000年版,第1页。
④ [意]彼特拉克:《歌集》,李国庆、王行人译,花城出版社2000年版,第2页。
⑤ [意]彼特拉克:《歌集》,李国庆、王行人译,花城出版社2000年版,第3页。
⑥ Richard Tottel, ed., *Tottel's Miscellany, Songes and Sonnettes*, London, 1870, pp. 33 – 95; pp. 223 – 225.
⑦ Duncan Wu, ed., *Poetry from Chaucer to Spenser*, Oxford; Malden: Blackwell, 2002, p. 156.

第九章　宫廷诗歌

塞涅卡和柏拉图召唤我离开你,
以尽我才智得到完美的财富。
而我曾误入迷途,
你厉声拒绝使我伤心欲绝。
我被教导不要心存琐屑
而要挣脱束缚,因为自由才是幸福。
别了,那些被搅动的年轻的心
不要再对我宣称你的权威;
不要再对懒散的年轻人将你的能耐发挥
射出你的支支利箭;
迄今我虽然已失去全部旧日时光,
却不再渴望攀爬那枯朽的树枝。(笔者译)

该诗开篇便宣称要抛弃爱,随后便称要拒绝女人的诱惑,拒绝女人的权威,最后宣称要放弃对女人的追求。那么他这样做的动力和助力是什么呢？诗中明确指出是塞涅卡和柏拉图的引导。塞涅卡是新斯多噶主义的代表人物,主张禁欲和克制情感;柏拉图则鄙弃肉欲,崇尚理性与道德。新斯多噶派强调克制情感以与自然相和谐,不但使作者摒弃了骑士爱情中对女士的崇拜,同时也使其意欲放弃所有的爱情,这种禁欲态度未免有些冷酷。

那么他为什么会做出这样冷酷的选择呢？这与作者自己的情感经历不无关系,正如上文所述,作者曾几次被女人背叛而受到了伤害,使他逐渐意识到了女人善变,爱情无常。他在《被弃的爱者》[①]中写道:

昔日寻我,今日躲我,
当年赤脚走进我房,
多么温存、和善、听话,
现在变得野性勃发,
忘了曾经不避危险,
来吃我手上的面包,

---

① 王佐良:《英国诗史》,译林出版社1997年版,第54—55页。

如今远走高飞了,
忙于不断地变心。

面对情人的变心,作者不但没有丝毫眷恋,甚至还希望其情人能受到报应:

但我要问,我受到了无情的对待,
她又该得到什么报应?

在有了这些情感经历后,他对女人和爱情有了新的认识,在《帆船承载忘却》[①] 中他写道:

我的帆船承载着忘却,
冬夜里汹涌的海水
从乱石中穿过;我的敌人,
我的主人,冷酷地驾着帆船,
每一条桨已准备就绪,
仿佛在此照亮了死亡。
长风无休止地撕扯着航帆,
带来了压抑的叹息和深深的恐惧。
泪雨,蔑视的乌云
疲惫的绳索因此受阻破损,
被错误包围,被无知充斥,
这样的星星当被隐藏,它引我走进这痛苦,
淹死是我最好的解脱,
到达港湾仍然遥遥无望。(笔者译)

作者将情人比作大海里的乱石暗礁和自己的敌人,将求爱比喻为驾舟

[①] Thomas Wyatt, *Sir Thomas Wyatt: Selected Poems*, Hardiman Scott, ed., Manchester: Fyfield, 1996, p.22.

第九章　宫廷诗歌

行海到处充满着危险，甚至给自己带来了死亡的气息。而作者正是被无知的星星（爱情的眼神）引导走上这条痛苦的路的，使男人很难走到幸福的港湾。在此，作者对爱情、对女人持一种否定的态度，认为这不会给男人带来幸福，而只能带来危险和死亡。

为什么爱情会如此凶险呢？作者在《我的恋人轻蔑地享受我的爱》[1]中指出了其根本原因：

> 我的恋人轻蔑地享受我的爱，
> 在爱中她对我这样冷酷，
> 为了爱我失去了自由
> 来追随她，却带给我所有的痛苦。
> 或许她从没有关心过我为何如此克制，
> 但这样的绝境
> 什么也不能给我，也不能同意
> 既然我是她的男人我就该留下。
> 不要生气，爱你的日子已经成为过去，
> 我必须没有你去生活。
> 因为疯狂曾有时日，
> 平息需待来日。（笔者译）

原来曾经的爱并不是平等的，女士只希望男士一直追求她，向她献殷勤，但她却并不允诺和回报他什么。这样男子"献出的是忠心，失去的是自由，得到的是痛苦"[2]。在作者笔下，男士于是毅然选择抛弃这种骑士爱情，并逐渐使内心归于平静。

因此，怀亚特强调爱情应该是公平的，男士付出了爱必须要得到女士的回报。怀亚特在其《我坚持不懈地长期寻觅》[3] 一诗中写道：

---

[1] Thomas Wyatt, *Sir Thomas Wyatt：Selected Poems*, Hardiman Scott, ed., Manchester：Fyfield, 1996, p.24.

[2] 王建成、李勤：《怀亚特十四行诗：突破传统，直抒真情》，载《文教资料》2007 年 5 月，第 102 页。

[3] Donald L. Guss, Wyatt's Petrarchism：An Instance of Creative Imitation in the Renaissance, in *Huntingdon Library Quarterly*, Vol. 29, No. 1 (Nov., 1965), p.8.

你无比残酷地断然说不,
即使好人胸怀他的智慧;
没有什么其他理由你能抛出,
但正如你说,我并不怎么轻浮。(笔者译)

他谴责一位女士,因为她不能回报他的爱,即便她没有足够的理由不爱他。他在诗中展现自己的优点,谴责女士的不公,要求爱的平等与回报。

对待没有回报的爱情要放弃,那么对待背叛的爱情更是毫不犹豫地选择放弃。在《我还能说什么》[①] 中他写道:

我还能说什么
既然信任已死,
真诚也去
从你的心飞离?
难道我就该
追随你的二心?
不,不,情人!

我曾许诺过你,
你也曾许诺过我。
待我真诚如一,
正如我对待你。
但既然我已看到
你的二心,
再见,我的恋人!

即使与你分离,
却不是我的心愿,
而是要弃绝
这样一个无情之人;
既然我已发现
我就会相信。
再见,这等不公!

难道你能否认
你曾说过
你要永远对我
唯唯诺诺?
既然你这样背叛,
如我所知,
再见,这等不贞!(笔者译)

在这里作者对已经变心的恋人明确提出了告别,对爱情的不公和不贞不再抱着骑士爱情的自我陶醉,而是明确地予以弃绝。彼特拉克在《歌集》中表达了对爱情的执着,尽管宣称劳拉将其带离了上帝,但在实际生

---

① Thomas Wyatt, *Sir Thomas Wyatt: Selected Poems*, Hardiman Scott, ed., Manchester: Fyfield, 1996, p. 60.

活中他却又转向了上帝，其心灵备受煎熬；而怀亚特意识到爱情回报无常后，则表现出了大度和勇气，宣称要向这等爱情告别。

2. 厌恶宫廷生活

托马斯·怀亚特无疑对宫廷生活是十分厌恶的。1537 年，还在外国出使的怀亚特给他 15 岁的儿子写了一封信，在信中他说他在英国宫廷中曾经历了"无数的危险和风险、敌人、仇人、牢狱、刁难和愤慨"[1]。在怀亚特看来，在都铎宫廷中的生活总是那么不安，在宫廷中权力、荣誉和生命总是那么无常。对《被弃的爱者》的另一种解释则是："宫廷中的结盟和忠诚都是易变的，为了使自己的利益最大化，宫廷中的人'总是忙于不断地变心'，并时刻准备着躲开那些不得势的曾经的朋友。"[2] 这种认识无疑深深地影响了他的诗歌创作。

托马斯·怀亚特对待爱情持一种新斯多噶主义的克制平静态度，而对宫廷生活同样持有新斯多噶主义，在他的讽刺诗和爱情诗中他的道德观"是一种模糊的新斯多噶主义：一种英雄的观念，美德、尊严和自豪超越了命运的无常和人间的非正义"[3]。他以这种道德观审视宫廷生活，认为宫廷生活是对美德的压抑，从而在仿作贺拉斯和彼特拉克等人诗作的基础上有了自己对宫廷生活的独特认识，表达了对宫廷生活的厌恶。

怀亚特的讽刺诗是贺拉斯式的，但他却认为激情需要控制，单纯的享乐是可鄙的，而美德则优越于激情和享乐。怀亚特利用贺拉斯的主题，例如人的享乐、宫廷的动荡等，以及贺拉斯的形式，如对话体等来服务于他的用意：捍卫被压抑的美德、谴责邪恶的胜利。

《花钱快，挣钱就要快》[4] 一诗是对贺拉斯讽刺诗第二篇第五节[5]的仿作。贺拉斯的这首讽刺诗是对话，提瑞西阿斯告诉刚刚返回的尤利西斯他

---

[1] Jon Robinson, *Court politics, culture and literature in Scotland and England, 1500 – 1540*, Aldershot, Burlington: Ashgate Pub. Co., 2008, p. 11.

[2] Jon Robinson, *Court politics, culture and literature in Scotland and England, 1500 – 1540*, Aldershot, Burlington: Ashgate Pub. Co., 2008, p. 28.

[3] Thomas Wyatt, *Sir Thomas Wyatt: Selected Poems*, Hardiman Scott, ed., Manchester: Fyfield, 1996, p. 3.

[4] Thomas Wyatt, *Sir Thomas Wyatt: Selected Poems*, Hardiman Scott, ed., Manchester: Fyfield, 1996, pp. 76 – 78.

[5] Horace, *Satires, Epistles, and Ars Poetica*, H. Rushton Fairclough trans., Cambridge: Harvard University Press, 1926, pp. 196 – 207.

飞黄腾达的唯一办法在于欺诈、谄媚和出卖妻子。他在这儿影射的是罗马——一个堕落的城市，使狡诈的尤利西斯成为乡巴佬，使佩内洛普成为荡妇。虚构的对话是彬彬有礼的对贺拉斯时代罗马的间接讽刺。怀亚特接受了贺拉斯描绘的世界，但他以强烈的道德判断代替了贺拉斯的轻松的幽默风格。他将堕落的世界与具有高尚美德的个体视为二元对立，这种高尚美德避免了使他获得世俗的成功。尤利西斯渴望财富，当他发现了获得财富的手段时感到震惊。而在怀亚特《花钱快，挣钱就要快》中的布赖恩欣然满足于为了共同利益而获得的财富，无视世俗奸巧的影响。通过布赖恩的形象，怀亚特以美德抵消了贺拉斯的恶。在这首讽刺诗中，他以布赖恩的顾问代替了提瑞西阿斯。这个顾问是一个下流、狡诈和实际的人，他为布赖恩提供了"挣钱像花钱一样快"的办法："为了取悦于人而背叛诚实""无视美德而甜言蜜语、口是心非"等；甚至对待亲人也不要谈爱，这只是一种蠢人的笑话。但布赖恩嘲笑了其顾问，并回答道：

> 难道你认为我为了些许得失，
> 为了换取我曾认为最珍贵的金子，
> 便会抛弃神圣的事情——诚实的荣誉吗？
> 我应该抛弃吗？那么你是把我看成了畜牲。
> 不，再见，如果你还懂得羞耻，
> ……
> 因此我要给你的是：
> 财富和金币在如今这世
> 很难保存，正如水在筛子。（笔者译）

相似的，在《我的约翰·波因斯》或《廷臣生活》[1]中他介入了英雄美德的概念，从而将轻松的对话转变为对冷静的道德评判的呼吁。这部讽刺诗就是对路易吉·阿勒曼尼[2]的第十首讽刺诗《我会告

---

[1] Thomas Wyatt, *Sir Thomas Wyatt: Selected Poems*, Hardiman Scott, ed., Manchester: Fyfield, 1996, pp. 79-81.
[2] 路易吉·阿勒曼尼（1495—1556），出生于佛罗伦萨，是16世纪上半期意大利著名的人文主义诗人和政治家。其代表作有模仿维吉尔《农事诗》写出的无韵诗《农耕诗集》和无韵讽刺诗集《托斯坎纳集》。在诗歌领域的主要贡献是将讽刺短诗引入了意大利诗歌中。

第九章 宫廷诗歌

诉你》①的仿作。阿勒曼尼描述了宫廷的腐败,暗示了乡村生活的悠闲,表达了隐退乡村的愿望。与阿勒曼尼不同,怀亚特不但表达出对宫廷的憎恶,而且树立起美德的大旗要求对宫廷的堕落生活进行道德审判,为诚实的人反对那些为取得世俗成功而出卖灵魂的人而辩护。他写道:

> 我不能尊重那些一生
> 跟随爱神或酒神的人;
> 不能受了伤害而一言不发,
> 不能跪拜服从不公;
> 不能把那些像狼欺羊群的人
> 当作世上的上帝来崇敬。
> ……
> 不能装作圣人模样说话,
> 用欺诈当智巧,以骗人为乐趣,
> 将计谋作忠告,为利益而粉饰。
> 我不能为了填满钱柜而枉法,
> 用无辜的鲜血来把我自己养肥,
> 该助人时却做了最损人的事。
> ……②

在这里,作者以正直诚实的人自居,并对宫廷生活中的种种丑事进行了批判和否定。例如,沉迷于爱和寻欢作乐、屈从和崇拜强人、以欺诈奸巧为能事、徇私枉法和损人利己,等等。在作者看来,宫廷生活中的这些世俗趣味和成功学是罪恶的,但却是盛行的;而以他为代表的具有美德的人却常常会受到伤害。

在《我母亲的侍女》③中怀亚特再次攻击繁荣的罪恶,为被压抑的美德辩护。怀亚特以讲"城中之鼠"与"乡下之鼠"的故事开始全篇。这个

---

① Luigi Alamanni, *Satire* (*Twelve Satire*), X, 1786, pp. 76–84.
② 王佐良:《英国诗史》,译林出版社1997年版,第56页。
③ Richard Tottel, ed., *Tottel's Miscellany*, *Songes and Sonnetes*, London: 1870, pp. 85–87.

故事贺拉斯和亨利森都曾用过,[①] 他们的"乡下之鼠"是一个温和的富裕的乡下人,他发现城市的繁荣伴随着恐慌,总结道,中庸的舒适是最好的选择。怀亚特利用这个故事不仅是为了阻止世俗的野心,而且揭露了世俗的残酷和非正义。他增大了"老鼠"的贫穷、无辜、她可怜的希望和残酷的命运,她想改善自己无法容忍的命运这无害的愿望竟成为她被毁的原因。怀亚特在这里谴责的是操纵宫廷的强人,正是因为他们的不正义才造成了宫廷中纯洁者无立锥之地,最终他认为出路在于消除贪欲、树立美德,正如在其结论中所说:

  但是,为了伟大的上帝,
  我祈求他们不再有痛苦,
  但当盛怒将其引离正义
  而回首时,或见美德
  甚或如她,是如此美好和光明。
  当他们双臂交叉抱紧贪欲时,
  赐他们以仁慈的主,尽你所能,
  创造内在之美,为失去这样的所失。(笔者译)

(三) 怀亚特诗歌的贡献和地位

托马斯·怀亚特可以说是这一时期英国最多产的诗人之一:在《埃杰顿手稿》中保留了他的 123 首诗,在 1557 年出版的《托特尔杂集》中收录了 96 首诗(其中 33 首诗不在《埃杰顿手稿》中),共计有 156 首诗。此外,还有 129 首诗也被认为是他所作,总数有 285 首诗。在这些诗中,有许多是他模仿彼特拉克的十四行诗而写就的,也有一些是他自己的创作。可以说他对英国诗歌最大的贡献就是将彼特拉克的十四行诗引进了英国。

彼特拉克的十四行诗由一个八行组和一个六行组构成,其韵脚为 abbaabba, cdecde(或 cdcdcd)。怀亚特通过翻译和仿作彼特拉克的诗歌而率

[①] Horace, *Satires, Epistles, and ars poetica*, H. Rushton Fairclough trans., Cambridge: Harvard University Press, 1926, pp. 208 – 220; Robert Henryson, The Tail of the Uponlandis Mous, and the Burges Mous, in *The Poems and Fables*, ed. H. Harvey Wood (London, 1958).

先将十四行诗体引入了英国，但是他做了一些变动：全诗由三个四行组和一个两行组（对句）构成，韵脚为 abba, abba, cdcd, ee。其节律一般为五音步（英诗中的音步相当于汉诗中的顿①）抑扬格，每行设五个音步，每个音步有两个音节，通常前轻后重，也可相反安排。② 怀亚特的四行诗和结尾两行的对句是怀亚特最有特色最具创新的部分，标志着英语特色十四行诗的开始。③ 他的十四行体经塞莱、斯宾塞和莎士比亚等人的运用和改进后，发展成为一种典型的英国十四行体，"每行有十个轻重相间的音节，韵脚安排为 abab cdcd efef gg"④。

除了模仿彼特拉克创作十四行诗外，他还模仿塞涅卡和贺拉斯等古典诗人的作品，尝试过回旋诗、讽刺短诗、三行体、八行体以及三连音叠句、长度和韵律不同的四行诗、法国的十二行体等诗歌形式。此外，他还将禽蛋商格律⑤引入了英国并精通四音步抑扬格。⑥ 作为英国最早的文艺复兴诗人之一，他尝试了众多的创作方式，为英国诗歌带来了许多创新，正因他在英国诗歌史中的开创性地位，有人便将其誉为"英国诗歌之父"⑦。

二 亨利·霍华德

如果说托马斯·怀亚特是英国近代文艺复兴诗歌的开创者，那么另外两位宫廷诗人，即同一时期的亨利·霍华德和伊丽莎白时代的菲利普·西德尼，则是近代诗歌伟大的实践者；如果说怀亚特诗歌更多的是道德说教，那么后两者的诗歌则在艺术上成就更大。限于篇幅，这里主要探讨一下亨利·霍华德的诗歌。

---

① 朱光潜：《诗论》，北京出版社2005年版，第215页。
② 胡家峦：《英语诗歌精品》，北京大学出版社1996年版，第1页。
③ Stephen Greenblatt, ed., *The Norton Anthology of English Literature: Sixteenth/Early Seventeenth Century*, Volume B, New York: W. W. Norton & Co., 2012, p. 647.
④ 王佐良：《英国诗史》，译林出版社1997年版，第57页。
⑤ 禽蛋商格律，指的是亚历山大体十二音节诗句与十四音节诗句相间排列的诗歌格律。
⑥ R. A. Rebholz, ed., *Wyatt: The Complete Poems*, London: Penguin Books, 1978, p. 45.
⑦ Patricia Thomson, ed., *Thomas Wyatt, the Critical Heritage*, London: Routledge, 1974, p. 9.

（一）生平

亨利·霍华德（约 1517—1547），即萨里伯爵，出生于赫特福德郡，具有英国王室血统。1524 年在其祖父死后继承了"萨里伯爵"称号，他的父亲托马斯·霍华德则继承了"诺福克公爵"称号。从其 12 岁开始，与亨利八世之子里士满公爵亨利·菲茨罗伊在温莎堡共同开始了 16 个月的学校教育。1532 年与里士满公爵在法国宫廷作为国王随从留了近一年，与里士满公爵友谊深厚。

1536 年对萨里伯爵来说非常不幸，他的表妹安妮·博林被处死，儿时朋友、妹夫里士满公爵病死。1536 年 10 月，他与父亲率军镇压了求恩巡礼叛乱，立下了赫赫战功。但当简·西摩成为王后后，他处境不利。西摩家族一心想把持宫廷和朝政，在 1537 年指控萨里伯爵同情求恩巡礼叛乱。他还因殴打了一名在朝中散布谣言者而被枢密院关进温莎堡，随后被释放。

1540 年他在宫廷比武大会上获胜，1541 年被封为嘉德骑士和牛津大学校长。1542 年和 1543 年先后因与一位廷臣争吵和酒后闹事而两次被关进舰队河监狱。释放后被随军遣往法兰德尔，参与帝国皇帝查理五世对尼德兰的军事行动；1544 年在蒙特勒伊围攻战中受伤返回英国；1545 年成为吉尼斯英军统帅和布伦要塞司令；1546 年因几次遭遇战失利被解职，其职务被宿敌爱德华·西摩取代。

回国后公开宣布希望他父亲能成为爱德华王子的保护人。1547 年他因在盾牌上绘制王室纹章被逮捕，随后被控以叛逆罪和秘密的天主教徒而被关押在伦敦塔；不久之后，在没有任何证据的情况下被处死在伦敦塔。

纵观他的生平，我们可以了解到萨里伯爵在宫廷生活中并不如意，他的表妹安妮·博林被处死、他的好友里士满公爵早逝；他虽然立下赫赫战功，但却因为政敌陷害而屡次入狱，最终被杀害。萨里伯爵的遭遇虽然是宫廷政治斗争的结果，但与其桀骜不驯、孤傲率直的性情也不无关系。

（二）诗歌特点

萨里伯爵与托马斯·怀亚特关系密切，他与怀亚特合作共同将十四行诗引入了英国，但两人的诗歌却有着较大的区别：从题材上来看，后者绝大多数是爱情诗，还有几首讽刺诗，而前者除了爱情诗外还有许多政治讽刺诗、人生哲理诗、抒情诗等，题材较为广泛。从艺术特点来看，后者说教和直抒胸臆的成分比较多，而前者则往往注重构建意象，情景交融。从爱情观来看，后者持一种斯多噶式的克制和弃绝，前者则仍是彼特拉克式的恋爱，痛苦而爱着。从讽刺的手法来看，后者常常引用典故、利用比喻来委婉而间接地进行讽刺，而前者则常常用喻简单、嘲笑怒骂、激烈犀利。

1. 彼特拉克式的爱情观

萨里伯爵一生在爱情上并没有太大的起伏，似乎也因此对爱情少了一份反省，在他的爱情诗中表现的仍然是彼特拉克式的爱情，在《情人的怨词》[①]一诗中他写道：

> 爱神占据和活在我心上，
> 他的宝座设在我被俘获的胸膛，
> 他身披铠甲与我战斗，
> 常常将胜利的旗帜置于我的脸上。
> 但她却教我去爱和忍受痛苦，
> 我渺茫的希望和炽热的欲望
> 用那平凡的斗篷去克制和隐藏，
> 她优雅的微笑马上变成愤怒。
> 懦弱的爱神快速地飞到心上
> 他潜伏在那儿，
> 抱怨他失去了猎物而再也不敢露出面庞。
> 我的主这样完美，守候何其痛苦，
> 但我不该从其身旁走开：
> 如果死是甜蜜的，爱便是终点。（笔者译）

作者开篇便强调他已被爱情俘虏，与彼特拉克的"我不曾抵抗就做了

[①] Richard Tottel, ed., *Tottel's Miscellany, Songes and Sonnetes*, London, 1870, pp. 8–9.

俘虏"① 比较相似。但在这里作者还与爱神进行了一场战斗而并非没有抵抗，战斗后被俘更表现了爱的纠结、无奈和深刻。接着，女士虽然鼓励男士去继续爱她和忍受爱的痛苦，但并不接受他的爱，一当表白便会愤怒。这使得男士的爱这样懦弱，只能藏在心中不敢表露出来。即便爱得如此痛苦，但男士仍认为爱这样完美的女士即便是死也是甜蜜的。

在他的诗中爱往往是一种痛苦的自我折磨，因为情人的拒绝和单相思而带来的痛苦却变成自我陶醉的甜蜜。在《不被爱的情人夜中怨词》②中写道：

> 哎，眼前万物这么和谐，
> 天地间不再有纷争；
> 野兽、空气和鸟儿不再歌唱，
> 夜静静地注视着一切；
> 大海这么平静，波浪越来越小：
> 而我却并非如此，正爱着的我在受煎熬，
> 眼前我的欲望正在增长，
> 我在那里哭泣和歌唱，
> 沉浸在悲欢之中并不平静；
> 我甜蜜的想念有时确会带来愉悦，
> 但我的相思之病不久
> 便深深地刺痛了我的心，
> 当我在想是什么不幸再次
> 生长并触痛了我。（笔者译）

夜里天地万物的和谐平静衬托了作者现在的感受，即备受煎熬，心灵不能平静。原来是单相思触痛了他。

面对这种痛苦，他并没有托马斯·怀亚特的醒悟，没有表现出一种英雄的大度和勇气——斯多噶主义的美德，即克制和弃绝，而是继续执迷不

---

① ［意］彼特拉克：《歌集》，李国庆、王行人译，花城出版社2000年版，第3页。
② Richard Tottel, ed., *Tottel's Miscellany*, Songes and Sonnetes, London, 1870, pp. 10–11.

悟。他在《情人以爱安慰》(或《当极痛苦地狂爱着时》)① 中写道：

当极痛地狂爱着时，　　　　　于是我这样想到：
我的心被无情地搅扰；　　　　勇敢的男人们长期战斗，
当我泪如洪流时，　　　　　　所为只是赢得一位美人，
我的聪明是这样的悲哀；　　　难道我不应该学着去忍受？
当叹息虚费了这么多呼吸时，　难道我会想我的生命花得其所
我濒临死亡的边缘。　　　　　如果服务于比她更值得的人？

我想起那支伟大的海军　　　　因此，我将不再后悔，
希腊人曾将其带到特洛伊城，　继续坚持痛苦必会得到满足，
狂风是怎样拍打他们的舰船，　这恰如当严冬过去，
要迫使他们返航，　　　　　　怡人的春天一如往常而来，
直到阿伽门农女儿的血　　　　因此当忧虑的狂暴过后
取悦了神使他们经受住了狂风。我会得到长久的欢乐。（笔者译）

在那十年的战争中
发生了多少血腥的暴行，
贵族们远离故乡
在那里遭遇了多少灾祸和恐惧，
杰出的骑士又克服了多少艰难，
在希腊人赢得海伦之前。

　　狂爱或许能给男士一种心灵上的满足，但其代价却是极痛，因为女士并没有接受他。这时，作者联想起了希腊勇士远征特洛伊的故事，并以此激励自己：希腊勇士可以为美人苦战十年，为了我的情人我难道不应该去忍受和坚持吗？于是作者不再因痛苦而后悔了，他坚信冬天去后春天必来，爱的过程同样如此，忧虑之后必会有长久的欢乐。
　　也许这种爱情看起来很沉重，应该抛弃；可是一旦陷入其中便难以自

---

① Richard Tottel, ed., *Tottel's Miscellany*, *Songes and Sonnetes*, London, 1870, pp. 14–15.

拔，即便豁达如怀亚特也难免纠结心痛，怀亚特在《情人的哀诉》①中也曾说出"难道你就这样把我抛弃？说不，说不，多么羞辱！"他还是不能完全释怀。萨里伯爵也曾努力抛开这样的烦恼，但终归失败，他在《疲倦的情人的幻想》（或《我曾长久地耽于幻想》）一诗中写道：

> 我曾长久地耽于幻想，
> 这总使我不能安详；
> 后悔并远离不安，
> 看来为时已晚。
> 我立即走出了人群，
> 设法愉悦我疼痛的心，
> 直到我看见信心再起，
> 我告诉自己，"哎，那些日子
> 已经虚度，追求那么长久。"
> 我这样想着遇到了向导，平凡，
> 引我走出了错误的迷途，
> 带我来到群山之中：
> 我现在所处依然使我不安
> 事与愿违，我仍被疼痛所悦。（笔者译）

作者知道自己的爱情只是幻想，是不可能实现的，因此总是心灵不能安静，并认为这时抛弃已经为时过晚。他曾一度想熄灭自己的爱情之火，他走出人群独处荒山之中，这种与人的隔绝既是地理上的更是心理上的；但最终却发现仍然于事无补，他还是喜悦于爱情的痛苦之中而心灵不能安静。

2. 勇敢而辛辣地讽刺国王和市民

怀亚特在政治上没有太大的诉求，因此他的政治生涯相对平静，诗歌中也没有激烈的政治斗争的痕迹。而萨里伯爵则有王室血统，出身名门，

---

① Thomas Wyatt, *Sir Thomas Wyatt: Selected Poems*, Hardiman Scott, ed., Manchester: Fyfield, 1996, p. 45.

战功卓著,一方面未免使他有些孤傲不羁,另一方面则使他有些政治抱负。作为受国王打击的传统的旧贵族,他在政治斗争中常常败给国王及其扶持的新权贵、市民等,因此数次入狱并最终被害。这样,萨里伯爵诗歌的一大特色便是对国王和市民进行勇敢而辛辣的讽刺和嘲弄。

他在《亚述王》(或《萨丹纳帕路斯无耻的一生和卑鄙的死》)[①] 一诗中对亚述末代国王萨丹纳帕路斯进行了惟妙惟肖的讽刺:

> 亚述王在和平时充满着邪恶的欲望
> 和肮脏的性欲,玷污了他的王者之心。
> 在战争中,该将高贵的心放在火上考验,
> 的确使他产生了对武艺的征服欲望。
> 被亲吻的剑槽看上去有些奇怪,
> 他的盾牌比他女人的还厚;
> 贪食者的盛宴变成战士的饮食;
> 他的头盔高高地在花环之上。
> 缺乏男人气概的名声留下来了,
> 充满着怠惰和女人的乐趣;
> 心灵脆弱,害怕疼痛。
> 当他失去他的荣誉、他的权利、
> 他的骄傲,他曾经的财富,而在风暴中恐惧时,
> 谋杀自己,以炫耀一些英雄的业绩。(笔者译)

萨丹纳帕路斯在平时荒淫无道,在战争中则怯懦可笑:他的剑槽古怪而不实用,盾牌比女人的还厚,作战时还享用着盛宴,像女人一样心灵脆弱、害怕疼痛。当他战败而名誉扫地后,竟然选择自杀以显示自己的英勇。结合萨里伯爵的政治实践,可以断定这首诗讽刺的是亨利八世,把亨利八世的生活荒淫、好大喜功却华而不实揭露得淋漓尽致。

1543年,萨里伯爵因为酒后在伦敦街头闹事而被伦敦市政当局以损坏财物罪控诉,实际上只是打坏了一些窗户,结果被关进了舰队河监狱。在

---

① Richard Tottel, ed., *Tottel's Miscellany, Songes and Sonnetes*, London, 1870, p. 30.

狱中他写下了讽刺伦敦及其市民的长诗《对伦敦市民的讽刺诗》。① 诗中作者认为伦敦市民根本就没有资格来审判他，因为他们都是一些放荡和邪恶的人：

> 伦敦！难道你们控告
> 我违法？这是冲突的根源！
> 在你们的胸中我看到，
> 你们放荡的生活那么炽热。
> 对罪恶的仇恨是那么盛行
> 而罪恶却在你们那邪恶的城墙内生长。（笔者译）

对待这些邪恶的伦敦人，他希望上帝把自己作为其代表来惩罚他们：

> 这使得我带着一颗无私的心
> 鞠躬来唤醒你们这群懒汉：
> 一个受神而邀的人，
> 在圣经中他显现了他的惩恶之鞭，
> 好像恐怖的惊雷
> 即将放射出闪电；
> 仿佛鹅卵石无声地敲击；
> 可怕的瘟疫或许会使你们看到
> 上帝的愤怒，将你们包围。（笔者译）

但他认为伦敦市民冥顽不化，堕落至极：

> 但骄傲的人们不畏惧任何堕落，
> 穿着谎言和错误的外衣，
> 在你们的城墙内繁殖。（笔者译）

---

① Henry Howard, *The poetical works of Henry Howard, Earl of Surrey*, Catherine A Barstow, ed., Boston: Little, Brown, 1854, pp. 69 – 71.

最后是诗的高潮，他将伦敦比作巴比伦，希望上帝对这罪恶的渊薮进行惩罚：

> 奥，无耻的荡妇！没有恐惧了吗？
> 你们的劣迹正是你们的幸福吗？
> 奥，虚伪的巴比伦的人们！
> 手艺的店铺！愤怒的巢穴！
> 可怕的末日审判要加速到来。
> 你们的殉道者以剑与火带来的血
> 在天地间召唤着正义。
> 主应该听听他们正义的要求！
> 愤怒之火当降临你们身上！
> 你们这些好色之徒都应
> 受到饥荒和害虫的不幸打击。
> 你们骄傲的塔楼和高高的炮台
> 都是上帝的敌人，上帝必以石毁石。
> 你们的铸成邪恶的偶像要被焚毁。
> 这些毁灭都毫不足惜；
> 由正义的上帝
> 来审判巴比伦
> 永恒一致赞美上帝。（笔者译）

巴比伦是《圣经》中提到的罪恶之城，道德败坏，无可救药，遭到上帝遗弃和惩罚。萨里伯爵将伦敦比作巴比伦充斥着罪恶，将伦敦市民比作巴比伦的荡妇道德败坏，并诅咒伦敦也会同样遭到上帝的遗弃和惩罚，由此可见萨里伯爵对伦敦市民的仇恨和蔑视。

3. 情景交融的抒情方式

萨里伯爵艺术成就最高的诗实际上是他的抒情诗，其特色是借景抒情、情景交融。在萨里伯爵的诗中，情景交融有两种情况，一种是情和景相一致，另一种是情与景相对立，用景来反衬心情。这种比较细腻委婉和注重描绘景色的抒情诗在当时是不多见的。

他比较著名的一首抒情诗是《春之歌》，在描写了一番春天欣欣向荣的景象后，最后却点出了他愁苦的心情：

> 带来蓓蕾和花朵的季节
> 给小丘着上了绿装，也染绿了山谷；
> 刚长出新羽毛的小夜莺歌唱不歇；
> 斑鸠向她的爱侣也吐露了心曲；
> 夏天来了，每一条嫩枝都布满了新叶，
> 雄鹿把旧犄角挂在篱头；
> 公羊把冬衣丢在林间；
> 长出新鳞的鱼儿浮在水面；
> 小蛇也把她的旧皮完全蜕掉；
> 敏捷的燕子飞快地把小蝇捕捉；
> 忙碌的蜜蜂把新蜜调和；
> 给花儿带来灾难的冬天已告终结。
> 在欣欣向荣的万物之间
> 烦恼消失了，而我却愁满心田。（李赋宁译）①

作者对欣欣向荣的春天的描写是细致入微的：小丘和山谷染绿、小夜莺歌唱、斑鸠的歌唱、雄鹿挂角、公羊丢衣、小鱼浮水、小蛇蜕皮、燕子捕蝇、蜜蜂采蜜，这一系列画面都栩栩如生，一幅春意盎然、生机勃勃的景象呼之欲出。而在一片欣欣向荣之中，作者却愁满心田，对春天万物欢乐繁荣的嫉妒便更有力地反衬出了作者的愁绪。

他的另一名篇《温莎堡的城墙》②则同时具有两种情与景的关系。他写道：

> 当温莎堡的城墙支起我疲倦的臂膀、
> 我的手我的下巴，放松了我不安的头脑。

---

① 胡家峦：《英语诗歌精品》，北京大学出版社1996年版，第8页。
② Richard Tottel, ed., *Tottel's Miscellany, Songes and Sonnetes*, London, 1870, p.11.

暖暖的绿色绘出一幅怡人的图像，
枝头繁花盛开，盎然生机四处伸张，
花儿点缀着草地，我发现那双恋鸟姗姗来迟；
我的心渴望着甜蜜的忧伤，
没有仇恨，没有长长的争论，
无忧无虑的生活需要爱的滋养。
可是郁积在胸中的沉重负担
终于喷涌而出，违我所愿
仿佛烟雾的叹息，令天空也那么沮丧。
我干涸的眼睛渗出枯燥的泪水，
纤弱的泉水在落点飞奔而下，
我也同样半弯着身摔将下去。（笔者译）

他先是描绘了一幅春意盎然、万物复苏的景象，这唤醒了他对爱的追求，此时是情景一致；但随后作者却笔锋一转，爱是如此沉重不堪，面对此景竟然忍不住爆发了自己的伤心，仿佛连天空也是那么沮丧，感觉自己像喷泉一样半空跌落，这样就与此前的美景形成了强烈的反差，衬托了自己失落愁苦的心情。

（三）萨里伯爵诗歌的贡献和地位

萨里继续了怀亚特十四行的音步，和怀亚特通常都被称为"英国十四行之父"，他们共同将十四行体引入了英国。他们创建的十四行体被后来的莎士比亚等人所使用：三个四行诗和一个对句，韵脚为：abab cdcd efef gg。他还是首位发表无韵诗（白体诗）的英国诗人，他在翻译维吉尔的《埃涅伊德》时使用了这种节奏：没有韵脚，一行设有五个音步，抑扬格。这种无韵诗在英国诗歌史上占有重要位置，"如果说十四行诗使得人们学到谨严和自我纪律，白体诗则使他们能自由驰骋，写得气势磅礴"[①]。

在《托特尔杂集》中收录了他40首诗歌，其中以他的抒情诗艺术成就最高。在抒情诗中对自然景物描写的细致在当时比较罕见，借景抒情使

---

① 王佐良：《英国诗史》，译林出版社1997年版，第58页。

情感更加真切。菲利普·西德尼曾称赞他的抒情诗"回味着高贵的出身,称得上高贵的心灵"①。

三 御用文人及其颂诗

　　除了以上这些成就较大的宫廷诗人以外,在英国宫廷中还有许多国王的御用文人或奉承谄媚者写的诗,他们多受国王和宫廷的赞助,其内容多是对国王进行歌功颂德,文学价值不大。在爱德华四世时代,意大利学者彼得罗·卡尔梅利亚诺给爱德华四世写了一些拉丁文颂诗。此外还有乔瓦尼·吉利、米歇尔·纳戈尼奥、菲利波·阿尔贝里科和乔万尼·奥皮乔等意大利文人。他们的歌功颂德往往使他们在英国宫廷飞黄腾达,例如卡尔梅利亚诺担任了亨利七世的拉丁文秘书一职。而一旦有人对他们的主子不利则往往卖力捍卫主人的荣誉。1489年,法国学者罗贝尔·加圭安访问英国时写了一首讽刺亨利七世的短诗,便立刻招来宫廷中一群御用文人的攻击,他们写了许多漫骂性的拉丁文诗。②

　　实际上,除了这些阿谀奉承没有原则的人之外,当时出身平民的文人,尤其是一部分人文主义文人,或者为了实现人文主义的理想,或者为了实现自己的政治与宗教理想,或者为了谋得个人的发展,都或多或少地给国王写过颂词,而不像怀亚特和萨里伯爵这样出身名门的贵族那样还敢于讽刺国王。托马斯·莫尔就是其中的代表之一。他对亨利八世的赞美首先使我们想起他在《乌托邦》开篇便先是赞颂了一番亨利八世:"战无不胜的英王亨利八世以具有模范君主的一切才德而著名。"③ 而他对亨利八世最集中的赞颂则在其《在亨利八世加冕礼的日子》一诗中。

　　1509年当亨利八世登基时,托马斯·莫尔与伊拉斯谟、本纳德·安德烈和约翰·斯凯尔顿等人都为亨利八世创作了颂诗,以期能得到新王的赞助。莫尔当时写的颂诗便为《在亨利八世加冕礼的日子》,这首诗是用拉丁语而非英语写的,其目的就是为了取悦宫廷中的精英阶层和国王本人。

---

① Philip Sidney, *An Apologie for Poetrie*, London, 1868, p. 62.
② [英] G. R. 波特编:《新编剑桥世界近代史:第一卷,文艺复兴》,中国社会科学院世界历史研究所译,中国社会科学出版社1988年版,第151页。
③ [英] 托马斯·莫尔:《乌托邦》,戴镏龄译,商务印书馆1982年版,第8页。

第九章 宫廷诗歌

他在诗中写道：

> 如果曾经有那么一天，英格兰，如果有那么一刻你们要感谢上面提到的那些人，那么今天就是那样幸福的一天，……今天是奴役的终结，是自由的开始，是悲哀的结束，是幸福的源泉，为了今天一位当今荣耀长存的年轻人被献给神，并使他成为你们的国王——他是这样一位国王，不但配得上统治单一的民族，还配得上直接统治整个世界——这样一位国王将会擦去每一只眼睛的泪水，给我们长长的不幸之地带来欢乐。每颗心笑着看到忧虑散去，恰如阳光驱散了乌云。现在满怀笑脸的人们自由地奔跑在他们的国王面前。他们的欢乐几乎使他们不敢相信。他们欢欣鼓舞，手舞足蹈来庆祝他们拥有这样一位国王。他们口中唯一能说出的词就是"国王"。①（笔者译）

在诗中托马斯·莫尔极尽奉承之能事，尤其投其所好，认为亨利八世不仅应该统治一个民族，还应统治整个世界。这无疑使骄傲自大的亨利八世非常高兴。

与此同时，莫尔在这首诗中还批判亨利七世的统治，目的是希望在亨利八世的宫廷和政府中能有新的变化。他将亨利七世的统治视为"长长的不幸""奴役"和"悲哀"，而亨利八世的加冕则是"自由"和"欢乐"的源泉。他将亨利八世比喻为太阳，放射出明亮的光芒驱散了乌云。

莫尔在诗中还具体描述了为什么亨利七世时期是个不幸的时期，而在新王统治之下又如此幸福：

> 贵族，曾长期地受那些社会渣滓的摆布。贵族，他的称号曾长期地没有任何意义，而如今却抬起了头。……商人，曾经备受苛捐杂税的负担，而今却再次向未知的海洋前进。法律，曾经那么苍白无力——是的，甚至做出不正义的审判——而今又获得了他们正当的权威。所有人都同样这么幸福。②（笔者译）

---

① Saint Thomas More, *The Complete Works of St. Thomas More* (vol. 3, part II), Clarence H Miller, etc., ed., New Haven: Yale University Press, 1984, p. 101.
② Saint Thomas More, *The Complete Works of St. Thomas More* (vol. 3, part II), Clarence H Miller, etc., ed., New Haven: Yale University Press, 1984, pp. 101-103.

原来在亨利七世时期，贵族常受小人摆布（例如达德利和恩普森），而今则又抬起头开始发挥在国中的影响；商人则曾被征以苛捐杂税，而今则可以顺利地经商了；法律以前曾被践踏，如今又恢复了权威。

莫尔在诗中并不敢直接表露对亨利七世的不满，而是在表面上将亨利七世时的恶政归咎于达德利和恩普森这样的枢密院大臣，似乎表达了一种"国王是好的，大臣是恶的"观念，其暗指的是国王也有一定的过错，而这是文艺复兴文学中一种常用的手法。

谄媚之词贯穿着整首诗，例如描写了亨利八世的加冕礼游行多么受人欢迎，他本人多么受人们爱戴："人们汇聚一起，不分年龄、不分性别，也不分等级"，"他所到之处人群争相目睹他的风采，以致几乎无路可行"。此外还描写他的个人形象是多么的伟岸："在众多的贵族扈从中"，"他是那么的突出，高过他们中的任何一位"，"他的力量符合他的王者身份，他的手……那么灵巧正如他的心是那么勇敢"①。在诗的最后他也不忘歌颂亨利八世及其妻子阿拉贡的凯瑟琳："任何其他女人当然都不配拥有你作为丈夫，任何其他男人都不配拥有你作为妻子。"这样，亨利八世在莫尔笔下成为一名完美的文艺复兴君主的模范，将会统治良好、长寿并能给英国带来合法的王位继承人。

莫尔对亨利八世和宫中贵族的谄媚使他的仕途平步青云，最终官至大法官。然而，莫尔对国王的谄媚并不仅仅是为了高官厚禄而没有原则，他最主要的目的是希望能在亨利八世身上实现自己人文主义的理想，正如他在这首诗的末尾中所说：

（他）能置于权力之外，他的天赋因受自由教育而得到提升，九名仙女在卡斯塔利亚泉②为他沐浴，他睡在哲理之中。③（笔者译）

莫尔在此想表达的是亨利八世之所以如此受爱戴是因为他受到了

---

① Saint Thomas More, *The Complete Works of St. Thomas More* (vol. 3, part II), Clarence H Miller, etc., ed., New Haven: Yale University Press, 1984, p. 103.
② 卡斯塔利亚泉，希腊帕纳塞斯山上的神泉，被称为诗歌灵感的源泉。
③ Saint Thomas More, *The Complete Works of St. Thomas More* (vol. 3, part II), Clarence H Miller, etc. ed., New Haven: Yale University Press, 1984, pp. 101, 107.

人文主义教育，使他成为一名能够公正和诚实地统治人民和国家的国王。因此，他所有颂词的用意便在于国王如果能按照人文主义的理想来培养自己、统治人民，他便会受到爱戴，否则就会被人们抛弃。因此，莫尔写颂诗的目的、在宫中任职的目的主要是为了实现他的人文主义理想。

此外，莫尔还在《两朵玫瑰成为一朵》中为亨利八世王位的合法性进行辩护，他写道：

> 一朵白色的玫瑰长在红色的旁边，他们相互斗争以期超越对方。但两朵玫瑰将要结合成一朵，这是斗争结束的唯一可能的方式。现在只有一枝树干生长发芽，但它却包含两者所有的品质。即这朵玫瑰美丽、优雅、可爱、鲜艳、有力，这些品质原属二者。因此，如果人们爱其中的一朵，那么就必会发现也爱这一朵。如果有人太凶暴不爱这一朵，那么他就会畏惧它，因为这一朵有太多的刺。[1]（笔者译）

在这首诗中，莫尔以红白玫瑰来比喻约克和兰开斯特两大家族。红白玫瑰相互斗争但却结合成为一朵花则象征着两大家族的斗争最终以相互结合告终，而拥有两朵花的优点的那一朵花指的就是亨利八世，他具有两大家族的血统，是合法和优秀的王位继承者。

莫尔虽然对亨利八世歌功颂德，但并不是一个没有底线和原则的人；相反，他是一个信仰坚定、正直刚烈的人，而绝非一个贪图荣华富贵的人，否则他也不会因坚持天主教信仰而被处死。他为亨利八世献颂辞并官至大法官，是有其人文主义理想的诉求的。因此，约翰·盖伊认为，莫尔只不过是一个有意通过颂词来换得高位的廷臣的说法[2]是不客观和片面的。

与莫尔相似的则是约翰·斯凯尔顿。他曾是亨利王子的家庭教师，但当亨利八世继位时则被辞退而离开了宫廷。为了能重返宫廷他也在亨利八

---

[1] Saint Thomas More, *The Complete Works of St. Thomas More* (vol. 3, part II), Clarence H Miller, etc. ed., New Haven: Yale University Press, 1984, p. 117.
[2] John Guy, *The Public Career of Sir Thomas More*, Oxford: Oxford University Press, 1980, p. 7.

世登基时献上了一首颂诗《我们至高无上的主国王的颂歌》：

> 红玫瑰和白玫瑰
> 如今生长成一朵玫瑰；
> 这样在每一个角落，
> 名声四处飞扬，
> 高贵的种子已经播下。
> 英格兰现在繁花盛开，
> 从此不再有悲哀。①

这首诗与莫尔的《两朵玫瑰成为一朵》如出一辙，"一朵玫瑰"指的是亨利八世，他是红白玫瑰的种子所产生，即亨利七世和伊丽莎白所生。亨利八世的出现使英国繁荣富强，"从此不再有悲哀"。

当亨利八世处死了达德利和恩普森后，斯凯尔顿则献诗歌颂亨利八世：

阿斯特里亚，② 正义女神，	他们不该破坏
来自星光闪耀的天空，	我们高贵的国王的法律；
如今当来到行正义，	他们当学会深思熟虑，
百年以来	没有人会说些什么。
很少有人看到	人们不敢申诉
正义在我们中间，	他们的悲伤，
而只有无尽的错误。	他们给人们带来了这样的痛苦。
正确已被狐狸	因此他们不能再
还有狼和熊所驱逐，	凌驾于人民之上，
它们使英国陷入灾难之中；	他们曾赢得过全面的战争，
他们却不用担心什么，	所有的贵族和骑士不得不面对；

---

① Jon Robinson, *Court Politics, Culture and Literature in Scotland and England, 1500 – 1540*, Aldershot, Burlington: Ashgate Pub. Co., 2008, p. 44.
② 阿斯特里亚，希腊神话中的正义女神。

第九章　宫廷诗歌

也不写玫瑰经
只有背叛。

而如今他们那些
优雅和富足的日子正在逝去
这使英格兰无比欢乐。①（笔者译）

在诗中，亨利八世之前的统治被视为一个充满非正义和痛苦的时代，当邪恶增多时正义女神便离开了人们而回到了天上；原因便是因为有狐狸、狼等动物横行，即达德利、恩普森等人把持朝政。而亨利八世的登基则使横行的野兽被除去，达德利、恩普森等人被处死，从此正义女神又返回了英国，英国充满着欢乐。

小　结

近代早期的英国宫廷在诗歌领域取得了较高的成就，这与意大利文艺复兴人文主义文化的传播密不可分，当时的英国宫廷汇聚了一批国内外的人文主义学者和文人，例如彼得罗·卡尔梅利亚诺、托马斯·莫尔、乔瓦尼·吉利等；宫廷贵族也接受了人文主义教育，以托马斯·怀亚特和亨利·霍华德为代表的宫廷贵族将意大利十四行等人文主义诗歌艺术引入了英国，还模仿塞涅卡和贺拉斯等古典诗人的作品，创造出了英国宫廷诗歌的繁荣。多数宫廷诗人因受国王和宫廷的赞助，其内容多是对国王进行歌功颂德，甚至是阿谀奉承，然而也有托马斯·怀亚特、亨利·霍华德等少数宫廷贵族的诗歌批判、讽刺国王和宫廷，并取得了较高的艺术成就。

---

① Robinson, *Court Politics, Culture and Literature in Scotland and England, 1500-1540*, Aldershot, Burlington: Ashgate Pub. Co., 2008, pp. 45-46.

结　语

　　拙著从物质、制度、日常生活、精神和艺术等层面对近代早期英国的宫廷文化作了较为系统的描述和分析。从制度上来说，近代早期英国的宫廷完成了与行政的分离，在王权膨胀的情况下其机构设置则更加完备和复杂化，并成为社会的中心。这一时期宫廷的物质成就主要体现在其宫殿建设、饮食与服饰上，英国宫廷的住所完成了从城堡到宫殿的过渡，并取得了空前绝后的成就；而饮食与服饰则具有强烈的等级色彩。宫廷的一些日常生活往往有强烈的政治内涵，例如运动的等级色彩，艺术生活、巡游与游行的政治化等。在精神生活方面，宗教信仰占有绝对的核心地位，甚至能左右国家生活的各个方面；在宫廷教育之中则出现了人文主义教育与骑士教育之间的竞争。在艺术领域，英国宫殿的室内装饰艺术则深受意大利文艺复兴艺术的影响；王室肖像艺术则成为宣传、美化君主和王室成员的工具；宫廷文学尤其是宫廷诗歌在这一时期取得了较大的成就，托马斯·怀亚特、亨利·霍华德等在诗歌艺术方面成就卓著，他们对宫廷生活的批判令人瞩目；同时，御用文人或一些为了实现自己理想的文人则为了获得更多的发展机会，往往对国王与宫廷大唱赞歌。在对近代早期英国宫廷文化系统和深度描述的过程中，着重探讨了以下几个问题：

　　一是近代早期英国宫廷的演变及其地位。在中世纪早期，为国家服役与为国王服役是等同的，而英王又削弱了封臣的权力并加强了直属封臣制度，使英国的王室几乎与政府等同，被称之为"王室政府"，宫廷就是王室和政府的组合。从14世纪开始，王室与政府逐渐实现了分离。到亨利八世时期，经过克伦威尔的政府机构改革，王室完成了非行政化，其功能主要限于服务国王及其家人的日常生活，非行政化的王室就是近代意义上的宫廷。然而，王室的非行政化并不意味着宫廷社会地位的下降，与此相反，宫廷成为这一时期的政治活动中心、外交中心、社会中心和寻求赞助的中心，宫廷贵族也位居社会阶梯的最高层。这样，随着王权的逐步强大，便产生了两个相互关联的结果：政府机构的官僚化和宫廷的社会核心化。

二是宫廷文化与王权和政治的关系。宫廷的演变与王权和政治结构的发展密切相关，而近代早期的宫廷文化也相应地与此相关。从宫殿建设上来看，在中世纪王室的城堡中，国王是较少拥有私人空间的，在城堡的大厅中国王必须参加就餐、娱乐和政务等公共活动。而到了近代早期，宫殿中的大厅逐渐衰落了，密室、书房等个人空间增加了，逐渐形成了内殿和外殿的分野，这与国王权力的增加而需要将自己与公共空间隔离开来有着密切的关系。宫廷戏剧表演在伊丽莎白一世时期和斯图亚特王朝早期达到了顶峰，伊丽莎白一世时代的历史剧多为美化兰开斯特王朝、丑化约克王朝并最终为都铎王朝的合法性而辩护。斯图亚特王朝早期的假面剧舞会其主题往往强调和谐、统一和团结，象征着国王或王子的权威；其内容往往取材于国王的政策和时事，这样假面剧便成为宣传王权的工具。在宫廷巡游和游行中，一方面国王通过盛大华丽的游行队伍来树立在一般群众中的威望，通过巡游所到地点来暗示国王对臣下的政治态度；另一方面，宫廷巡游成为一些权贵们争夺的政治资源，能争取到国王及其宫廷来到自己的领地便可以抬高自己的威望和增加自己的权势。王室肖像艺术品中的王室形象，有的象征着国王的权威及其合法性，有的则神化和美化国王及其配偶，有的是表达君主的某项政策，有的是为了确立君主的某种特定的形象，还有的则是为了纪念加冕、结婚等事件，这样它们便同样成为宣传国王和王室成员的工具。宫廷中的御用文人为了寻求个人的发展往往对国王大唱赞歌，甚至如托马斯·莫尔这样的理想主义者也对国王大唱赞歌，希望能通过国王来实现自己的理想。

当然，对这种文化与权力和政治的关系不应夸大。文化是生活方式的总和，其内容是比较丰富的，并不是所有的文化现象都是权力和政治的注脚；狭义上的文化，例如建筑与装饰、文学与艺术、运动与游戏等还具有其独立的审美、娱乐等基本价值，失去了这些也就失去了其他的功能；最后，作为权力的化身，君主并不能驾驭一切文化现象，在宫廷中总有一些独立于君主意志之外的文化现象，例如托马斯·怀亚特和亨利·霍华德的诗歌对宫廷和国王的批判与讽刺。

三是宫廷文化与宫廷贵族的身份认同。近代早期英国宫廷文化对形成宫廷贵族的身份认同也起着十分重要的作用。卡斯蒂廖内将网球、游泳和骑术等运动视为廷臣身份的象征，因为这些运动可以展现他们优雅的风度。而英国政府确实也通过法令来强化运动的等级性，例如禁止贵族以外的阶层进行网球、保龄球等运动。骑士比武、狩猎等活动更是贵族的特权，而到了16世纪，骑士比武和狩猎主要限于宫廷贵族。音乐和舞蹈则是宫廷男女必备的素质，历代都铎君主几乎都有自己擅长的乐器，而在斯图亚特王朝宫廷学习舞蹈如同学习走路。他们的音乐和舞蹈尤其是源自国外宫廷的音乐和舞蹈的表演水平堪比专业水平，这不是宫廷贵族以外的社会阶层所能做到的。此外，参加宫廷假面剧舞会往往是贵族获得身份认同的重要途径。通过这些宫廷的日常活动和宫廷艺术生活，展现了宫廷贵族优越的社会地位，增强了对自己的身份认同。在宫殿建筑和室内装饰领域，英国的宫殿在原来哥特式建筑元素的基础上吸收了勃艮第宫殿建筑特色，而内部装饰艺术则深受意大利文艺复兴艺术的影响，并最终形成了英国自己的特色，即所谓的"都铎风格"；这不但形成了宫廷贵族对审美品位的认同，而且在某种程度上也推动了英国人对民族和国家的认同。在宫廷的戏剧表演中，国王被置于中心位置，廷臣与国王座席的远近体现了其权力的大小和地位的高低；在餐桌礼仪中，参加者进餐的次序和座席的位置都体现了与国王的关系，表现了严格的等级秩序，突出了国王的核心地位；在宫廷巡游中，国王是否临幸某位廷臣的宅第成为廷臣政治地位的晴雨表；在宫殿室内装饰中，家具的使用要遵守严格的等级制原则，突出国王的至高地位。所有这些都体现了宫廷贵族对新的社会结构和政治结构的认同，即王权至上而封建贵族则转变成了国王的臣仆，宫廷贵族则位列社会等级阶梯的最高层。

四是英国宫廷文化与各国宫廷文化的横向联系和与中世纪骑士文化的纵向联系。在近代早期，英国宫廷文化发展的主要动力来自与欧洲各国宫廷之间的交流，尤其是勃艮第、意大利和法国的宫廷对其影响较大。爱德华四世较早地将勃艮第宫廷的华丽之风引入了英国，他模仿勃艮第的宫殿建筑，完成了中世纪城堡向近代宫殿的过渡；他购买大量勃艮第和尼德兰的手工艺术品；最后他还引入勃艮第宫廷礼仪，创立了英国宫廷的礼仪手册《黑书》，并将宫廷机构划分为"华丽部"和"供应部"两部分。亨利七世时期，英国宫廷则大规模模仿法国宫廷，例如对法国宫殿建筑的仿

结　语

造、内廷的建立、绅士警卫的设立等。英国宫廷中流行的舞蹈许多也来自外国宫廷，例如黑色日耳曼舞源自法国宫廷，还有一些则来自意大利和西班牙宫廷。亨利八世以后，英国宫殿的室内装饰艺术则深受欧陆宫廷的文艺复兴艺术的影响，仿古风格成为装饰的主要元素之一。最后，在近代早期英国宫廷中，有许多外国的艺术家和文人，因他们多有在外国宫廷工作的经验，便直接推动了英国宫廷文化与外国宫廷文化的交流。其中比较著名的有德国画家小汉斯·荷尔拜因、意大利人文主义者巴尔达萨勒·卡斯蒂廖内、意大利雕刻家吉多·玛佐尼等人。

一般认为骑士制度到了13世纪以后因为"盾牌钱"、火炮、市民阶层的崛起等因素而没落了，但需要注意的是这并不等同于骑士文化也随之没落了。那些包括国王在内的高级贵族仍自视为骑士，在中世纪等级观念深入人心的情形下他们将骑士文化发挥到了极致，以表现自己相对于新兴阶层的优越感。因此，从14世纪到16世纪，在欧陆和英国宫廷之中，骑士文化不但没有没落，反而兴旺至极。在都铎王朝和斯图亚特王朝的宫廷中，骑士文化和人文主义文化甚至形成了竞争的局面，并集中体现在两种文化在宫廷教育中的竞争。这种竞争更多的是崇尚骑士文化的贵族与人文主义学者之间的相互竞争，而对于君主和王室成员来说，他们最关心的是如何能提高自己的声望。这也就不难理解，二者虽然竞争激烈但却能并存，骑士比武、狩猎、音乐、舞蹈等骑士运动与文学、艺术、政治学等人文主义的修养和网球、保龄球等人文主义学者倡导的"优雅"运动并行不悖，因为它们都是君主提高自己声望的手段。因此，这一时期的宫廷文化将中世纪的骑士文化和文艺复兴的人文主义文化融为一体，使其在继续保持着骑士文化的"荣誉""忠诚"等价值追求外，又逐渐融入了人文主义文化的"优雅"等价值追求。当然，宫廷文化的总体特征依然是源于骑士文化的"华丽"，人文主义者倡导的"节制"直到工业革命以后才逐渐成为主流。

通过上述分析和论证可以发现：近代早期英国的宫廷因为国王绝对权力的发展而成为社会的中心，宫廷贵族是社会等级阶梯的最高层，宫廷文化是以国王为核心的宫廷贵族阶层的文化。近代早期英国的宫廷文化在"华丽"的外表下，往往成为国王张扬其绝对权力的工具，在很大程度上是国王和宫廷贵族对自己新的身份地位和等级关系的认同，并在欧陆各国宫廷文化的影响下成为中世纪的骑士文化和新兴的文艺复兴文化的结合体。

参考文献

一 英文部分

(一) 原始资料

Alamanni, Luigi, *Satire (Twelve Satire)*, X, 1786.

Horace, *Satires, Epistles, and Ars Poetica*, H. Rushton Fairclough trans., Cambridge: Harvard University Press, 1926.

Howard, Henry, *The Poetical Works of Henry Howard, Earl of Surrey*, Catherine A Barstow, ed., Boston: Little, Brown, 1854.

More, Saint Thomas, *The Complete Works of St. Thomas More* (vol. 3, part II), Clarence H Miller, etc. ed., New Haven: Yale University Press, 1984.

Myers, A. R., ed., *English Historical Document, 1327 – 1485*, London and New York: Routledge, 1969.

Sidney, Philip, *An Apologie for Poetrie*, London, 1868.

Society of Antiquaries of London, ed., *A Collection of Ordinances and Regulations for the Government of the Royal Household, Made in Divers Reigns: from King Edward III to King William and Queen Mary: also Receipts in Ancient Cookery*, London: Printed for the Society of Antiquaries by John Nichols, sold by Messieurs White and Son [and 4 others], 1790.

Stater, Victor Louis, *The Political History of Tudor and Stuart England: A Sourcebook*, London; New York: Routledge, 2002.

Tottel, Richard, ed., *Tottel's Miscellany. Songes and Sonettes*, London: 1870.

Williams, C. H., ed., *English Historical Document, 1485 – 1558*, London and New York: Routledge, 1967.

Wu, Duncan, ed., *Poetry from Chaucer to Spenser*, Oxford; Malden: Blackwell, 2002.

Wyatt, Thomas, *Sir Thomas Wyatt: Selected Poems*, Hardiman Scott, ed., Manchester: Fyfield, 1996.

（二）著作

Adamson, John, ed., *The Princely Courts of Europe: Ritual, Politics and Culture Under the Ancien Régime, 1500 – 1750*, London: Weidenfeld and Nicolson, 1999.

Anglo, Sydney, *Images of Tudor Kingship*, London: Seaby, 1992.

Anglo, Sydney, *Spectacle, Pageantry and Early Tudor Policy*, Cambridge: Clarendon Press, 1969.

Archer, Ian W, Adams, Simon, et al, eds., *Religion, Politics, and Society in Sixteenth-century England*, Cambridge: Cambridge University Press for the Royal Historical Society, 2003.

Archer, Jayne Elisabeth, Goldring, Elizabeth and Knight, Sarah, eds., *The Progresses, Pageants, and Entertainments of Queen Elizabeth I*, Oxford; New York: Oxford University Press, 2007.

Archer, John Michael, *Sovereignty and Intelligence: Spying and Court Culture in the English Renaissance*, Stanford, Calif.: Stanford University Press, 1993.

Aristotle, *The Ethics of Aristotle*, J. K. Thompson, trans., Harmondsworth: Penguin Books, 1988.

Asch, Ronald G, *Nobilities in Transition, 1550 – 1700: Courtiers and Rebels in Britain and Europe.*, London; New York: Arnold: Distributed in the U. S. A. by Oxford University Press, 2003.

Asch, Ronald, Birke, Adolf M., ed., *Princes, Patronage, and the Nobility at the Beginning of the Modern Period, 1450 – 1650*, Oxford: Oxford University Press, 1991.

Ashbee, Andrew, ed., *Records of English Court Music, 1485—1714 (vol.*

1 -9), Snodland, Kent: A. Ashbee, 1986 -1996.

Astington, John H., English Court Theatre, *1558 -1642*, Cambridge University Press, 1999.

Aughterson, Kate, ed., *The English Renaissance: an Anthology of Sources and Documents*, London; New York: Routledge, 1998.

Bellany, Alastair James, *The Politics of Court Scandal in Early Modern England: News Culture and the Overbury Affair, 1603 -1666*, Cambridge, UK; New York, NY: Cambridge University Press, 2002.

Berger, Robert William, *The Palace of the Sun: The Louvre of Louis XIV*, University Park, Pa.: Pennsylvania State University Press, 1993.

Bernard, G. W., *The Tudor Nobility*, Manchester, UK; New York: Manchester University Press, 1992.

Betteridge, Thomas and Riehl, Anna, eds., *Tudor Court Culture*, Selinsgrove [Pa.]: Susquehanna University Press, 2010.

Binski, Paul, *The Painted Chamber at Westminster*, London: Society of Antiquaries of London, 1986.

Bjurstrom, P., *Feast and Theatre in Queen Christina's Rome*, Stockholm: Bengtsons litografiska AB, 1966.

Braunmuller, A. R. and Hattaway, Michael, eds., *The Cambridge Companion to English Renaissance Drama*, Cambridge: Cambridge University Press, 2003.

Brown, Jonathan, *Kings and Connoisseurs: Collecting Art in Seventeenth-Century Europe*, Princeton, N. J: Princeton University Press, 1995.

Bucholz, R O, *The Augustan Court: Queen Anne and the Decline of Court Culture*, Stanford, Calif.: Stanford University Press, 1993.

Bucholz, Robert, Key, Newton, *Early Modern England, 1485—1714: a Narrative History*, Chichester; Malden: Wiley-Blackwell, 2009.

Burton, Elizabeth, *The Pageant of Early Tudor England, 1485 -1558*, New York: Scribner, 1976.

Butler, Martin, *The Stuart Court Masque and Political Culture*, Cambridge, UK; New York: Cambridge University Press, 2008.

Campbell, Stephen J, Welch, Evelyn S, Isabella Stewart Gardner Museum. , et al, *Artists at Court: Image-making and Identity*, *1300 – 1550*, Boston: Isabella Stewart Gardner Museum; Chicago: Distributed by University of Chicago Press, 2004.

Campbell, Thomas P. , *Henry VIII and the Art of majesty: Tapestries at the Tudor Court*, New Haven: Yale UniversityYale University Press, 2007.

Carlton, Charles, *Going to the Wars: The Experience of the British Civil Wars*, *1638 – 1651*, New York: Routledge, 1992.

Cartellieri, Otto, *The Court of Burgundy: Studies in the History of Civilization*, Malcolm Letts, trans. , London: Kegan Paul, 1929.

Castiglione, Baldassarre, Conte, *The Book of the Courtier*, George Anthony Bull, Trans. , Harmondsworth; Baltimore: Penguin Books, 1976.

Cavendish, George, Sylvester, Richard Standish, eds. , *The Life and Death of Cardinal Wolsey*, London, New York, Published for the Early English Text Society by the Oxford University Press, 1959.

Cavendish, George, *The Life and Death of Cardinal Wolsey*, Richard Standish Sylvester, ed. , London, New York: Published for the Early English Text Society by the Oxford University Press, 1959.

Cole, Mary Hill, *The Portable Queen: Elizabeth I and The Politics of Ceremony*, Amherst: University of Massachusetts Press, 1999.

Collinson, Patrick, *Elizabethan Essays*, London; Rio Grande: Hambledon Press, 1994.

Conference, Alcuin, *Court Culture in the Early Middle Ages*, Turnhout, Belgium: Brepols, 2003.

Corns, Thomas N. , *The Royal Image: Representations of Charles I*, Cambridge: Cambridge University Press, 1999.

Curran, Kevin, *Marriage, Performance, and Politics at the Jacobean Court*, Farnham, England; Burlington, VT: Ashgate, 2009.

Dearnley, Christopher, *English Church Music*, *1650 – 1750: in Royal Chapel, Cathedral, and Parish Church*, New York, Oxford University Press, 1970.

Dickens, A G, et al, *The Courts of Europe: Politics, Patronage and Royalty*,

1400 – 1800, London: Thames & Hudson, 1977.

Drew, Katherine Fischer, *Magna Carta*, Westport and London: Greenwood Press, 2004.

Duindam, Jeroen, *Vienna and Versailles: the Courts of Europe's Major Dynastic Rivals, 1550 – 1780*, Cambridge; New York: Cambridge University Press, 2003.

Dunnigan, Sarah, *Eros and Poetry at the Courts of Mary Queen of Scots and James VI*, Basingstoke: Palgrave, 2002.

Elias, Nobert, *The Court Society*, Dublin: University College Dublin Press, 2006.

Elton, G. R., *Reform and Reformation—England, 1509 – 1558*, Cambridge, Mass.: Harvard University Press, 1977.

Elton, G. R., *The Tudor Revolution in Government: administrative changes in the reign of Henry VIII*, Cambridge: Cambridge university press, 1953.

Elton, G. R., *Studies in Tudor and Stuart Politics and Government (vol. 1 – 4)*, London; New York: Cambridge University Press, 1974 – 1992.

Elton, G. R., *Political History: Principles and Practice*, London: Allen Lane, 1970.

Erasmus, Desiderius, *The Education of a Christian Prince*, New York: Norton, 1964.

Erlanger, Philippe, *The Age of Courts and Kings: Manners and Morals, 1558 – 1715*, New York: Harper & Row, 1967.

Fienberg, Nona, *Elizabeth, Her Poets, and the Creation of the Courtly Manner*, New York & London: Garland, 1988.

Foley, Stephen Merriam, *Sir Thomas Wyatt*, Boston: Twayne Publishers, 1990.

Folin, Marco, ed., *Courts and Courtly Arts in Renaissance Italy: Art, Culture and Politics, 1395 – 1530*, Woodbridge, Suffolk: Antique Collectors Club, 2011.

Forgeng, Jeffrey L., *Daily Life in Elizabethan England*, Santa Barbara · Denver · Oxford: Greenwood Press, 2010.

———, *Daily Life in Stuart England*, West Port · London: Greenwood Press, 2007.

Franko, M., *Dance as Text: Ideologies of the Baroque Body*, Cambridge: Cambridge University Press, 1993.

Frye, Susan, *Elizabeth I: The Competition for Representation*, Oxford: Oxford University Press, 1993.

Furdell, Elizabeth Lane, *The Royal Doctors, 1485 – 1714: Medical Personnel at the Tudor and Stuart Courts*, Rochester, N. Y., USA: University of Rochester Press, 2001.

Galloway, Andrew, ed., *The Cambridge Companion to Medieval English Culture*, Cambridge; New York: Cambridge University Press, 2011.

Gilbert, Christopher, etc., *Country House Floors, 1660 – 1850*, Leeds: Leeds City Art Galleries, 1987.

Gillmeister, Heiner, *Tennis: A Cultural History*, New York: New York University Press, 1998.

Goodall, John, *The English Castle, 1066 – 1650*, New Haven: Yale University Press, 2011.

Gosman, Martin, MacDonald, Alasdair, eds., *Princes and Princely Culture, 1450 – 1650, Volume 1*, Brill Academic Pub, 2003.

Gosman, Martin, MacDonald, Alasdair, eds., *Princes and Princely Culture, 1450 – 1650, Volume 2*, Brill Academic Pub, 2005.

Gravett, Cristopher, *Knights at Tournament*, illustrated by Angus McBride, London: Osprey, 1988.

Gosman, Martin, MacDonald, Alasdair, eds., *Tudor Knight*, illustrated by Graham Turner, Oxford; New York: Osprey Pub., 2006.

Greenblatt, Stephen, et al, *The Norton Anthology of English Literature: Sixteenth/Early Seventeenth Century, Volume B*, George M Logan, trans., New York; London: W. W. Norton, 2012.

Guy, John, ed., *The Reign of Elizabeth I: Court and Culture in the Last Decade*, Cambridge; New York: Cambridge University Press, 1995.

Guy, John, *The Public Career of Sir Thomas More*, Oxford: Oxford University

Press, 1980.

Hackett, Helen, *Virgin Mother, Maiden Queen: Elizabeth I and the Cult of the Virgin Mary*, Basingstoke: Macmillan, 1996.

Hadfield, Andrew, *Literature, Politics, and National Identity: Reformation to Renaissance*, Cambridge: Cambridge University Press, 2009.

Hale, J. R., *Renaissance Europe*, London; New York: Harper, 1971.

Hammond, F., *Music and Spectacle in Baroque Rome: Barberini Patronage under Urban VIII*, New Haven: Yale University Press, 1994.

Harrison, Antony H, *Victorian Poets and the Politics of Culture: Discourse and Ideology*, Charlottesville: University Press of Virginia, 1998.

Hart, Vaughan, *Art and Magic in the Court of the Stuarts*, London; New York: Routledge, 2002.

Haskell, Francis, *Patrons and Painters: A Study in the Relations Between Italian Art and Society in the Age of the Baroque*, New Haven: Yale University Press, 1980.

Hasler, Antony, *Court Poetry in Late Medieval England and Scotland Allegories of Authority*, Cambridge; New York: Cambridge University Press, 2011.

Haward, Maria, ed., *Dress at the Court of King Henry VIII*, Leeds: Maney Pub., 2007.

Henderson, Paula, *The Tudor House and Garden: Architecture and Landscape in the Sixteenth and Early Seventeenth*, New Haven: Yale University Press, 2005.

Higgins, Michael, Smith, Clarissa, Storey, John, eds., *The Cambridge Companion to Modern British Culture*, Cambridge; New York: Cambridge University Press, 2010.

Hoak, D. E., *The King's Council in the Reign of Edward VI*, Cambridge; New York: Cambridge university press, 1976.

Hoak, Dale, ed., *Tudor Political Culture*, Cambridge: Cambridge University Press, 1995.

Hoak, Dale, ed., *Tudor Political Culture*, Cambridge; New York: Cambridge university press, 1995.

Höfer, Katrin, *Bowling: Geschichte und Regeln, Ausrüstung und Technik, mit vielen Tipps und Adressen*, Baden-Baden: Humboldt, 2006.

Hopkins, Lisa, *Queen Elizabeth I and Her Court*, London: Vision Press; New York: St. Martin's Press, 1990.

Hunt, Alice, *The Drama of Coronation, Medieval Ceremony of Early Modern England*, Cambridge: Cambridge University Press, 2008.

Hunt, Alice, Whitelock, Anna, eds., *Tudor Queenship: the Reigns of Mary and Elizabeth*, New York: Palgrave Macmillan, 2010.

Javitch, Daniel, *Poetry and Courtliness in Renaissance England*, Princeton, N. J.: Princeton University Press, 1978.

Jenkinson, Matthew, *Culture and Politics at the Court of Charles II, 1660 – 1685*, Woodbridge; Rochester, NY: Boydell Press, 2010.

Jones, Ann Rosalind, Stallybrass, Peter, *Renaissance Clothing and the Materials of Memory*, Cambridge; New York: Cambridge University Press, 2000.

Jones, J. R., *Country and Court: England, 1658—1714*, London: Edward Arnold, 1978.

Kernan, Alvin, *Shakespeare, the King's Paywright: Theater in the Stuart Court, 1603 – 1613*, New Haven: Yale University Press, 1997.

Key, Newton and Bucholz, Robert, eds., *Sources and Debates in English History, 1485 – 1714*, Malden, MA: Blackwell, 2004.

Kipling, Gordon, ed., *The Receyt of The Lady Kateryne*, Oxford; New York: Published for the Early English Text Society by the Oxford University Press, 1990.

Kipling, Gordon, *The Triumph of Honour: Burgundian Origins of the Elizabethan Renaissance*, The Hague: Leiden University Press, 1977.

Kirkendale, Warren, *The Court Musicians in Florence during the Principate of the Medici, With a Reconstruction of the Artistic Establishment.* Florence: Leo S. Olschki, 1993.

Krautheimer, R., *The Rome of Alexander VII, 1655 – 1667*, Princeton, N. J.: Princeton University Press, 1985.

Lander, J. R., *Crown and Nobility, 1450—1509*, London: Edward Arnold, 1976.

Lawrence, Cynthia, ed. , *Women and art in early modern Europe: patrons, collectors, and connoisseurs*, University Park, Pa. : Pennsylvania State University Press, 1997.

Lerer, Seth, *Courtly Letters in the Age of Henry VIII: Literary Culture and the Arts of Deceit*, Cambridge: Cambridge University Press, 1997.

Levin, Carole and Bucholz, Robert, eds. , *Queens & Power in Medieval and Early Modern England*, Lincoln: University of Nebraska Press, 2009.

Levin, Carole, Barrett-Graves, Debra, Carney, Jo Eldridge, eds. , *"High and Mighty Queen" of Early Modern England: Realities and Representations*, Basingstoke: Palgrave Macmillan, 2010.

Levron, Jacques, *Daily Life at Versailles in the Seventeenth and Eighteenth Centuries*, New York, Macmillan, 1968.

Loades, David, *Intrigue and Treason: the Tudor Court, 1547 – 1558*, Harlow, England; New York: Longman/Pearson 2004.

Loades, David, *The Tudor Court*, Totowa: Barnes & Noble books, 1987.

Lockyer, Roger, *Tudor and Stuart Britain, 1471 – 1714*, New York: St. Martin's Press, 1964.

López, Juan José Carreras, García, Bernardo José García, *The Royal Chapel in the Time of the Habsburgs: Music and Ceremony in the Early Modern European Court*. Woodbridge, Suffolk, UK; Rochester, NY: Boydell Press, 2005.

MacGregor, Arthur, *The Late King's Goods: Collections, Possessions and Patronage of Charles I in the Light of the Commonwealth Sale Inventories*, Alistair McAlpine in association with Oxford University Press, 1989.

Magnuson, Torgil, *Rome in the Age of Bernini* (*vol.* 1 – 2), Stockholm, Sweden: Almqvist & Wiksell International; [Atlantic Highlands], N. J. , U. S. A. : Humanities Press, 1982 – 1986.

Matarasso, François, *The English Castle*, London: Cassell, 1993.

McLaren, A N, *Political Culture in the Reign of ElizabethI: Queen and Commonwealth, 1558 – 1585*, Cambridge; New York: Cambridge University Press, 1999.

McManus, Glare, *Women and Culture at the Courts of the Stuart Queens*, New

York: Palgrave Macmillan, 2003.

Mikhaila, Ninya, *The Tudor Tailor: Reconstructing 16th-Centry Dress*, Hollywood: Costume and Fashion Press, 2006.

Monod, Paul, Pittock, Murray, Szechi, Daniel, eds., *Loyalty and Identity: Jacobites at Home and Abroad*, Basingstoke, UK; New York: Palgrave Macmillan, 2010.

Montagu, Jennifer, *Roman Baroque Sculpture: The Industry of Art*, New Haven: Yale University Press, 1993.

Montrose, Louis, *The Purpose of Playing: Shakespeare and the Cultural Politics of the Elizabethan Theatre*, Chicago: University of Chicago Press, 1996.

Mottram, Stewart, *Empire and Nation in Early English Renaissance Literature*, Boydell & Brewer Ltd, 2008.

Mteer, David, *Courts, Patrons, and Poets*, New Haven: Yale University Press, 2000.

Mulryne, J. R. and Goldring, Elizabeth, eds., *Court Festivals of the European Renaissance: Art, Politics, and Performance*, Aldershot, Hants, England; Burlington, VT: Ashgate, 2002.

Murdoch, Alexander, *British History, 1660—1832: National Identity and Local Culture*, London; New York: Macmillan; St. Martin' press, 1998.

Myers, A. R., *The Household of Edward IV*, Manchester: Manchester University Press, 1959.

Newman, Paul B, *Daily Life in the Middle Ages*, Jefferson, N. C.: McFarland & Co., 2001.

Norris, Herbert, *Tudor Costunme and Fashion*, Mineola, New York: Dover Publications, INC, 1997.

Oggins, Robin S., *The Kings and Their Hawks: Falconry in Medieval England*, New Haven: Yale University Press, 2004.

Orr, Clarissa Campbell ed., *Queenship in Britain, 1660 – 1837: Royal Patronage, Court Culture, and Dynastic Politics*, Manchester: Manchester University Press, 2010.

Orr, Clarissa Campbell, *Queenship in Europe, 1660 – 1815: The Role of the*

Consort, Cambridge: Cambridge University Press, 2004.

Parnell, Geoffrey, *The Tower of London: A 2000 Year History*, Oxford: Osprey Publishing, 2000.

Peck, Linda Levy, ed., *The Mental World of the Jacobean Court*, Cambridge; New York: Cambridge University Press, 1991.

Petrina, Alessandra, Tosi, Laura, eds., *Representations of Elizabeth I in Early Modern Culture*, Basingstoke, Hampshire; New York: Palgrave Macmillan, 2011.

Picard, Liza, *Elizabeth's London: Everyday Life in Elizabethan London*, New York: St. Martin's Press, 2004.

Pincas, Stéphane, *Versailles: The History of the Gardens and Their Sculpture*, New York, N. Y.: Thames and Hudson, 1996.

Platt, Colin, *The Castle in Medieval England and Wales*, New York: Scribner, 1982.

Pounds, N. J. G., *The Medieval Castle in England and Wales: a Social and Political History*, Cambridge; New York: Cambridge University Press, 1990.

Raditsa, Bosiljka, etc., *The Art of Renaissance Europe: A Resource for Educators*, New York: The Metropolitan Museum of Art, 2000.

Ravelhofer, Barbara, *The Early Stuart Masque: Dance, Costume, and Music*, Oxford; New York: Oxford University Press, 2006.

Reisman, Rosemary M Canfield, *British Renaissance Poets*, Ipswich, Mass.: Salem Press, 2012.

Robinson, Jon, *Court Politics, Culture and Literature in Scotland and England, 1500–1540*, Aldershot,; Burlington: Ashgate Pub. Co., 2008.

Rowse, A. L., *The England of Elizabeth*, New York: Palgrave Macmillan, 2003.

Rule, John C., *Louis XIV and the Craft of Kingship*, Columbus: Ohio State University Press, 1970.

Saslow, J. M., *The Medici Wedding of 1589: Florentine Festival as Theatrum Mundi*, New Haven: Yale University Press 1996.

Scattergood, V. J., J. W. Sherborne, eds., *English Court Culture in the Later*

Middle Ages, New York: St. Martin's Press, 1983.

Schaich, Michael, ed., *Monarchy and Religion: the Transformation of Royal Culture in Eighteenth-century Europe*, Oxford: Oxford University Press, 2007.

Scott, John Beldon, *Images of Nepotism: The Painted Ceilings of Palazzo Barberini*, Princeton, N. J.: Princeton University Press, 1991.

Sherwood, J. and Pevsner, N., *The Buildings of England, Oxfordshire*, Harmondsworth: Penguin, 1974.

Smuts, R. Malcolm, *Court Culture and the Origins of a Royalist Tradition in Early Stuart England*, Philadelphia: University of Pennsylvania Press, 1987.

Smuts, R. Malcolm, *Culture and Power in England, 1585 – 1685*, Basingstoke: Macmillan, 1999.

Smuuts, R. Malcolm, ed., *The Stuart Court and Europe: Essays in Politics and Political Culture*, Cambridge; New York: Cambridge University Press, 1996.

Sommerville, Johann, ed., *James VI and I: Political Writings*, Cambridge; New York: Cambridge University Press, 1994.

Southey, Robert, *The Book of The Church*, vol. II, London: 1824.

Starkey, David, ed., *Henry VIII: A European Court in England*, London: Collins & Brown in association with the National Maritime Museum, Greenwich, 1991.

Starkey, David, et al, *The English Court: from the Wars of the Roses to the Civil War*, London; New York: Longman, 1987.

Streete, Adrian, *Protestantism and Drama in Early Modern England*, Cambridge: Cambridge University Press, 2009.

Strong, Roy, *The Cult of Elizabeth: Elizabethan Portraiture and Pageantry*, London: Thames and Hudson, 1977.

Strong, Roy, *Art and Power: Renaissance Festivals, 1450 – 1650*, Berkeley: University of California Press, 1984.

Strong, Roy, *Portraits of Elizabeth I*, Oxford: Oxford University Press, 1963.

Strong, Roy, *The Tudor and Stuart Monarchy*: *Pageantry*, *Painting*, *Iconography*, III *Jacobean and Caroline*, Woodbridge: The Boydell Press, 1998.

Su Fang Ng, *Literature and the Politics of Family in Seventeenth-century England*, Cambridge; New York: Cambridge University Press, 2007.

Tetzel, Gabriel, etc., ed., *The Travels of Leo of Rozmital through Germany, Flanders, England, France, Spain, Portugal and Italy, 1465 – 1467*, Malcolm Letts, trans., Cambridge: Cambridge University Press, 1957.

Thomas, A. H., Thornley, I. D., *The Great Chronicle of London*, London: Printed by G. W. Jones at the sign of the Dolphin, 1938.

Thomson, Patricia, ed., *Thomas Wyatt, the Critical Heritage*, London: Routledge, 1974.

Thomson, Patricia, ed., *Sir Thomas Wyatt and His Background*, London: Routledge, 1964.

Thurley, Simon, *Hampton Court: a Social and Architectural History*, New Haven: Yale University Press, 2004.

Thomson, Patricia, ed., *The Royal Palaces of Tudor England: Architecture and Court Life, 1460 – 1547*, New Haven: Yale University Press, 1993.

Tierney, Tom, *Tudor and Elizabethan Fashions*, Mineola, N. Y.: Dover Publications, 2000.

Tittler, Robert and Jones, Norman, eds., *A Companion to Tudor Britain*, Malden: Blackwell, 2004.

Vlieghe, Hans, *Flemish Art and Architecture*, New Haven: Yale University Press, 1998.

Vooght, Daniëlle de, ed., *Royal Taste: Food, Power and Status at the European Courts after 1789*, Farnham, Surrey; Burlington, VT: Ashgate Pub., 2011.

Waddy, Patricia, *Seventeenth-Century Roman Palaces: Use and the Art of the Plan*, New York, N. Y.: Architectural History Foundation; Cambridge: MIT Press, 1990.

Walker, Greg, *Plays of Persuasion: Drama and Politics at the Court of Henry VIII*, Cambridge: Cambridge University Press, 1991.

Walton, G., *Louis XIV's Versailles*, Chicago: University of Chicago Press, 1986.

Warnicke, Retha M, *The Rise and Fall of Anne Boleyn: Family Politics at the Court of Henry VIII*, Cambridge; New York: Cambridge University Press, 1991.

Warnke, Martin, *The Court Artist: on the Ancestry of the Modern Artist*, Cambridge; New York, NY: Cambridge University Press, 1993.

Watanabe-O'Kelly, Helen, *Court Culture in Dresden: From Renaissance to Baroque*, New York: Palgrave, 2002.

Weir, Alison, *Henry VIII: The King and His Court*, New York: Ballantine Books, 2001.

White, Paul Whitfield, *Theatre and Reformation: Protestantism, Patronage, and Playing in Tudor England*, New York: Cambridge University Press, 1993.

Williams, Neville, *Royal Homes of the United Kingdom*, New York: Greenwich House, 1971.

Wittkower, Rudolf, Connors, Joseph, Montagu, Jennifer, *Art and Architecture in Italy, 1600–1750*, New Haven: Yale University Press, 1999.

Woolfson, Jonathan, ed., *Reassessing Tudor Humanism*, Houndmills, Basingstoke, Hampshire; New York: Palgrave Macmillan, 2002.

Wright, Clarissa Dickson*A History of English Food*, London: Random House Books, 2011.

Yates, Frances, *Astraea: the Imperial Theme in the Sixteenth Century*, London; Boston: Routledge & K. Paul, 1975.

（三）学位论文

Amienne, Kelly A., *Finding A Place at the Table: Food and Class in Early Modern England*, Ph.D., The University of Chicago, 2011.

Dumitrescu, Theodor, *The Early Tudor Court and International Musical Relations*, Ph.D., Oxford University, 2004.

Normore, Christina, *Feasting the Eye in Valois Burgundy*, Ph.D., The University of Chicago, 2008.

Straussman-Pflanzer, Eve, *Court Culture in 17th-century Florence: The Art Patronage of Medici Grand Duchess Vittoria della Rovere (1622 – 1694)*, Ph. D., New York University, 2010.

Salehi, Eric I., *Refiguring Royal Spectacle: Court Masques and Court Culture on the Jacobean Public Stage*, Ph. D., New York University, 2007.

String, Tatiana Christine, *Henry VIII and the Art the Royal Supremacy*, doctoral dissertation, Ph. D., The University of Texas at Austin, 1996.

Thomas, Courtney Erin, *Honor and Reputation Among the Early Modern English Elite, 1530 – 1630*, Ph. D., Yale University, 2012.

Walkling, Andrew R., *Court, Culture, and Politics in Restoration England: Charles II, James II, and the Performance of Baroque Monarchy*, Ph. D., Cornell University, 1997.

（四）期刊、论文集文章

Adams, Simon, "The DudleyClientele, 1553 – 1563", in *Tudor nobility*, G. W. Bernard, (Manchester, 1992).

Adams, "Because I am of that contreye and mynde to plant myself there": Robert Dudley, earl of Leicester and the West Midlands', *Midland History*, 20 (1995).

Astington, John H., "Staging at St James's Palace in the Seventeenth Century", *Theatre Research International*, Volume 11, 1986 (9).

Bernard, G. W., "The Tudor Nobility in Perspective", in *The Tudor Nobility*, Bernard, ed., (Manchester, UK; New York: Manchester University Press, 1992), pp. 1 – 48, and a revised version as "*The continuing power of the Tudor nobility*", in *Power and politics in Tudor England*, Bernard, ed., (Aldershot, England; Burlington, Vt.: Ashgate, 2000.).

Clough, C. H., "Relations between England and the Court of Urbino, 1474 – 1508", *Studies in the Renaissance*, XIV (1967), pp. 202 – 218.

Fock, F. W., "The Princes of Orange as patrons of art in the seventeenth century", in *Apollo*, 110 (1979).

Glaziani, René, "Sir Thomas Wyatt at a Cockfight, 1539", *The Review of English Studies*, v27 n107 (Aug., 1976).

Guss, Donald L., "Wyatt's Petrarchism: An Instanceof Creative Imitation in the Renaissance", *Huntingdon Library Quarterly*, Vol. 29, No. 1 (Nov., 1965).

Hammer, Paul, "The polarisation of Elizabethan politics: the political career of Robert Devereux, second earl of Essex, 1585 – 1597", *The Journal of Ecclesiastical History*, v51 n2 (2004).

Haynes, A., "Supplying the Elizabethan Court", *History Today* (Nov. 1978).

Ives, Eric, "Faction at the court of Henry VIII: the fall of Anne Boleyn", *History*, 57 (1972).

Johnson, G. A., "Imagining images of powerful women: Maria de' Medici's patronage of art and architecture", in *Women and Art in Early Modern Europe*, C. Lawrence, (1997).

Kleinman, R., "Social dynamics at the French court: the household of Anne of Austria", *French Historical Studies*, Spring, 1990, vol. 16, no. 3.

Koenigsberger, H G, "Republics and courts in italian and european culture in the sixteenth and seventeenth centuries", *Past and Present*, May, 1979, no. 83.

Levron, J., "Louis XIV's Courtiers" in *Louis XIV and Absolutism*, R. Hatton, ed., (Columbus, 1976).

Lewalski, Barbara Kiefer, "Anne of Denmark and the subversions of masquing", *Criticism*, 35 (1993).

MacKendrick, Scot, "Edward IV: An English Royal Collector of Netherlandish Tapestry", *Burlington Magzine* (Aug. 1987).

Schnapper, A., "The King of France as ollector in theSeventeenth Century", *Journal of Interdisciplinary History*, Summer, 1986, vol. 17, no. 1.

Schwarz, Katherine, "Amazon Reflections in the Jacobean Queen's Masque", *Studies in English Literature, 1500 – 1900*, 35: 2 (1995), p. 309.

Smith, Hannah, "Court Studies and the Courts of Early Modern Europe", *The Historical Journal*, 49, 4 (2006).

Starkey, David, "From feud to faction: English politics, c. 1450 – 1550", *History Today*, 32 (1982).

Thomas, W., "The Reign of Albert and Isabella in the Southern Netherlands, 1598–1621", in *Albert and Isabella-Exhibition in Brussels*, eds., W. Thomas and L. Duerloo, 1998: vol. 2-collected essays.

Tolley, T., "States of independence: women regents as patrons of the visual arts in Renaissance France", *Renaissance Studies*, 10 (1996).

Whitman, N., "Myth and Politics: Versailles and the Fountain of Latona" in *Louis XIV and the Craft of Kingship*, ed. J. Rule (Columbus, 1969).

（五）主要英文网站

http://www.royalcollection.org.uk（英国皇家收藏官网）

http://www.wga.hu/index1.html（网上艺术画廊）

http://www.historicalportraits.com（历史肖像网）

http://en.wikipedia.org/wiki（维基百科英文网站）

http://www.luminarium.org（英国文学选集官网）

http://www.marileecody.com（玛丽里科迪网）

二　中文部分

（一）著作

彼得·李伯庚：《欧洲文化史》（上、下），赵复三译，上海社会科学院出版社2004年版。

程汉大：《英国政治制度史》，中国社会科学出版社1995年版。

何平：《凝固的乐章——欧洲古典园林建筑和它的故事》，湖北美术出版社2002年版。

何平：《文化与文明史比较研究》，山东大学出版社2009年版。

胡家峦：《英语诗歌精品》，北京大学出版社1996年版。

廖可兑：《西方戏剧史》，中国戏剧出版社1981年版。

钱乘旦、许洁明：《英国通史》，上海社会科学院出版社2007年版。

沈汉：《英国土地制度史》，学林出版社2005年版。

司马云杰：《文化社会学》，中国社会科学出版社2001年版。

王佐良：《英国诗史》，译林出版社1997年版。

魏重庆：《社会学小史》，商务印书馆1940年版。

邢来顺：《德国贵族文化史》，人民出版社2006年版。

阎照祥:《英国贵族史》,人民出版社2006年版。

[比]亨利·皮朗:《中世纪欧洲经济社会史》,乐文译,上海人民出版社2001年版。

[德]卡尔·曼海姆:《文化社会学论要》,刘继同、左芙蓉译,中国城市出版社2002年版。

[德]诺贝特·埃利亚斯:《文明的进程》(第一卷),王佩莉译,商务印书馆1998年版。

[德]约阿希姆·布姆克:《宫廷文化——中世纪盛期的文学与社会》,生活·读书·新知三联书店2006年版。

[法]雅克·勒夫隆:《凡尔赛宫的生活:17—18世纪》,王殿忠译,山东画报出版社2005年版。

[法]伊旺·克卢拉:《文艺复兴时期卢瓦尔河谷的城堡》,肖红译,上海人民出版社2007年版。

[荷兰]约翰·赫伊津哈:《中世纪的秋天:14世纪和15世纪法国与荷兰的生活、思想与艺术》,何道宽译,广西师范大学出版社2008年版。

[美]艾里森·科尔:《意大利文艺复兴时期的宫廷艺术》,胡伟雄、张永俊译,中国建筑工业出版社2009年版。

[美]迈克尔·法夸尔:《疯子、傻子、色情狂:欧洲王室的另类历史》,康怡译,中信出版社2003年版。

[美]朱迪斯·M.本内特、C.沃伦·霍利斯特:《欧洲中世纪史》,杨宁、李韵译,上海社会科学院出版社2007年版。

[苏]叶·阿·科斯明斯基、雅·亚·列维茨基主编:《十七世纪英国资产阶级革命》(上),何清等译,商务印书馆1990年版。

[意]彼特拉克:《歌集》,李国庆、王行人译,花城出版社2000年版。

[英]F.E.霍利迪:《简明英国史》,洪永珊译,江西人民出版社1985年版。

[英]G.R.波特编:《新编剑桥世界近代史:第一卷,文艺复兴》,中国社会科学院世界历史研究所译,中国社会科学出版社1988年版。

[英]安东尼·吉登斯:《现代性与自我认同》,赵旭东、方文译,生活·读书·新知三联书店1998年版。

[英]罗伊·斯特朗:《欧洲宴会史》,陈法春、李晓霞译,百花文艺出版

社 2006 年版。

[英] 乔叟:《乔叟文集》,方重译,上海译文出版社 1979 年版。

[英] 托马斯·莫尔:《乌托邦》,戴镏龄译,商务印书馆 1982 年版。

[英] 西蒙·特拉斯勒:《剑桥插图英国戏剧史》,刘振前、李毅、康健译,山东画报出版社 2006 年版。

[英] 约翰·洛尔:《皇帝和他的宫廷:威廉二世与德意志帝国》,杨杰译,北京大学出版社 2004 年版。

（二）期刊、论文集文章

何平:《中国和西方思想中的"文化"概念》,载《史学理论研究》1999 年第 2 期。

张旭鹏:《文化认同理论与欧洲一体化》,载《欧洲研究》2004 年第 4 期。

刘淑青:《17 世纪初英国宫廷贵族政治斗争的文化诠释》,载《学习与探索》2009 年第 1 期。

刘淑青:《论宫廷政治文化中的女王崇拜》,载《人民论坛》2010 年 10 月。

张殿清:《英国都铎王朝宫廷建筑消费的一项实证考察——兼与 16 世纪中国比较》,载《历史教学》2007 年第 12 期。

张殿清:《英国都铎宫廷炫耀式消费的政治意蕴》,载《史学集刊》2010 年第 5 期。

朱伟奇:《中世纪西欧宫廷文化对骑士精神的影响》,载《郑州大学学报》（哲学社会科学版）2004 年第 4 期。

董辉:《17 世纪的法国宫廷芭蕾》,载《孝感学院学报》2006 年第 4 期。

[美] 爱德华·卢西—史密斯:《从样式主义到枫丹白露画派的欧洲宫廷艺术》,沅柳译,载《世界美术》1989 年第 4 期。

[美] 安德烈·海尤姆:《多索·多西的宫廷画艺术》,杜义盛译,载《世界美术》1999 年第 4 期。

秦凤:《宫廷与路易十四时代》,载《文教资料》2006 年 5 月中旬刊。

宋斌:《法兰西的城堡文化》,载《科学大观园》2009 年第 6 期。

张礼刚:《论 17、18 世纪德意志地区的宫廷犹太人》,载《世界历史》2006 年第 6 期。

宋科新:《论 17 世纪与 18 世纪欧洲宫廷服饰的差异及对现代服饰的影

响》，载《四川理工学院学报》（社会科学版）2006 年第 2 期。

刘淑青：《论查理宫廷政治文化中的和平主义》，载《前沿》2010 年第 24 期。

缪迪飞：《论文艺复兴时期的法国宫廷绘画》，载《南京艺术学院学报》（美术与设计版）1991 年第 2 期。

周彦：《欧洲的宫廷舞蹈》，载《百科知识》1995 年第 9 期。

王晓梅：《叶卡捷琳娜二世时期的宫廷文化教育》，载《教育评论》2011 年第 6 期。

刘新成：《全球史观与近代早期世界史编纂》，载《世界历史》2006 年第 1 期。

徐洛：《近年来世界通史编纂中的"欧洲中心倾向"——兼介绍西方学者对"早期近代世界"的一种诠释》，载《世界历史》2005 年第 3 期。

肖明翰：《宫廷爱情诗传统与乔叟的〈公爵夫人颂〉》，载《外国文学研究》2003 年第 6 期。

王建成、李勤：《怀亚特十四行诗：突破传统，直抒真情》，载《文教资料》2007 年 5 月。

三 工具书

吴金瑞：《拉丁汉文辞典》，台中光启出版社 1980 年版。

新华通讯社译名资料组编：《英语姓名译名手册》，商务印书馆 1989 年版。

Ashbee, Andrew, Lasocki, David, *A Biographical Dictionary of English Court Musicians 1485 – 1714*, Aldershot; Brookfield, USA: Ashgate, 1998.

Mayhew, A. L. and Skeat, Walter W., *A Concise Dictionary of Middle English, From A. D. 1150 to 1580*, Oxford: Clarendon Press, 1888.

附表1　都铎宫廷结构图

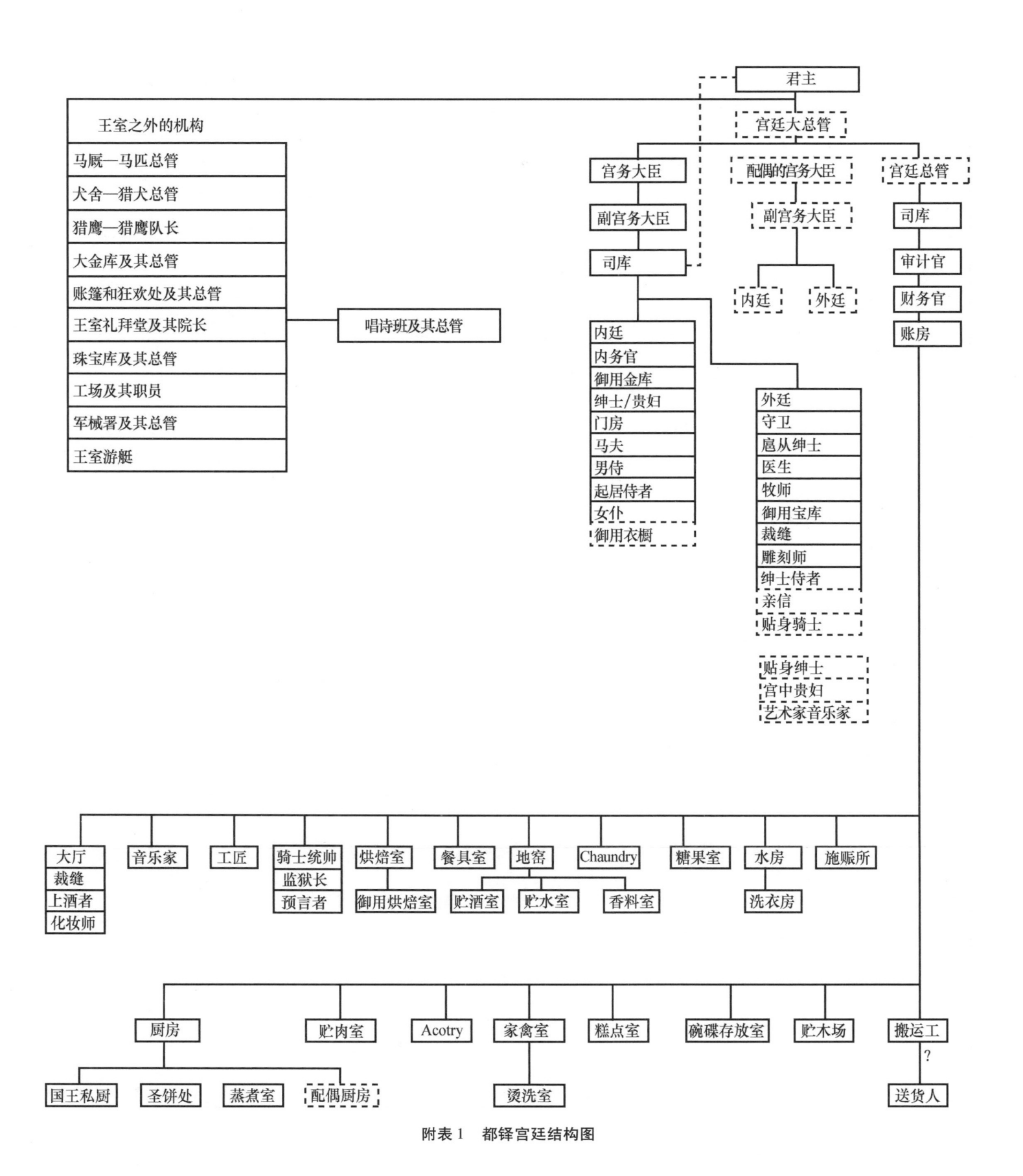

```
                                                                        君主
                                                                         │
                                                                    宫廷大总管
                                                    ┌────────────────┼────────────────┐
                                                宫务大臣          配偶的宫务大臣         宫廷总管
                                                    │                │                │
                                                副宫务大臣          副宫务大臣          司库
                                                    │                │              审计官
                                                   司库              │              财务官
                                                    │          ┌─────┴─────┐         账房
                                                    │         内廷         外廷
                                                   内廷
                                                   内务官
                                                   御用金库
                                                   绅士/贵妇         外廷
                                                   门房            守卫
                                                   马夫            扈从绅士
                                                   男侍            医生
                                                   起居侍者         牧师
                                                   女仆            御用宝库
                                                   御用衣橱         裁缝
                                                                   雕刻师
                                                                   绅士侍者
                                                                   亲信
                                                                   贴身骑士

                                                                   贴身绅士
                                                                   宫中贵妇
                                                                   艺术家音乐家
```

王室之外的机构

- 马厩—马匹总管
- 犬舍—猎犬总管
- 猎鹰—猎鹰队长
- 大金库及其总管
- 账篷和狂欢处及其总管
- 王室礼拜堂及其院长 ── 唱诗班及其总管
- 珠宝库及其总管
- 工场及其职员
- 军械署及其总管
- 王室游艇

大厅	音乐家	工匠	骑士统领	烘焙室	餐具室	地窖	Chaundry	糖果室	水房	施赈所
裁缝			监狱长							
上酒者			预言者	御用烘焙室	贮酒室	贮水室	香料室		洗衣房	
化妆师										

厨房	贮肉室	Acotry	家禽室	糕点室	碗碟存放室	贮木场	搬运工？
国王私厨　圣饼处　蒸煮室　配偶厨房			烫洗室				送货人